"十二五"职业教育国家规划教材

经全国职业教育教材审定委员会审定

U0659830

QICHE JIANCE JISHU

汽车检测技术

（第3版）

主编 张建俊

副主编 张峰

参编 郝宝兰 王沛然 华振

高等教育出版社·北京

内容提要

本书是在第 2 版的基础上修订而成的,是经国家教育部批准的"十二五"职业教育国家规划教材。本书以在用汽车不解体检测技术应用能力为主线,分别介绍了汽车检测技术基础理论与基础知识、发动机检测技术、底盘检测技术、电控系统检测技术、整车检测技术和汽车检测站六个方面的内容。其中包括对现代汽车检测设备的检测原理、工作原理、基本结构和使用方法的介绍,贯彻了国家标准、行业标准中的技术要求、检测方法和诊断参数标准。全书在第 2 版内容的基础上加强了针对性和实用性,突出了新设备、新技术和应用技术,删除了繁琐和难懂内容,并将传授专业知识和培养专业动手能力有机地结合起来,特别注重了对学生分析问题、解决问题和创新能力的培养。

本书可作为高等职业院校、成人教育院校及本科院校开办的二级职业学院等的汽车检测与维修技术专业、汽车运用技术专业及相关专业(汽车电子技术专业、汽车技术服务与营销专业等)的教材,并可作为汽车制造企业、汽车运输企业、汽车维修企业、汽车检测站等工程技术人员的参考书和培训教材。

图书在版编目(CIP)数据

汽车检测技术/张建俊主编. -- 3 版. -- 北京:高等教育出版社,2014.8(2017.6 重印)

ISBN 978 - 7 - 04 - 040561 - 3

Ⅰ. ①汽…　Ⅱ. ①张…　Ⅲ. ①汽车-故障检测-高等职业教育-教材　Ⅳ. ①U472.9

中国版本图书馆 CIP 数据核字(2014)第 151946 号

策划编辑	徐　进	责任编辑	吴鸣飞	封面设计	杨立新	版式设计 余　杨
责任校对	陈旭颖	责任印制	毛斯璐			

出版发行	高等教育出版社	网　址	http://www.hep.edu.cn
社　址	北京市西城区德外大街 4 号		http://www.hep.com.cn
邮政编码	100120	网上订购	http://www.landraco.com
印　刷	三河市华骏印务包装有限公司		http://www.landraco.com.cn
开　本	787mm×1092mm　1/16		
印　张	20.75	版　次	2003 年 12 月第 1 版
			2014 年 8 月第 3 版
字　数	470 千字		
购书热线	010-58581118	印　次	2017 年 6 月第 4 次印刷
咨询电话	400-810-0598	定　价	38.20 元

本书如有缺页、倒页、脱页等质量问题,请到所购图书销售部门联系调换

版权所有　侵权必究

物 料 号　40561-00

出 版 说 明

　　教材是教学过程的重要载体,加强教材建设是深化职业教育教学改革的有效途径,推进人才培养模式改革的重要条件,也是推动中高职协调发展的基础性工程,对促进现代职业教育体系建设,切实提高职业教育人才培养质量具有十分重要的作用。

　　为了认真贯彻《教育部关于"十二五"职业教育教材建设的若干意见》(教职成〔2012〕9号),2012 年 12 月,教育部职业教育与成人教育司启动了"十二五"职业教育国家规划教材(高等职业教育部分)的选题立项工作。作为全国最大的职业教育教材出版基地,我社按照"统筹规划,优化结构,锤炼精品,鼓励创新"的原则,完成了立项选题的论证遴选与申报工作。在教育部职业教育与成人教育司随后组织的选题评审中,由我社申报的 1 338 种选题被确定为"十二五"职业教育国家规划教材立项选题。现在,这批选题相继完成了编写工作,并由全国职业教育教材审定委员会审定通过后,陆续出版。

　　这批规划教材中,部分为修订版,其前身多为普通高等教育"十一五"国家级规划教材(高职高专)或普通高等教育"十五"国家级规划教材(高职高专),在高等职业教育教学改革进程中不断吐故纳新,在长期的教学实践中接受检验并修改完善,是"锤炼精品"的基础与传承创新的硕果;部分为新编教材,反映了近年来高职院校教学内容与课程体系改革的成果,并对接新的职业标准和新的产业需求,反映新知识、新技术、新工艺和新方法,具有鲜明的时代特色和职教特色。无论是修订版,还是新编版,我社都将发挥自身在数字化教学资源建设方面的优势,为规划教材开发配备数字化教学资源,实现教材的一体化服务。

　　这批规划教材立项之时,也是国家职业教育专业教学资源库建设项目及国家精品资源共享课建设项目深入开展之际,而专业、课程、教材之间的紧密联系,无疑为融通教改项目、整合优质资源、打造精品力作奠定了基础。我社作为国家专业教学资源库平台建设和资源运营机构及国家精品开放课程项目组织实施单位,将建设成果以系列教材的形式成功申报立项,并在审定通过后陆续推出。这两个系列的规划教材,具有作者队伍强大、教改基础深厚、示范效应显著、配套资源丰富、纸质教材与在线资源一体化设计的鲜明特点,将是职业教育信息化条件下,扩展教学手段和范围,推动教学方式方法变革的重要媒介与典型代表。

　　教学改革无止境,精品教材永追求。我社将在今后一到两年内,集中优势力量,全力以赴,出版好、推广好这批规划教材,力促优质教材进校园、精品资源进课堂,从而更好地服务于高等职业教育教学改革,更好地服务于现代职教体系建设,更好地服务于青年成才。

高等教育出版社

2014 年 7 月

第 3 版 前 言

本书是经国家教育部批准的"十二五"职业教育国家规划教材,是在第 2 版的基础上修订而成的。本书第 1 版是普通高等教育"十五"国家级规划教材,第 2 版是普通高等教育"十一五"国家级规划教材。汽车检测技术是汽车运用与维修类专业的专业主干课程之一。

高等职业教育是我国高等教育的重要组成部分,发展速度很快,已经为社会主义现代化建设事业培养了大批急需的各类专门人才。本书是根据国家教育部的规定和高等职业教育的特点,本着简化理论、强化实践、理论联系实际、注重能力培养的理念编写的,在结构上,将汽车维修企业实际生产岗位上的检测技术(如发动机检测技术、底盘检测技术、电控系统检测技术、整车检测技术等)设置为教学模块(章),将每个生产岗位上的实际检测项目设置为教学模块内的学习项目(节)。在每个教学模块内均设有教学目标、学习项目、实训(教学模块 1 除外)、本模块要点和复习题。在"教学模块 4 电控系统检测技术"中还设有案例。

本书以在用汽车不解体检测技术应用能力培养为主线,分别介绍了汽车检测技术基础理论与基础知识、发动机检测技术、底盘检测技术、电控系统检测技术、整车检测技术和汽车检测站六个方面的内容。其中包括对现代汽车检测设备的检测原理、工作原理、基本结构和使用方法的介绍,贯彻了国家标准、行业标准中的技术要求、检测方法和诊断参数标准。全书在第 2 版内容的基础上加强了针对性和实用性,突出了新设备、新技术和应用技术,删除了繁琐和难懂内容,并将传授专业知识和培养专业动手能力有机地结合起来,注重了对学生分析问题、解决问题和创新能力的培养。

建议使用本书的院校,在教学过程中可根据具体情况安排教学内容,建议对于重点、难点内容精讲,讲深讲透;对于非重点、难点内容,讲明白即可;对于有些易懂内容,可布置学生自学;对于一些实践性强的内容进行现场教学,以达到直观、易学、身临其境的教学效果。

本书由山东交通学院汽车工程学院研究员、中国汽车工程学会全国首批资深工程师张建俊担任主编,并负责全书统稿和教学模块 1 的修订,由山东商业职业学院电子与汽车工程系高级工程师张锋担任副主编,并协助主编统稿和负责模块 2 的修订,由山东凯文科技职业学院汽车工程学院讲师郝宝兰负责模块 3 与模块 4 的修订,由济南华元汽车电子有限公司工程师王沛然负责模块 5 的修订,由济南华元汽车电子有限公司技术总监、高级汽车维修工华振负责模块 6 的修订。

　　本书在修订过程中参阅了许多国内公开出版、发表的文献和生产厂家提供的检测设备使用说明书,在此一并致谢。

　　由于编者水平所限,本教材难免有不当之处,恳请读者批评指正。

编　者

2014 年 5 月

第 2 版 前 言

本书是普通高等教育"十一五"国家级规划教材,是"十五"国家级规划教材《汽车检测技术》(张建俊编著)的第 2 版。高职高专教育是我国高等教育的重要组成部分,最近几年有了很大发展,为社会主义现代化建设事业培养了大批急需的各类专门人才。随着高职高专教育人才培养模式的转变和教学方法的不断改革,必须按照突出应用性、实践性的原则重组课程结构,更新教学内容,因此我们对本书进行了修订。

在本书修订过程中,编者根据高职高专教育特点,按照教育部的指示精神,在内容上理论联系实际,并力求把传授专业知识和培养专业技术应用能力有机地结合起来,特别注重学生分析问题、解决问题的能力和创新能力的培养。

本次修订编者根据相关国家标准的更新情况,认真贯彻最新国家标准,如 GB 7258—2004《机动车运行安全技术条件》、GB 18285—2005《点燃式发动机汽车排气污染物排放限值及测量方法(双怠速法及简易工况法)》和 GB 3847—2005《车用压燃式发动机和压燃式发动机汽车排气烟度排放限值及测量方法》等。

本书共分为六章,以在用汽车不解体检测技术应用能力为主线,分别介绍了汽车检测诊断技术基础理论知识、发动机检测技术、底盘检测技术、电控系统检测技术、整车检测技术和汽车检测站六个方面的内容。其中包括对现代汽车检测设备的检测原理、基本结构、工作原理和使用方法的介绍,贯彻了国家和行业标准中的技术要求、检测方法和诊断参数标准。全书在内容上加强了针对性和实用性,突出了新设备、新技术和应用技术,并在每章之前有学习目标,在每章之后列出了本章小结、复习题和思考题,以有利于教学。

本书有较强的综合性和实践性,内容丰富。使用本书的院校,在教学过程中可根据具体情况自行取舍教学内容,并加大实践环节教学,增强学生的动手能力。

本书由山东交通学院汽车系高级实验师、中国汽车工程学会全国首批资深工程师张建俊编著。

长春汽车工业高等专科学校汽车工程系焦传君教授审阅了本书,对全书给予了充分肯定并提出了宝贵意见,在此深表诚挚谢意。

本教材在修订过程中参阅了许多国内公开出版、发表的文献和生产厂家提供的检测设备使用说明书,在此一并致谢。

由于时间仓促和编者水平所限,书中难免有不当甚至谬误之处,恳请读者批评指正。

编著者
2007 年 10 月

第 1 版 前 言

本书是普通高等教育"十五"国家级规划教材(高职高专教育)。本教材编写大纲曾广泛征求了有关高等院校的意见,可作为高职高专教育汽车检测与维修专业教材,亦可作为本专业和相近专业(如汽车运用技术专业、汽车运用与管理专业、汽车电子与电器专业等)本科师生和汽车制造、汽车运输、汽车维修、汽车检测站工程技术人员的参考书。

本书共分6章,以在用汽车不解体检测技术应用能力的培养为主线,分别介绍了汽车检测诊断技术基础理论知识、发动机检测技术、底盘检测技术、电控系统检测技术、整车检测技术和汽车检测站6个方面的内容,其中包括对现代汽车检测设备的检测原理、基本结构、工作原理和使用方法的介绍,贯彻了国家和行业标准中的技术要求、检测方法和诊断参数标准,并在每章之前提出了学习目标,在每章之后列出了本章小结、复习题和思考题。

本教材在编写中加强了针对性和实用性,突出了新设备、新技术和应用技术,力求把传授专业知识和培养专业技术应用能力有机地结合起来,特别注重了对学生分析问题和解决实际问题能力的培养。

本教材有较强的实践性和综合性,内容丰富,使用本教材的院校,在教学过程中可根据具体情况自行取舍教学内容。

本教材由山东交通学院汽车系张建俊高级实验师编著。

本教材由北京理工大学刘昭度教授审阅,对全书给予了充分肯定并提出了建设性意见,深表诚挚谢意。

本教材在编写过程中,参阅了许多国内公开出版、发表的文献和生产厂家提供的检测设备使用说明书,在此一并致谢。

由于时间仓促和编者水平所限,本教材难免有不当甚至谬误之处,恳请使用本教材的师生和读者批评指正。

编　者
2003 年 6 月

目　录

教学模块 1 基础理论与基本知识

教学目标

1) 了解汽车检测技术发展概况、我国有关规定、检测设备基本组成和智能化汽车检测系统的特点。
2) 熟悉检测设备的测量误差与精度以及检测设备的使用、维护与故障处理方法。
3) 掌握诊断参数、诊断标准、诊断周期的含义以及诊断参数标准的组成和诊断参数与测量条件、测量方法的关系。

学习项目

1) 汽车检测技术发展概况。
2) 汽车检测技术基础理论。
3) 汽车检测设备基本知识。

汽车检测技术课程是贯彻我国汽车"定期检测、强制维护、视情修理"的维修制度,积极推广现代汽车检测技术,为提高在用汽车使用性能和技术状况而开设的一门重要课程,是高职高专汽车检测与维修技术专业、汽车运用技术专业、汽车电子技术专业、汽车技术服务与营销等专业的主干专业课之一。

汽车自 1886 年诞生以来,发展速度极快,已成为集机、电、液、气等于一身,并能及时、广泛地采用世界最先进技术与新材料的交通运输工具。由于电子技术、微机技术等先进技术和新材料在汽车上的广泛应用,使汽车的动力性、经济性、排放净化性、安全性、操纵稳定性、行驶平顺性、舒适性与通过性等使用性能越来越完善,可靠性和使用寿命也越来越高。但是,汽车的结构也越来越复杂。

汽车检测技术是随着汽车的出现而出现的。最先出现的是传统的汽车检查技术(人工经验法),由于不能定量地确定汽车的性能参数或技术状况,因而逐渐出现了现代汽车检测技术。现代汽车检测技术是相对传统的汽车检查技术而言的。

现代汽车检测技术不仅可以定量地指示检测结果,而且具有自动控制检测过程、采集检测数据、分析判断检测结果和自动存储、打印检测报表等功能。带有示波器的检测设备还能显示被测量的曲线、波形和图形等。

在学习本课程时,应明确以下汽车专业术语的含义:

汽车使用性能——定量测得的表征某一时刻汽车动力性、经济性、排放净化性、安全性、操纵稳定性、行驶平顺性、舒适性、通过性和可靠性等性能的参数值。

汽车技术状况——定量测得的表征某一时刻汽车外观和使用性能的参数值的综合状况。

汽车检测——为确定汽车使用性能或技术状况而进行的检查和测量。

汽车诊断——在不解体(或仅卸下个别小件)条件下,为确定汽车技术状况或查明故障部位、原因而进行的检测、分析和判断。

一般地讲,诊断的基础是检测,检测的目的是诊断。这就是检测与诊断的关系。汽车检测技术也有称为汽车检验技术的,国际上不少国家将汽车检测技术和汽车诊断技术统称为汽车诊断技术。

现代汽车检测技术——用现代检测设备检测并能定量指示检测结果的汽车检测技术。

现代检测设备——包括现代各种用于检测(检查、测量)的仪器、仪表、装置和设备。它们可以是便携式的、移动式的和固定安装式的。对于那些不仅能定量指示检测结果,而且对检测结果具有分析、判断功能的,称之为诊断设备。

汽车维修——汽车维护、修理的泛称。

学习项目1.1　汽车检测技术发展概况

汽车检测技术是随着汽车的发展,从无到有逐渐发展起来的一门应用技术。

1.1.1　国外发展概况

国外一些发达国家,早在20世纪40~50年代就研制成功一些功能单一的检测设备或诊断设备,发展成以性能调试和故障诊断为主的单项检测技术或单项诊断技术。进入20世纪60年代后,检测设备的应用获得较大发展,设备使用率大大提高,逐渐将单项检测、诊断设备连线建站(出现汽车检测站),成为既能进行安全环保检测,又能进行维修诊断的综合检测技术。后来,随着电子技术和微机技术的发展,汽车检测站不仅实现了单个检测、诊断设备的微机控制,而且于20世纪70年代初出现了检测控制自动化、数据采集自动化、数据处理自动化、检测结果自动存储和打印的现代综合检测技术,使汽车检测站的检测效率极高。进入20世纪80年代后,一些先进国家的现代检测技术已达到广泛应用的阶段,不仅社会上针对在用汽车的专职汽车检测站众多,而且汽车制造厂装配线终端和汽车维修企业内部也都建有汽车检测线,给交通安全、环境保护、节约能源、降低运输成本和提高运输能力等方面,带来了明显的社会效益和经济效益。

1.1.2　国内发展概况

我国的现代汽车检测技术起步较晚。在 20 世纪六七十年代,国家有关部门虽然也从国外引进过少量现代检测设备,国内不少科研单位和企业对检测设备也组织过研制,但由于种种原因,该项技术一直发展缓慢。跨入 20 世纪 80 年代以后,随着国民经济的发展,特别是随着汽车制造业、公路交通运输业的发展和进口车辆增多,我国的机动车保有量迅速增加。车辆增加必然带来一系列社会问题,如何保证这些车辆安全运行和降低社会公害,已逐渐提到政府有关部门的议事日程上来,因而促进了汽车检测技术的发展,使之成为国家"六五"期间重点推广项目,并视为推进汽车维修现代化管理的一项重要技术措施。交通运输部门自 1980 年开始,有计划地在全国公路交通运输系统筹建汽车综合性能检测站,取得了很大的成绩。公安交通部门在全国中等以上城市中,也建成了许多安全性能检测站。到 20 世纪 90 年代初,除交通、公安两部门外,机械、石油、冶金、煤炭、林业、外贸等系统和部分大专院校,也建成了相当数量的汽车检测站。进入 21 世纪初,交通、公安两部门的汽车检测站,已建至县市级城市。可以说,我国已基本形成了全国性的汽车检测网,汽车检测技术已具备相当规模。不仅如此,全国各地的汽车维修企业使用的检测、诊断设备也日益增多,甚至非常普遍。

可以看出,随着我国公路交通运输业、汽车制造业、汽车维修业和整个国民经济持续快速地发展,我国的汽车检测技术必将获得进一步发展,而且会取得更大的经济效益和社会效益。

1.1.3　我国有关规定

我国交通运输部在 13 号部令《汽车运输业车辆技术管理规定》、28 号部令《汽车维修质量管理办法》和 29 号部令《汽车运输业车辆综合性能检测站管理办法》等文件中,就对在用汽车检测诊断技术、汽车检测维修制度、汽车检测诊断设备和汽车综合性能检测站等作出了明确规定,本书将有关条款节录如下,以供学习。

1) 车辆技术管理应坚持预防为主和技术与经济相结合的原则,对运输车辆实行"择优选配、正确使用、定期检测、强制维护、视情修理、合理改造、适时更新和报废"的全过程综合性管理。

2) 车辆技术管理应依靠科技进步,采取现代化管理方法,建立车辆质量监控体系,推广检测诊断和微机应用等先进技术。

3) 车辆检测诊断技术是检查、鉴定车辆技术状况和维修质量的重要手段,是促进维修技术发展、实现视情修理的重要保证,各地交通运输管理部门和运输单位应积极组织推广检测诊断技术。

4) 检测诊断设备应能满足车辆在不解体情况下确定其工作能力和技术状况,以及查明故障或隐患的部位和原因。检测诊断的主要内容包括:汽车的安全性(制动、侧滑、转向、前照灯等)、可靠性(异响、磨损、变形、裂纹等)、动力性(车速、加速能力、底盘输出功率、发动机功率、转矩和供给系、点火系状况等)、经济性(燃油消耗)及噪声和废气排放状况等。

5)各省、自治区、直辖市交通厅(局)应建立运输业车辆检测制度。根据车辆从事运输的性质、使用条件和强度以及车辆老旧程度等,进行定期或不定期检测,确保车辆技术状况良好,并对维修车辆实行质量监控。

6)建设汽车综合性能检测站是加强车辆技术管理的重要措施。各省、自治区、直辖市交道厅(局)是汽车综合性能检测站的主管部门,负责规划、管理和监督。

7)各省、自治区、直辖市交通厅(局)应对汽车综合性能检测站进行认定。经认定的检测站可代表交通运输管理部门对车辆行使质量监控。

8)汽车综合性能检测站经认定后,交通运输管理部门应组织对运输和维修车辆进行检测。

9)经认定的汽车综合性能检测站在车辆检测后,应发给检测结果证明,作为交通运输管理部门发放或吊扣营运证依据之一和确定维修单位车辆维修质量的凭证。

10)车辆二级维护前应进行检测诊断和技术评定,根据结果确定附加作业或修理项目,结合二级维护一并进行。

11)车辆修理应贯彻视情修理的原则,即根据车辆检测诊断和技术鉴定的结果,视情按不同作业范围和深度进行。既要防止拖延修理造成车况恶化,又要防止提前修理造成浪费。

12)各级汽车维修行业管理部门应建立健全汽车维修质量监督检验体系,实行分组管理。建立汽车维修质量监督检测站(中心),为汽车维修质量监督和汽车维修质量纠纷的调解或仲裁提供检测依据。汽车维修质量监督检测站必须是经当地交通主管部门会同技术监督部门认定后颁发了《检测许可证》的汽车综合性能检测站。

13)各级汽车维修行业管理部门应制定并认真执行汽车维修质量检验制度,对维修车辆实行定期或不定期的质量检测,并将检测结果作为评定维修业户维修质量和年审《技术合格证》的主要依据之一。

14)检测站应根据国家和行业标准进行检测,确保检测质量。未制定国家、行业标准的项目,可根据地方标准进行检测;没有国家、行业、地方标准的项目,可根据委托单位提供的资料进行检测。

15)检测站使用的计量检测设备应按技术监督部门的有关规定,组织周期检定,保证检测结果准确可靠。

16)各省、自治区、直辖市交通厅(局)可指定一个 A 级站作为本地区的中心站,直接管理。该中心站应经交通部汽车维修设备质量监督检验测试中心的认定,并接受其业务指导;认定后的中心站可对本地区其他各级检测站进行业务指导。

17)对不严格执行检测标准、弄虚作假、滥用职权、徇私舞弊的检测站,交通厅(局)或其授权的当地交通运输管理部门可根据《道路运输违章处罚规定(试行)》的有关规定处理。

学习项目1.2 汽车检测技术基础理论

从事汽车检测技术工作的人员,不仅要有完善的检测手段和分析、判断的能力,而且要有正确的理论指导和必备的基础理论知识。

诊断参数、诊断标准和诊断周期是从事汽车检测、诊断技术工作者必须掌握的基础理论知识。

1.2.1 诊断参数

(1) 概述

参数是表明某一种重要性质的量。汽车诊断参数是供诊断用的,表征汽车、总成、机构技术状况的量。

尽管有些结构参数(如磨损量、间隙量等)可以表征技术状况,但在不解体情况下直接测量汽车、总成、机构的结构参数往往受到限制。如气缸间隙、气缸磨损量、曲轴和凸轮轴各轴承间隙、曲轴和凸轮轴各轴颈磨损量、各齿轮间隙及磨损量、各轴轴向间隙及磨损量等,都无法在不解体情况下直接测量。因此,在检测、诊断汽车技术状况时,需要采用一种与结构参数有关而又能表征技术状况的间接指标(量),该间接指标(量)称为诊断参数。可以看出,诊断参数既与结构参数紧密相关,又能够反映汽车的技术状况,是一些可测的物理量和化学量。

汽车诊断参数包括工作过程参数、伴随过程参数和几何尺寸参数。

1) 工作过程参数。是汽车、总成、机构工作过程中输出的一些可供测量的物理量和化学量。例如,发动机功率、驱动车轮输出功率或驱动力、汽车燃料消耗量、制动距离或制动力或制动减速度、滑行距离等,往往能表征诊断对象工作过程中总的技术状况,适合于总体诊断。

举例:通过检测得知底盘输出功率符合要求,说明汽车动力性符合要求,也说明发动机技术状况和传动系技术状况均符合要求;反之,通过检测得知底盘输出功率不符合要求,说明汽车动力性不符合要求,也说明发动机输出功率不足或传动系损失功率太大。因此,上述参数可以整体上确定汽车、总成的技术状况。

汽车不工作时,工作过程参数无法测得。

2) 伴随过程参数。是伴随汽车、总成、机构工作过程输出的一些可测量。例如,汽车、总成、机构工作过程中出现的振动、噪声、异响、过热等,可提供诊断对象的局部信息,常用于复杂系统的深入诊断。

汽车不工作(过热除外)时,伴随过程参数无法测得。

3) 几何尺寸参数。可提供总成、机构中配合零件之间或独立零件的技术状况。例如,总成、机构中的配合间隙、自由行程、圆度、圆柱度、端面圆跳动、径向圆跳动等,都可以作为诊断参数使用。它们提供的信息量虽然有限,但却能表征诊断对象的具体状态。

汽车常用诊断参数见表 1 - 1。

表 1-1　汽车常用诊断参数

诊断对象	诊断参数	诊断对象	诊断参数
整车	最高车速/(km/h) 加速时间/s 最大爬坡度/(°),(%) 驱动车轮输出功率/kW 驱动车轮驱动力/kN 汽车燃料消耗量/(L/km)、 (L/100km)、(km/L) 汽车侧倾稳定角/(°) 汽车排放 CO 体积百分数/(%) 汽车排放 HC 体积百万分数/10^{-6} 汽车排放 NO_x 体积百分数/(%) 汽车排放 CO_2 体积百分数/(%) 汽车排放 O_2 体积百分数/(%) 柴油车自由加速可见污染物光吸收系数/m^{-1} 柴油车自由加速烟度/Rb	发动机总成	额定转速/(r/min) 怠速转速/(r/min) 发动机功率/kW 发动机燃料消耗量/(L/h) 单缸断火(油)转速平均下降值/(r/min) 排气温度/℃
汽油机燃料供油系统	空燃比 空气过量系数 汽油泵出口关闭压力/kPa 供油系统供油压力/kPa 喷油器喷油压力/kPa 喷油器喷油量/(mL/100 次)、 (mL/200 次)…… 各缸喷油器喷油不均匀度/(%)	曲柄连杆机构	气缸压力/MPa 气缸漏气量/kPa 气缸漏气率/(%) 曲轴箱窜气量/(L/min) 进气管真空度/kPa
		配气机构	气门间隙/mm 配气相位/(°)
		点火系统	断电器触点间隙/mm 断电器触点闭合角/(°) 点火波形重叠角/(°) 点火提前角/(°) 火花塞间隙/mm 各缸点火电压值/kV 各缸点火电压短路值/kV 点火系最高电压值/kV 火花塞加速特性值/kV
柴油机燃料供给系统	输油泵输油压力/kPa 喷油泵高压油管最高压力/kPa 喷油泵高压油管残余压力/kPa 喷油器针阀开启压力/kPa 喷油器针阀关闭压力/kPa 喷油器针阀升程/mm 喷油器喷油量/(mL/100 次)、 (mL/200 次)…… 各缸喷油器喷油不均匀度/(%) 供油提前角/(°) 喷油提前角/(°)	冷却系统	冷却液温度/℃ 冷却液液面高度/mm 风扇传动带张力/kN 风扇离合器接合、断开时的温度/℃
		润滑系统	机油压力/kPa 机油池液面高度/mm 机油温度/℃ 机油消耗量/kg,L 理化性能指标变化量 清净性系数 K 的变化量 介电常数的变化量 金属微粒的容积百分数/(%)

续表

诊断对象	诊断参数	诊断对象	诊断参数
传动系统	传动系统游动角度/(°) 传动系统功率损失/kW 机械传动效率 总成工作温度/℃	转向桥与转向系统	车轮侧滑量/(m/km) 车轮前束值/mm 车轮外倾角/(°) 主销后倾角/(°) 主销内倾角/(°) 转向轮最大转向角/(°) 最小转弯直径/m 转向盘自由转动量/(°) 转向盘最大转向力/N
制动系统	制动距离/m 充分发出的平均减速度/(m/s²) 制动力/N,kN 制动拖滞力/N,kN 驻车制动力/N,kN 制动时间/s 制动协调时间/s 制动完全施放时间/s	其他	前照灯发光强度/cd 前照灯光束照射位置/mm 车速表允许误差范围/(%) 喇叭声级/dB 客车车内噪声级/dB 驾驶员耳旁噪声级/dB
行驶系统	车轮静不平衡量/g 车轮动不平衡量/g 车轮端面圆跳动量/mm 车轮径向圆跳动量/mm 轮胎胎面花纹深度/mm		

（2）诊断参数与测量条件、测量方法的关系

通过不同的测量条件与测量方法，可以测得不同的诊断参数值。在测量条件中，一般有温度、速度、负荷等条件。多数诊断参数值的测量需要汽车运行至正常工作温度，只有少数诊断参数值可在常温下进行。

除了温度条件外，速度条件和负荷条件也很重要。如发动机功率值的测量，需在一定的转速和节气门开度下进行；汽车制动距离的测量，需在一定的制动初速度和载荷（空载或满载）下进行。

对诊断参数的测量方法也有规定。没有规范的测量条件和测量方法，无法统一尺度，因而测得的诊断参数值也就无法评价汽车的技术状况。所以，要把诊断参数及其测量条件、测量方法看成是一个不可分割的整体。

1.2.2　诊断标准

汽车诊断标准是汽车技术标准中的一种，可分为汽车诊断标准和汽车诊断参数标准两种类型。其中，汽车诊断标准是对汽车诊断方法、技术要求和限值等的统一规定；而汽车诊断参数标准是对汽车诊断参数限值的统一规定。一般情况下，汽车诊断标准包括汽车诊断

参数标准。

以下将汽车诊断标准、汽车诊断参数标准分别简称为诊断标准、诊断参数标准。

（1）诊断标准的类型与性质

汽车诊断标准与其他技术标准一样，分为国家标准、行业标准、地方标准和企业标准四种类型。

1）国家标准。是国家制定的标准，冠以中华人民共和国国家标准字样。国家标准一般由某行业部、委、局提出，由国家质量监督检验检疫总局批准、发布或联合发布，全国各级各有关单位和个人都要贯彻执行，具有强制性和权威性。如 GB 7258—2012《机动车运行安全技术条件》、GB 18285—2005《点燃式发动机汽车排气污染物排放限值及测量方法（双急速法及简易工况法）》、GB 3847—2005《车用压燃式发动机和压燃式发动机汽车排气烟度排放限值及测量方法》等都是强制推行的国家标准，而 GB/T 18344—2001《汽车维护、检测、诊断技术规范》是推荐性国家级标准。

2）行业标准。也称为部、委、局标准，是国家部、国家委员会或国务院直属局制定、发布并经国家质量监督检验检疫总局备案的标准，在部、委、局系统内或行业内贯彻执行，一般冠以中华人民共和国某某部、委、局或某某行业标准，也在一定范围内具有强制性和权威性，各级各有关单位和个人也必须贯彻执行。如 JB 3352—1983《载货汽车燃料消耗量试验方法》是中华人民共和国原机械工业部标准，SY 2625—1982《增压柴油机高温清净性评定法》是中华人民共和国原石油工业部标准，都属于强制性标准。JT/T 478—2002《汽车检测站计算机控制系统技术规范》、JT/T 497—2004《乘用车悬架特性的评价指标和检测方法》是中华人民共和国交通行业标准，属于推荐性标准。

3）地方标准。是省（自治区、直辖市）级、市地级、市县级制定并发布的标准，在地方范围内贯彻执行，也在一定范围内具有强制性和权威性，所属范围内的各级各有关单位和个人必须贯彻执行。省、市地、市县三级除贯彻执行上级标准外，可根据本地具体情况制定地方标准或率先制定上级没有制定的标准。地方标准中的限值可能比上级标准中的限值要求还要严格。

4）企业标准。包括汽车制造厂对产品用户推荐的标准、汽车运输企业和汽车维修企业内部制定的标准和检测设备制造厂推荐的参考性标准三部分。

① 汽车制造厂对产品用户推荐的标准　是汽车制造厂在汽车使用说明书或维修手册中公布的汽车使用性能参数、结构参数、调整数据和使用极限等，可从中选择一部分作为诊断参数标准使用。该种标准是汽车制造厂根据设计要求、制造水平，为保证汽车的使用性能和技术状况而制定的。

② 汽车运输企业和汽车维修企业内部制定的标准　只在企业内部贯彻执行。有条件的企业除贯彻执行上级标准外，往往还能根据本企业的具体情况，制定企业标准或率先制定上级没有制定的标准。企业标准中有些诊断参数的限值甚至比上级标准还要严格，以保证汽车维修质量和树立良好的企业形象。一般情况下，企业标准应达到国家标准和上级标准的要求，同时允许超过国家标准和上级标准的要求。

③ 检测设备制造厂推荐的参考性标准是检测设备制造厂针对本设备所检测的诊断参数，在尚没有国家标准和行业标准的情况下制定的诊断参数限值，通过检测设备使用说明书

提供给使用单位作参考性标准,以判断汽车、总成、机构的技术状况。

任何一级标准的制定和修订,既要考虑技术性和经济性,又要考虑先进性。

(2)诊断参数标准的组成

为了定量地评价汽车、总成、机构的技术状况,确定维护、修理的范围和深度,预报无故障工作里程,单有诊断参数是不够的,还必须建立诊断参数标准,提供一个比较尺度。这样,在测得诊断参数值后与诊断参数标准对照,即可确定汽车是继续运行还是进厂(场)维修。

诊断参数标准一般由初始值 P_f、许用值 P_d 和极限值 P_n 三部分组成。

1)初始值 P_f。此值相当于无故障新车和新大修车诊断参数值的大小,往往是最佳值,可作为新车和新大修车的诊断参数标准。当诊断参数测量值处于初始值范围内时,表明诊断对象技术状况良好,无需维修,可继续运行。

2)许用值 P_d。诊断参数测量值若在此值范围内,则诊断对象技术状况虽发生变化但尚属正常,无需修理(但应按时维护),可继续运行。超过此值,勉强许用,但应及时安排维修。否则,汽车带病行车,故障率上升,可能行驶不到下一个诊断周期。

3)极限值 P_n。诊断参数测量值超过此值后,诊断对象技术状况严重恶化,汽车须立即停驶修理。此时,汽车的动力性、燃料经济性和排气净化性大大降低,行驶安全性得不到保证,有关机件磨损严重,甚至可能发生机械事故。所以,汽车必须立即停驶修理,否则将造成更大损失。

可以看出,通过对汽车进行检测,当诊断参数测量值在许用值以内时,汽车可继续运行;当诊断参数测量值超过极限值时,须停止运行进厂修理。因此,将诊断参数测量值与诊断参数标准值对照,即可得知汽车技术状况,并做出相应的决断。

诊断参数标准的初始值、许用值和极限值,可能是一个单一的数值,也可能是一个数值范围。它们三者之间的关系及诊断参数随行驶里程的变化情况如图 1-1 所示。

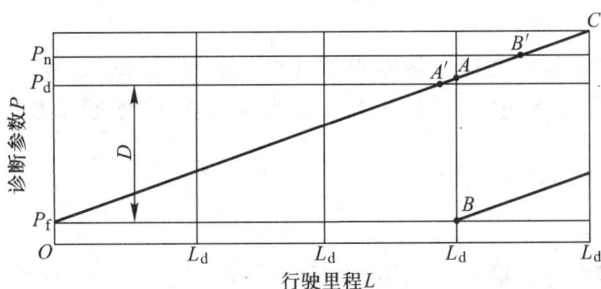

图 1-1　诊断参数随行驶里程的变化情况

图中　D——诊断参数 P 的允许变化范围;

　　　L_d——诊断周期;

　　　$P_f C$——诊断参数 P 随行驶里程 L 的变化;

　　　A'——P 变化至与 P_d 相交,继续行驶可能发生故障;

　　B'——P变化至与P_n相交,继续行驶可能发生损坏;

　　C——发生损坏;

　　A——P变化至A'后可继续行驶,至最近的一个诊断周期采取维修措施;

　　AB——采取维修措施后,P降至初始值P_f,汽车技术状况恢复。

可以看出,在诊断参数标准$P_f \sim P_d$区间,即D区间,是诊断参数P允许变化的区间,属无故障区间;在$P_d \sim P_n$区间,是可能发生故障的区间;在诊断参数P超过P_n以后,是可能发生损坏的区间。

（3）诊断参数标准的制定与修正

诊断参数标准的制定与修正,既要有利于汽车技术状况的提高,又要以经济为基础进行综合考虑。若标准制定严格,汽车的动力性、燃料经济性、排气净化性、安全性等性能必定得到提高,即汽车整体技术状况得到提高,但汽车维护与修理的费用也会相应提高。反之,若标准制定宽松,维护与修理的费用下降,但汽车整体技术状况也下降。随着我国经济持续快速地发展和对安全、排放、节能等方面的要求越来越高,标准的制定与修正必定会越来越严格。

诊断参数标准的制定与修正是一个比较复杂的工作,一般采用统计法、经验法、试验法或理论计算法等方法完成。

1）统计法。是通过找出相当数量在用汽车在正常技术状况下诊断参数的分布规律（如正态分布或γ分布）,然后经综合考虑而制定的并能使大多数在用汽车技术状况合格的诊断参数标准的一种方法。

2）经验法。是由一批有经验的汽车维修专家,根据长期积累的实践经验而确定诊断参数标准的一种方法。

3）试验法。是在室内模拟道路行驶的试验台上采用强化运行、加速损坏的手段来确定诊断参数标准的一种方法。

4）理论计算法。是通过理论计算确定诊断参数标准的一种方法,一般仅适用于确定个别机件（如轴承等）的诊断参数标准。

不管采用哪种方法制定与修正诊断参数标准,都要经过试行、修改后才能确定下来,但经数年后,随着经济的发展、技术的进步和社会需求的提高,诊断参数标准还要不断修正才能满足需要。

1.2.3　诊断周期

汽车诊断周期是汽车诊断的间隔期,以行驶里程或使用时间（月或日）表示。确定汽车诊断周期时,应满足技术和经济两方面的要求,获得最佳汽车诊断周期。最佳汽车诊断周期是保证车辆的完好率最高而消耗的费用最少的诊断周期。

确定最佳汽车诊断周期的工作是非常重要的,它既要使车辆在无故障状态下运行,又要使我国维修制度中"定期检测、强制维护、视情修理"的费用降至最低,因此要在"定期"上做好文章。

（1）制定最佳汽车诊断周期应考虑的因素

制定最佳汽车诊断周期,应考虑汽车技术状况,汽车使用条件,汽车检测诊断、维护修理、停驶损耗的费用等项因素。

1）汽车技术状况。在汽车新旧程度不一、行驶里程不一、技术状况等级不一，甚至还有使用性能、结构特点、故障规律、配件质量不一等情况下，制定的最佳汽车诊断周期也不会一样。凡是新车或大修车、行驶里程较少的车、技术状况等级为一级的车，其最佳汽车诊断周期应长，反之则应短。

2）汽车使用条件。包括气候条件、道路条件、装载条件、驾驶技术、是否拖挂、燃润料质量等条件。凡是气候恶劣、道路状况极差、经常超载、驾驶技术不佳、拖挂行驶、燃润料质量得不到保障的汽车，其最佳汽车诊断周期应短，反之则应长。

3）费用。包括检测诊断、维护修理、停驶损耗的费用。若使检测诊断、维护修理费用降低，则应使最佳汽车诊断周期延长，但汽车因故障停驶的损耗费用增加；若使停驶损耗的费用降低，则应使最佳汽车诊断周期缩短，但检测诊断、维护修理的费用增加。

（2）我国规定的汽车最佳诊断周期

根据交通部《汽车运输业技术管理规定》，营运车辆实行"定期检测、强制维护、视情修理"的维修制度。该规定要求车辆二级维护前应进行检测诊断和技术评定，根据检测结果，确定附加作业或修理项目，结合二级维护一并进行。又规定车辆修理应贯彻视情修理的原则，即根据车辆检测诊断和技术鉴定的结果，视情按不同作业范围和深度进行，既要防止拖延修理造成车况恶化，又要防止提前修理造成浪费。

从上述规定中可以看出，二级维护前和车辆大修前都要进行检测诊断。其中，大修前的检测诊断，一般在大修间隔里程行将结束时结合二级维护前的检测诊断进行。既然规定在二级维护前进行检测诊断，则二级维护周期（间隔里程）就是诊断周期。二级维护周期在我国已经使用了多年，实践证明基本上是合理的，因此可将其视为我国目前的汽车最佳诊断周期。根据中华人民共和国交通行业标准 JT/T 201—1995《汽车维护工艺规范》的规定，二级维护周期在 10 000 ~ 15 000 km 范围内依据各地条件不同选定。

非营运车辆的诊断周期一般也是二级维护周期，即在二级维护前进行检测诊断和技术评定。其二级维护周期里程按汽车制造厂的规定（查汽车使用说明书）进行。

学习项目 1.3　汽车检测设备基本知识

在汽车检测作业中，为了获得诊断参数测量值，检测人员要选择合适的测量仪器、仪表、装置或设备等（往往统称为检测设备）组成的检测系统，在规定的测量条件、测量方法下，对汽车、总成、机构进行检测、分析和判断。

检测系统的基本组成、智能化检测系统、检测设备的测量误差与精度、检测设备的使用维护与故障处理等方面的知识，是从事汽车检测技术工作者必须掌握的基本知识。

1.3.1　汽车检测系统的基本组成

对于一个由一般仪器、仪表构成的汽车检测系统，通常是由传感器、变换及测量装置、记录与显示装置、数据处理装置等组成的，如图 1-2 所示。

```
                                      ┌──────────────┐
                                   ┌─▶│ 记录与显示装置 │
                                   │  └──────────────┘
┌──────┐   ┌──────┐   ┌──────────────┐
│ 被测量 │─▶│ 传感器 │─▶│  变换及测量装置  │─┤
└──────┘   └──────┘   └──────────────┘  │
                            ▲            │  ┌──────────────┐
                        ┌──────┐         └─▶│  数据处理装置  │
                        │ 电源 │            └──────────────┘
                        └──────┘
```

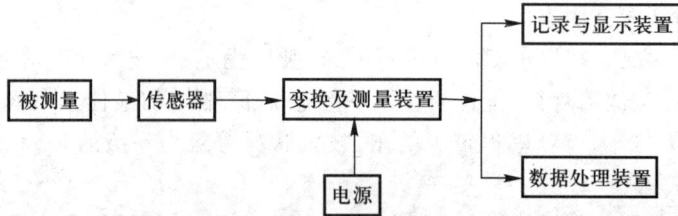

图 1-2　汽车检测系统的基本组成

（1）传感器

传感器。是一种能够把被测量（物理量、化学量、生物量等）的某种信息拾取出来，并将其转换成有对应关系的便于测量的电信号的一种装置。传感器是获取信息的手段，在整个检测系统中占有首要位置。由于传感器处于检测系统的输入端，所以其性能直接影响到整个检测系统的测量准确性和工作可靠性。也有将传感器称为变送器、发送器或检测头的。在生物医学及超声检测仪器中，传感器常被称为换能器。

检测设备使用的传感器，如果按测量性质分类，可以分为机械量传感器（如位移传感器、力传感器、速度传感器、加速度传感器等）、热工量传感器（如温度传感器等）、化学量传感器和生物量传感器等类型；如果按传感器输出量的性质分类，可以分为参量型传感器（输出的是电阻、电感、电容等无源电参量，如电阻式传感器、电感式传感器和电容式传感器等）和发电型传感器（输出的是电压和电流信号，如热电偶传感器、光电传感器、磁电传感器和压电传感器等）等。

（2）变换及测量装置

变换及测量装置。是将传感器送来的电信号变换成易于测量的电压或电流信号的一种装置。这类装置通常包括电桥电路、调制电路、解调电路、阻抗匹配电路、放大电路、运算电路等，能对传感器信号进行放大，对电路进行阻抗匹配、微分、积分、线性化补偿等处理工作，是检测系统中比较复杂的部分。

（3）记录与显示装置

记录与显示装置。是将变换及测量装置送来的电信号进行记录与显示的一种装置。记录与显示装置的显示方式，一般有模拟显示、数字显示和图像显示三种形式，以使检测人员及时读取测量值的大小和变化过程。

1）模拟显示。一般是利用指针式仪表指示被测量的大小，应用广泛。其优点是结构简单、价格低廉、读数方便和直观，缺点是易造成读数误差。

2）数字显示。是直接以数字形式指示被测量的大小，应用越来越广泛。该种显示方式有利于消除读数误差，并且能与微机联机，使数据处理更加方便。

3）图像显示。是用记录仪显示并记录被测量处于动态中的变化过程，以描绘出被测量随时间变化的曲线或图像作为检测结果，供读数、分析、判断之用。常用的自动记录仪有光线示波器、电子示波器、笔式记录仪和磁带记录仪等类型。

（4）数据处理装置

数据处理装置　是一种用来对检测结果（数据、曲线或图像）进行分析、运算、处理的装置。例如，对大量测量数据进行数理统计分析，对曲线进行拟合，对动态测试结果进行频谱分析、幅值谱分析和能量谱分析等。

1.3.2　智能化汽车检测系统简介

由一般仪器、仪表、装置或设备构成的汽车检测系统,其指示装置大多为指针式。这种检测系统的最大缺点是指示精度低、分辨率差和使用寿命短,将逐渐被智能化汽车检测系统所代替。

智能化汽车检测系统　一般是指以微机(单板机、单片机或个人计算机)为基础而设计制造出来的一种新型检测系统。由于由微机控制整个检测系统,因而使检测系统的结构和功能发生了根本性的变化。

一般汽车检测系统设有许多调节旋钮,在测量过程中的量程选择、极性变换、亮度调节、幅度调节和数据显示等工作都需要人工操作。智能化汽车检测系统以微处理器作为控制单元,能把系统中各个测量环节有机地结合起来,并赋予了微机所特有的诸如编程、自动控制、数据处理、分析判断、存储及打印等功能,因此是一种自控性很强的智能化的汽车检测系统。

智能化汽车检测系统一般由传感器、放大器、A/D 转换器、微机系统、显示器、打印机和电源等组成。

智能化汽车检测系统与一般汽车检测系统相比有以下一些特点:

1)自动零位校准和自动精度校准。为了消除由于环境条件的变化(例如温度),使放大器的增益发生变化所造成的仪器零点漂移,智能化汽车检测系统设置有自动零位校准功能,采用程序控制的方法,在输入接地的情况下,将漂移电压存入随机存储器 RAM 中,经过运算即可从测量值中消除零位偏差。

自动精度校准是采用软件的自校准功能,事先通过分别测出零位偏差、增益偏差以及各项修正值,进而建立各部分的校准方程——数学模型。自动校准的精度取决于数学模型的建立,即取决于数学模型是否能真正反映客观实际。

2)自动量程切换。智能化检测系统中的量程切换一般也是通过软件来实现的。编制软件采用逐级比较的方法,从大到小(从高量程到低量程)自动进行。软件一旦判定被测参数所属量程,程序即自动完成量程切换。

3)功能自动选择。智能化汽车检测系统中的功能选择,实际上是在数字仪表上附加时序电路,用一个 A/D 转换器采集多通道的信号,在程序控制下,通过电子开关来实现的。只要智能化汽车检测系统中的各功能键(如温度 T、流量 L……)进行统一编码,然后 CPU 发送各种控制字符(如 A_1、A_2 等),通过接口芯片来控制各个电子开关的启闭。这样,在测量过程中检测系统能自动选择或自动改变测量功能。这种功能的改变完全可以由用户事先设定,在程序中发送不同的控制字符,相应的电子开关便接通,从而实现了功能的自动选择。

4)自动数据处理和误差修正。智能化汽车检测系统有很强的自动数据处理功能。例如,能按线性关系、对数关系及乘方关系,求取测量值相对于基准值的各种比值,并能进行各种随机量的统计分析和处理,求取测量值的平均值、方差值、标准偏差值、均方根值等。对于系统误差的修正,由于往往事先知道被测量的修正量,故在智能化汽车检测系统中,这种误差的修正就变得更为简单。除此之外,智能化汽车检测系统还能对非线性参数进行线性补偿,使仪器的读数线性化。

5）自动定时控制。自动定时控制是某些测量过程所需要的。智能化检测系统实现自动定时控制有两种方法：一种是用硬件完成，例如某些微处理器中就有硬件定时器，可以向CPU发出定时信号，CPU会立即响应并进行处理；另一种是用软件达到延时的目的，即编制固定的延时程序，按0.1 s、1.0 s……甚至1.0 h延时设计，并作为子程序存放在只读存储器ROM中，用户在使用中只要给定各种时间常数，通过反复调用这些子程序，就可实现自动定时控制。后者方法简单，但定时精度不如前者高。

6）自动故障诊断。智能化汽车检测系统可在系统内设有故障自检系统，一般采用查询的方式进行，能在遇到故障时自动显示故障部位，大大缩短诊断故障的时间，实现检测系统自身的快速诊断。

7）功能越来越强大。一些综合性能的智能化汽车检测系统，如发动机综合参数分析仪、故障解码器、汽车专用示波器等，不仅能对国产车系进行检测诊断，而且能对亚洲车系、欧洲车系和美洲车系进行检测诊断；不仅能检测诊断发动机的电控系统，而且能检测自动变速器、防抱死制动系统、牵引控制系统、安全气囊、电控悬架、巡航系统、卫星定位系统和空调的电控系统等；不仅能读出故障码、清除故障码，而且还能读出数据流，实现系统测试等多项功能。

8）使用越来越方便。像发动机综合参数分析仪、故障解码器、汽车专用示波器和四轮定位仪等检测设备均设有上、下级菜单，使用中只要单击菜单，选择要测试的内容即可，操作变得越来越方便。

1.3.3　汽车检测设备的测量误差与精度

使用检测设备对汽车技术状况进行检测时，由于被测量、检测系统、检测条件、检测方法等受到变动因素的影响以及检测人员身心状态和情绪等的变化，使检测人员不可能测量到被测量的真值。测量值和真值之间总会存在一定的测量误差。可以说，测量误差自始至终存在于一切科学试验和测量之中，是不可避免的，被测量的真值是难以测量到的。尽管如此，人们一直设法改进检测系统、检测方法和检测手段，并通过对检测数据的误差分析和处理方法，使测量误差保持在允许范围之内，或者说使检测达到一定的测量精度，使检测结果成为合理的和可信的。

（1）测量误差

测量误差主要来源于系统误差、环境误差、方法误差和人员误差等。不同的分类方法，可以将测量误差分为不同的类型。如果按测量误差的表示方法分类，可以分为绝对误差和相对误差两类；如果按测量误差出现的规律分类，可以分为系统误差、随机误差和过失误差三类；如果按测量误差的状态分类，可以分为静态误差和动态误差两类。限于篇幅，本书仅将前两种分类方法的测量误差介绍如下。

1）绝对误差和相对误差。

① 绝对误差是测量值与被测量真值之间的差值，如下式所列

$$\delta = X - X_0$$

式中　δ——绝对误差；

　　　X——测量值；

X_0——被测量真值。

绝对误差 δ 有正、负符号和单位。δ 的单位与被测量的单位相同。一般地讲,绝对误差越小,测量值越接近被测量的真值,即测量精度越高。但是,这一结论只适用于各测量值大小相等的情况,不适用于在各测量值不等时评价测量精度的大小。例如:某仪器测量 10 m 的长度,绝对误差为 0.01 mm;另一仪器测量 100 m 的长度,绝对误差也为 0.01 mm。从绝对误差来看,它们的测量精度是一样的,但由于测量长度不等,实际上它们的测量精度并不相同。为此,必须引入相对误差的概念。

② 相对误差是测量值的绝对误差 δ 与被测量真值 X_0 的比值,用百分数表示,如下式所列

$$r = \frac{\delta}{X_0} \times 100\% = \frac{X - X_0}{X_0} \times 100\%$$

式中　r——相对误差。

相对误差能更好地比较不同测量结果的测量精度。例如上面所举的例子,如果用相对误差表示,则有

$$r_1 = \frac{0.01}{10} \times 100\% = 0.1\%$$

$$r_2 = \frac{0.01}{100} \times 100\% = 0.01\%$$

可以看出,前一种仪器的相对误差为 0.1%,后一种仪器的相对误差为 0.01%。显然,后一种仪器的测量精度要远远高于前一种仪器。但是,用相对误差来评定测量精度也有不足之处。它只能表示不同测量结果的精确程度,不适用于衡量检测设备本身的测量精度。这是因为同一台检测设备在其测量范围内的相对误差也是发生变化的,随着被测量的减小,相对误差变大,为此又采用了"引用误差"的概念。

③ 引用误差是绝对误差 δ 与指示仪表量程 L 的比值,以百分数表示,如下式所列

$$r_0 = \frac{\delta}{L} \times 100\%$$

如果用指示仪表的整个量程中可能出现的绝对误差最大值 δ_m 代替 δ,则可得到最大引用误差,如下式所列

$$r_m = \frac{\delta_m}{L} \times 100\%$$

对于一台确定的检测设备,最大引用误差是一个定值。检测设备一般采用最大引用误差不能超过的允许值作为划分精度等级的尺度。常见的精度等级有 0.1、0.2、0.5、1.0、1.5、2.0、2.5、5.0 级。精度等级为 1.0 的检测设备,在使用中其最大引用误差不超过 ±1.0%。也就是说,在指示仪表的整个量程内,其绝对误差的最大值不会超过量程的 ±1.0%。可以看出,对于精度等级已知的检测设备,只有被测量值接近满量程时才能发挥其测量精度。因此,使用检测设备时只有合理选择量程,才能提高仪器的测量精度。

2)系统误差、随机误差、过失误差。

① 系统误差是指在同一测量条件下多次测量同一量时,测量误差的大小和符号保持不变或按一定规律变化的误差。其中,测量误差的大小和符号保持不变的称为恒值系统误差,

按一定规律变化的称为变值系统误差。变值系统误差又可分为累进性系统误差、周期性系统误差和按复杂规律变化的系统误差等几种类型。当出现检测设备本身测量精度不高,测量方法不当,使用方法不当或环境条件变化等因素时,都可能产生系统误差。如非电量测量中变换器的零点误差及测试仪表机械零点不在原点上引起的误差,在整个测量过程中其数值和符号都是保持不变的,属于恒值系统误差;又如指示仪表的刻度盘安装位置不正而引起的误差,属于变值系统误差。系统误差的大小表明测量值相对被测量真值有一恒值或按规律变化的误差。系统误差越小,测量结果的正确度越高。

系统误差是有规律可循的,产生的原因往往是可知的。因此,掌握其变化规律和查明产生的原因,采取一定的预防措施或对测量值进行修正,能够减小或消除对检测结果的影响。

② 随机误差是指在同一测量条件下多次测量同一量时,误差的大小和符号以不可预见的方式变化着的误差。随机误差是测量中一些独立的、微小的、偶然的因素所引起的综合结果,因此也称为偶然误差。随机误差是不可避免的,而且在同一条件下多次进行的重复测量中,它或大或小,或正或负,既不能用试验方法消除,也不能修正。但是,可以利用概率论和统计学的一些方法进行研究和处理,进而掌握随机误差的规律,确定对测量结果的影响。

需要指出的是,测量误差之间在一定条件下可以相互转化。对于某种误差,在此条件下可能为系统误差,而在另一条件下可能为随机误差,反之亦然。因此,掌握误差转化的特点,可采用相应的方法进行数据处理或修正,以减小误差的影响。

测量中系统误差和随机误差往往都同时存在,可以按其对测量结果的影响程度分三种情况进行处理:

● 当系统误差远大于随机误差时,可略去随机误差,按系统误差处理。

● 当系统误差很小或已修正(如刻度盘安装位置不正已得到纠正)时,可按随机误差来处理。

● 当系统误差和随机误差的影响程度差不多时,二者均不可忽略,应按不同方法处理。

③ 过失误差是指由于操作者的过失而造成的测量误差,也称为粗大误差。过失误差主要是人为因素造成的。例如,测量人员操作不当、读数不准、记录不实或计算错误等,都会造成过失误差。含有过失误差的测量结果属于坏值或异常值,误差分析时应剔除。

(2) 精度

随机误差的大小表明测量结果的分散性。通常用精密度表示随机误差的大小。当随机误差大、测量值分散时,表明精密度低;反之,表明精密度高。精密度高时,测量的重复性好。系统误差小时,测量结果的正确度高;反之,正确度低。

精确度是测量的精密度和正确度的综合反映。精确度高的测量,意味着系统误差和随机误差都小。精确度有时简称为精度。

1.3.4　汽车检测设备的使用、维护与故障处理

汽车检测设备,既有一般检测系统,也有智能化检测系统。其中,智能化检测系统的使用越来越广泛。为了使检测设备保持良好的技术状况,必须做好日常的使用、维护和故障处理等工作。

（1）检测设备的使用与维护

1）检测设备的使用环境，如温度、湿度、灰尘、振动等必须符合其使用说明书的要求。

2）指针式检测设备在使用前必须检查指针是否在机械零点位置上，否则应调整。

3）使用前如需预热，检测设备应按其使用说明书的要求预热至规定时间。

4）使用前必须按使用说明书规定的方法，对检测设备进行校准和调整，待符合要求后才能投入使用。

5）电源开关不宜频繁开启和关闭。

6）检测设备的电源电压应在额定值 ±5% 范围内，并应增强交流滤波。

7）严格防止高压电窜入控制线和信号线内，且控制线、信号线不宜过长。

8）检测设备使用完毕应及时关闭电源，有降温要求的应使机内风扇继续工作数分钟，直至温度降至符合要求为止。

9）要经常检视检测设备传感器外部状况，如有破损、松动、位移、积尘和受潮等现象，应及时处理。

10）检测设备上的积尘可定期用毛刷、吸尘器等清除。严禁用有机溶剂和湿布等擦拭内部元件。

（2）检测设备的故障处理

1）检测设备不工作，面板指示灯全灭。

① 检查电源是否接通，熔丝是否烧断。

② 检查整流管、调整管等是否短路或损坏。

③ 检查电解电容器和外部控制引线状况，此两处往往是故障多发点。

2）检测设备显示值偏离实际值较多。

① 检查传感器工作是否正常，其输出电压是否符合标准。

② 检查电路板的放大器工作是否正常。

③ 检查 A/D 转换器参考电压是否正常。

3）检测设备显示值不变。

① 检查传感器、放大器的工作是否正常。

② 检查电路板上的集成块（A/D 转换芯片、显示驱动芯片、微处理器等）是否损坏。

4）检测设备误动作或误发数据。

① 检查是否有外部干扰源。

② 检查电源滤波、机壳接地、输入信号屏蔽等措施是否完善。

5）检测设备发送数据误码较多。

① 检查通信插座接触情况，若不良应纠正。

② 在满足通信速率的情况下，尽可能降低传送波频率。

除以上外，还应经常检查检测设备中继电器、电解电容器、电位器、接插件和按键等一些经常易损坏的器件，若工作不良则要及时修理或更换，以减少检测设备发生故障的次数。

各种检测设备应符合相应的产品技术条件等国家标准和行业标准的要求，满足加工、检测精度的要求和使用要求，并通过形式认定，还应按规定经有资质的计量检定机构检定合格后才能正常使用。

本模块要点

1）汽车检测技术是随着汽车的发展，从无到有逐渐发展起来的一门应用技术。

2）车辆技术管理应坚持预防为主和技术与经济相结合的原则，对运输车辆实行"择优选配、正确使用、定期检测、强制维护、视情修理、合理改造、适时更新和报废"的全过程综合性管理。

3）车辆二级维护前应进行检测诊断和技术评定，根据结果确定附加作业或修理项目，结合二级维护一并进行。

4）车辆修理应贯彻视情修理的原则，即根据车辆检测诊断和技术鉴定的结果，视情按不同作业范围和深度进行。既要防止拖延修理造成车况恶化，又要防止提前修理造成浪费。

5）诊断参数、诊断标准、诊断周期，是从事汽车检测技术工作人员必须掌握的基础理论知识。

6）汽车诊断参数是供诊断用的，表征汽车、总成、机构技术状况的量。

7）汽车诊断标准是对汽车诊断的方法、技术要求和限值等的统一规定。汽车诊断参数标准是对汽车诊断参数限值的统一规定，有时也简称为汽车诊断标准。

8）汽车诊断周期是汽车诊断的间隔期，以行驶里程或使用时间（月或日）表示。最佳汽车诊断周期是保证车辆的完好率最高而消耗的费用最少的诊断周期。

9）汽车检测系统的基本组成，智能化汽车检测系统，检测设备的测量误差与精度，检测设备的使用、维护与故障处理等方面的知识，是从事汽车检测技术工作人员必须掌握的基本知识。

10）由一般仪器、仪表构成的汽车检测系统，通常是由传感器、变换及测量装置、记录与显示装置、数据处理装置等组成的。

11）智能化汽车检测系统一般是指以微机（单板机、单片机或个人计算机）为基础而设计制造出来的一种新型检测系统。

12）测量值和真值之间总会存在一定的测量误差。可以说，测量误差自始至终存在于一切科学试验和测量之中，是不可避免的，被测量的真值是难以测量到的。尽管如此，人们一直设法改进检测系统、检测方法和检测手段，并通过对检测数据的误差分析和处理方法，使测量误差保持在允许范围之内，或者说使检测达到一定的测量精度，使检测结果成为合理的和可信的。

13）测量误差主要来源于系统误差、环境误差、方法误差和人员误差等。

14）随机误差的大小表明测量结果的分散性。通常用精密度表示随机误差的大小。当随机误差大、测量值分散时，表明精密度低；反之，表明精密度高。精密度高时，测量的重复性好。系统误差小时，测量结果的正确度高；反之，正确度低。

精确度是测量的精密度和正确度的综合反映。精确度高的测量，意味着系统误差和随机误差都小。精确度有时简称为精度。

复习题

1）熟悉有关汽车专业术语。

2）了解我国对汽车检测技术、汽车维修制度、检测设备和汽车综合性能检测站等的有关规定。

3）什么是汽车诊断参数、诊断标准和诊断周期？

4）诊断参数包括哪三种参数？

5）叙述诊断标准的类型和各级诊断标准的性质。

6）诊断参数标准由哪三部分组成？

7）制定最佳诊断周期应考虑哪些因素？

8）叙述检测设备的基本组成。

9）智能化检测设备有哪些特点？

10）测量误差的类型有哪些？

11）随机误差、系统误差、精密度、正确度、精确度之间的相互关系是什么？

12）熟悉检测设备的使用、维护与故障处理。

教学模块 2 发动机检测技术

教学目标

1) 了解发动机检测中各检测设备的组成与基本结构。
2) 熟悉发动机检测中各检测原理和各检测设备的工作原理。
3) 掌握发动机检测中各检测方法和各检测设备的使用方法。

学习项目

1) 发动机综合性能检测。
2) 发动机功率检测。
3) 气缸密封性检测。
4) 汽油机点火波形观测。
5) 柴油机供油压力波形和针阀升程波形观测。
6) 汽油机点火正时和柴油机供油正时检测。
7) 实训。

发动机是汽车的动力源。汽车动力性、燃料经济性、排气净化性和可靠性等性能指标都直接与发动机有关。现代汽车发动机多为活塞式内燃机,由于它的结构复杂,工作条件又很不稳定,经常处于转速与负荷变化的条件下运转,某些零件还要在高温、高压等苛刻条件下工作,因而故障率最高,往往成为汽车检测工作的重点对象。

学习项目 2.1　发动机综合性能检测

2.1.1　主要诊断参数

发动机技术状况变化主要表现在故障增多、性能降低、损耗增加和排放污染物增多上。用以评价发动机技术状况的主要诊断参数有：

1）发动机功率。

2）发动机燃料消耗量。

3）气缸密封性。

4）排气净化性。

5）混合气空燃比。

6）点火电压。

7）机油压力。

8）机油中含金属量。

9）发动机工作温度。

10）发动机振动等。

在进行发动机检测时，可以应用发动机检测设备，重点检测出与发动机功率、燃料消耗、排气净化和磨损等有关的诊断参数，并与诊断参数标准对照，进行分析、判断和评价。与发动机功率、燃料消耗、排气净化和磨损有关的诊断参数，不仅表明了发动机的工作性能和磨损状况，也是决定汽车是继续运行还是进厂（场）维修的重要标志。

发动机其他诊断参数见表 1−1。

2.1.2　主要检测项目

发动机综合性能检测是包括发动机动力性、燃油经济性、气缸密封性、排放净化性等使用性能的全面检测，即包括对发动机曲柄连杆机构、配气机构、点火系统、供油系统、起动系统、发电系统、冷却系统、润滑系统和电控系统等的全面检测，为正确评价发动机技术状况提供全面的检测依据。

发动机综合性能检测的主要检测项目有：

1）发动机功率检测。

2）气缸密封性检测。

3）汽油机点火波形观测。

4）柴油机供油压力波形和针阀升程波形观测。

5）发动机点火正时和柴油机供油正时检测。

6）发动机燃料消耗量检测。

7）电控系统检测。

8）再用机油品质检测与分析。

9）排放污染物检测。

10）异响检测诊断。

11）起动系统和发电机检测。

上述主要检测项目中,对于发动机功率检测、气缸密封性检测、汽油机点火波形观测、柴油机供油压力波形和针阀升程波形观测、汽油机点火正时和柴油机供油正时检测将在本教学模块中介绍;电控系统检测如排放污染物检测将在本教材后续教学模块中介绍;其他检测项目,按课程分工在其他教材中介绍。

2.1.3　发动机综合性能检测仪及其使用方法

在发动机综合性能检测中,使用的检测设备比较多。如发动机综合性能检测仪、气缸压力表、气缸漏气量(率)检测仪、曲轴箱漏(窜)气量检测仪、真空表、点火正时检测仪、供油正时检测仪、汽油泵试验计、万用表、工业纤维内窥镜、解码器和示波器等,都已成为必不可少的检测设备。

为了教学方便,上述检测设备将结合教学内容,一部分放在本教学模块中介绍,另一部分放在教学模块 4 中介绍。

发动机综合性能检测,既可以根据检测项目采用单一功能的检测设备进行,也可以采用发动机综合性能检测仪进行。

发动机综合性能检测仪,也称为发动机综合性能分析仪或发动机综合参数测试仪(以下简称为"检测仪"),是发动机检测设备中检测项目最多、功能最全、涉及面最广的一种检测设备,当然也是一种结构最复杂,技术含量最高的检测设备之一。它能检测、分析、判断发动机静态和动态的工作性能和技术状况,在汽车综合性能检测中发挥的作用越来越大。

（1）检测仪的类型

检测仪是以示波器为核心的检测设备。当与多种传感器(包括夹持器、测试探头和测针等)配合使用时,能实现对多种电量、非电量参数(如温度、压力、真空、转速等)的检测、分析和判断。

如果按使用方式分,检测仪可分为台式移动式和便携式两种类型;如果按示波器形式分,可分为模拟示波器式和数字示波器式两种类型;如果按示波器显示器形式分,可分为阴极射线管显示器式和液晶显示器式两种类型;如果按控制方式分,可分为电子控制式、微机控制式和模块控制式三种类型;如果按使用的电源分,可分为交流 220 V 式、直流 12 V 式和直流电池式三种类型。

通常,电子控制式和微机控制式检测仪属于台式移动式,在发动机综合检测或调试工位时使用,移动范围不大;便携式检测仪携带方便,可携带到任何场所和任何车辆上检测;模块控制式检测仪,既可以和台式个人计算机组成台式检测仪,也可以和笔记本个人计算机组成便携式检测仪。

电子控制式检测仪一般是以模拟式示波器为核心的检测仪,微机控制式和模块控制式检测仪是以数字式示波器为核心的检测仪。

电子控制式检测仪一般以阴极射线管 CRT 作为显示器;便携式检测仪以液晶显示器

LCD(或 LED)作为显示器,但也可以通过微机通信接口由微机显示器显示;微机控制式检测仪以微机显示器作为显示器;模块控制式检测仪本身没有显示器,它既可以与台式个人计算机连接显示,也可以和笔记本个人计算机连接显示。

电子控制式和微机控制式检测仪,一般以交流 220 V 作为电源,但有些电子控制式检测仪,也有采用直流 12 V(汽车蓄电池)作为电源的;便携式检测仪自带可充电电池作为电源;模块控制式检测仪,一般通过整流稳压器使用交流 220 V 作为电源,也有的使用汽车蓄电池作为电源。

(2)检测仪的功能与特点

大多数检测仪都具有下述功能。

1)汽油机检测。

①点火系检测。可观测、分析点火系统的平列波、并列波、重叠波、单缸波、重叠角、断电器触点闭合角、点火高压值和点火提前角等。

②无负荷测功。

③动力平衡分析。

④转速稳定性分析。

⑤温度检测。

⑥进气管真空度检测。

⑦起动机与发电机检测。

⑧废气分析(须附带废气检测仪)。

⑨数字式万用表功能。

2)柴油机检测。

①喷油压力检测。检测喷油压力数据,观测、分析供油压力波形。

②检测喷油提前角。

③无负荷测功。

④烟度检测(须附带不透光烟度计)。

⑤起动机与发电机检测。

⑥转速稳定性分析。

⑦数字万用表功能。

3)电控燃油喷射发动机检测。

①空气流量检测。

②转速检测。

③温度检测。

④进气管真空度检测。

⑤节气门位置检测。

⑥爆震信号检测。

⑦氧传感器检测。

⑧喷油脉冲信号检测。

4)故障分析。

① 故障查询。

② 信号回放与分析。

5）参数设定。

6）数字示波器。显示波形、数值。

检测仪一般具有以下三个特点：

1）具有动态测试功能。检测仪的信号采集系统和记忆存储系统，能迅速、准确地捕获并存储发动机运转中各瞬变参数随时间变化的函数曲线。这些动态参数是对发动机工作性能和技术状况进行准确判断的科学依据。

2）具有普遍性和通用性。由于检测仪的测试、分析过程不依据被测发动机的数据卡，只针对发动机基本结构和工作原理的实际情况进行，因此检测结果具有良好的普遍性，检测方法具有广泛的通用性。

3）具有主动性。检测仪不仅能适时采集发动机的动态参数，而且还能主动地发出某些指令干预发动机的工作，以完成某些特定的试验程序，如发动机断缸试验等。

（3）检测仪的基本结构与工作原理

一台配置齐全、结构先进、性能良好的发动机综合性能检测仪，一般是由信号提取系统、信息处理系统和采控显示系统三大部分组成的，如图2-1所示。国产元征 EA-1000 型发动机综合性能检测仪外形图如图2-2所示，工作原理框图如图2-3所示，主要性能指标见表2-1。

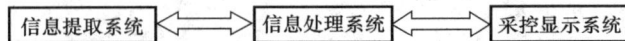

图2-1　发动机综合性能检测仪的基本组成

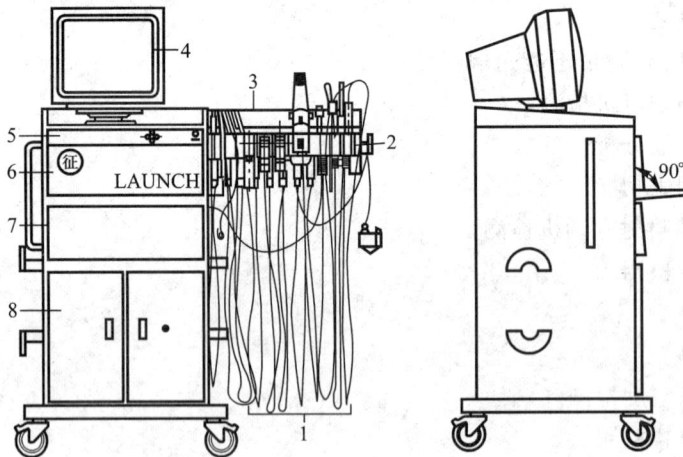

图2-2　国产元征 EA-1000 型发动机综合性能检测仪外形图

1—信号提取系统；2—传感器挂架；3—前端处理器；4—高速采集、处理与显示系统；

5—热键板；6—主机柜与键盘柜；7—打印机柜；8—排放仪柜

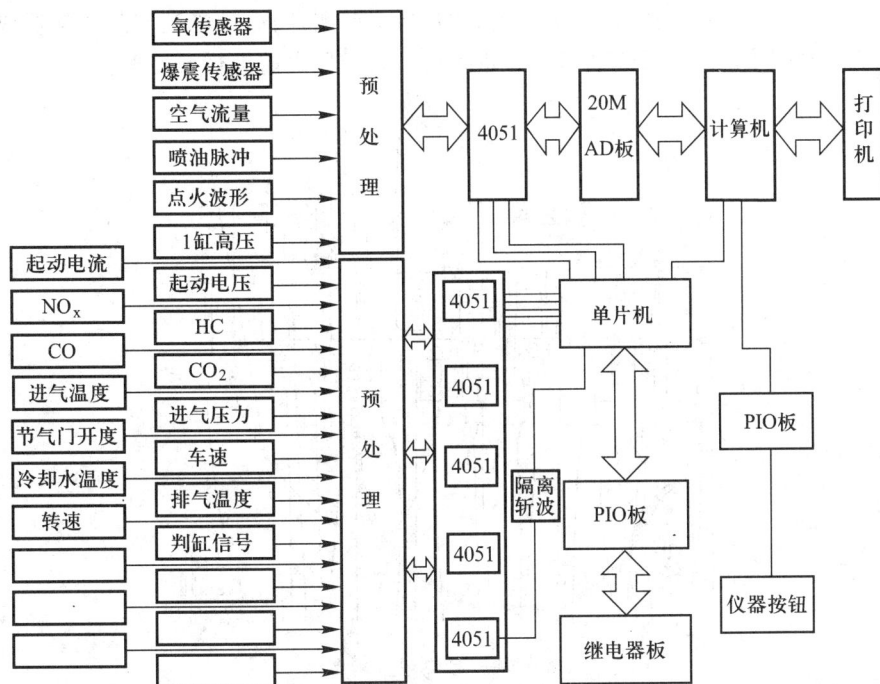

图 2-3　EA-1000 型发动机综合性能检测仪工作原理框图

表 2-1　元征 EA-1000 型发动机综合性能检测仪主要性能指标

参数	量程	精度
转速/(r/min)	0～8 000	1%
点火提前角/(°)	0～60	±1%
点火电压/kV	0～40	5%
火花电压/V	0～4 000	5%
点火持续时间/ms	0.04～9.99	0.04
起动电流/A	0～900	5%
充电电流/A	0～40	3%
进气管真空度/kPa	0～105	2%
温度/℃	-20～+120	2%
电流/A	0～4	1%
电压/V	0～400	1%
电阻/MΩ	0～40	1%

　　1) 信号提取系统。该系统的作用是拾取测量点的信号,因此必须配备多种传感器(包括夹持器、测量探头和测针等),直接或间接地与被测点接触。元征 EA-1000 型发动机综合性能检测仪的信号提取系统,如图 2-4 所示。该系统由 12 组拾取器组成。每 1 组拾取

器根据任务不同,由相应的传感器、夹持器、测量探头或测针,通过电缆与其适配器或接插头构成。适配器的作用,是对采集的信号在进入前端处理器之前进行预处理。

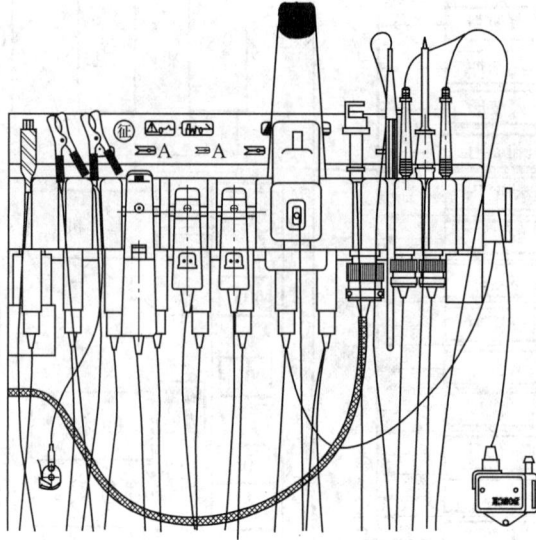

图 2 -4　信号提取系统

　　2)信息处理系统。从图 2 - 3 中可以看出,所有采集来的信号都要进行预处理。预处理系统也称为前端处理器,能对发动机所有传感信号进行衰减、滤波、放大、整形等处理,并能将所有脉冲信号和数字信号直接输入 CPU 的高速输入端,或经转换后变为 0 ~ 5 V 直流模拟信号送入高速瞬变信号采集卡。从发动机采集来的信号千差万别,不能被检测仪中央控制器直接使用,必须经过预处理。例如:对于模拟信号中的温度传感器、压力传感器、节气门位置传感器等,信号幅值为 0 ~ 5 V,频率变化比较缓慢,对其进行的主要处理手段是低通滤波和信号隔离;对于幅值较小的模拟信号,如氧传感器为 0 ~ 1 V,须对其作放大处理;对于幅值较大的模拟信号,如起动电压,须对其衰减后再经过低通滤波和隔离后才能进行 A/D 转换;有些模拟信号,如爆震信号、喷油脉冲信号等,必须进行特殊处理;对于频率信号,如发动机转速、判缸信号、车速信号等,须用电压比较器或施密特触发器对其进行整形,整形后输出标准数字脉冲。

　　元征 EA - 1000 型发动机综合性能检测仪的前端处理器,由信号预处理、32 路换线开关等组成,并承担与微机的并行通信。其前端处理器底面有 8 个适配器插座、4 个航插插座和 1 个主电缆插座,以便与信号提取系统连接。

　　3)采控与显示系统。现代发动机综合性能检测仪多为微机控制式,能高速采控信号。为了捕捉点火和爆震等高频瞬变动态信号,检测仪采集卡一般都具有高速采集功能,采样速率可达 10 ~ 20 Mbps,采样精度不低于 10 bit,并行 2 通道,并有存储功能以使波形回放或锁定,供观察、分析或输出、打印用。如元征 EA - 1000 型发动机综合性能检测仪,内装个人计算机,10/20 Mbps、10 bit 高速采集卡,并行通信卡和 RS - 232 输出接口。

　　检测仪在显示系统方面,不管是台式移动式还是手提便携式,其显示装置多为彩色 CRT 显示器或 14 英寸液晶 LCD(或 LED)显示器,采用多级菜单操作,能实时显示被测发动机的动态参数和波形,使用十分方便,观察非常醒目。

（4）检测仪的使用方法

下面以元征 EA - 1000 型发动机综合性能检测仪为例介绍检测仪的使用方法。

1）检测仪准备。

① 接通电源[220 V(1 ± 10%),50 Hz],打开检测仪总开关、微机主机开关和微机显示器开关,暖机 20 min。

② 在发动机不工作和点火系关闭的情况下,将检测仪信号提取系统连接到被测发动机上。

③ 检测仪电源线必须可靠接地。

④ 在测试电控燃油喷射发动机的电子控制器(ECU)时,除检测仪电源接地外,检测仪地线还必须与发动机共地,测试人员必须随时与汽车车身接触。

2）发动机准备。

① 发动机应预热至正常工作温度(85 ~ 95 ℃,下同)。

② 发动机怠速应在规定转速范围内。

③ 发动机在运转中。

3）起动检测仪。

① 检测仪已经过预热。

② 鼠标左键双击显示器上"元征发动机检测仪"图标,启动检测仪综合性能检测程序。

③ 检测仪主机对单片机通信,并对 8 个适配器逐一进行自检。自检通过为绿色显示,未通过将给以提示。

④ 当检测仪显示屏出现"用户资料录入"界面时,单击"修改"按钮,录入被检汽车用户资料,然后单击"确定"按钮,显示屏出现检测程序主、副菜单。显示屏主、副菜单及分区,如图 2 - 5 所示。

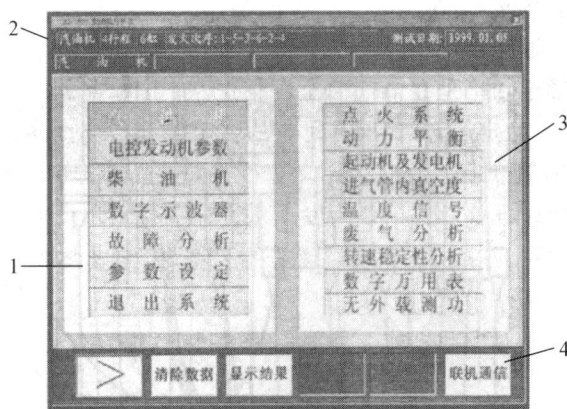

图 2 - 5　显示屏主、副菜单及分区

1—主菜单区;2—发动机类型及其资料区;3—副菜单区;4—六个软开关操作区

4）检测方法。

① 在主菜单上选择要测试的"汽油机""柴油机""电控发动机参数"或"故障分析"等项目中的其中一项,单击后进入下一级菜单。

② 在下一级菜单中再选择要测试的项目,单击后进入检测界面。

③ 按检测界面上的要求进行操作、读数、存储和打印。

④ 如需清除测试数据,按 F2 热键或单击显示屏下方的"清除数据"软按钮即可。

各种不同类型的发动机综合性能检测仪的使用方法大同小异。

本教学模块,将利用检测仪对发动机无负荷测功、进气管真空度检测、点火波形观测、柴油机供油压力波形和针阀升程波形观测等作详尽介绍。

学习项目2.2 发动机功率检测

发动机的有效功率是曲轴对外输出的净功率,是一个综合性评价指标。通过该评价指标,不仅可以定量地获得发动机的动力性,而且可以定性地确定发动机的技术状况。检测发动机功率的方法可以分为稳态测功和动态测功两种。

2.2.1 稳态测功和动态测功

（1）稳态测功

稳态测功是指发动机在节气门开度一定、转速一定和其他参数保持不变的稳定状态下,在测功器上测定发动机功率的一种方法。常见的测功器有水力测功器、电力测功器和电涡流测功器三种。测功器能测出发动机的转速和转矩,然后通过下式计算得出发动机功率

$$P_e = \frac{T_e n}{9\,550}$$

式中　P_e——发动机有效功率,kW;

　　　T_e——发动机有效转矩,N·m;

　　　n——发动机转速,r/min。

稳态测定发动机额定功率是在节气门全开情况下,由测功器向发动机的曲轴施加额定负荷,使其在额定转速下稳定运转,测出其对应的转矩,不论发动机的行程数和形式如何,均可用式（2-1）计算出有效功率。

稳态测功的结果比较准确、可靠,多为发动机设计、制造、院校和科研单位做性能试验所采用。缺点是测功费时费力、成本较高,并且需要大型、固定安装的测功器。因而在一般的汽车维修企业和汽车检测站中采用不多。

由于稳态测功时需要对发动机施加外部负荷,所以也称为有负荷测功或有外载测功。

（2）动态测功

动态测功是指发动机在节气门开度和转速等参数处于变动状态下,测定发动机功率的一种方法。由于动态测功时无须对发动机施加外部载荷,所以又称为无负荷测功或无外载测功。这种测功的基本方法是:当发动机在怠速或空载某一转速下,突然全开节气门,使发动机克服自身惯性和内部各种运转阻力而加速运转时,其加速性能的好坏能直接反映出发

动机功率的大小。因此,只要测出发动机在加速过程中的某一相关参数,就可得出相应的最大加速功率或平均加速功率。

由于动态测功时无须向发动机施加负荷,也就不需要像测功器那样的大型设备,而用小巧的无负荷测功仪就车检测即可。虽然无负荷测功仪测量精度稍差,但具有价格低廉、使用方便、省时省力等优点。

2.2.2 无负荷测功原理

无负荷测功原理是基于动力学的原理。当发动机在怠速或某一空载低速运转时,突然全开节气门加速运转,此时发动机产生的动力,除克服惯性和内部各种运转阻力外,将使曲轴加速运转,即发动机以自身运动机件为载荷加速运转。如果被测发动机有效功率越大,则曲轴瞬时角加速度也越大,而加速时间越短。所以,只要测得角加速度或加速时间,就可以获得发动机有效功率。

无负荷测功可分为两类,一类是用测定瞬时角加速度的方法测量瞬时加速功率,另一类是用测定加速时间的方法测量平均加速功率。

2.2.3 无负荷测功仪的测功方法

(1) 仪器显示方法

不管是按测瞬时加速度原理制成的无负荷测功仪,还是按测加速时间原理制成的无负荷测功仪,它们的显示方法一般有三种形式:指针指示式、数字显示式和等级显示式。指针指示式和数字显示式可指示功率或加速时间的具体数值,等级显示式只显示良好、合格、不合格三个等级。

(2) 测功方法

无负荷测功仪既可以制成单一功能的便携式测功仪,也可以和其他测试仪表组合起来制成便携式或台式移动式发动机综合性能检测仪。便携式无负荷测功仪一般都制作的小巧,使用中与发动机的连接也很方便。更有的无负荷测功仪制作的像袖珍式收音机一般大小,带有伸缩天线,可以收取发动机运转时的点火脉冲信号,而不必与发动机采取任何有线连接。

图 2-6 所示为国产单一功能的便携式无负荷测功仪面板图,它可以测出发动机加速过程中起始转速 n_1 至终止转速 n_2 转速范围内的加速时间——平均加速功率。

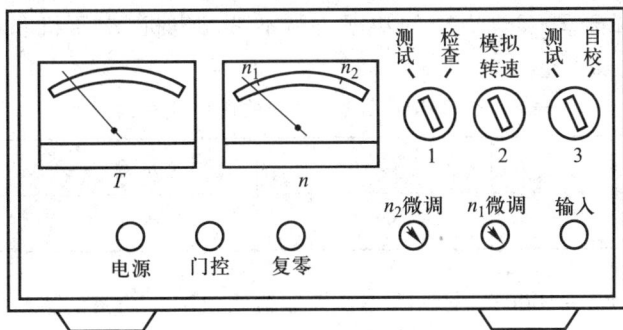

图 2-6 便携式无负荷测功仪面板图

不管哪种形式的无负荷测功仪,其一般的测功方法如下:

1) 仪器准备。

① 未接通电源前,如指示装置为指针式,应检查指针是否在机械零点上,否则应调整。

② 接通电源,电源指示灯亮,预热仪器至规正时间。

③ 带有数码管的仪器,数码管的亮度应正常,且数码均在零位上。

④ 按仪器使用说明书给定的方法,对仪器进行检查、调试和校正,待完全符合使用要求后才能投入使用。

⑤ 测加速时间——平均加速功率的仪器,要利用仪器的模拟转速、门控指示灯和微调电位器,调整好起始转速 n_1 和终止转速 n_2 的门控。微机控制的仪器,可通过数字键键入 n_1、n_2 的设定值。

⑥ 需要置入转动惯量的仪器,要把被测发动机的转动惯量置入无负荷测功仪内。

2) 发动机准备。预热发动机至正常工作温度。调整发动机怠速,使其在规定的转速范围内稳定运转。

3) 仪器与发动机联机。仪器和发动机准备好后,把仪器的传感器(包括夹持器)按要求连接在发动机规定部位。如果是带伸缩天线的袖珍式无负荷测功仪,应拉出天线。

4) 测功方法。

① 按下"复零键",使指示装置复零。

② 按下其他必要的键位,如机型选择键、缸数选择键和"测试"键等。需要输入操作码的仪器应按要求输入规定的操作码。

③ 发动机在怠速下稳定运转,操作者在驾驶室内急速把加速踏板踩到底,发动机转速骤然上升。当发动机转速超过终止转速 n_2 时应立即松开加速踏板,切忌长时间高速空转。记下或打印出测量结果,按下"复零"键,使指示装置复零。重复上述操作三次,检测结果取算术平均值。

有些仪器为了保护发动机不受损害和提高使用方便性,当转速上升超过 n_2 时,能使发动机自动熄火;而当转速下降至低于 n_1 时,只要按下"复零"键,在指示装置复零的同时又能自动接通点火电路,使发动机重新运转。

上述测功方法称为怠速加速法,既适用于汽油机又适用于柴油机。

5) 查对功率。仅能显示加速时间的无负荷测功仪,测得加速时间后应在仪器制造厂推荐的曲线或表格中查出对应的功率值,以便与标准功率值对照。某国产货车发动机的功率-时间对照表见表2-2。表中的功率值为不带发电机、空压机和风扇的台架稳态外特性试验值。

表2-2　某国产货车发动机的功率-时间对照表

加速时间/s	0.31	0.36	0.46
稳态外特性功率值/kW	99.3	88.3	66.2

(3) 采用元征 EA-1000 型发动机综合性能检测仪测定功率的方法

一些台式移动式发动机综合性能检测仪,也具有无负荷测功功能。当采用元征 EA-

1000 型发动机综合性能检测仪测定发动机功率时,方法(以测定柴油发动机功率为例)如下:

　　1)在主菜单中单击"柴油机"。

　　2)在柴油机下级菜单中选择"无外载测功",进入无外载测功界面,如图 2-7 所示。

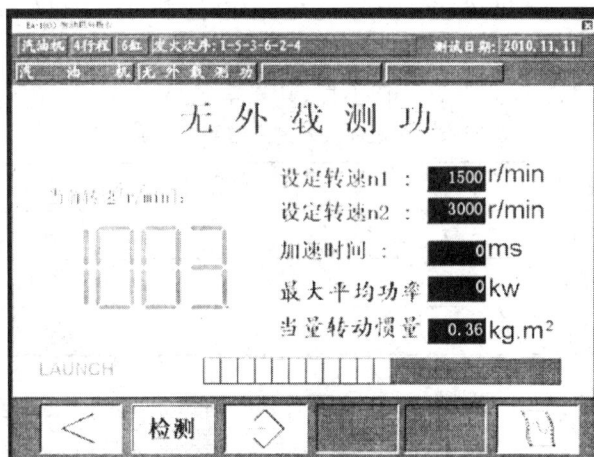

图 2-7　无外载测功

　　3)设定起始转速 n_1 和终止转速 n_2。

　　4)键入当量转动惯量。

　　5)单击"检测"按钮,界面出现 5 s 倒计时。

　　6)当倒计时为"0"时急速踩下加速踏板,至发动机转速超过 n_2 时抬起加速踏板。

　　7)读取发动机的加速时间和最大平均加速功率。

　　8)单击"保存数据"和"打印报表"按钮,对数据进行保存和打印,无外载测功结束。单击"显示菜单",返回主菜单。

2.2.4　发动机功率诊断参数标准

　　对于在用汽车发动机,根据国家标准 GB 7258—2012《机动车运行安全技术条件》的规定:发动机功率应大于或等于标牌(或产品使用说明书)标明的发动机功率的 75% 。对于大修竣工的发动机,根据国家标准 GB/T 15746—2011《汽车修理质量检查评定方法》的规定:发动机最大功率不得低于原设计标定值的 90% 。

　　如果发动机功率偏低,则一般是因燃料系统技术状况不佳、点火系统技术状况不佳或气缸密封性不佳等原因造成的,应进一步深入诊断找出具体原因,进行调整或维修。

2.2.5　单缸功率检测和单缸转速降

　　无负荷测功仪既可以检测发动机的整机功率,又可以检测某气缸的单缸功率。

　　检测单缸功率的方法是:先测出发动机整机功率,再测出某单缸断火情况的发动机功率,两功率之差即为断火气缸的功率。

　　技术状况良好的发动机,各缸功率应是一致的,称为动力平衡。动力不平衡时,会造成发动机运转不平稳。因此,通过比较各单缸功率,可判断各缸工作状况。也可以利用单缸断火情况下测得的发动机转速下降值,来评价发动机各缸的工作状况。工作正常的发动机,在某一转速稳定运转时,发动机的指示功率与发动机运动机件摩擦所消耗的功率是平衡的。此时,若通过断火停止某一缸工作,则会打破原来的平衡,使发动机转速下降,并达到另一新的转速平衡。当四行程发动机在 800 r/min 稳定工作时,取消任一气缸工作,致使发动机转速正常平均下降值见表 2-3。要求最高与最低下降值的差不大于平均下降值的30%。如果转速下降值偏低,则说明断火气缸工作不良,其功率偏小。

表2-3　单缸断火转速正常平均下降值

发动机缸数	单缸断火转速正常平均下降值/(r/min)
4缸	150
6缸	100
8缸	50

需要提请注意的是,在进行单缸断火试验时,断火时间不宜过长。否则,不仅有可能造成电控汽油喷射发动机催化式排气净化转换器过热,而且造成气缸内积存的燃油过多,冲刷缸壁润滑油膜,加速气缸、活塞和活塞环的磨损。

如果发动机单缸功率偏低,一般是该缸喷油量少,高压分线、分线插座或火花塞技术状况不良,气缸密封性不良,气缸上油等原因造成的,应调整、更换或修理。

元征 EA-1000 型发动机综合性能检测仪,通过提取汽油机 1 缸点火信号和点火系统 1 次信号,在"动力平衡"菜单启动后,自动使各缸依次断火,从而获得各缸未断火以前转速、断火以后转速及转速下降的百分比,如图 2-8 所示。

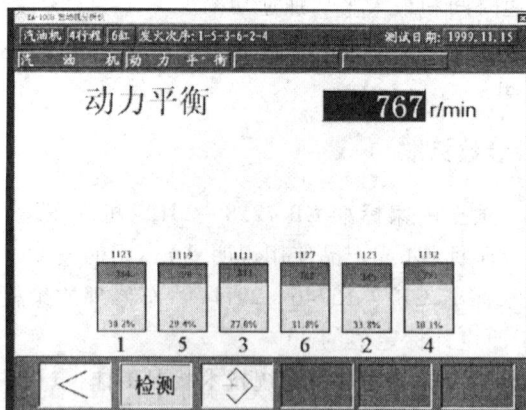

图2-8　测试"动力平衡"

学习项目2.3　气缸密封性检测

气缸密封性与气缸、气缸盖、气缸衬垫、活塞、活塞环和进排气门等零件的技术状况有关。这些零件组合起来(以下简称为"气缸组")成为发动机的心脏。它们技术状况的好坏,不但严重影响发动机的动力性、燃料经济性和排放净化性,而且决定了发动机的使用寿命。

在发动机的使用过程中,由于上述零件磨损、烧蚀、结胶、积炭、断裂、开裂等原因,引起气缸密封性下降。

气缸密封性是表征气缸组技术状况的重要参数。气缸密封性的诊断参数主要有气缸压缩压力、曲轴箱漏气量、气缸漏气量、气缸漏气率及进气管真空度等。就车检测气缸密封性时,只要检测出上述诊断参数的一项或两项,就足以说明气缸密封性的状况。

2.3.1　气缸压缩压力检测

检测活塞到达压缩终了上止点时气缸压缩压力(以下简称为"气缸压力")的大小,可以表征气缸密封性。检测气缸压力所使用的检测设备和检测方法有以下几种。

(1)用气缸压力表检测

用气缸压力表检测气缸压力,由于仪表具有结构简单、小巧轻便、价格低廉和使用可靠等优点,在汽车维修企业中广泛应用。

1)气缸压力表的结构与工作原理。该压力表是一种气体专用压力表,一般由压力表头、导管、单向阀和接头等组成。压力表头多为鲍登管(Bourden - tube)式,其驱动元件是一根扁平且弯曲成圆圈状的管子,一端为固定端,另一端为活动端。活动端通过杠杆、齿轮机构与表头指针相连。当具有压力的气体进入弯管时,弯管逐渐伸直。于是,通过杠杆、齿轮机构带动表头指针摆动,在表盘上指示出气体压力的大小。

气缸压力表的接头有两种形式:一种为螺纹管接头,可以拧紧在火花塞或喷油器螺纹孔内;另一种为锥形或阶梯形的橡胶接头,可以用手压紧在火花塞孔或喷油器孔上。接头通过导管与压力表头连通。导管也有两种,一种为软导管,另一种为金属硬导管。软导管适用于螺纹管接头与压力表头的连接,硬导管适用于橡胶接头与表头的连接。

气缸压力表导管上还装有能通大气的单向阀。当单向阀处于关闭位置时,可保持压力表指针的测试状态以便于读数。当单向阀处于打开位置时,可使压力表指针回归零位以便于重新测试。气缸压力表外形图如图2-9所示。

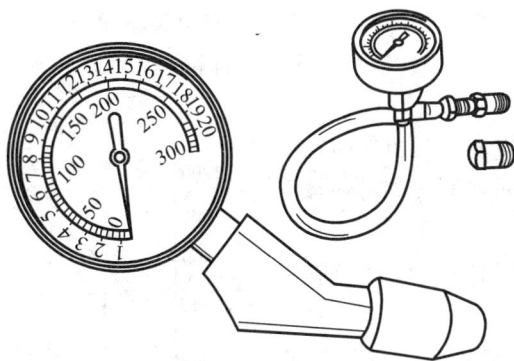

图 2 - 9　气缸压力表外形图

2)气缸压力表的使用方法。

① 检测条件。发动机应运转至正常工作温度;用起动机带动已拆除全部火花塞或喷油器的发动机运转,其转速应符合原厂规定。

② 检测方法。检测汽油发动机时,拆下发动机空气滤清器,用压缩空气吹净火花塞或喷油器周围的脏物,拆下全部火花塞或喷油器,并按气缸顺序放置,还应注意把点火系统二次高压总线从分电器端拔下并可靠搭铁,以防止电击或着火。然后,把气缸压力表的橡胶接头插在被测缸的火花塞孔或喷油器孔内,扶正压紧。将节气门(带有阻风门的还包括阻风门)置于全开位置,用起动机转动曲轴 3 ~ 5 s(不少于四个压缩行程),待气缸压力表指针指示并保持最大压力后停止转动。取下气缸压力表,读数并记录,按下单向阀使气缸压力表指针回零。

按上述方法依次测量各缸,每缸测量不少于两次,每缸测量结果取算术平均值。

就车检测柴油机气缸压力时,应使用螺纹接头的压力表。如果该机要求在较高转速下测量,此种情况除受检气缸外,其余气缸均应工作(喷油器不能拆下)。其他检测条件和检测方法同于汽油机。

3)诊断参数标准。对于在用汽车发动机,按照国家标准 GB 18565—2001《营运车辆综合性能要求和检验方法》的规定,发动机各气缸压力应不小于原设计规定值的85%;每缸压力与各缸平均压力的差:汽油机应不大于8%,柴油机应不大于10%。对于大修竣工的发动机,按照国家标准 GB/T 15746—2011《汽车修理质量检查评定方法》的规定:大修竣工的发动机的气缸压力应符合原设计规定;每缸压力与各缸平均压力的差:汽油机不超过 8%,柴油机不超过 10%。

4)结果分析。气缸压力的测量结果如符合原设计规定(标准压力),则说明气缸密封性良好。气缸压力的测量结果如高于原设计规定,并不一定表明气缸密封性良好,要结合使用、维修情况进行具体分析。这种情况有可能是燃烧室内积炭过多、气缸衬垫过薄或缸体与缸盖接合平面经多次修理加工过甚造成的。气缸压力的测量结果如低于原设计规定,则说明气缸密封性降低,可采取向该缸火花塞孔或喷油器孔内注入少量机油,然后用气缸压力表重测气缸压力的方法,进行深入诊断并记录。如果:

① 第二次测量结果比第一次高,接近标准压力,表明气缸、活塞环、活塞磨损过大或活塞环对口、卡死、断裂及缸壁拉伤等原因造成气缸密封性下降。

② 第二次测量结果与第一次略同,即仍比标准压力低,表明进排气门或气缸衬垫不密封。

③ 若两次测量结果均表明某相邻两缸压力都相当低,说明两缸相邻处的气缸衬垫烧损窜气。

用气缸压力表检测气缸压力,尽管应用极为广泛,但存在测量误差大的缺点。研究表明,气缸压力的测量结果不但与气缸内各处的密封程度有关,而且还与曲轴的转速有关。某发动机气缸压力与曲轴转速的关系曲线如图 2 - 10 所示。从图中可以看出,只有当曲轴转速超过 1 500 r/min 以后,气缸压力曲线才变得比较平缓。但在低转速范围内,

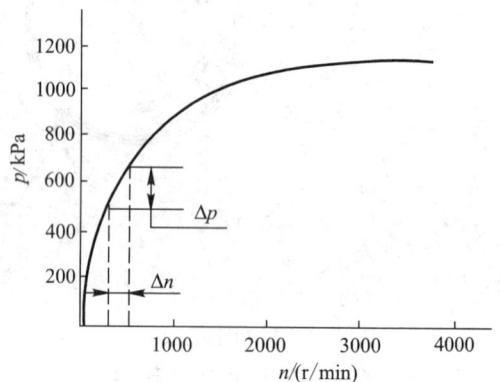

图 2 - 10　某发动机气缸压力与曲轴转速的关系曲线

即在检测条件中由起动机带动曲轴达到的转速范围内,即使较小的转速变化 Δn,也能引起气缸压力测量值较大的变化 Δp。不同型号的发动机,由起动机带动曲轴的转速不可能一致,即使同一型号的发动机,由于蓄电池、起动机和发动机的技术状况不一,其检测转速也不可能完全一致。这就出现了检测转速是否符合规定值的问题,它是用气缸压力表检测气缸压力误差大的主要原因之一。因此,在检测气缸压力时,用转速表监测曲轴转速,将是发现问题并获得正确分析结果的重要保证。

用气缸压力表检测气缸压力的另一个缺点,是需要把所有的火花塞或喷油器卸下,一缸一缸地进行,费时费力。

（2）用气缸压力检测仪检测

气缸压力检测仪主要有压力传感器式、起动电流式、电感放电式等,用于评价各缸气缸压力的均衡情况。

1）压力传感器式气缸压力检测仪。利用压力传感器拾取气缸内的压力信号,经 A/D 转换器进行模、数转换,再送入显示装置,即可测得气缸压力。用该种方法检测气缸压力时,须拆下被测缸的火花塞或喷油器,拧入仪器配置的压力传感器,用起动机带动曲轴旋转 3~5 s 即可。

2）起动电流式气缸压力检测仪。发动机起动时的阻力矩,主要由曲柄连杆机构产生的摩擦力矩和各缸压缩行程受压气体的反力矩两部分组成。在一定的转速下摩擦力矩可认为是稳定的常数,各缸压缩行程受压气体的反力矩是随各缸气缸压力变化的波动量。起动机带动发动机曲轴旋转所需的转矩是起动电流的函数,起动电流的变化与气缸压力的变化间存在着对应关系,而起动转矩又与气缸压力成正比。因此,只要不是为了获得各缸气缸压力的具体数值,而是为了比较各缸气缸压力是否均衡,完全可以采用通过测量起动过程中起动电流的变化而去评价各缸气缸压力的方法。

有不少发动机综合性能检测仪,把起动电流的波形变成柱方图来显示各缸的气缸压力,非常直观。其中,元征 EA-1000 型发动机综合性能检测仪就是如此。该检测仪在选择"起动机及发电机"项目后,进入起动电流检测功能。按下"检测"键,起动发动机,检测仪自动发出全部断油指令,屏幕显示出发动机转速、起动电流,同时绘制起动电流曲线和相对气缸压力的柱方图,达到通过检测起动电流而间接检测到相对气缸压力变化量（%）的目的。某汽油机起动电流及起动电压的检测如图 2-11 所示。

3）电感放电式气缸压力检测仪。一种通过检测点火系二次电感放电电压来确定气缸压力的仪器,仅适用于汽油机。汽油机工作过程中,随着断电器触点打开,二次电压随即上升击穿火花塞间隙,并维持火花塞放电。火花放电电压也称为火花线,属于点火系统电容放电后的电感放电部分。电感放电的电压与气缸压力之间具有近乎直线的对应关系,因此,各缸火花放电电压可作为检测各缸气缸压力的信号,该信号经变换处理后即可显示气缸压力。

使用以上气缸压力检测仪检测气缸压力时,用起动机带动曲轴转动,但发动机不应着火工作。对于汽油机,可将二次高压总线分电器端拔下,使搭铁或按测试仪要求处理即可;对于柴油机,可旋松喷油器高压油管接头断油（要防止柴油喷溅,并用容器将柴油接住）,即可达到目的。

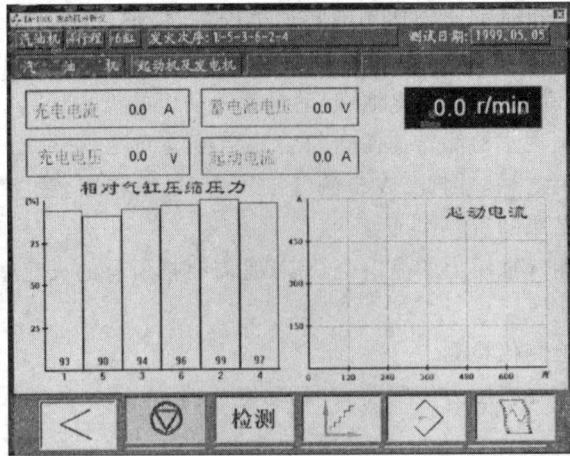

图 2 – 11　某汽油机起动电流及起动电压的检测

2.3.2　曲轴箱漏气量检测

随着气缸活塞副磨损,窜入曲轴箱的气体量增加。据资料介绍,国外新发动机曲轴箱漏气量为 15 ~ 20 L/min,磨损后的发动机则高达 80 ~ 130 L/min。所以,发动机工作时单位时间窜入曲轴箱的气体量,可以作为衡量气缸活塞副密封性的评价指标。

曲轴箱漏气量的检测须采用专用气体流量测量装置进行。

(1) 国外情况

图 2 – 12 所示为国外采用的一种玻璃气体流量计简图,可用于曲轴箱漏气量的检测。它主要由 U 形管式压力计、流量孔板、刻度板和通往曲轴箱的胶管等组成。使用该仪器前首先将曲轴箱密封(堵住机油标尺口、曲轴箱通风进出口等),再由胶管从加机油口处将窜入曲轴箱的气体导出并送入气体流量计。当气体沿图中箭头移动时,由于流量孔板的两边存在着压力差,使压力计水柱移动,直至气体压力与水柱落差平衡为止。压力计通常以流量进行刻度,因而由压力计水柱高度可以确定窜入曲轴箱的气体量。流量孔板备有不同直径的小孔,可以根据窜入曲轴箱气体量的大小选用。该种仪器可测量 1 ~ 130 L/min 范围内的曲轴箱漏气量。

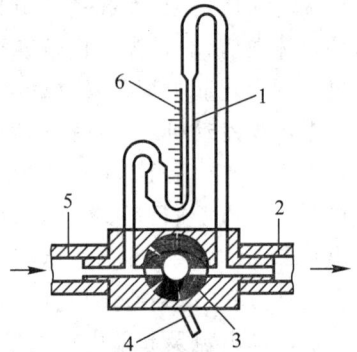

图 2 – 12　国外采用的一种
玻璃气体流量计简图

1—U 形管式压力计;2—通大气的管;
3—流量孔板;4—流量孔板手柄;
5—通往曲轴箱的胶管;6—刻度板

(2) 国内规定

GB 11340—2005《装用点燃式发动机重型汽车曲轴箱污染物排放限值》规定采用的漏气量测量装置及其连接方法,如图 2 – 13 所示。该漏气量测量装置由平衡管(内径 3 mm)、U 形压力计(水)、放气阀、油水分离器、通气管(内径不小于 20 mm)、温度计、流量计、流量调节阀、稳压筒、真空表、真空泵、大气温度计和大气压力计等组成。

检测曲轴箱漏气量时,发动机运转至正常工作温度,在选定的曲轴箱入口处(其余入口

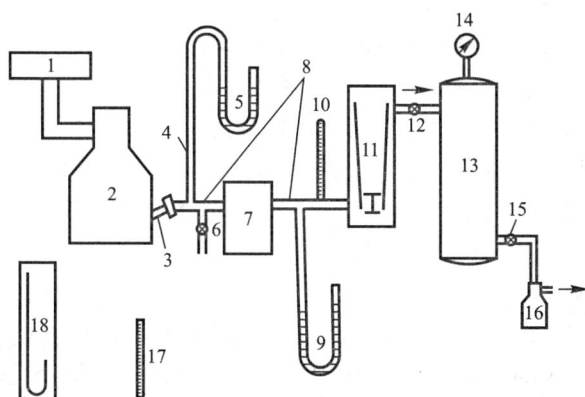

图 2-13　国家标准规定采用的曲轴箱漏气量测量装置及其连接方法

1—空气滤清器;2—被测发动机;3—选定的曲轴箱入口;

4—平衡管(内径 3 mm);5、9—U 形压力计(水);6—放气阀;

7—油水分离器;8—通气管(内径不小于 20 mm);10—温度计;

11—流量计;12、15—流量调节阀;13—稳压筒;14—真空表;

16—真空泵;17—大气温度计;18—大气压力计

全部封死)连接漏气量测量装置,不使用 PCV 阀(曲轴箱强制通风装置),并将曲轴箱入口处的压力调整至环境大气压力,在底盘测功试验台上,按表 2-4 或表 2-5 所列工况进行检测。当直接挡车速为 50 km/h,进气管真空度达到 55 kPa 时按表 2-4 所列工况测量,达不到 55 kPa 时按表 2-5 所列工况测量。曲轴箱漏气量从流量计上读取。

表 2-4　进气管真空度达到 55 kPa 时曲轴箱漏气量测量工况

测量顺序	进气管真空度/kPa	直接挡车速/(km/h)
1		怠速
2	55 ± 1	50 ± 2
3	35 ± 1	50 ± 2
4	10 ± 1	50 ± 2

表 2-5　进气管真空度达不到 55 kPa 时曲轴箱漏气量测量工况

测量顺序	进气管真空度/kPa	直接挡车速/(km/h)
1		怠速
2	按 50 km/h 平坦路面等速行驶时的进气管真空度	50 ± 2
3	按测量顺序 2 的真空度 × (35/55)	50 ± 2
4	节气门全开	50 ± 2

曲轴箱漏气量除了与气缸活塞组的技术状况有关以外,还与发动机的转速和负荷有关,因而检测时发动机必须加载。发动机加载最好在底盘测功试验台上进行。底盘测功试验台的测功装置就是加载装置,可方便地通过滚筒对驱动车轮加载。

曲轴箱漏气量检测完毕后,应对流量计流量进行修正,方法如下:

流量计均有标定压力和温度,应根据实测时的压力和温度将实测流量换算到标定压力和温度状态下的流量,具体方法见 GB 11340—2005《装用点燃式发动机重型汽车曲轴箱污染物排放限值》。

(3)诊断参数标准

对于曲轴箱漏气量,GB 11340—2005《装用点燃式发动机重型汽车曲轴箱污染物排放限值》中并未作出规定。在 GB 14761—1999《汽车排放污染物限值及测试方法》中,对曲轴箱排放的定性规定是:"汽车运行 80 000 km 内,从机油标尺口测量不允许出现正压力"。由于后一标准采用了前一标准的测量方法,因此这一定性规定可认为是对曲轴箱漏气量的规定。但是,这一规定不仅没有具体流量数值,也没有与发动机技术状况的对应的关系,给判断气缸密封性带来困难。有些维修企业自用的曲轴箱漏气量企业标准,一般是根据具体车型逐渐积累经验制定的。由于曲轴箱漏气量还与缸径大小、缸数多少和发动机转速有关,因此很难把众多车型统一在一个诊断标准内。国外有些国家以发动机的单缸平均漏气量(测得值除以缸数)作为诊断参数标准是有一定道理的,可以借鉴。因此,表 2 - 6 中所列的单缸平均漏气量可作为参考性诊断参数标准。

表 2 - 6   曲轴箱单缸平均漏气量

发动机技术状况	单缸平均窜气量/(L/min)	
	汽油机	柴油机
新发动机	2 ~ 4	3 ~ 8
需大修发动机	16 ~ 22	18 ~ 28

曲轴箱漏气量大,一般是因气缸、活塞、活塞环磨损量大,活塞环对口、结胶、积炭、失去弹性、断裂或缸壁拉伤等原因造成的,应结合使用、维修和配件质量等方面情况,进行深入诊断并排除,直至恢复气缸的密封性。

2.3.3   气缸漏气量和气缸漏气率检测

(1)气缸漏气量检测

气缸漏气量检测采用气缸漏气量检测仪进行,检测的基本原理是利用充入气缸的压缩空气,用压力表检测活塞处于压缩终了上止点时气缸内压力的变化情况,来表征整个气缸组的密封性。该压力变化情况不仅表征气缸活塞副的密封性,还能表征进排气门、气缸衬垫、气缸盖及气缸的密封性。

1)气缸漏气量检测仪的基本结构与工作原理。

国产 QLY - 1 型气缸漏气量检测仪,主要由减压阀、进气压力表、测量表、校正孔板、橡胶软管、快换管接头、充气嘴和指示活塞位置的指针、活塞定位盘等组成,如图 2 - 14 所示。此外,还得配备外部气源。

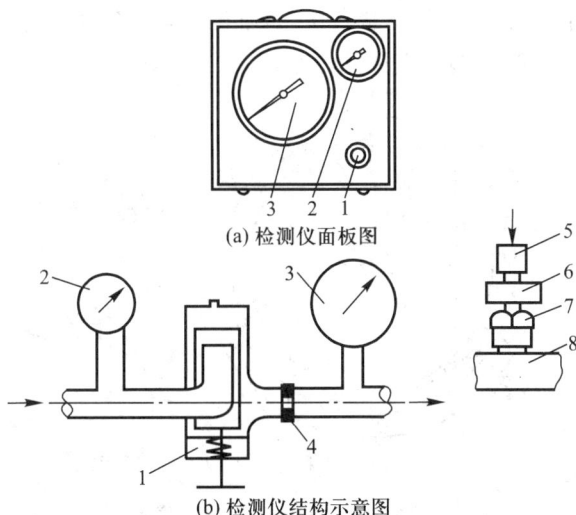

(a) 检测仪面板图

(b) 检测仪结构示意图

图 2-14　QLY-1 型气缸漏气量检测仪

1—减压阀;2—进气压力表;3—测量表;4—校正孔板;5—橡胶软管;6—快换管接头;7—充气嘴;8—气缸盖

外部气源的压力应相当于气缸压缩压力,一般应为 600～900 kPa。压缩空气按图中箭头方向进入气缸漏气量检测仪,其压力由进气压力表显示。随后,它经由减压阀、校正孔板、橡胶软管、快换管接头、充气嘴进入处于压缩终了上止点的气缸。气缸内的压力变化情况由测量表显示。该压力变化情况表明了气缸组的密封状况。

2) 气缸漏气量检测仪的使用方法。

① 将发动机预热到正常工作温度,然后用压缩空气吹净火花塞孔处的灰尘,拧下所有火花塞并在所有火花塞孔内装上充气嘴。

② 将检测仪接上外部气源。在检测仪出气口完全密封的情况下,通过调节减压阀,使测量表指针指在 400 kPa 位置上。

③ 卸下发动机分电器盖和分电器,装上指针和活塞定位盘。指针和活塞定位盘如图 2-15 所示。指针用旧分电器改制而成,装在原来的分电器位置上。活塞定位盘是用一定厚度的板材制成的,扣在分电器壳体上,其上按缸数进行刻度,并按分电器的旋转方向和点火顺序刻有缸号。图 2-15a 所示的活塞定位盘按 6 缸发动机进行刻度,且分电器为顺时针方向旋转,点火顺序为 1→5→3→6→2→4,因而活塞定位盘上每 60° 有一刻度,共有 6 个刻度,并按顺时针方向在每个刻度上分别刻有①、⑤、③、⑥、②、④的阿拉伯数字,代表缸号。图 2-15b 所示为指针。

④ 摇转曲轴,先使第 1 缸活塞处于压缩终了上止点位置,然后转动活塞定位盘,使刻度"①"对正指针。变速器挂低速挡,拉紧驻车制动器手柄。

⑤ 在 1 缸充气嘴上接上快换管接头,向 1 缸充入压缩空气,测量表指针稳定后的读数,便反映了该缸的密封性。在充气的同时,可以从空气滤清器、排气消声器口、加机油口和散热器加水口等处,察听是否有漏气声,以便找出故障具体部位。

⑥ 摇转曲轴,使 5 缸活塞处于压缩终了上止点位置,并使活塞定位盘刻度"⑤"对正指针,按以上方法检测 5 缸漏气量,直至将所有气缸检测完毕。

⑦ 为使数据可靠,各缸应重复测量一次,每缸测量值取算术平均值。

检测仪使用完毕后,减压阀应退回到原来位置。

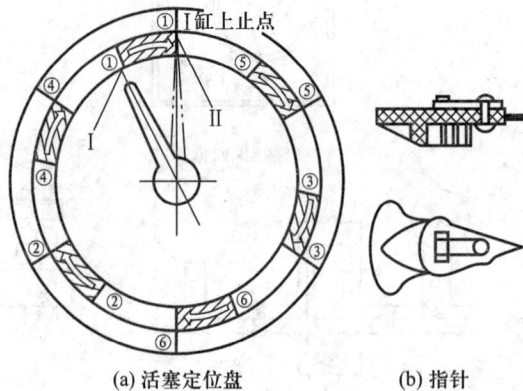

(a) 活塞定位盘   (b) 指针

图2-15   指针和活塞定位盘

Ⅰ—压缩行程开始位置;Ⅱ—压缩终了上止点位置

3) 诊断参数标准。

对于气缸漏气量,我国还没有制定出统一的诊断参数标准。QLY-1型气缸漏气量检测仪使用说明书推荐,对于国产货车的发动机,在确认进、排气门和气缸衬垫密封性良好的情况下,气缸密封状况(主要指气缸活塞副)的判断可参考表2-7处理。即当测量表读数大于250 kPa时,气缸活塞副密封状况符合要求,发动机可以继续使用;当测量表读数小于250 kPa时,气缸活塞副密封状况不符合要求,发动机气缸换环或镗缸。

表2-7   气缸漏气量参考性诊断参数标准

气缸密封状况	测量表读数值/kPa	气缸密封状况	测量表读数值/kPa
合格	>250	不合格	<250

(2) 气缸漏气率检测

气缸漏气率检测,无论是使用的仪器、检测的方法,还是判断故障的方法,与气缸漏气量检测是一致的,只不过气缸漏气量检测仪的测量表标定单位为kPa或MPa,而气缸漏气率测量表的标定单位为百分数。

气缸漏气率检测仪是这样标定的:接通外部气源,在仪器出气口密封的情况下,调节减压阀,使测量表指针指示为"0%",表示气缸不漏气;完全打开仪器出气口,测量表指针回落至最低点,标定为"100%",表示气缸内的压缩空气百分之百地漏掉。在测量表"0%"至"100%"间,把原气缸漏气量检测仪表盘的气压数折合成漏气的百分数,便能直观地指示漏气率了。

为了检测各缸整个压缩过程中不同阶段中的漏气率和漏气部位,还须在活塞定位盘各缸压缩终了上止点刻线上,沿分电器逆转方向按凸轮轴转角标出进气门关闭点,此点代表压缩行程的开始点,如图2-15中的"Ⅰ"。这样,气缸漏气率的检测可通过摇转曲轴从压缩行程一开始就进行,一直进行到压缩行程终了上止点位置。

气缸漏气率的诊断参数标准可参考国外经验,见表 2-8。当气缸漏气率达 30% ~ 40%时,如果能确认进排气门、气缸衬垫、气缸盖和气缸等是密封的(可从各泄露处有无漏气声或迹象确认),则说明气缸活塞副的磨损已接近极限值,到了须进行换活塞环或镗磨气缸的程度。

表 2-8　气缸漏气率参考性诊断参数标准

气缸密封状况	测量表读数/%	气缸密封状况	测量表读数/%
良好	0 ~ 10	较差	20 ~ 30
一般	10 ~ 20	换环或镗缸	30 ~ 40

气缸漏气率的检测虽然比较麻烦、费时,但检测全面,指示直观。国外使用的该检测仪往往备有全套附件,能快速地连接到流行的任何汽车上,应用非常普遍。

2.3.4　进气管真空度检测

发动机进气管的真空度,是随进气管的密封性和气缸密封性的变化而变化的。因此,在确认进气管自身密封性良好的情况下,利用真空表检测进气管真空度,或利用示波器观测真空度波形的变化,可用来分析、判断气缸的密封性,并能诊断故障。

(1)用真空表检测进气管真空度

1)真空表的结构与工作原理。真空表由表头和软管组成。真空表的表头与气缸压力表表头一样,多为鲍登管。当真空(负压)进入表头内弯管时,弯管更加弯曲。于是,通过杠杆和齿轮机构等带动表头指针动作,在表盘上指示出真空度的大小。真空表表头的量程为 0 ~ 101.325 kPa(旧式表头量程:米制为 0 ~ 760 mmHg,英制为 0 ~ 30 inHg)。软管的一头固定在表头上,另一头连接在节气门后方的进气管专用接头上。

2)真空表的使用方法。

① 将发动机预热到正常工作温度。

② 把真空表软管连接在节气门后方的进气管专用接头上。

③ 将发动机怠速运转。

④ 读取真空表上的读数。

考虑到进气管真空度有随海拔高度增加而降低的现象(一般海拔每增加 1 000 m,真空度将减小 10 kPa 左右),因此真空度检测中应根据所在地海拔高度修正真空度诊断参数标准。

3)对真空表指针位置和动作的分析、判断方法。真空度检测中真空表指针的位置和动作,如图 2-16 所示。图中,白针表示指针稳定,黑针表示指针漂移;表盘刻度单位为英制,1 kPa≈0.296 inHg 或 1 inHg≈3.378 kPa。

① 在相当于海平面高度的条件下,发动机怠速运转时,真空表指针稳定地指在 57 ~ 71 kPa(17 ~ 21 inHg,图 2-16a)范围内,表示气缸密封性正常。

② 当迅速开启并立即关闭节气门时,真空表指针随之摆动在 6.8 ~ 84 kPa(2 ~ 25 inHg)之间,则进一步表明气缸组技术状况良好。

③ 怠速时,真空表指针在 50.6 ~ 67.6 kPa(15 ~ 20 imHg,图 2-16b)之间摆动,表示气门粘滞或点火系统有问题。

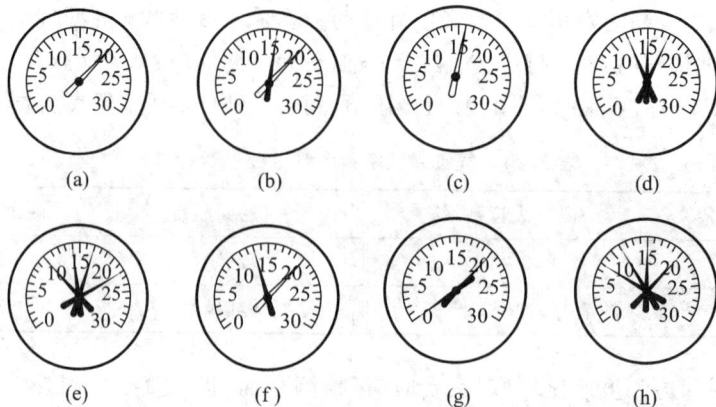

图2-16　真空表指针的位置和动作

④ 急速时,若真空表指针低于正常值(图2-16c),主要是因活塞环、进气管衬垫漏气造成,也可能与点火过迟或配气过迟有关。此种情况下,若突然开启并关闭节气门,指针会回落到0,但回跳不到84 kPa(25 inHg)。

⑤ 急速时,真空表指针在40.5~60.8 kPa(12~18 inHg,图2-16d)之间缓慢摆动,表示化油器(传统化油器式发动机)调整不良。

⑥ 急速时,真空表指针在33.8~74.3 kPa(10~22 inHg,图2-16e)之间缓慢摆动,且随发动机转速升高加剧摆动,表示气门弹簧弹力不足、气门导管磨损或气缸衬垫泄漏。

⑦ 急速时,真空表指针有规律地跌落(图2-16f),表示某气门烧毁。每当烧毁气门工作时,指针就跌落。

⑧ 急速时,真空表指针逐渐跌落到0(图2-16g),表示排气消声器或排气系统堵塞。

⑨ 急速时,真空表指针快速地在27~67.6 kPa(8~20 inHg,图2-16h)之间摆动,发动机升速时指针反而稳定,表示进气门杆与其导管磨损松旷。

进气管真空度是一项综合性很强的诊断参数。若进气管真空度符合要求,不仅表明气缸密封性符合要求,而且也表明点火正时、配气正时和空燃比等也都符合要求。虽然以上只介绍了9种典型的用真空度分析、判断故障的情况,但实际上真空表能检测、诊断的项目还有许多,而且检测时无需拆卸火花塞等机件,在国外被认为是最重要、最实际和最快速的诊断方法之一,现在仍继续使用。但是,进气管真空度的检测也有不足之处,它往往不能指出故障的确切部位。比如,利用真空表能测出气门有故障。但是,是哪一个气门有故障,它就无能为力了。所以,此种情况,只有结合气缸压力检测或气缸漏气量(率)检测,才能加以确诊。

(2)用示波器观测真空度波形

用示波器观测真空度波形,同样会起到分析、判断气缸密封性和诊断相关机件故障的作用。当采用元征EA-1000型发动机综合性能检测仪检测进气管真空度波形时,方法如下。

1)使发动机运转至正常工作温度。

2)将检测仪真空度传感器的橡胶软管通过三通接头连接到发动机的真空管上。现代汽车发动机的真空软管一般都在发动机总成顶部,通过三通接头很容易连接检测仪传感器。

3）使发动机转速稳定在 1 700 r/min 左右。

4）在主菜单下的副菜单上选择"进气管内真空度",进入真空度检测程序,检测界面如图 2-17 所示。

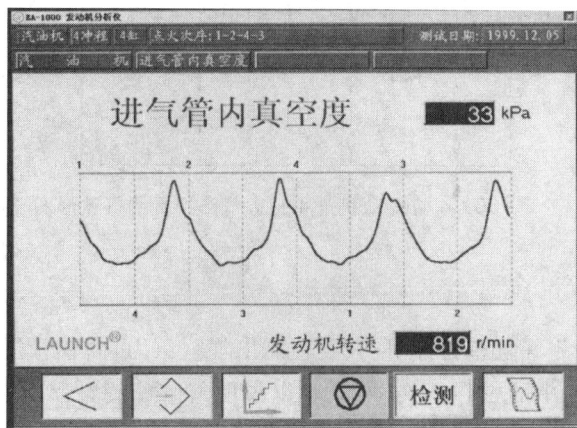

图 2-17 检测进气管真空度

5）按下检测界面下方的"检测"按钮,检测仪高速采集进气管真空度值,并显示出被检发动机的真空度波形。

6）对波形进行观测、分析和判断。

7）再按下"检测"按钮,高速采集结束。

8）必要时可按下 F4 按钮,检测仪提供 4 缸、6 缸或 8 缸的进气管真空度标准波形。其中,4 缸和 6 缸发动机进气管真空度标准波形分别如图 2-18 和图 2-19 所示。除此之外,还提供了进气门开启不良、进气门漏气、排气门开启不良和排气门关闭不良等故障波形,以供观测波形时对照、分析和判断。4 缸发动机第 4 缸进气门严重漏气波形图如图 2-20 所示。

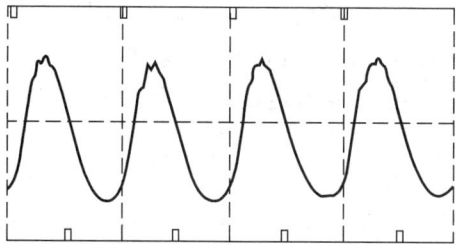

图 2-18 4 缸发动机进气管真空度标准波形

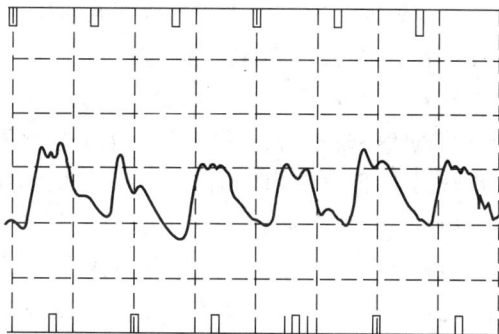

图 2-19 6 缸发动机进气管真空度标准波形

9）按 F2 按钮可对数据进行存储,按 F3 按钮可进行图形存储,按 F6 按钮可进行图形打印。

10）测试结束,按 F1 按钮,返回主菜单。

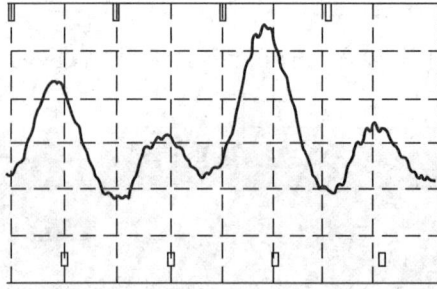

图2-20　4缸发动机第4缸进气门严重漏气波形图

2.3.5　气缸组技术状况窥视

如前所述,就车检测气缸密封性时,只要检测出气缸压力、曲轴箱漏气量、气缸漏气量或漏气率及进气管真空度中的一项或两项,就足以说明气缸密封性状况。如果检测后确知气缸密封性不符合要求,还应深入诊断,直至找出不密封的具体部位。在不解体的情况下,除了前面已介绍的在测量气缸压力、气缸漏气量或漏气率时,可以从空气滤清器、排气消声器口、加机油口和散热器加水口等处,察听是否有漏气声,以便找出故障部位外,用内窥镜窥视发动机燃烧室内部,直接观察有关机件的技术状况,不失为一种好方法。

内窥镜也称为内镜,其原意为借助某种媒介窥视体内深部腔道的一种方法,英文为"Endoscopy"。内窥镜的发展和应用起源于医学。1795年,德国Bozzini医生在给病人作检查时,将一根细铁管插入病人直肠内,借助蜡烛的光亮观察直肠的病变,后来又进一步观察到子宫和泌尿道的内腔。从而,首先提出了内窥镜的设想,开创了内窥镜的起源。其后,又经过多少代人的不断改进和完善,内窥镜最终发展成为适用的医学检查手段之一。医学内窥镜的发展,同所有新生事物一样,需要经过曲折复杂的过程,即经过从简单到复杂,从窥视浅腔到深腔,从单一用途到多用途,从窥视一个脏器到多个脏器,直到现今已有200余年的历史。

内窥镜的诞生也像所有其他领域的科学技术一样,很快就应用到工业领域,特别是应用到那些有毒、高温、辐射和人眼难以观察到的地方。汽车维修企业也不例外,如果不应用工业内窥镜,在对汽车各总成、机构内部进行不解体检测诊断时,很难了解内部的具体情况。如发动机的燃烧室,在不打开气缸盖的情况下,如不使用工业内窥镜,就不会确知活塞顶部、进排气门头部、气缸内壁和燃烧室壁等的实际状况。

(1)纤维内窥镜的结构与工作原理

内窥镜的发展史大致可以分为四个时期:早期硬式内镜期、半可曲式内镜期、纤维内镜期和电子内镜期。其中,纤维内窥镜是在20世纪50年代后由于光导纤维的出现而发展起来的。

各种类型的纤维内窥镜,虽然结构不尽相同,但基本结构相似,一般都是由目镜、操作部、镜身、头端部、导光光缆及其光源插头等组成的。适用于汽车维修业的国产奥瑞德工业纤维内窥镜,其外形如图2-21所示。

1)基本结构。

①目镜。位于操作部上方,用于检测人员观察图像,也可以安装照相机或摄像机用于

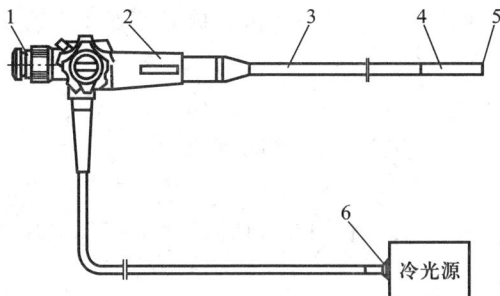

图 2-21　国产奥瑞德工业纤维内窥镜外形图

1—目镜;2—操作部;3—主软管;4—弯曲部;5—头端部;6—导光光缆的光源插头

照相或摄像,或安装电视转接器将图像转到电视屏幕上显示。

② 操作部。位于目镜下方,包括调焦装置、转角控制钮和转角控制锁紧钮等。调焦装置在目镜下方,转动此装置的光圈,可调节目镜与导光束之间的距离而使图像清晰。转角控制钮用于对弯曲部上下左右活动方向的调节,转角控制锁紧钮用于对头端部的固定。

③ 镜身。镜身为一易弯曲的软管道,也称为软管部,由钢丝管与蛇形钢管制成,具有保护作用。其外部套有聚氨酯塑料管。聚氨酯塑料管具有密封作用,可防止油、水的进入和腐蚀。外套管表面光滑,并每隔 5 mm 画一刻线,以指示纤维内窥镜插入被测部位深度。镜身的前部为弯曲部,能实现上下左右的弯曲,实现无盲区观察。镜身内装有导像束、导光束和控制转角的钢丝等装置。

④ 头端部。头端部是纤维内窥镜镜身前头的端部,为硬性部分。头端部有物镜和导光窗等装置。纤维内窥镜的前端部一般设有 1~2 个导光窗,照明光线由此射出,以便物镜能观察到物象。导光窗由导光束末端面和密封玻璃组成。

⑤ 导光光缆及其光源插头。导光光缆(也称导光软管)一端在操作部与纤维内窥镜体连接,另一端与冷光源连接,是纤维内窥镜和冷光源之间的连接部分。导光光缆内有导光束和控制自动曝光的电线等。导光光缆的光源插头比较复杂,这是因为在光源插头中还有供摄像曝光等装置的插头。

2) 主要附件。

主要附件有光源、教学镜、照相机、摄像机和内窥镜电视系统等。其中,光源(冷光源)是纤维内窥镜的照明光源,以便看清物象;教学镜接于目镜上供第二者观看,便于教师指导;照相机接在目镜上以获得物象照片;摄像机用以获取图像;内窥镜电视系统是在目镜上连接电视转接器,将图像在电视屏幕上显示,供学生或参观者观看。

3) 工作原理。

纤维内窥镜的主体是纤维光束。纤维光束由许多传光细光学纤维构成。光学纤维有两种类型:玻璃光学纤维和塑料光学纤维(主要是丙烯树脂)。光在光学纤维内传导必须遵循全内反射原理,也就是必须遵循每根光学纤维传导的像素不发生折射而泄漏,应在纤维中以全内反射方式由一端传至另一端。只有这样才能保证光在传导中无损失,图像无失真,传递高清晰度、高精度的图像。

纤维内窥镜遵循光全内反射原理,使光的传导在光学纤维内从一端到另一端有序进行。

当光学纤维弯曲时，反射角相应地变化，光的传递就随纤维的弯曲而弯曲。这样，就能看到从任何方向传来的物象。

（2）纤维内窥镜使用方法

以国产奥瑞德工业纤维内窥镜为例，介绍使用方法如下。

1）准备工作。

① 准备光源。可使用 LG – 25 – 11、LG – 10011、LG – 150、LGS – 100 和 LGS – 150 系列冷光源。

② 将导光光缆光源插头牢固地插入光源的输出插座。

③ 在确认光源、电源开关处于"关"的位置后，将光源电源线连接到已正确接地的交流电源。

④ 打开光源的电源，并确认光源亮度的可调性。

2）检查内窥镜及其附件。

① 检查插入软管。目视检查主软管表面有无破损或其他缺陷。

② 检查弯曲部。目视检查弯曲部外表面有无缺陷，慢慢调节转角调节钮，确认弯曲部弯曲正常，并能达到最大弯曲度。

3）检查转角调节钮。

① 检查上/下转角调节钮。应能自由动作，无太大阻尼。当释放此钮时，弯曲部应回到中间位置。

② 检查左/右转角调节钮。拿住操作部，将插入软管放在平坦的台面上。操作左/右转角调节钮，使弯曲部向右弯曲，确认当对头端部稍加拉力时，弯曲部能大致上变得平直，如图 2 – 22 所示。将内窥镜翻转过来，使弯曲部向左弯曲，重复以上试验。

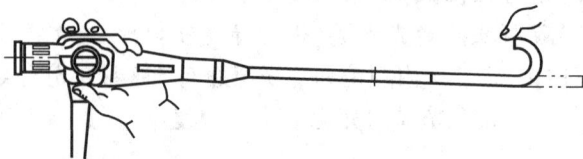

图 2 – 22   弯曲部试验图

4）检查转角调节锁紧钮。

① 检查上/下转角调节锁紧钮。该钮朝上为松，朝下为紧，应有一定阻尼感。

② 检查左/右转角调节锁紧钮。检查方法同上。

上/下转角调节锁紧钮和左/右转角调节锁紧钮检查完和使用完后，应放置在"松"的位置（图 2 – 23），以保证使用寿命。

5）检查光学系统。转动调焦装置的视度环，直至视场网纹图案清楚地聚焦。检查离物镜 15 mm 的物象能否清楚地看到，如图 2 – 24 所示。目镜筒上的彩色编码标志用于快速调定视度的参考标志，如图 2 – 25 所示。

6）检查导光软管。检查该软管有无裂纹、扭曲、压扁等损伤。

7）电视系统的准备与调整。在内窥镜目镜上安装电视系统。打开电视系统，调整图像的清晰度和色彩，直到满意为止。

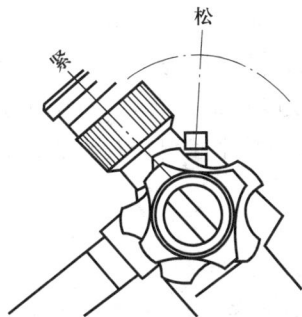

图 2 - 23　转角调节锁紧
钮位置示意图

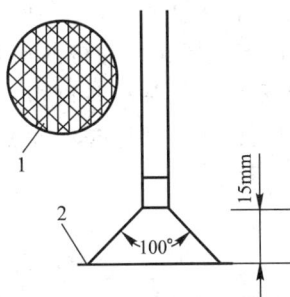

图 2 - 24　光学系统检查图
1—视场网纹图案；2—物象表面

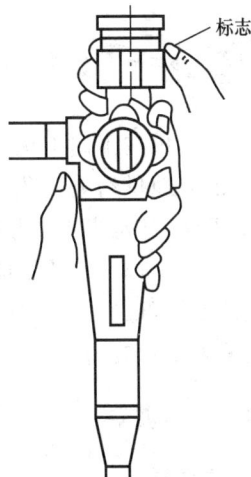

图 2 - 25　彩色编码标志

（3）观测方法

1）握持内窥镜。用左手握持内窥镜操作部，拇指放在上/下转角调节钮部位，右手握持软管。

2）插入与观察。

① 调节视度环，直至视场网纹图案清楚地聚焦。

② 将内窥镜轻轻插入被检总成或机构的孔中。如发动机燃烧室的火花塞孔或喷油器孔，发动机曲轴箱的加机油孔或强制通风孔，变速器、分动器、驱动桥和转向器等总成的加油孔，都可以成为内窥镜的插入孔。

③ 调节光源的亮度，以获得最合适的照度。

④ 用左手操作上/下转角调节钮和锁紧钮，用右手操作左/右转角调节钮和锁紧钮。调定后，用锁紧钮锁定内窥镜弯曲部转角。

⑤ 观察总成或机构内部的真实状况。例如检查燃烧室内部技术状况时，可观察活塞顶部是否有积炭、烧蚀、开裂和缺损等情况，气缸壁是否有拉缸、粘附、开裂和严重磨损等情况，进排气门是否有积炭、结胶、烧损和工作面有麻点等情况，燃烧室壁是否有积炭和开裂情况等。必要时可进行照相、摄像或转接电视显示。

（4）退出内窥镜

1）确认锁紧钮处于放松位置。

2）确认内窥镜大致处于平直状态（转角调节钮置于中间位置）。

3）慢慢从总成或机构的孔中退出。

需要指出的是，尽管目前纤维内窥镜在医学和工业中应用非常普遍，但纤维内窥镜将逐渐被电子内窥镜所代替，这是科技发展的必然趋势。电子内窥镜是一种用电子眼睛的固态摄像器材或电荷耦合器件代替纤维内窥镜的导像束，把图像的光信号变成电信号在电视监视器显示出来的内窥镜，是一种观察起来更为方便和真切的内窥镜。

学习项目 2.4 汽油机点火波形观测

汽油机在不同工况下工作时,不仅需要一定数量和浓度的可燃混合气,而且需要按点火顺序准时地供给电火花,以点燃可燃混合气,使发动机产生动力。如果汽油机点火系统技术状况不佳,甚至出现了故障,不但严重影响发动机的动力性、燃料经济性、排气净化性,而且无法正常工作。实践证明,点火系统是汽油机各机构、系统中故障率最高者之一,往往是检测、诊断的重点对象。通过观测点火波形,可快速判断点火系统的技术状况。观测点火波形时,需采用示波器。

2.4.1 示波器

示波器是一种多用途的汽车快速检测诊断设备,可用来显示电子元器件波形、点火系统波形、柴油机供油压力波形和针阀升程波形、真空度波形、喷油波形和几种异响波形等,用途越来越广泛。数字式万用表和解码器等检测设备,一般都只能显示电压峰值、统计值或平均值,且信息的更换比较慢。但是,示波器显示信号的速度比一般电子检测设备快得多,是唯一能即时显示瞬态波形的仪器。现代汽车电子设备的信号变化速度是非常快的,其变化周期有的能达到 1/1 000 s。不仅如此,有些故障的信号是间歇的,是时有时无的。这就要求检测设备的测试速度要高于故障信号的速度,而示波器是完全可以满足这一要求的。

示波器不仅能快速捕捉到电路信号,而且可以用较慢的速度显示波形和存储波形,以便于观察和分析,为判断故障带来了方便。

示波器的基本功能是显示电压随时间的变化,除用于观察状态变化外,还可以检测电压、频率和脉冲宽度等项目,使用越来越广泛。当应用点火示波器观测点火波形时,可对点火系技术状况实现快速诊断。

(1)示波器的组成和类型

1)示波器的组成。一般由传感器(包括夹持器、测试探头和测针等)、中间处理环节和显示器等组成。

2)示波器的类型。如果按基本形式分类,示波器可分为模拟式示波器和数字式示波器两种类型;如果按显示器形式分类,示波器可分为阴极射线管式示波器和液晶式示波器两种类型;如果按用途分类,示波器可分为通用式示波器和专用式示波器两种类型。

① 模拟式示波器。其扫描速度非常快,能即时反映被测线路的状态,是最有效的检测设备之一。模拟式示波器的波形显示速度取决于电压信号的速度和波形的重现率,但因显示速度快而使波形有点闪烁。由于模拟示波器没有记忆功能,因此无法记录、打印线路状态或将波形存储于数据库,给波形重现带来困难,不利于进一步分析、判断故障。

② 数字式示波器。由微处理器控制,能将模拟电压信号转换成数字信号。虽然微处理器的速度非常快,但也需要耗费时间将信号数字化,因而波形显示速度相对较慢,致使显示的波形轨迹不是即时状态,但显示的图像较为稳定,且不闪烁。数字式示波器实际上是一台微机,可以编程和自行设定,并能与数据库连接,因而成为一种有效、快捷、方便的检测设备之一。

③ 阴极射线管式示波器。该示波器的显示器为阴极射线管式显示器(CRT)。阴极射线管与电视机的显像管为同一类型,由电子枪、偏转板和荧光屏等组成,如图 2 - 26 所示。在管内的电子枪能将电子束射至荧光屏(其内层涂有磷)上,产生一个光亮点。在管内有两组金属板,水平的一组称为垂直偏转板,垂直的一组称为水平偏转板。当从示波器电路中得到电荷时,水平偏转板会使电子束从左至右横向掠过屏幕,从而在屏幕上出现一条光亮的线条,然后再从右至左变暗回扫。由于光的运动速度非常快,以致光亮点是以一条实线出现在观察者眼前。

④ 液晶式示波器。该示波器的显示器为液晶式显示器(LCD 或 LED),是现在采用非常普遍的一种显示器。它具有体积小、重量轻、省电、辐射低、易于携带等优点,工作原理与阴极射线管式显示器大不相同。液晶式显示器的屏幕为夹层结构,由两层玻璃组成,中间夹有液晶。液晶显示器的工作原理是利用液晶的物理特性,在通电时导通,使液晶排列变得有秩序,使光线容易通过;不通电时,排列则变得混乱,阻止光线通过。

手持式示波器多为液晶式,如美国 OTC3820 汽车专用示波器、韩国 1005 汽车专用示波器、深圳威宁达公司金德 W18 汽车专用示波器等,均为液晶式示波器,微机控制。其中,韩国 1005 汽车专用示波器外形如图 2 - 27 所示。

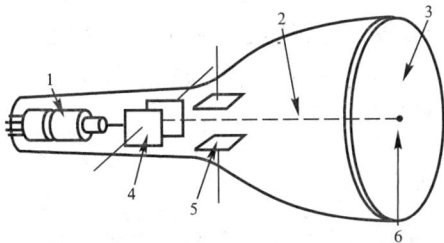

图 2 - 26　阴极射线管
1—电子枪;2—电子束;3—荧光屏;
4—水平偏转板;5—垂直偏转板;6—光亮点

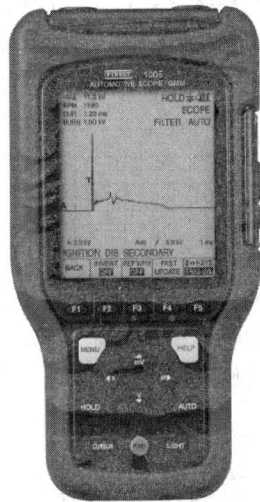

图 2 - 27　韩国 1005 汽车
专用示波器外形图

通用式示波器主要用于电子元器件的测量,当然也可以用于汽车的测量。专用示波器,例如汽车专用示波器,主要用于汽车有关波形和参数的观测与分析。

(2)示波器的功能

尽管示波器的种类有很多,但基本功能都是一样的。以美国 OTC3820 汽车专用示波器为例,介绍示波器的功能如下。

1)可测试发动机点火系统和各传感器、执行器及电路,并能进行故障诊断。

2)具有汽车万用表功能,可测试电压、电阻、周期、触点闭合角、正负峰值、峰值电压、喷油脉冲宽度、喷油时间、点火电压和燃烧时间等。通过该功能还能实现在一个屏幕上同时显示三个检测项目,并能将全部测量数据的变化以曲线的形式显示出来。

3)内部置有汽车数据库和标准波形,可随时调出,使判断故障更为方便。

4)能提供在线帮助,包括提供系统工作原理、测试连接方法、接线颜色、汽车缩略语词典,并有图形辅助显示。

5)可捕捉到瞬间出现的故障,并有记录、回放功能。

6)提供 RS - 232 接口,使用 OTC GT1 软件可直接与个人计算机进行数据通信。

7)借助 BBS 软件(标准配置)可通过网络免费更新数据并升级。

(3)示波器波形走向与含义

示波器显示的波形,在垂直方向上表示电压,在水平方向上表示时间,走向从左至右。并且,以基线为基准,向上为正电压,向下为负电压。

示波器显示的波形是信号电压的轨迹。当我们看到波形为一水平线时,表示电压恒定;当波形为一斜线时,表示电压稳定地变化,变大或变小;当波形为一垂线时,表示电压突变。所有波形都有上升、下降、振幅和峰值。此外,还可能有干扰波形。

需要提请注意的是,汽车电路多为直流(DC),直流电压信号在示波器屏幕上为一水平线;交流(AC)电压信号为一正弦波;在汽车交流发电机输出电路上测不到正弦波,这是因为发电机有一个整流电路,已将交流电转换为直流电的缘故;有些速度传感器输出正弦波波形,这是因为该传感器使用了磁感应线圈,产生了交流信号;屏幕上显示阶梯波形时,表示直流电压发生突变,通常是由开关或继电器断开引起的;屏幕上显示脉冲链波形时,是开关连续不断的周期信号。

(4)示波器控制和使用方法

示波器控制主要指对 Y 轴电压和 X 轴时间的控制。非微机控制的示波器,一般采用开关、按键和旋钮等实现对波形垂直幅度、水平幅度、垂直位置、水平位置和亮度等的调整。微机控制的示波器,多采用菜单式操作,省去了不少操控机件,只需在各级菜单上选择测试项目,无须任何设定和调整,可以直接观测波形,使用起来十分方便。

2.4.2 点火波形观测方法

汽油机点火示波器可专门用来快速检测汽油机点火系统的技术状况。它能将每个气缸的点火电压随时间的变化关系用波形的形式直观地表现出来,以便于观察、分析和判断。点火示波器的广泛应用,除了操作简单和测试迅速外,另一个重要原因是能描绘出点火的全过程。以下以传统点火系统(带机械式断电器触点,下同)为例,介绍点火波形和观测、分析方法。

(1)标准单缸点火波形

图 2 - 28 所示为点火示波器显示的传统点火系统单缸一次、二次电压随时间变化的标准波形。它描绘了从断电器触点打开开始,经过闭合至再次打开为止(一个完整的点火循环)的电压随时间变化的过程。

1)二次标准波形。二次标准波形如图 2 - 28b 所示,波形各段含义如下:

AB:在断电器触点打开瞬间,由于一次电流迅速下降,点火线圈内一次线圈磁场迅速消失,在二次线圈中感应出的高压电动势急骤上升。当二次电压还没有达到最大值时,就将火

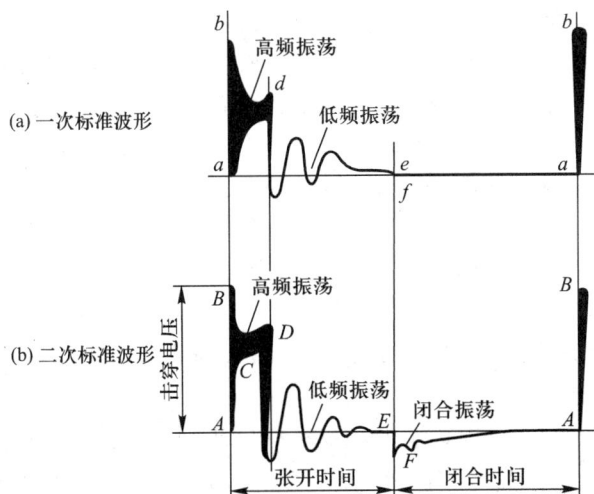

图 2-28 标准单缸点火波形

花塞间隙击穿。击穿火花塞间隙的电压称为击穿电压(点火电压),如图中 AB 线所示。AB 线也称为点火线。B 点的高度,表明点火系克服火花塞间隙、分电器间隙和高压导线电阻并将可燃混合气点燃的实际二次电压。

BC:在一举击穿火花塞间隙后,二次电压骤然下降,BC 的高度为此时的放电电压。

CD:火花塞间隙被击穿后,通过火花塞间隙的电流迅速增加,致使两电极间隙间引起火花放电。火花放电电压比较稳定。在示波器屏幕上,CD 的高度表示火花放电电压,CD 的宽度表示火花放电持续时间。据资料介绍,当发动机转速为 2 000 r/min 时,火花放电持续时间约为 0.001 s,即使一个完整的点火循环,对于六缸发动机来说也不过 0.01 s。CD 线称为火花线。

在火花塞间隙被击穿的同时,储存在 C_2(分布电容,即点火线圈匝间、火花塞中心电极与侧电极间、高压导线与机体间等所具有的电容量总和)中的能量迅速释放,故 ABC 段称为"电容放电"。其特点是放电时间极短(1 μs)、放电电流很大(可达几十安培)。所以,A、C 两点基本上是在同一垂线上。电容放电时,伴有迅速消失的高频振荡,其频率约为 $10^6 \sim 10^7$ Hz。但电容放电只消耗了磁场能的一部分,剩余磁场能所维持的放电称为"电感放电"。其特点是放电电压低,放电电流小,持续时间长,但振荡频率仍然较高。所以,整个 ABCD 段波形为高频振荡波形。

DE:当保持火花塞间隙持续放电的能量消耗完毕时,电火花在 D 点消失,点火线圈和电容器中的残余能量以低频振荡的形式耗完。此时,电压变化为一连续的减幅振荡,波峰一般在 4 个以上。

EF:断电器触点闭合,点火线圈一次电路又有电流通过,二次电路导致一个负压。

FA:触点闭合后,先是产生二次闭合振荡,然后二次电压由一定负值逐渐变化到零位,当至 A 点时断电器触点又打开,二次电路又产生击穿电压。

从图中可以看出,由左至右,从 A 点至 E 点为断电器触点张开时间,从 E 点至右端 A 点为断电器触点闭合时间。张开时间加闭合时间等于一个完整的点火循环,亦即等于多缸发动机按点火顺序各缸间的一个点火间隔。断电器触点的断开时间、闭合时间和点火间隔,一般用分电器凸轮轴转角表示。多缸发动机按点火顺序的点火间隔,4 缸发动机为 90°,6 缸发动机为 60°,8 缸发动机为 45°。所以,断电器触点的断开时间和闭合时间又可分别称之为触点张开角和触点闭合角。上述角度如果用曲轴转角表示,对于四行程发动机来说须乘以 2。

2) 一次标准波形。该标准波形如图 2-28a 所示。它是通过跨接在断电器触点(俗称白金)上得到的,又称为白金波形。当断电器触点打开时,一次电压迅速增大,二次电压急骤增大,两电压之和击穿火花塞间隙,如图 2-28a 中 *ab* 线所示。当火花塞两电极间出现火花时,随之出现的高频振荡,由于点火线圈一次、二次电路间的变压器效应,也出现在一次波形中,所以图 2-28a 中 *abd* 段为高频振荡波形。当二次点火放电完成时,点火线圈和电容器中的残余能量要继续释放,一次电路中出现低频振荡波形,如图 2-28a 中 *de* 段所示。同样,由于点火线圈一次、二次电路间的变压器效应,低频振荡波形也出现在二次波形上,这就是图 2-28b 中 *DE* 段波形。

de 段波形振荡终了时为一段直线,高于基线的高度表示施加于一次电路上断电器触点两端的电压。触点在 *e* 点闭合,闭合后的一次电压几乎降至零,显示如一条直线,一直延续到断电器触点下一次打开,如图 2-28a 中 *fa* 段所示。当下一次点火时,点火循环将在下一个气缸内重复开始。

(2) 波形排列形式

点火示波器采集到发动机点火信号后,通过不同排列,以多缸平列波、多缸并列波、多缸重叠波和单缸选缸波四种排列形式分别显示点火波形,以便于检测人员从不同排列形式的波形中观测、分析、判断点火系统的技术状况。

1) 多缸平列波。在示波器屏幕上,从左至右按点火顺序将所有各缸点火波形首尾相连的一种排列形式,称为多缸平列波。6 缸发动机标准二次平列波如图 2-29 所示。

2) 多缸并列波。在示波器屏幕上,从下至上按点火顺序将所有各缸点火波形之首对齐并分别放置的一种排列形式,称为多缸并列波。6 缸发动机标准二次并列波如图 2-30 所示。有的点火示波器将各缸点火波形按点火顺序以三维的排列形式显示出来,可称之为三维多缸并列波。

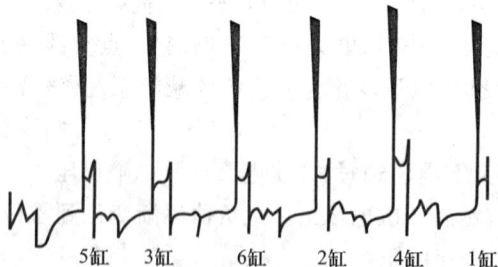

图 2-29 6 缸发动机标准二次平列波

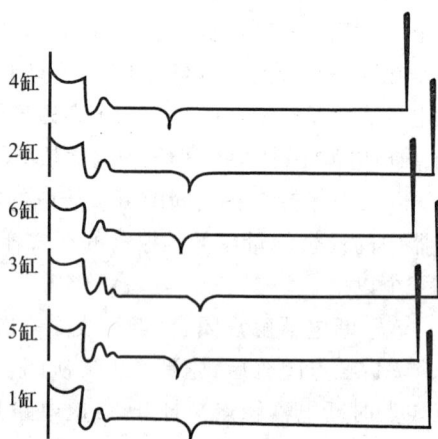

图 2-30 6 缸发动机标准二次并列波

3) 多缸重叠波。在示波器屏幕上,将所有各缸点火波形之首对齐并重叠在一起的排列形式,称为多缸重叠波。6 缸发动机标准二次重叠波如图 2-31 所示。

4）单缸选缸波。在示波器屏幕上,根据需要选出的任何一缸的单缸点火波形,称之为单缸选缸波形。

由于点火系统有一次电路和二次电路之分,因此上述四种波形排列形式又有一次多缸平列波、一次多缸并列波、一次多缸重叠波、一次单缸选缸波和二次多缸平列波、二次多缸并列波、二次多缸重叠波、二次单缸选缸波之分。

（3）点火波形上的故障反映区

当点火示波器与发动机联机后,如果实测点火波形与标准波形相比有差异,则说明点火系统有故障。传统点火系统在点火波形上有4个故障反映区,如图2-32所示。

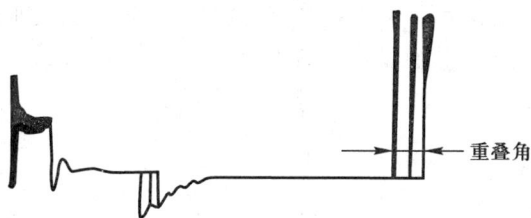

图2-31 6缸发动机标准二次重叠波

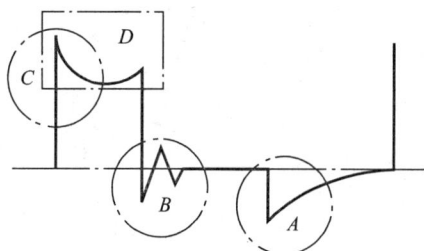

图2-32 波形上的故障反映区

图中A区为断电器触点故障反映区,B区为电容器、点火线圈故障反映区,C区为电容器、断电器触点故障反映区,D区为配电器、火花塞故障反映区。

（4）点火示波器的使用方法

1）观测项目。点火示波器可观测、分析、判断传统点火系统的下列项目:

① 断电器触点闭合角。

② 缸点火波形重叠角。

③ 点火提前角。

④ 断电器触点是否烧蚀。

⑤ 断电器活动触点臂弹簧弹力是否正常。

⑥ 火花塞是否"淹死"或断续点火。

⑦ 各缸点火高压值。

⑧ 火花塞加速特性。

⑨ 点火系统最高电压值。

⑩ 分电器跳火间隙。

⑪ 点火线圈二次电路是否断路。

⑫ 电容器性能是否良好。

2）准备工作。

① 按点火示波器使用说明书的要求,对仪器通电预热、检查校正,待符合要求后再投入使用。

② 起动发动机,预热至正常工作温度。

3）点火示波器与发动机联机。主要是点火示波器的点火传感器（包括夹持器等）与发动机点火系统有关部位的连接。传统点火系统一次点火信号是从断电器触点两端采集的,二次点火信号是从点火线圈高压总线上采集的,具体连接方法见点火示波器使用说明书。

元征 EA - 1000 型发动机综合性能检测仪(带有点火示波器功能)的联机方法如下:

① 传统点火系统。元征 EA - 1000 型发动机综合性能检测仪(以下简称为"检测仪")的电源夹持器夹持在被测汽车蓄电池正、负极上,红正、黑负;一次信号红、黑小鳄鱼夹分别夹在发动机点火线圈的一次接线柱上,红正、黑负;1 缸信号传感器(外卡式感应钳)卡在发动机第 1 缸高压线上;二次信号传感器(外卡式电容感应钳)卡在点火线圈中心高压线上,如图 2 -33 所示。通过二次信号传感器的信号可获得二次点火波形,通过 1 缸信号传感器信号的触发,可获得按点火顺序排列的各缸波形。

② 无分电器点火系统。对于单缸独立点火线圈式,须采用检测仪的金属片式二次信号传感器,连接方法如图 2 -34 所示。对于双缸独立点火线圈式,在检测任一缸点火波形时,须将 1 缸信号传感器和二次信号传感器共同卡在该缸的高压线上,如图 2 -35 所示。

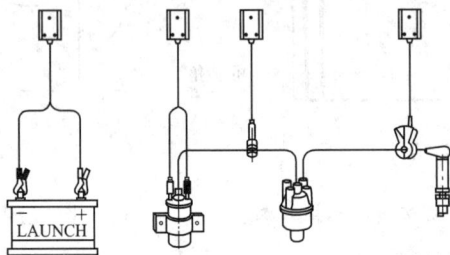

图 2 -33   检测仪传感器与传统点火系统的联机方法

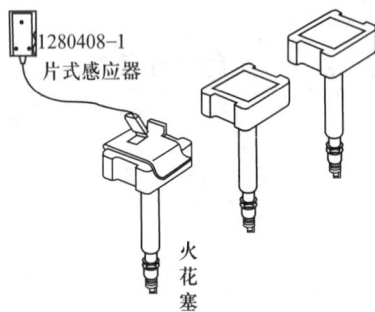

图 2 -34   检测仪传感器与单缸独立
点火线圈式点火系统的联机方法

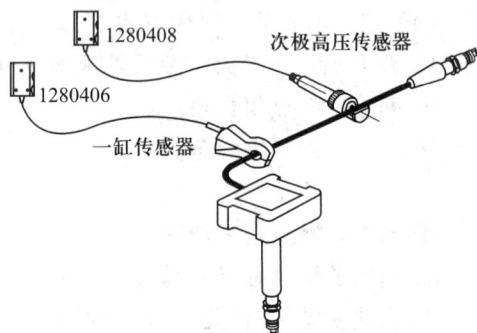

图 2 -35   检测仪传感器与双缸独立
点火线圈式点火系统的联机方法

4) 使用方法。仍以元征 EA - 1000 型发动机综合性能检测仪(以下简称为"检测仪")为例,在联机结束后,按下列方法操作:

① 在检测仪主菜单上选择"汽油机",在副菜单上选择"点火系统",在点火系统的下级菜单中选择"次级点火信号",于是检测仪屏幕上显示点火系统次级检测界面。

② 单击界面下端的波形切换软按钮,可分别观测到二次多缸平列波、二次多缸并列波(三维波形)和二次多缸重叠波,如图 2 -36、图 2 -37 和图 2 -38 所示。需要指出的是,显示屏幕上击穿电压的坐标刻度具有智能性,当击穿电压值大于 20 kV 时,量程会自动更换为 40 kV。

③ 在点火系统的下级菜单中选择"初级点火信号",于是检测仪屏幕显示点火系统一次检测界面,如图 2 -39 所示。

④ 单界面下端的其他软按钮,可实现数据存储、图形存储、故障诊断、图形打印和返回主菜单功能。

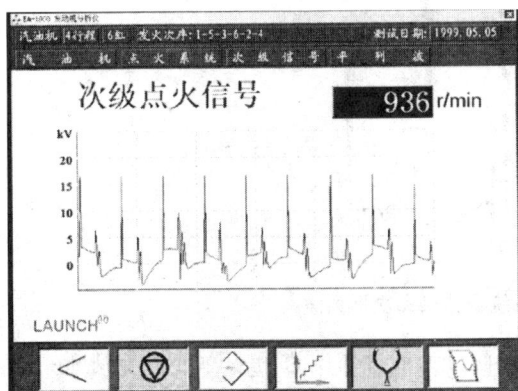

图2-36 观测二次多缸平列波

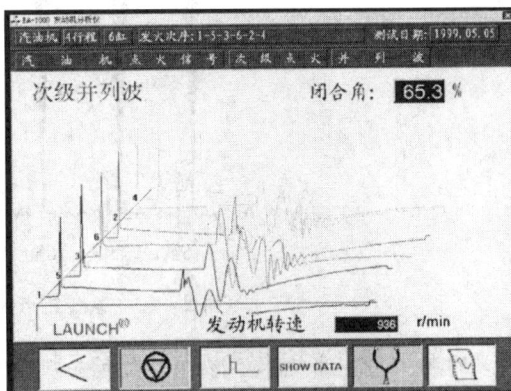

图2-37 观测二次多缸并列波

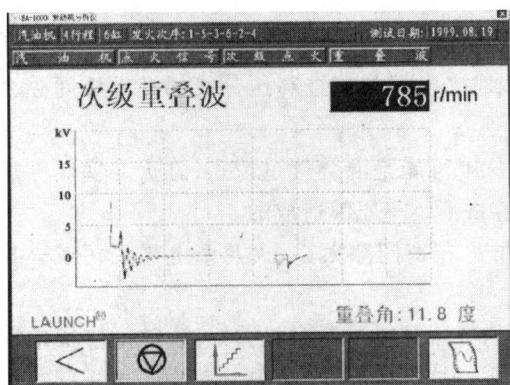

图2-38 观测二次多缸重叠波

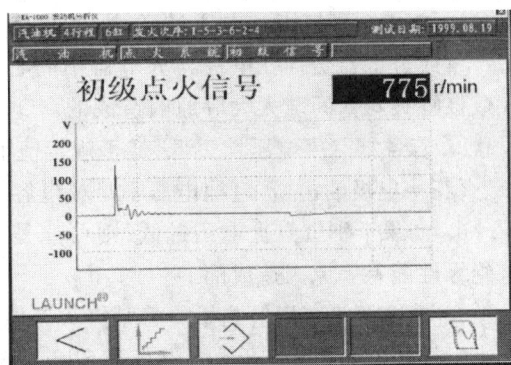

图2-39 观测一次点火波形

(5) 点火波形的观测、分析方法

通过观测点火波形,可直观、快速地分析、判断点火系统的技术状况。对于不同功能、不同形式的点火示波器,一般通过按键、输入操作码和菜单选择等方法,即可在示波器屏幕上显示出被测发动机的一次或二次多缸平列波、多缸并列波、多缸重叠波和单缸选缸波,并通过旋钮、按键或自动调节功能等,使屏幕的亮度、对比度、波形位置、波形幅度等符合观测要求。

观测点火波形时,凡是有转速要求的,应使发动机在规定转速下运转。

被测发动机点火波形显示后,应首先与标准波形对照。如果实测点火波形完全同于标准波形,则说明点火系统技术状况良好;如果实测波形有异常,则说明点火系统有故障,应按照点火波形4个故障反映区,观察异常波形处在哪个反映区内,即可诊断出故障。

1) 二次多缸平列波。该波形也称为高压多缸平列波,可完成下列参数测量和故障诊断。

① 各缸点火高压值测量。可从示波器屏幕kV刻度尺上直接读取各缸击穿电压值或从屏幕上显示的各缸击穿电压值数字直接读取。击穿电压值应符合原厂规定。传统点火系统的击穿电压值一般较低,为6~8 kV或8~10 kV,电控汽油喷射发动机击穿电压值一般为

10～20 kV。各缸击穿电压值应一致,相差不大于2 kV。某传统点火系统发动机二次平列波如图2-40所示。

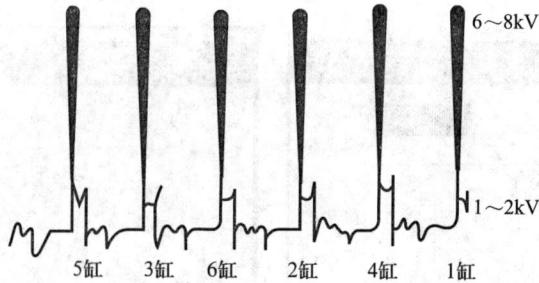

图2-40　某传统点火系统发动机二次平列波

各缸波形位置按点火顺序从左至右排列。下面分为四种情况进行故障分析与判断:

a. 如果各缸点火电压均过高,超过规定值上限,则可能是混合气过稀、分电器中央高压线端部未插到底或分电器盖插孔锈污严重、分电器与分电器盖插孔电极间隙太大或各缸火花塞间隙均偏大等原因造成的。

b. 如果个别缸点火电压过高,则可能是该缸高压分线端部未插到底、分电器盖插孔锈污严重或分电器盖插孔电极与分电器不同心,造成分电器与该缸高压分线插孔电极间隙太大或该缸火花塞间隙太大等原因造成的。

c. 若各缸点火电压均过低,低于规定值下限,则可能是混合气过浓、各缸火花塞间隙过小、火花塞电极油污、蓄电池电压不足或电容器容量不足等原因造成的。

d. 如果个别缸点火电压过低,则可能是该缸火花塞间隙太小、火花塞电极油污或火花塞绝缘性能差等原因造成的。

② 单缸短路高压值测量。将某缸火花塞上的高压分线拔下对机体短路,该缸点火电压应小于规定值(传统点火系统应小于5 kV)。否则,说明分电器与分电器盖插孔电极间隙过大或该缸高压分线与分电器盖插孔接触不良。某传统点火系统发动机第2缸高压分线短路的二次平列波如图2-41所示。

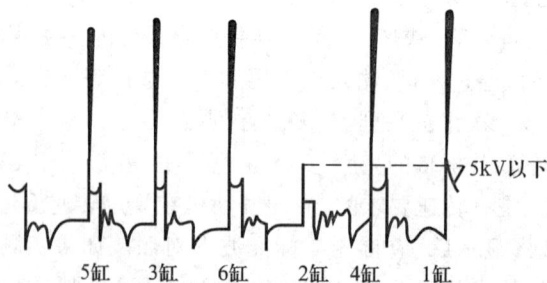

图2-41　某传统点火系统发动机第2缸高压线短路的二次平列波

③ 单缸开路高压值测量。将某缸高压线从火花塞上拔下而不短路,该缸点火高压值应达到20～30 kV,即达到点火系统的最大点火电压值。否则,说明高压线、分电器盖绝缘不良或点火线圈、电容器性能不良。某传统点火系统发动机第2缸高压线开路的二次平列波如图2-42所示。

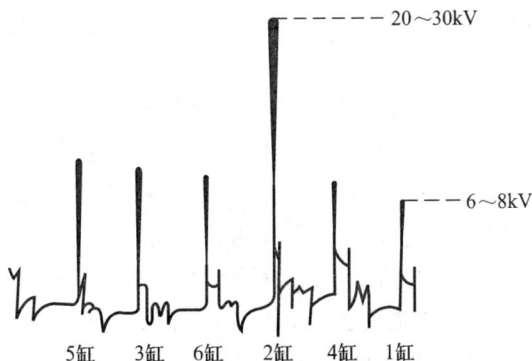

图2-42 某传统点火系统发动机第2缸高压线开路的二次平列波

④ 火花塞加速特性测量。使发动机转速稳定在 800 ~ 1 000 r/min，突然开大节气门使发动机加速运转。此时，各缸点火电压相应增大，但增大部分不应超过 3 kV，否则应更换火花塞。加速时的最高点火电压值一定要在加速的瞬间读出，这是因为当转速稳定下来后，点火峰值仍会回到原来状态。此试验主要是检查火花塞在加速工况下的工作性能。当火花塞电极间隙偏大或其电极烧蚀时，点火电压会超过 3 kV。

2）二次多缸并列波。也称为高压多缸并列波，其最大优点是既能观察到点火系统整体（所有各缸的点火波形），又能观察到点火系统单个（每个单缸的点火波形）。正常的二次多缸并列波（图2-30），各缸火花线长度应相等，低频振荡波和闭合段波形应上下对齐，振幅应一致。

实测波形显示后应与标准波形对照，实测波形上有异常之处，即反映点火系统有故障。

利用二次多缸并列波可获得单缸选缸波，并能进行下列参数的测量和故障诊断。

以元征 EA-1000 型发动机综合性能检测仪为例，介绍如下：

① 可观测到单缸选缸波。按检测仪 F3 热键或按图2-37下方从左向右第3个软键，可按点火次序分别得到各缸的点火波形，其他缸波形消失，以便于观测单缸波形。

② 可进行下列参数测量：

a. 可测得各缸断电器触点闭合角值。参见图2-37，被测发动机断电器触点闭合角（以下简称"闭合角"）已显示在检测界面右上角。按 F3 热键，可显示出各缸的闭合角值。测得的闭合角值要与标准值对照。在点火系统技术状况良好的情况下，各缸闭合角应占点火间隔的百分比和对应的分电器凸轮轴转角如下：

4 缸发动机　45% ~ 50%（40° ~ 45°）

6 缸发动机　63% ~ 70%（38° ~ 42°）

8 缸发动机　64% ~ 71%（29° ~ 32°）

有些点火示波器显示的是百分比，有些点火示波器显示的是分电器凸轮轴转角。

如果测出的闭合角太小，则说明断电器触点间隙太大，这不仅有可能使点火时间提前，而且会造成高速时点火高压不足；若测出的闭合角太大，则说明断电器触点间隙太小，这不仅有可能使点火时间推迟，而且会造成某些缸由于断电器触点张不开而缺火。因此，应调整断电器触点间隙至 0.35 ~ 0.45 mm，使闭合角符合要求。但调整断电器触点间隙后，点火提前角也随之改变,因而还应重新校正点火正时,以保证发动机动力性、燃油经济性和排气净化性符合要求。

b. 可测得各缸击穿电压值、火花电压值和火花持续时间。按下 F4 热键或图 2－37 检测界面下方的"SHOW DATA"软键,可动态显示出各缸的击穿电压值、火花电压值和火花持续时间(ms)。当各缸的这些数值不一致时,可对照相关缸波形异常,找出点火系统的故障。

③ 可进行下列常见故障诊断。由于资料来源的关系,以下二次多缸并列波是以单缸波形的形式出现的。需要提请注意的是,不少故障是出现在二次多缸并列波上每一缸波形上的,也有些故障是出现在某一单缸波形上的,要具体故障具体分析。

a. 如图 2－43 所示,如果二次并列波反置(每一缸波形均如此),则说明点火系统一次电路接反。

b. 如图 2－44 所示,如果二次并列波触点闭合处有杂波(每一缸波形均如此),则说明断电器触点电阻太大(烧蚀)。

图 2－43　一次电路接反

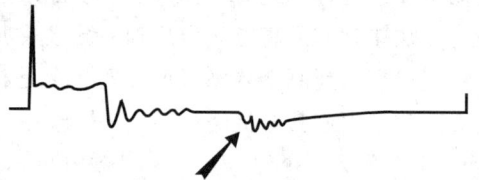

图 2－44　断电器触点电阻太大(烧蚀)

c. 如图 2－45 所示,如果二次并列波在断电器触点断开处出现小平台(每一缸波形均如此),则说明电容器漏电。

d. 如图 2－46 所示,如果二次并列波击穿电压过高,且没有良好的放电过程,火花的持续阶段较为陡峭,则说明二次电路电阻太大,可能是二次电路开路、接触不良或火花塞间隙、分电器与分电器盖插孔电极间隙太大等原因造成的。这一故障可能出现在每一缸波形上,也可能出现在某一缸波形上。

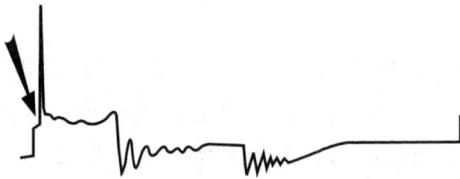

图 2－45　电容器漏电

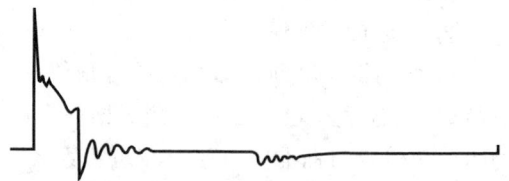

图 2－46　二次电路电阻太大

e. 如图 2－47 所示,如果二次并列波火花电压有波动现象,则可能是电控汽油喷射系统中的喷油器工作不良,引起可燃混合气浓度波动造成的。这一故障可能出现在每一缸波形上,也可能出现在某一缸波形上。

f. 如图 2－48 所示,如果二次并列波火花电压较低,则可能是可燃混合气过浓或火花塞漏电造成的。当可燃混合气过浓时,虽然点火初期的离子电离程度小,击穿电压高,但在火花持续阶段离子电离程度提高,火花电压有所降低(每一缸波形均如此)。当某缸火花塞漏电时,火花电压也降低(仅该缸波形如此)。

图 2 - 47　电控汽油喷射系统喷油器工作不良　　　图 2 - 48　可燃混合气过浓或火花塞漏电

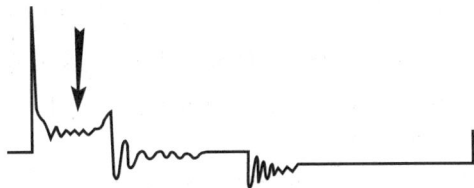

g. 如图 2 - 49 所示,如果二次并列波火花电压较低(每一缸波形均如此),则也可能是气缸压力较低造成的。这是因为气缸压力较低时,致使可燃混合气密度降低,无须高电压就可将火花塞间隙击穿,故火花电压有所下降。

h. 如图 2 - 50 所示,如果二次并列波火花电压较低,则也可能是火花塞积炭或间隙太小造成的。由于积炭是具有电阻的导体,消耗了一部分电能,引起火花电压降低。火花塞间隙太小,也会引起火花电压降低。这一故障可能出现在每一缸波形上,也可能出现在某一缸波形上。

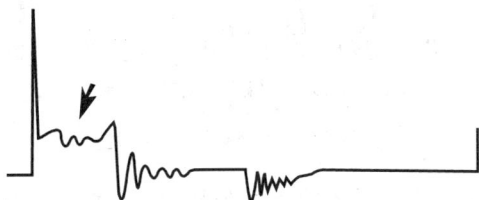

图 2 - 49　气缸压力较低　　　　　　　图 2 - 50　火花塞积炭或间隙太小

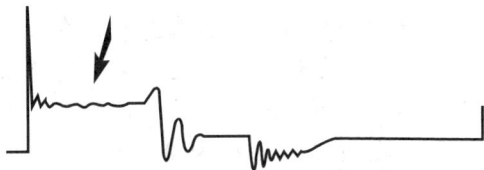

i. 如图 2 - 51 所示,如果二次并列波不时有上下跳动现象(每一缸波形均如此),则说明二次电路有间歇性断电现象。

j. 如图 2 - 52 所示,如果二次并列波击穿电压不足 5 kV(每一缸波形均如此),说明二次线圈漏电。

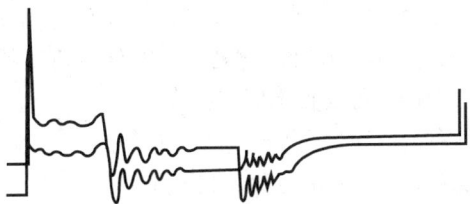

图 2 - 51　二次电路有间歇性断电现象　　　图 2 - 52　二次线圈漏电

以上,虽然用二次多缸并列波分析、判断故障仅举了 10 个例子。但是用二次多缸并列波能观测到的故障波形还有许多,主要靠实践工作中经验积累,本节不再赘述。

3) 二次多缸重叠波。该波形是各缸点火波形的叠加,因而可评价各缸工作的一致性。各缸工作一致的重叠波就像一个单缸波形,只要其中任一缸工作不佳,其波形就会偏离重叠波,届时通过逐缸单缸断火,可立即找出工作不佳的气缸来。点火示波器显示出被测发动机二次多缸重叠波后,可进行下列参数的测量。

① 各缸波形间的重叠角。如果各缸点火波形的长度不一致,则表明各缸点火间隔不一

致。此时,最短波形与最长波形之间的重叠区所占分电器凸轮轴转角称为各缸波形重叠角。重叠角应不大于点火间隔的 5%,以接近零为好。根据这一原则,重叠角的标准值(分电器凸轮轴转角)应为:4 缸发动机,不大于 4.5°;6 缸发动机,不大于 3.0°;8 缸发动机,不大于 2.25°。

重叠角的大小,可以表明多缸发动机点火间隔的一致程度。重叠角越大,说明点火间隔越不均匀。重叠角太大,是由于分电器凸轮制造不准、磨损不均或分电器凸轮轴磨损松旷、弯曲变形等原因造成的。

② 各缸触点闭合角的平均值。断电器触点闭合期间对应的分电器凸轮轴转角称为触点闭合角。在重叠波上,由于各缸波形重叠在一起,可以测得各缸触点闭合角的平均值。

在实测的二次重叠波上,如果波形异常,可与标准波形对照,也可以进行一些故障分析与判断,方法同于上述二次多缸并列波。

4)一次平列波。标准一次平列波如图 2 - 53 所示。该波形不常用,有时用在单缸选缸转速降测量中作为短路指示用。

5)一次并列波和一次重叠波。该两种波形测量的项目及反映的故障,与二次并列波和二次重叠波一致,不再赘述。

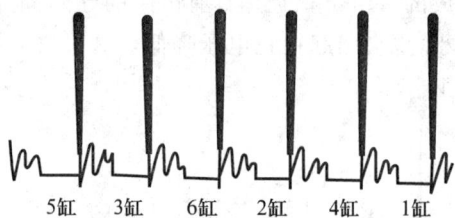

图 2 - 53　标准一次平列波

5缸　3缸　6缸　2缸　4缸　1缸

6)单缸选缸波。在观测、分析点火波形的过程中,有时为了仔细观察某一缸的点火波形,可将该缸点火波形单独选出(其他缸波形消失),并适当增加其垂直幅度和水平幅度。单缸选缸波形通常在二次并列波或一次并列波上进行。此时应通过按键或菜单先获得二次并列波或一次并列波,再通过选缸键获得所需缸的二次单缸选缸波或一次单缸选缸波。

(6) 无触点电子点火系统点火波形的特点

以上是以传统点火系统为例介绍了标准波形、波形排列形式、波形上的故障反映区和波形观测方法等内容。随着电子技术在汽车上的应用,无触点电子点火系统一经问世,就在提高发动机的动力性、燃油经济性和减少排气污染等方面显示出了优越性,从而得到广泛应用。无触点电子点火波形与传统点火波形相比有以下相同点和不同点。

1)相同点。

① 无触点电子点火波形的排列形式、波形观测方法与传统点火系统相同。

② 无触点电子点火系统的一次点火波形、二次点火波形基本上与传统点火系统的点火波形相同。波形上也有高频振荡波(点火线、火花线)、低频振荡波和二次闭合振荡波,也有张开段和闭合段,点火线和火花线的解释也同于传统点火系统。

2)不同点。

① 无触点电子点火波形上低频振荡波异常时,仅表示点火线圈的技术状况不佳,而与电容器无关,这是电子点火系统无电容器的缘故。

② 无触点电子点火波形上闭合点处和张开点处的波形,虽然与传统点火系极为相似,但不是断电器触点闭合和张开造成的,而是晶体三极管或晶闸管的导通与截止电流造成的。

③ 无触点电子点火波形上闭合段的长度、形状,与传统点火波形不完全相同,甚至车型

之间也略有差异。主要表现在:有的车型闭合段在发动机高转速时加长,二次点火波形闭合段内有波纹或凸起,这些现象均属正常。

④ 无触点电子点火系统中,有的点火系统在波形闭合段结束时,先产生一条锯齿状的上升斜线,然后导出点火线,不像传统点火系统的点火波形那样,随着触点打开产生一条急骤上升的点火线,但这属于正常现象。

⑤ 在无分电器点火系统中,有两缸共用一个点火线圈的点火系统。该种点火系统在一个气缸中会发生两次点火:一次点火发生在压缩行程终了之前,为有效点火;另一次点火发生在排气行程终了之前,为无效点火。在有效点火波形上,因气缸内可燃混合气电离程度低,所以击穿电压和火花电压都较高。在无效点火波形上,因气缸内废气电离程度高,所以击穿电压和火花电压都较低。这些均属正常现象。

利用示波器观测点火波形是实现快速检测与诊断的重要方法之一,在国外应用十分普遍。其中,特别是观测二次波形,被认为是一项十分有效的综合检测。这是因为,如果被测发动机的二次波形没问题,说明点火系统、供油系统和气缸密封性均无问题。

学习项目 2.5　柴油机供油压力波形和针阀升程波形观测

由于柴油机具有热效率高、燃油经济性好、排气污染少和可靠性强等优点,因而在汽车上的应用越来越广泛。柴油机与汽油机相比,结构上的最大不同点,一是没有点火系统,二是燃料和燃料系统不同,其他机构、系统大同小异。

柴油机燃料系统工作性能的好坏,在很大程度上取决于喷油泵、喷油器的工作质量。喷油泵、喷油器的工作质量,可通过高压油管中供油压力变化情况及喷油器针阀升程情况反映出来。因此,用示波器观测高压油管中供油压力与喷油泵凸轮轴转角之间的对应关系,观测喷油器针阀升程与凸轮轴转角之间的对应关系,可以判断柴油机燃料系统的技术状况。一些柴油机专用示波器和柴油机综合测试仪、汽柴油机综合检测仪中的示波器部分,均能在柴油机不解体情况下,以多种形式观测各缸高压油管中供油压力波形和喷油器针阀升程波形。

2.5.1　柴油机示波器功能

柴油机示波器具有以下主要功能:

1)观测供油压力波形。可观测到各缸高压油管中供油压力波形。这些波形能以多缸平列波、多缸并列波、多缸重叠波、单缸选缸波和全周期单缸波的形式出现。

2)观测针阀升程波形。可观测到各缸喷油器针阀升程波形。这些针阀升程波形表示了针阀升程与喷油泵凸轮轴转角的对应关系和针阀升程与高压油管中压力变化的对应关系。

3)检测瞬态压力。可测出高压油管内最高压力、残余压力、针阀开启压力和针阀关闭压力。

4)供油均匀性判断。通过比较各缸高压油管中压力波形面积,可观测到各缸供油量的一致性,并能找出供油量过大或过小的缸。

5)观测异常喷射。根据针阀升程波形和压力波形,可观测到停喷、间隔喷射、二次喷射、喷前滴漏、针阀开启卡死和喷油泵出油阀关闭不严等故障。

6）检测供油间隔。通过观测屏幕上各缸并列波对应的凸轮轴角度，可检测到按着火顺序各缸供油间隔的大小。

2.5.2　供油压力波形和针阀升程波形

图2-54是在柴油机有负荷情况下，实测的某缸高压油管内供油压力 p 和针阀升程 S 随喷油泵凸轮轴转角 θ 的变化曲线。图中还可以看出针阀升程 S 与压力 p 之间的对应关系。图中，p_r、p_o、p_b 和 p_{max} 均为高压油管内的供油压力。其中：p_r 为残余压力，p_o 为针阀开启压力，p_b 为针阀关闭压力，p_{max} 为最大压力。

在横坐标上，整个曲线可划分为三个阶段。其中，I 为喷油延迟阶段，若调高针阀开启压力 p_o，高压油管渗漏，出油阀偶件或喷油器针阀偶件不密封造成残余压力 p_r 下降，随意增加高压油管的长度或增加高压油系统的总容积（如漏装减容体）等，都会使这个阶段延长；II 为主喷油阶段，该阶段的长短主要与柴油机负荷有关，对于柱塞式喷油泵来说，即与柱塞的供油行程长短有关，供油行程越大，该阶段越长；III 为自由膨胀阶段，若高压油管内最大压力 p_{max} 不足，可使该阶段缩短，反之使该阶段延长。

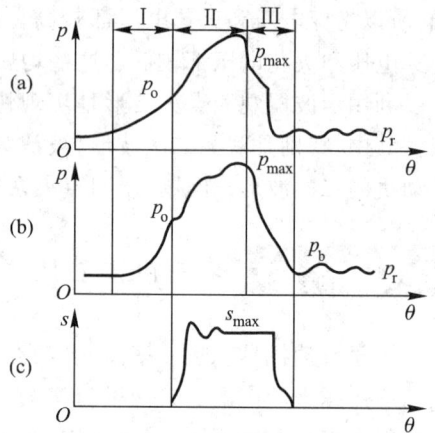

图2-54　高压油管内供油压力波形
和喷油器针阀升程波形
（a）喷油泵端压力波形；（b）喷油器端压力波形；
（c）针阀升程波形

从图2-54中可以看出，I、II 阶段为喷油泵实际供油阶段，II、III 阶段为喷油器实际喷油阶段。在循环供油量一定的情况下，若 I 阶段延长和 III 阶段缩短，则喷油器针阀升程所占凸轮轴转角减小，使喷油量减少。反之，若 I 阶段缩短和 III 阶段延长，则使喷油量增大。因此，波形上三个阶段的长短，对该缸工作性能是有影响的。所以，必须将各缸的压力波形同时取出来，以多种形式进行对比观测。

高压油管内供油压力波形，可用全周期单缸波、多缸平列波、多缸并列波和多缸重叠波四种排列形式进行观测，以下以 CFC-1 型柴油机综合测试仪示波器所测波形为例介绍。

（1）全周期单缸波

全周期单缸波，即单独将某一缸高压油管内供油压力随喷油泵凸轮轴转过 360° 时的变化情况显示出来的波形，如图2-55所示。波形上有一个人工移动的亮点，指针式表头可以指示出亮点所在位置的瞬态压力。因此，移动亮点可测出某缸高压油管内供油的残余压力 p_r、针阀开启压力 p_o、针阀关闭压力 p_b 和最大压力 p_{max}。微机控制的柴油机示波器，通过单击界面上的软按钮，能直接显示上述压力值。

（2）多缸平列波

多缸平列波，即以各缸高压油管内供油的残余压力 p_r 为基线，将各缸波形按着火顺序从左至右首尾相连的一种排列形式，如图2-56所示。利用该波形可观测到各缸 p_o、p_b 和 p_{max} 点在高度上是否一致，因而可用于比较 p_o、p_b 和 p_{max} 值的一致性。

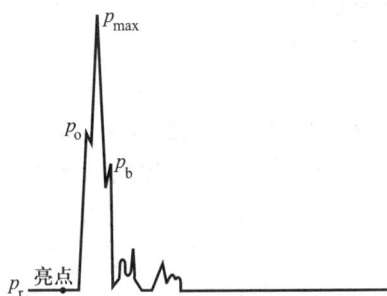

图 2 −55　全周期单缸波

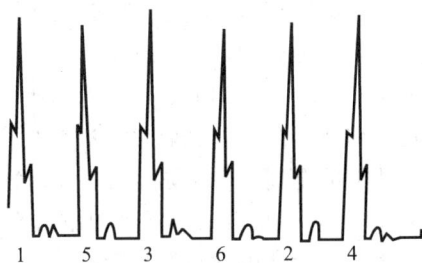

图 2 −56　多缸平列波

（3）多缸并列波

多缸并列波,即将各缸波形按着火顺序自下而上单独放置并将其首部对齐的一种排列方式,如图 2 −57 所示。必要时可将某缸波形单独选出观测,即为单缸选缸波。通过观测各缸波形Ⅰ、Ⅱ、Ⅲ三阶段面积的大小,可比较各缸供油量、喷油量的一致性。

（4）多缸重叠波

多缸重叠波,即将各缸波形之首对齐并重叠在一起的一种排列形式,如图 2 − 58 所示。利用该波形可观测到各缸波形在高度、长度和三阶段面积上的一致程度,可用于比较 p_r、p_o、p_b、p_{max}、供油量和喷油量的一致性。

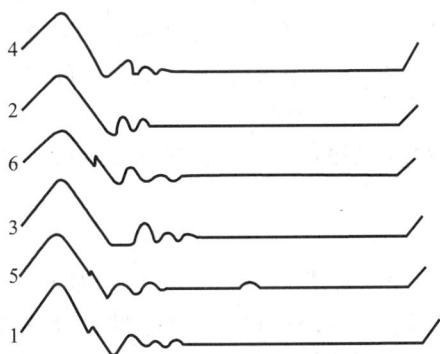

图 2 −57　多缸并列波

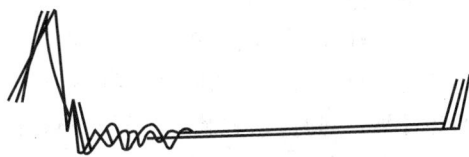

图 2 −58　多缸重叠波

除了压力波形的观测外,还可以进行喷油器针阀升程波形的观测。针阀升程是判断实际喷油情况的重要参数。通过对针阀升程波形的观测,可发现喷油器有无二次喷射、间断喷射和停喷等故障。

针阀升程与凸轮轴转角的关系及与高压油管中供油压力的对应关系可参见图 2 −54。

2.5.3　波形观测方法

以 CFC −1 型柴油机综合测试仪(以下简称为"测试仪") 示波器为例,介绍波形观测、分析方法。被测柴油机为 6 缸发动机,着火顺序为 1—5—3—6—2—4。按测试仪使用说明书要求,将示波器预热、自校、调试后,将测试仪串接式油压传感器按要求安装在柴油机各缸的高压油管与喷油器之间,或将测试仪外卡式油压传感器按要求卡装在各缸高压油管上。

经过预热的柴油机处于运转状态,然后通过按键选择,即可在测试仪示波器屏幕上出现被测柴油机的多缸平列波、多缸并列波、多缸重叠波或全周期单缸波。

(1)检测高压油管内的瞬态压力

使柴油机在 800 ~ 1 000 r/min 下稳定运转,通过按键选择,使测试仪示波器屏幕上出现稳定的多缸平列波。再通过选缸键,从多缸平列波上选出被测缸的全周期单缸波。此时,屏幕上仅存被测缸的全周期单缸波,可进行该缸高压油管内供油瞬态压力测量。调测试仪定时灯上的电位器,有一亮点沿全周期单缸波形移动(图 2 - 55),亮点所在位置的供油瞬态压力由测试仪表头指示。由此可分别测出高压油管内供油的残余压力 p_r、最大压力 p_{max}、喷油器针阀开启压力 p_o 和喷油器针阀关闭压力 p_b。

当发动机空转且循环供油量很小时,有时 $p_o = p_{max}$,即针阀开启压力等于油管内最大压力,如图 2 - 59 所示。

同一台发动机各缸的 p_r、p_o、p_b 和 p_{max} 应该分别相等,并应符合原厂要求。目前能见到的资料仅对喷油器喷油压力(针阀开启压力)提出了要求。当喷油压力不符合要求时,应拆下喷油器,在专用喷油器试验器上进行检查和调试。

(2)观测各缸供油量的一致性

经过上一项观测,在各缸 p_r、p_o、p_b 和 p_{max} 一致的情况下,可进一步比较各缸供油量的一致性。先将柴油机调到需要的转速,一般是中速或中高速,然后通过按键调出该机多缸重叠波,观测波形 Ⅰ、Ⅱ、Ⅲ 三阶段的重叠情况。若波形三阶段重叠较好,说明各缸供油量比较一致;若波形三阶段重叠不好,说明各缸供油量不一致。其中,波形三阶段窄的缸供油量小,波形三阶段宽的缸供油量大。通过选缸键,可以找出是哪一缸的供油量不正常;也可以调出多缸并列波进行比较,但波形幅度要适当调小些。

应当指出,当各缸供油间隔不一致时,应先按下述(4)检测并调整好供油间隔后,再进行各缸供油量一致性的观测。

(3)观测喷油器针阀升程波形

将被测缸喷油器顶部的回油管拆下,把测试仪针阀传感器旋接在 3 缸喷油器上。当传感器的触杆被顶起时(从方孔中观看),将传感器锁紧。置发动机在中速下运转,通过按键使测试仪示波器屏幕上出现六条并列线,被测缸的针阀升程波形出现在对应的并列线上,如图 2 - 60 所示。

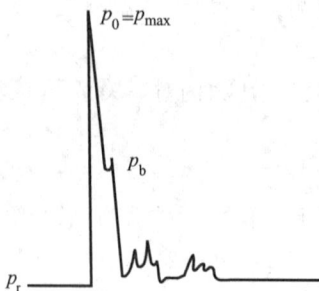

图 2 - 59　循环供油量
很小时的单缸波形

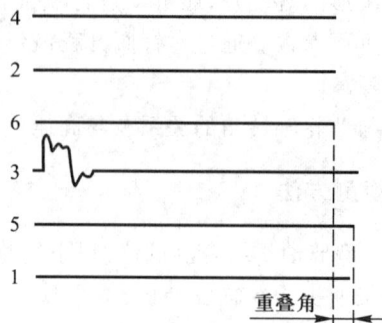

图 2 - 60　测试仪针阀传感器旋接
在 3 缸喷油器上的针阀升程波形

　　针阀升程波形,对于观测喷油器针阀的开启、关闭、跳动和喷油器异常喷射等方面很有用处。异常喷射是指喷油器间隔喷射、二次喷射、停喷和针阀抖动等不正常喷射现象。这些现象很容易通过针阀升程波形观测到。其中,间隔喷射和停喷等现象常在喷油量很小的怠速或低速情况下出现,此时的针阀升程波形变得时有时无或升程时大时小。

　　(4)检测各缸供油间隔

　　检测 1 缸供油提前角的具体方法将在后续供油正时内容中介绍。1 缸供油提前角检测出来后,如果按工作顺序各缸供油间隔相等,则各缸的供油提前角均等于 1 缸供油提前角。所以,必须检测各缸间的供油间隔,以确知各缸的供油提前角是否符合要求。利用CFC - 1型柴油机综合测试仪示波器检测各缸供油间隔时,应在观测针阀升程波形之后接着进行,仍保持原来的操作键位。观测时,通过操作有关旋钮使示波器屏幕上的并列线首端与屏幕左边的横标尺零线对齐,而尾端处于屏幕右边横标尺的 60°(喷油泵凸轮轴转角)左右。读取各线所占示波器屏幕横标尺度数,即为各缸实际供油间隔。各并列线的长度可能是不相等的,其中最短并列线与最长并列线之间的重叠区所占凸轮轴转角,称为喷油泵重叠角,如图 2 - 60 所示。重叠角以接近零为好,亦即各缸供油间隔的差异越小越好。

　　柴油机按工作顺序各缸供油间隔(凸轮轴转角)可用下式计算

$$供油间隔 = \frac{360°}{i}$$

式中　　i——发动机缸数。

　　可以看出,6 缸柴油机各缸供油间隔为 60°凸轮轴转角,而 4 缸、8 缸柴油机各缸供油间隔分别为 90°和 45°凸轮轴转角。读数时要注意根据缸数选择横标尺。

　　各缸供油间隔也可以用曲轴转角表示。根据规定,实际供油间隔与标准供油间隔相比,误差应在 ±0.5°曲轴转角范围内。

　　如果各缸供油间隔不符合要求,对于柱塞式喷油泵,可通过调整喷油泵柱塞与滚轮之间的调整螺钉高度或更换不同厚度的调整垫块加以解决,直至符合要求。

　　(5)观测供油压力波形

　　观测高压油管内供油压力波形可判断柴油机燃料系统的技术状况。当使用 WFJ - 1 型微机发动机检测仪(带有柴油机示波器部分)时,将油压传感器串接在被测缸高压油管与喷油器之间,并按下规定操作码,所测单缸实际供油压力波形如图 2 - 61 所示。

　　常见的几种故障波形如下,供实测时参考。

　　1)喷油泵供油压力不足或喷油器针阀在开启位置"咬死"时的故障波形如图 2 - 62 所示。

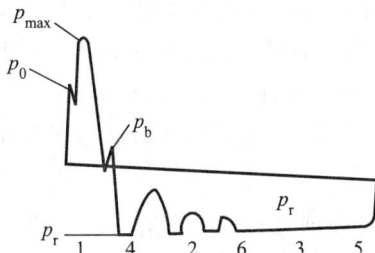

图 2 - 61　实测的供油压力波形

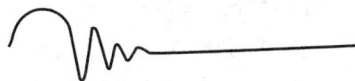

图 2 - 62　喷油泵供油压力不足或喷油器针阀在开启位置"咬死"时的故障波形

2）喷油器针阀在关闭位置不能开启时的故障波形如图 2 - 63 所示。

3）喷油器喷前滴漏时的故障波形如图 2 - 64 所示。

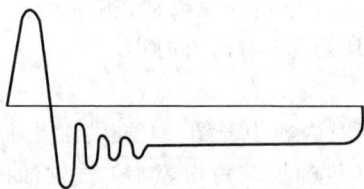

图 2 - 63　喷油器针阀在关闭
位置不能开启时的故障波形

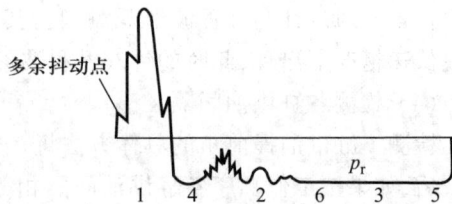

图 2 - 64　喷油器喷前滴漏时的故障波形

4）高压油路密封不严时的故障波形如图 2 - 65 所示。

5）残余压力 p_r 上下抖动时的故障波形如图 2 - 66 所示。残余压力 p_r 上下抖动,说明喷油器有间隔喷射现象,这是当喷油器不能喷油时 p_r 升高,而喷油时 p_r 降低的缘故。

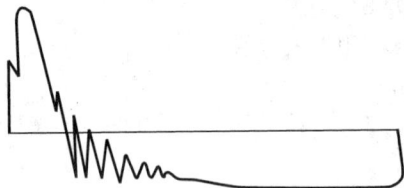

图 2 - 65　高压油路密封不严时的故障波形

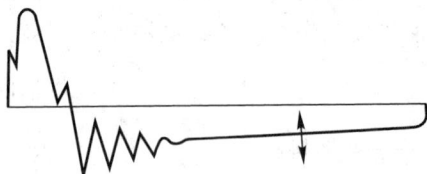

图 2 - 66　残余压力上下抖动时的故障波形

WFJ - 1 型微机发动机检测仪除示波器显示外,还能打印输出。按下"供油"键和"打印"键,即可打印出转速值、最大压力 p_{max} 值、残余压力 p_r 值和压力波形等。

学习项目2.6　汽油机点火正时和柴油机供油正时检测

2.6.1　汽油机点火正时检测

（1）点火正时

点火正时是指正确的点火时间。点火时间一般用点火提前角（曲轴转角或凸轮轴转角）表示。当点火时间正确时,点火提前角处于最佳状态。然而,最佳点火提前角是随着转速、负荷和汽油的辛烷值等因素的变化而变化的。对于化油器式汽油机分电器式传统点火系统,随转速和负荷的变化,是在动态情况下由分电器上的离心式调节器和真空式调节器自动调节的;随辛烷值的变化,则是在静态情况下通过获得最佳初始点火提前角,亦即获得最佳分电器固定位置得到的。当使用的汽油辛烷值改变时,汽油机的初始点火提前角亦即分电器壳的固定位置也要随之改变。

初始点火提前角也称为初始点火正时,是点火提前自动调节装置进入工作状态前的基础。在离心式调节器和真空式调节器工作正常的情况下,汽油机最佳点火提前角往往决定于初始点火提前角。

点火正时是非常重要的,将直接影响汽油机的动力性、燃料经济性和排气净化性。

（2）检测点火正时应掌握的原则

汽油机的点火正时在使用中并不是一成不变的。应根据汽车的技术状况、燃料和运行条件等方面的变化,及时进行检查及校正,掌握的原则如下:

1）使用辛烷值较高的汽油时,应将点火时间略微提前;反之,应将点火时间略微推迟,以防爆燃。

2）混合气成分不同,直接影响燃烧速度。根据试验测定,当过量空气系数为 0.8~0.9 时燃烧速度最快,此时点火提前角应小一些;当过量空气系数大于或小于此值时,即混合气过稀或过浓时,都会使燃烧速度减慢,此时点火提前角应大些。

3）容易产生爆燃的发动机,点火提前角应小一些。

4）在高原地区,由于大气压力降低,发动机的进气压力和压缩终了的压力均降低,影响了汽油的雾化和混合气的涡流运动,对混合气的形成不利,造成混合气燃烧速度变慢。与平原地区相比,在相同的混合气成分下,高原地区运行的汽车,点火提前角应大些。

5）外界温度的变化对汽油的雾化有一定的影响。因此,气候寒冷时,点火时间应略微提前;而气候炎热时,点火时间应略微推迟。

6）发动机已接近大修,气缸压缩压力降低,点火时间应略微提前。

7）由于对排气净化的要求越来越严格,不能再以发动机功率的大小作为检查及校正点火正时的依据,而是应该适当推迟点火时间,以减少排放污染物为首要目的。

汽油机点火正时的检测方法,常用的有经验法和闪光法两种。

（3）用经验法检查并校正点火正时

检查点火正时的目的是查证点火时间的准确性,而校正点火正时的目的是获得最佳初始点火提前角,亦即获得最佳分电器壳固定位置。

以分电器式汽油机为例,检查及校正的方法如下:

1）用手摇把摇转曲轴,使分电器凸轮将断电器触点完全打开,检查并调整断电器触点间隙,使其保持在 0.35~0.45 mm 范围内。继续摇转曲轴,使用同样方法检查并调整其他各缸断电器触点间隙。

2）采用下列方法,将 1 缸活塞摇至压缩终了上止点位置:先拆下 1 缸火花塞,摇转曲轴,直到能听到从火花塞孔发出排气声,说明 1 缸已处于压缩行程中。然后,在继续摇转曲轴的同时,注意观察飞轮上或曲轴传动带盘上的上止点标记。当该标记与发动机机体上的固定标记(一般是"指针"或"刻线",下同）对正时,停止摇转并抽出摇把,此时 1 缸活塞正好处于压缩终了上止点位置。

3）拆去分电器真空式调节器的连接管路,松开分电器壳与缸体之间的固定螺钉,有辛烷值调节器的应将其调整在"0"的位置上。

4）用手握住分电器壳,先顺分电器转动方向转动一定角度,使断电器触点闭合,再逆分电器转动方向转动一定角度,使断电器触点接近完全打开或完全打开(根据所使用汽油的辛烷值决定）。如果飞轮或曲轴传动带盘上打有点火正时标记,可对正该标记,在使用规定牌号汽油的情况下,断电器触点刚刚打开即可。

5）拧紧分电器壳固定螺钉,并连接好真空式调节器的管路。

6）插上分电器,扣上分电器盖,分电器指向的插孔即为1缸高压线插孔。插上1缸高压线,该线的另一端和1缸火花塞连接。然后,沿分电器转动方向按点火顺序插上其他各缸高压线,并与对应的火花塞连接好。

7）起动发动机并运转至正常热状态,进行无负荷加速试验。当突然打开节气门时,发动机应加速良好;如果加速不良,且有爆燃声,则为点火过早;如果加速不良,且发闷,甚至排气管有"突、突"声,则为点火过晚。用无负荷加速试验检查点火正时,不太准确,只能起一定参考作用,准确的检查应进行路试。

8）进行路试。为检查点火正时进行汽车路试时,应选择平坦、坚硬的直线道路或专用跑道,全车运转至正常工作温度后,以最高挡最低稳定车速行驶,然后突然将加速踏板踩到底,使汽车急加速运行。此时,若能听到发动机有轻微的爆燃声,且随着车速的提高逐渐消失,则为点火时间正确;若听到的爆燃声强烈,且车速提高后长时间不消失,则为点火时间过早;若听不到爆燃声,且加速困难,甚至排气管有"突、突"声,则为点火时间过晚。

路试中发现点火时间不正确时,可停车进行调整。如点火时间过早,可使分电器壳顺分电器方向转动少许;如点火时间过晚,可使分电器壳逆分电器方向转动少许。要结合路试反复调试几次,才可获得满意结果。

以上检查及校正点火正时的方法是针对1缸进行的,也可针对汽油机最末缸进行。如针对4缸汽油机的第4缸,6缸汽油机的第6缸。其余各缸的点火时间是否正确,则决定于按点火顺序各缸间点火间隔的正确性。

（4）用闪光法检测点火正时

用闪光法检测点火正时,须采用闪光正时检测仪（图2-67）进行,在国内外应用十分广泛。

1）闪光正时检测仪的基本结构与工作原理。用闪光法制成的点火正时检测仪,是利用闪光时刻与1缸（或末缸,下同）点火同步的原理,测出发动机的点火提前角。闪光正时检测仪一般由正时灯（氖灯或氙灯）、传感器、中间处理环节和指示装置等组成,在汽车维修企业中应用十分广泛。

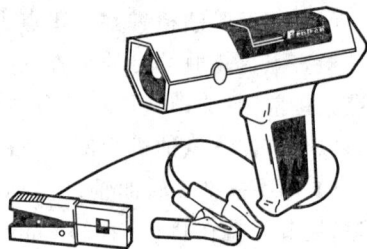

图2-67　汽油机闪光正时检测仪

正时灯是一种频率闪光灯,在1缸点火脉冲的激发下,每闪光一次表示1缸火花塞跳火一次,因此闪光与1缸点火同步。当正时灯对准发动机1缸压缩终了上止点标记,并按实际跳火时间进行闪光时,可以看到运转中的发动机在闪光的照耀下,其转动部分（飞轮或曲轴传动带盘）上的上止点标记还未到达发动机机体上的固定标记,即1缸活塞还未到达压缩终了上止点。此时,若调整正时灯上的电位器,使闪光时刻逐渐延迟至转动部分上的上止点标记正好对准固定标记,则延迟闪光时刻的时间就是点火提前的时间,将其显示在表头上,便可读出要测的点火提前角。

用闪光法制成的点火正时检测仪,既可以制成单一功能便携式,又可以和其他仪表组合成多功能综合式。其指示装置既可以是指针式、数码管式,也可以在示波器屏幕上以数字的方式显示,带有打印功能的还可以打印输出。指示装置还应有显示瞬时转速的功能,以便在规定的转速下测得点火提前角。

2）闪光正时检测仪的使用方法

① 仪器准备。

a. 将闪光正时检测仪（以下简称"正时仪"）的两个电源夹,夹到蓄电池（12 V）的正、负电极上,红正、黑负。

b. 将正时仪的外卡式传感器,卡在1缸高压线上。

c. 将正时仪的电位器退回到初始位置,打开正时灯开关,正时灯闪光,指示装置指示零位。

② 发动机准备。

a. 事先擦拭飞轮或曲轴传动带盘上1缸压缩终了上止点标记和发动机机体上的固定标记,以便在闪光照耀下看得清楚。

b. 使发动机运转至正常工作温度。

③ 检测方法。

a. 发动机在怠速下稳定运转,打开正时灯并对准飞轮或曲轴传动盘上的上止点标记,如图2-68所示。

b. 调正时仪上的电位器,使飞轮或曲轴传动带盘上的上止点标记逐渐与固定标记对齐,此时正时仪指示装置上的读数即为发动机怠速运转时的点火提前角。

c. 用同样的方法,检测发动机指定转速（点火正时标准值对应的转速）下的点火提前角。

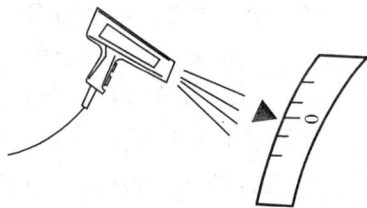

图2-68　用闪光正时检测仪检测点火正时

若测出的点火提前角符合规定,则对于分电器式点火系统来说,说明初始点火提前角调整正确。如果需要分别测量离心提前角和真空提前角,可拆下分电器真空管进行测量。

汽油机怠速运转时,由于离心式和真空式调节器未起作用或起作用很小,此时测得的点火提前角实为初始点火提前角。在拆下分电器真空管（要堵塞该管道）的情况下,测得的汽油机某转速下的点火提前角减去初始点火提前角,即可得到该转速下的离心点火提前角;反之,在连接真空管的情况下,在同样转速下测得的点火提前角减去离心点火提前角和初始点火提前角,则可获得真空点火提前角。

d. 如果需要用正时仪检测并调试汽车运行中的点火提前角,则须在底盘测功试验台上（图2-69）进行。

e. 检测完毕,关闭正时灯,取下外卡式传感器和两个电源夹。

测出的点火提前角应与标准值对照。如不符合要求,则应在点火正时仪监测下调整点火提前角,直至符合要求。

检测点火正时时,一般仅测得1个缸（如1缸或末缸）的结果就可以了,其他缸的点火提前角是否符合要求,则决定于按工作顺序各缸间的点火间隔。点火间隔可从示波器屏幕上显示的重叠波和并列波上得到（微机控制式点火示波器可直接显示点火间隔）,然后根据被测缸的点火提前角和各缸的点火间隔,即可算出其他缸的点火提前角。当测得的各缸波形的重叠角很小时,可认为各缸间的点火间隔是相等的,因而其他缸的点火提前角与被测缸相等,此时被测缸的点火提前角可以认为是被测汽油机的点火提前角。

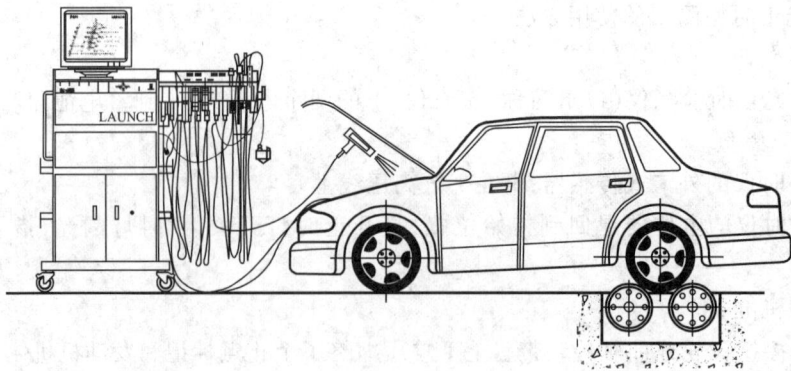

图 2-69 在底盘测功试验台上检测并调试点火正时

（5）电控燃油喷射发动机点火正时的检测

电控燃油喷射发动机由 ECU 控制点火系统，其点火提前角包括初始点火提前角、基本点火提前角和修正点火提前角三部分。其中，基本点火提前角是点火提前角中最主要的部分，其大小取决于发动机工况。

不同发动机工况，基本点火提前角的大小也不一样。汽车运行中，ECU 根据发动机转速、进气量（或进气管压力）等信号，从存储器中查取基本点火提前角。该点火提前角是在设计发动机电控燃油喷射系统时，根据发动机性能要求并通过大量实验、优化处理而获得的，预先存储在 ECU 内微机的只读存储器（ROM）的一个存储单元中，以此构成点火提前角脉谱图。汽车运行中只需用传感器检测出发动机的实际工况（转速与负荷），然后由中央处理器（CPU）查询点火提前角脉谱图，并调出与此工况相对应的基本点火提前角。

总之，ECU 以初始点火提前角为基准，根据发动机转速和进气量（或进气管压力），从 ECU 内微机存储器存储的数据中，查取相应的基本点火提前角，再根据有关传感器信号加以修正，就得出了最佳点火提前角。

电控燃油喷射发动机的点火提前角一般是不可调的，特别是直接点火系统（DIS）。检测电控燃油喷射发动机点火提前角的目的，往往是在发现点火提前角不符合要求时，便于确定是微处理器损坏还是传感器失效。

如前所述，使用闪光法检测点火正时在汽车维修企业应用十分广泛。当使用闪光正时检测仪检测电控燃油喷射发动机点火提前角时，其方法与检测传统点火系统发动机相同，不再赘述。但是，在发动机基本检查中，对于有些车型，例如通用、福特、丰田等公司的某些车型，在检查初始点火提前角时，需要采用跨接线连接检查连接器有关端子的方法，使系统进入场地维修模式（Field Service Mode），以测得怠速下的点火提前角。例如，丰田凌志 LEXUS LS400 汽车就是如此，其方法如下（供参考）：

1）将发动机暖机至正常工作温度。

2）将变速器换到"N"挡。

3）发动机保持怠速运转。

4）用 SST（跨接线）连接检连插接器的 TE1 和 E1 端子。

5）使用闪光正时检测仪检查点火正时。怠速时，点火提前角应为上止点前 8°～12°。

2.6.2　柴油机供油正时检测

（1）供油正时

供油正时是指正确的供油时间,一般用供油提前角表示。柴油机供油提前角,对于柱塞式喷油泵来说,是指喷油泵 1 缸(或末缸)柱塞开始供油时,该缸活塞距压缩终了上止点的曲轴转角或凸轮轴转角。

柴油在气缸中燃烧存在着着火落后期。要想使活塞在压缩终了上止点以后附近获得最大爆发压力,喷油器必须在该上止点以前提前喷油。喷油泵向喷油器供油时,由于高压油管弹性变形、压力升高与传递都需要一定时间等原因,因而开始供油时间比开始喷油时间还要提前。

供油提前角的大小对柴油机工作过程影响很大。当供油提前角过大时,气缸内的速燃期在压缩终了上止点以前发生,亦即气缸内爆发压力峰值在活塞到达压缩终了上止点以前产生,致使功率下降、工作粗暴、油耗增加、着火敲击声严重、急速不良、加速不灵及起动困难等现象出现;当供油提前角过小时,气缸内的速燃期在压缩终了上止点以后较远处发生,使爆发压力峰值降低,同样出现功率下降、油耗增加、加速不灵等现象,且会引起发动机过热。因此,柴油发动机具有一个最佳供油提前角是非常重要的。

所谓最佳供油提前角,是指在转速、供油量一定的情况下,能获得最大功率、最小燃料耗油量和符合排烟要求的供油提前角。运行中的柴油车,其柴油机的最佳供油提前角应随着转速和供油量的变化而变化。当转速越高、供油量越大时,最佳供油提前角也应越大。为此,有些柴油机的喷油泵上装有供油提前角自动调节器,能在初始供油提前角的基础上,随转速的变化自动调节。也有些柴油机仅能根据常用工况(转速和供油量)确定一个固定的最佳供油提前角,使用中不再发生变化。

（2）用经验法检查并校正供油正时

以柱塞式喷油泵的柴油机为例。

1）用手摇把摇转柴油机曲轴,使 1 缸活塞处于压缩行程中,当飞轮或曲轴传动带轮上的供油提前角标记(或规定角度)对准机体上的固定标记时,停止摇转。

2）检查喷油泵万向节从动盘上的刻线标记是否与泵壳前端面轴承盖上的刻线标记对正,如图 2-70 所示。若两刻线标记正好对正,说明喷油泵 1 缸柱塞开始供油时间是正确的;若万向节从动盘上的刻线标记还未到达泵壳前端面轴承盖上的刻线标记,说明 1 缸柱塞开始供油时间晚;反之,若万向节从动盘上的刻线标记已越过泵壳前端面轴承盖上的刻线标记,说明 1 缸柱塞开始供油时间早。若喷油泵 1 缸柱塞开始供油时间早或晚,则应松开万向节紧固螺钉,在上述一对刻线标记对正的情况下紧固。

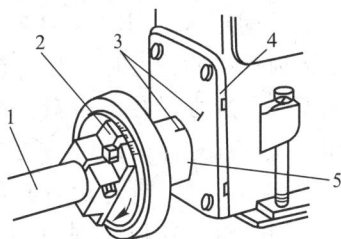

图 2-70　喷油泵 1 缸
柱塞开始供油标记

1—驱动轴；2—万向节主动盘；
3—1 缸开始供油标记；
4—泵壳上的轴承盖；
5—万向节从动盘

若万向节从动盘和泵壳前端面轴承盖上没有标记,则应拆下喷油泵端 1 缸高压油管,用手摇把摇转曲轴。当 1

缸柱塞快要供油时,缓慢摇转曲轴并注视1缸压紧螺母出油口液面。当液面刚刚向上动时,停止摇转,此时即为1缸开始供油位置。为了以后检查供油正时方便,应在万向节从动盘上和泵壳前端面轴承盖上补做一对标记。

3）进行路试。为检验柴油机供油正时而进行路试时,应选择平坦、坚硬的直线道路或专用汽车跑道,汽车运行至正常工作温度后以最高挡最低稳定车速行驶,然后将加速踏板一下踩到底,使汽车急加速运行。此时,若能听到柴油机有轻微的着火敲击声,且随着车速的提高而逐渐消失,则为供油时间正确;如果听到的着火敲击声强烈,且车速提高后长时间不消失,则为供油时间过早;如果听不到着火敲击声,且加速不灵、动力不足、排气管冒烟,则为供油时间过晚。当供油时间过早或过晚时,只要停车松开喷油泵万向节紧固螺钉,使喷油泵凸轮轴顺转动方向或逆转动方向转动少许,反复调试几次就可使供油时间变得正确。

当把喷油泵总成从车上拆下检修、调试后重新装回时,只要摇转曲轴使飞轮或曲轴传动带盘上的供油提前角标记（或规定角度）与机体上的固定标记对正,再使喷油泵万向节从动盘与泵壳前端面轴承盖上的两刻线标记对正,在此情况下把万向节装复并拧紧紧固螺钉,就能保证1缸柱塞供油时间正确。如果还有差异,可在路试中调试解决。

以上是柴油机喷油泵1缸柱塞供油提前角的检查和校正方法,其他各缸供油时间是否正确,则决定于按着火顺序各缸供油间隔是否符合要求。

（3）用闪光法检测供油正时

用闪光法制成的供油正时检测仪,其组成、结构、工作原理和使用方法,与检测汽油机点火正时的闪光正时检测仪基本相同。

常见的柴油机供油正时检测仪,其油压传感器串接在1缸高压油管与喷油器之间或外卡在高压油管上,可使油压信号转变为电信号,并触发频率闪光灯——正时灯。正时灯每闪光1次表示1缸供油1次。因此,此时闪光与1缸供油是同步的。当用正时灯对准柴油机1缸压缩终了上止点标记,并按实际供油时间闪光时,可以看到运转中的柴油机在闪光的照耀下,其飞轮或曲轴传动带盘上的供油提前标记还未到达机体上的固定标记,即1缸活塞还未到达压缩终了上止点。此时如果调整正时灯上的电位器,使闪光时刻逐渐延迟至飞轮或曲轴传动带盘上的供油提前标记正好对准机体上的固定标记,那么延迟闪光的时间就是供油提前的时间,经变换、处理后将其显示到正时仪的指示装置上,便可读出要测的供油提前角。

柴油机专用闪光正时检测仪如图2-71所示。该检测仪为数字显示,以车用蓄电池作为电源。

柴油机供油提前角应符合原厂规定。若不符合规定,应该在正时检测仪监测下调整之,直至符合要求。

图2-71　柴油机专用
闪光正时检测仪

学习项目 2.7　实训

2.7.1　实训目的

1）了解实训设备,熟悉实训环境,初步学会检测设备的使用方法。

2）在实践教师的指导下学习发动机主要性能的检测方法,提高学生的实践动手能力。

3）理论联系实际,实现学、做一体化,促进知识与技能相结合。

2.7.2　实训内容

1）发动机功率检测。

2）气缸密封性检测。

3）汽油机点火系统波形观测。

4）柴油机供油压力波形和针阀升程波形观测。

5）汽油机点火正时检测。

6）柴油机供油正时检测。

2.7.3　实训设备

1）电控汽油发动机台架。

2）柴油发动机台架或电控柴油发动机台架。

3）发动机综合性能检测仪。

4）气缸压力表或气缸压力检测仪。

5）曲轴箱漏气量检测仪。

6）气缸漏气量检测仪。

7）真空表。

8）工业纤维内窥镜或电子内窥镜。

9）汽车专用示波器。

10）汽油机正时检测仪。

11）柴油机正时检测仪。

12）其他必要机工具、检测仪表和教学投影仪等。

2.7.4　实训方法

（1）实训准备

1）使发动机台架运转至正常工作温度。

2）发动机综合性能检测仪,应按使用说明书要求预热至规定时间,并在发动机不工作和点火系统关闭的情况下,将其信号提取系统连接到发动机上。

3）其他必要机工具、检测仪表和教学投影仪等处于待用状态。

（2）实训方法

本实训是在校内汽车实训中心进行的一次以实践操作为主的实训，以下方法供参考。

1）实训课应在实训指导教师（任课教师也参加）指导下分组进行。建议实训指导教师在整个实训课进行中采取讲解、演示或示范等教学方法（必要时可在现场使用教学投影仪等设备）指导学生动手操作，并以学生操作为主，努力实现理论联系实际和学、做一体化。

2）实训课中的操作规程和安全注意事项，是实训指导教师始终要强调、示范和密切关注的。

3）实训设备的台套数应能保证学生充分动手操作。

4）实训指导教师人数的多少视分组多少和实训项目的实际情况而定。

5）发动机台架和各检测设备，凡是有使用说明书的，应按使用说明书要求进行操作。

2.7.5　实训成绩

实训结束时，由实训指导教师布置学生写实训报告并批改，按学生实际操作情况和实训报告写作情况综合确定出学生实训成绩，由任课教师或实训指导教师记入学生成绩册。

本模块要点

1）在进行发动机检测时，可以应用发动机检测设备，重点检测出与发动机功率、燃料消耗、排气净化和磨损等有关的诊断参数，并与诊断参数标准对照，进行分析、判断和评价。与发动机功率、燃料消耗、排气净化和磨损有关的诊断参数，不仅表明了发动机的工作性能和磨损状况，也是决定汽车是继续运行还是进厂（场）维修的重要标志。

2）发动机综合性能检测，是包括发动机动力性、燃油经济性、气缸密封性、排放净化性等使用性能的全面检测，即包括对发动机曲柄连杆机构、配气机构、点火系统、供油系统、起动系统、发电系统、冷却系统、润滑系统和电控系统等的全面检测，为正确评价发动机技术状况提供全面的检测依据。

3）发动机综合性能检测仪（以下简称为"检测仪"），是发动机检测设备中检测项目最多、功能最全、涉及面最广的一种检测设备，当然也是结构最复杂、技术含量最高的检测设备之一。它能检测、分析、判断发动机静态动态的工作性能和技术状况，在汽车综合性能检测中发挥的作用越来越大。

一台配置齐全、结构先进、性能良好的发动机综合性能检测仪，一般是由信号提取系统、信息处理系统和采控显示系统三大部分组成的。

4）发动机的有效功率是曲轴对外输出的净功率，是一个综合性评价指标。通过该评价指标，不仅可以定量地获得发动机的动力性，而且可以定性地确定发动机的技术状况。检测发动机功率的方法可以分为稳态测功和动态测功两种。

5）发动机功率诊断参数标准对于在用汽车发动机，根据 GB 7258—2012《机动车运行安全技术条件》的规定：发动机功率应大于等于标牌（或产品使用说明书）标明的发动机功率的 75% 。对于大修竣工的发动机，根据 GB/T 15746—2011《汽车修理质量检查评定方法》的规定：发动机最大功率不得低于原设计标定值的 90% 。

如果发动机功率偏低，一般是燃料系统技术状况不佳、点火系统技术状况不佳或气缸密封性不佳等原因造成的，应进一步深入诊断，找出具体原因，进行调整或维修。

如果发动机单缸功率偏低，一般是该缸喷油量少，高压分线、分线插座或火花塞技术状况不良，气缸密封性不良，气缸上油等原因造成的，应调整、更换或修理。

6）气缸密封性的诊断参数主要有气缸压缩压力、曲轴箱漏气量、气缸漏气量、气缸漏气率及进气管真空度等。

检测活塞到达压缩终了上止点时气缸压缩压力（简称为"气缸压力"）的大小，可以表征气缸的密封性。

发动机工作时单位时间窜入曲轴箱的气体量，可以作为衡量气缸活塞副密封性的评价指标。

气缸漏气量检测的基本原理是利用充入气缸的压缩空气，用压力表检测活塞处于压缩终了上止点时气缸内压力的变化情况，来表征整个气缸组的密封性。

气缸漏气率的检测，无论在使用的仪器，检测的方法，还是判断故障的方法上，与气缸漏气量的检测是一致的，只不过气缸漏气量检测仪的测量表标定单位为 kPa 或 MPa，而气缸漏气率测量表的标定单位为百分数。

发动机进气管的真空度是随进气管的密封性和气缸密封性的变化而变化的。因此，在确认进气管自身密封性良好的情况下，利用真空表检测进气管的真空度，或利用示波器观测真空度波形的变化，可用分析、判断气缸的密封性，并能诊断故障。

进气管真空度是一项综合性很强的诊断参数。若进气管真空度符合要求，不仅表明气缸密封性符合要求，而且也表明点火正时、配气正时和空燃比等也都符合要求。

内窥镜也称为内镜，其发展和应用起源于医学。内窥镜的诞生也像所有其他领域的科学技术一样，很快就应用到工业领域。汽车维修企业也不例外，如果不应用工业内窥镜，在对汽车各总成、机构内部进行不解体检测诊断时，很难了解内部的具体情况。如发动机的燃烧室，在不打开气缸盖的情况下，如不使用工业内窥镜，就不会确知活塞顶部、进排气门头部、气缸内壁和燃烧室壁等的实际状况。

7）示波器可显示电压随时间变化的波形，可用来显示点火波形、柴油机高压油管供油压力波形、喷油器针阀升程波形、发动机异响波形和电子元器件波形等，是一种多用途的汽车检测设备，使用越来越广泛。

示波器显示的波形，在垂直方向上表示电压，在水平方向上表示时间，走向从左至右。并且，以基线为基准，向上为正电压，向下为负电压。

示波器显示的波形是信号电压的轨迹。当我们看到波形为一水平线时，表示电压恒定；当波形为一斜线时，表示电压稳定地变化，变大或变小；当波形为一垂线时，表示电压突变。所有波形都有上升、下降、振幅和峰值。此外，还可能有干扰波形。

示波器的控制主要指对 Y 轴电压和 X 轴时间的控制。非微机控制的示波器，一般采用开关、按键和旋钮等实现对波形垂直幅度、水平幅度、垂直位置、水平位置和亮度等的调整。微机控制的示波器,多采用菜单式操作,省去不少操控机件,只需在各级菜单上选择测试项目,无须任何设定和调整,可以直接观测波形,使用起来十分方便。

8）点火示波器采集到发动机点火信号后,通过不同排列,以多缸平列波、多缸并列波、多缸重叠波和单缸选缸波四种排列形式分别显示点火波形,以便于检测人员从不同排列形式的波形中观测、分析、判断点火系统的技术状况。

① 多缸平列波。在示波器屏幕上,从左至右按点火顺序将所有各缸点火波形首尾相连的一种排列形式。

② 多缸并列波。在示波器屏幕上,从下至上按点火顺序将所有各缸点火波形之首对齐并分别放置的一种排列形式。

③ 多缸重叠波。在示波器屏幕上,将所有各缸点火波形之首对齐并重叠在一起的排列形式。

④ 单缸选缸波。在示波器屏幕上,根据需要选出的任何一缸的单缸点火波形。

9）传统点火系统在点火波形上有 4 个故障反映区:A 区为断电器触点故障反映区,B 区为电容器、点火线圈故障反映区,C 区为电容器、断电器触点故障反映区,D 区为配电器、火花塞故障反映区。

10）通过观测点火波形,可直观、快速地分析、判断点火系统的技术状况。对于不同功能、不同形式的点火示波器,一般通过按键、输入操作码和菜单选择等方法,即可在示波器屏幕上显示出被测发动机的一次或二次多缸平列波、多缸并列波、多缸重叠波和单缸选缸波,并通过旋钮、按键或自动调节功能等,使屏幕的亮度、对比度、波形位置、波形幅度等符合观测要求。

观测点火波形时,凡是有转速要求的,应使发动机在规定转速下运转。

被测发动机点火波形显示后,首先应与标准波形对照。如果实测点火波形完全同于标准波形,说明点火系统技术状况良好;如果实测波形有异常,说明点火系统有故障,应按照点火波形的 4 个故障反映区,观察异常波形处在哪个反映区内,即可诊断出故障。

利用示波器观测点火波形,是实现快速检测诊断的重要方法之一,在国外应用十分普遍。

11）在点火系统技术状况良好的情况下,各缸闭合角应占点火间隔的百分比和对应的分电器凸轮轴转角为:4 缸发动机,45% ~ 50%（40° ~ 45°）;6 缸发动机,63% ~ 70%（38° ~ 42°）;8 缸发动机,64% ~ 71%（29° ~ 32°）。

如果测出的闭合角太小,则说明断电器触点间隙太大,这不仅有可能使点火时间提前,而且会造成高速时点火高压不足;若测出的闭合角太大,则说明断电器触点间隙太小,这不仅有可能使点火时间推迟,而且会造成某些缸由于断电器触点张不开而缺火。因此,应调整断电器触点间隙至 0.35 ~ 0.45 mm,使闭合角符合要求。但调整断电器触点间隙后,点火提前角也随之改变,因而还应重新校正点火正时,以保证发动机的动力性、燃油经济性和排气净化性符合要求。

12）重叠角应不大于点火间隔的 5%,以接近零为好。根据这一原则,重叠角的标准值

（分电器凸轮轴转角）应为：4 缸发动机，不大于 4.5°；6 缸发动机，不大于 3.0°；8 缸发动机，不大于 2.25°。

重叠角的大小，可以表明多缸发动机点火间隔的一致程度。重叠角越大，说明点火间隔越不均匀。

13）柴油机燃料系统工作性能的好坏，在很大程度上取决于喷油泵及喷油器的工作质量。喷油泵和喷油器的工作质量，可通过高压油管中供油压力的变化情况及喷油器针阀升程情况反映出来。因此，用示波器观测高压油管中供油压力与喷油泵凸轮轴转角之间的对应关系，观测喷油器针阀升程与凸轮轴转角之间的对应关系，可以判断柴油机燃料系统的技术状况。

高压油管内的供油压力波形，可用全周期单缸波、多缸平列波、多缸并列波和多缸重叠波四种排列形式进行观测。

14）点火正时是指正确的点火时间。点火时间一般用点火提前角（曲轴转角或凸轮轴转角）表示。当点火时间正确时，点火提前角处于最佳状态。

点火正时是非常重要的，将直接影响汽油机的动力性、燃料经济性和排气净化性。

用闪光法检测点火正时，须采用闪光正时检测仪进行。

闪光正时检测仪是利用闪光与 1 缸（或末缸，下同）点火同步原理，测出发动机的点火提前角。闪光正时检测仪一般由正时灯（氖灯或氙灯）、传感器、中间处理环节和指示装置等组成，在汽车维修企业中应用十分广泛。

正时灯是一种频率闪光灯，在 1 缸点火脉冲的激发下，每闪光一次表示 1 缸火花塞跳火一次，因此闪光与 1 缸点火同步。当正时灯对准发动机 1 缸压缩终了上止点标记，并按实际跳火时间进行闪光时，可以看到运转中的发动机在闪光的照耀下，其转动部分（飞轮或曲轴传动带盘）上的上止点标记还未到达发动机机体上的固定标记，即 1 缸活塞还未到达压缩终了上止点。此时，若调整正时灯上的电位器，使闪光时刻逐渐延迟至转动部分上的上止点标记正好对准固定标记，则延迟闪光时刻的时间就是点火提前的时间，将其显示在表头上，便可读出要测的点火提前角。

15）电控燃油喷射发动机由 ECU 控制点火系统，其点火提前角包括初始点火提前角、基本点火提前角和修正点火提前角三部分。其中，基本点火提前角是点火提前角中最主要的部分，其大小取决于发动机工况。

不同的发动机工况，基本点火提前角的大小也不一样。汽车运行中，ECU 根据发动机转速、进气量（或进气管压力）等信号，从存储器中查取基本点火提前角。该点火提前角是在设计发动机电控系统时，根据发动机性能要求并通过大量实验、优化处理而获得的，并预先存储在 ECU 内微机的只读存储器 ROM 一个存储单元中，以此构成点火提前角脉谱图。汽车运行中只需用传感器检测出发动机的实际工况（转速与负荷），然后由中央处理器 CPU 查询点火提前角脉谱图，并调出与此工况相对应的基本点火提前角即可。总之，ECU 以初始点火提前角为基准，根据发动机转速和进气量（或进气管压力），从 ECU 内微机存储器存储的数据中，查取相应的基本点火提前角，再根据有关传感器信号加以修正，就得出了最佳点火提前角。

电控燃油喷射发动机的点火提前角一般是不可调的，特别是直接点火系统（DIS）。检测电控燃油喷射发动机点火提前角,往往是为了在点火提前角不符合要求时,便于确定是微处理器损坏还是传感器失效。

当使用闪光正时检测仪检测电控燃油喷射发动机点火提前角时,其方法与检测传统发动机相同。

16)供油正时是指正确的供油时间,一般用供油提前角表示。供油提前角对于柱塞式喷油泵来说,是指喷油泵1缸(或末缸)柱塞开始供油时,该缸活塞距压缩终了上止点的曲轴转角或凸轮轴转角。用闪光法制成的供油正时检测仪,其组成、结构、工作原理和使用方法,与检测汽油机点火正时的闪光正时检测仪基本相同。

复习题

1)用以评价发动机技术状况的主要诊断参数有哪些?

2)发动机综合性能检测的主要检测项目有哪些?

3)发动机综合性能检测仪的基本结构、工作原理和使用方法分别是什么?

4)什么是稳态测功和动态测功?

5)叙述无负荷测功的原理和方法。

6)发动机功率诊断参数标准是如何规定的?

7)发动机功率(包括单缸功率)偏低的主要原因是什么?

8)如何利用单缸断火情况下测得的发动机转速下降值,来评价发动机各缸的工作状况?

9)气缸密封性与哪些零件的技术状况有关?

10)气缸密封性的诊断参数主要有哪些?

11)叙述气缸压力表的结构、工作原理、使用方法和检测中存在的缺点。

12)如何对气缸压力的检测结果进行分析?

13)叙述气缸漏气量(率)检测仪的结构、工作原理和使用(检测)方法。

14)气缸压力、曲轴箱漏气量、气缸漏气量的诊断参数标准是什么?

15)叙述真空表的结构、工作原理和使用方法。

16)叙述纤维内窥镜的基本结构、工作原理和使用方法。

17)叙述示波器的组成、类型、功能、波形走向及其含义。

18)标准单缸点火波形上各点的含义是什么?

19)点火波形的排列形式有哪几种?

20)点火波形上的故障反映区各反映什么器件的故障?

21)叙述点火示波器的使用方法和点火波形观测、分析方法。

22)叙述断电器触点闭合角的大小及其对点火的影响。

23)叙述各缸波形间重叠角的大小及其对点火的影响。

24)无触点电子点火系统的点火波形有哪些特点?

25)柴油机高压油管的供油压力波形有哪几种排列形式?

26)叙述柴油机波形的观测方法。

27）叙述用经验法检查并校正点火正时的方法。

28）叙述闪光正时检测仪的基本结构、工作原理和使用方法。

29）叙述电控燃油喷射发动机点火提前角的检测方法。

30）以柱塞式喷油泵为例,说明用经验法检查并校正供油正时的方法。

31）叙述用闪光法制成的供油正时检测仪的工作原理。

教学模块 3 底盘检测技术

教学目标

1）了解底盘检测中各检测设备的组成与基本结构。
2）熟悉底盘检测的原理和各检测设备的工作原理。
3）掌握底盘检测的方法和各检测设备的使用方法。

学习项目

1）传动系统游动角度检测。
2）车轮定位检测。
3）转向参数检测。
4）车轮平衡度检测。
5）悬架装置和转向系统间隙检测。
6）悬架装置特性检测和评定。
7）实训。

汽车底盘包括传动系统、行驶系统、转向系统和制动系统。汽车底盘的技术状况，直接关系到整车行驶的安全性、操纵稳定性、舒适性和通过性等使用性能，同时还影响发动机动力的传递和燃料的消耗。因此，汽车底盘是汽车检测诊断的重点之一。

汽车底盘技术状况的变化同汽车发动机一样，主要表现在故障增多、性能降低和损耗增加上。用以评价底盘技术状况的诊断参数见表1-1。在诸多诊断参数中，要特别选出那些与汽车的动力性、经济性、安全性、操纵稳定性和乘坐舒适性等有关的参数进行检测、分析和判断，以便从主要使用性能方面确定底盘技术状况的变化。

学习项目 3.1 传动系统游动角度检测

汽车传动系统由离合器、变速器、万向传动装置和驱动桥(包括主传动器、差速器和半轴)等组成,越野车、工程车和特殊用途车等还包括分动器。汽车传动系统技术状况的变化,对汽车动力性、燃料经济性和滑行性等有直接影响。

3.1.1 传动系统游动角度

传动系统游动角度是离合器、变速器、万向传动装置和驱动桥的游动角度之和,因此也称为传动系统总游动角度。传动系统游动角度在汽车使用中随行驶里程增加将逐渐增大。因此,传动系统游动角度能表征整个传动系统的调整和磨损状况。

(1)现象

在汽车起步和车速突然改变时,传动系统发出"抗"的一声;当驾驶员懒于换入低挡加速行驶时,传动系统发出"呱啦、呱啦"的响声;汽车静止,变速器挂在某挡位上,抬起离合器踏板,松开驻车制动器,在车下用手左右转动传动轴时,感到旋转方向的游动旷量很大。

(2)原因

1)离合器从动片与变速器第一轴花键配合松旷。

2)变速器各挡传动齿轮啮合间隙太大或滑动齿轮与花键轴配合松旷。

3)万向传动装置的十字万向节配合、伸缩节配合松旷。

4)万向传动装置各处凸缘盘的连接螺栓松动。

5)驱动桥内主传动器传动齿轮、差速器行星轮与其轴、行星轮与半轴齿轮、半轴齿轮与半轴花键等处的啮合间隙太大。

3.1.2 传动系统游动角度的检测方法

传动系统游动角度的检测,应在汽车走热至正常工作温度且发动机熄火的情况下进行。以发动机前置、后驱动、驻车制动器在变速器后端的汽车为例,检测方法介绍如下。

(1)经验检查法

1)离合器与变速器游动角度的检查。离合器处于接合状态,变速器挂在要检查的挡位上,松开驻车制动器,在车下用手将变速器输出轴上的凸缘盘或驻车制动盘(鼓)在旋转方向上从游动的一个极端位置转到另一个极端位置,两极端位置之间的转角即为在该挡位下从离合器从动片花键毂至变速器输出轴端的游动角度。依次挂入每一挡,可获得各挡位下的这一游动角度。

2)万向传动装置游动角度的检查。支起驱动桥,拉紧驻车制动器,在车下用手将驱动桥主动轴凸缘盘从游动的一个极端位置转到另一个极端位置,两极端位置之间的转角即为万向传动装置的游动角度。

3)驱动桥游动角度的检查。松开驻车制动器,变速器置空挡位置,驱动桥着地或处于制动状态,然后在车下用手将驱动桥主动轴凸缘盘从游动的一个极端位置转到另一个极端位置,两极端位置之间的转角即为驱动桥的游动角度。

上述三段游动角度之和即为传动系统游动角度。在经验检查法中,每段游动角度值一般凭经验估算。

（2）仪器检测法

可采用游动角度检测仪检测传动系统的游动角度。游动角度检测仪有指针式和数字式两种形式。

1）指针式游动角度检测仪及其使用方法。指针式游动角度检测仪由指针、刻度盘、测量扳手等组成。在测量过程中,指针固定在驱动桥主动轴上,刻度盘固定在主传动器壳体上,如图3－1a所示。测量扳手一端带有U形卡嘴,使用时卡装在十字万向节上。为了适应多种车型,U形卡嘴上带有可更换的钳口。测量扳手另一端有指针和刻度盘,可指示转动扳手的转矩值,如图3－1b所示。

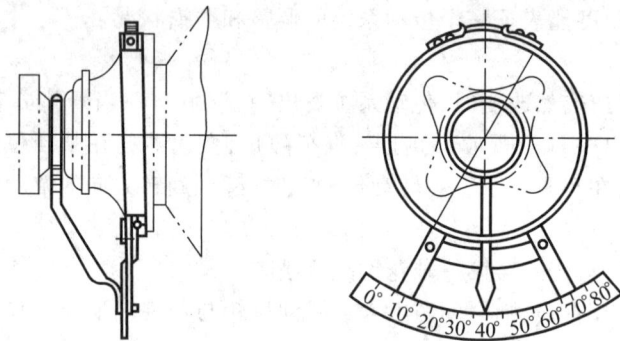

(a) 指针与刻度盘的安装

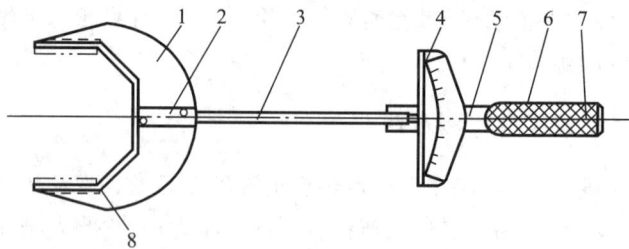

(b) 测量扳手

图3－1　指针式游动角度检测仪

1—U形卡嘴；2—指针座；3—指针；4—刻度盘；5—手柄；6—手柄套筒；7—定位销；8—可换钳口

检测传动系统的游动角度时,将测量扳手卡装在十字万向节上,用不小于30 N·m的转矩转动,使之从游动的一个极端位置转动到另一个极端位置,刻度盘上指针转过的角度即为所测游动角度值,具体使用方法如下：

① 检测驱动桥的游动角度。变速器挂空挡位置,松开驻车制动器,驱动车轮制动,将测量扳手卡装在驱动桥主动轴十字万向节的从动叉上,扳转从动叉从游动的一个极端位置转动到另一个极端位置,从刻度盘上即可获得驱动桥的游动角度。

② 检测万向传动装置的游动角度。与检测驱动桥游动角度的方法基本相同,只是将测量扳手卡装在变速器输出轴后端十字万向节的主动叉上,扳转主动叉从游动的一个极端位置转动到另一个极端位置,从刻度盘上即可获得一游动角度。此游动角度减去驱动桥的游

动角度,即为万向传动装置的游动角度。

③ 检测从离合器至变速器输出轴端的游动角度。放松车轮制动器和驻车制动器,离合器处于接合状态,势必要支起驱动桥,测量扳手仍卡装在变速器输出轴后端十字万向节的主动叉上,依次挂入各挡,扳转主动叉从游动的一个极端位置转动到另一个极端位置,从刻度盘上即可获得不同挡位下从离合器从动片花键毂到变速器输出轴端的游动角度。

对上述三段游动角度求和,即可获得传动系统的游动角度。

2)数字式游动角度检测仪及其使用方法。该检测仪由倾角传感器和测量仪两部分组成,二者以电缆相连,检测范围为 $0° \sim 30°$,电源为直流 12V。

倾角传感器　能将传感器外壳随传动轴游动之倾斜角度转换为相应频率的电振荡。传感器外壳是一个长方形的壳体,其上部开有 V 形缺口,并配有尼龙带和卡扣,因而可以方便地固定在传动轴上。倾角传感器结构示意图如图 3-2 所示。图中弧形线圈固定在外壳中的夹板上,弧形铁氧体磁棒通过摆杆和心轴支承在夹板的两轴承上,因此可绕心轴轴线摆动。在重力作用下,摆杆与重力方向始终保持某一夹角 α_0。当传感器外壳倾斜角度不同时,弧形线圈内弧形铁氧体磁棒的长度也随之不同,产生的电感量也不同,因而也就改变了电路的振荡频率。可见,传感器实际上是一个倾角-频率转换器。为使传感器可动部分摆动后能迅速处于平衡状态,传感器外壳内装有变压器油。

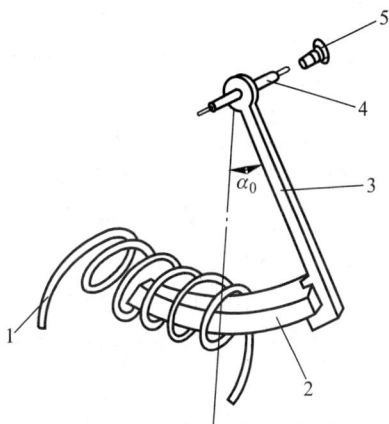

图 3-2　倾角传感器结构示意图
1—弧形线圈;2—弧形铁氧体磁棒;
3—摆杆;4—心轴;5—轴承

测量仪　实际上是一台专用的数字式频率计。由于其采用了与传感器特性相应的门时和初始置数的措施,因而能直接显示传感器的倾角。测量仪采用 PMOS 数字集成电路。由倾角传感器送来的振荡信号经计数门进入主计数器,在置成的补数基础上累计脉冲数。计数结束后,在锁存器接收脉冲作用下,将主计数器的结果送入寄存器,并由荧光数码管将结果显示出来。使用中,将游动范围内两个极端位置的倾角读出,其差值即为游动角度。

数字式游动角度检测仪的使用方法如下:

将测量仪接好电源,用电缆把测量仪和倾角传感器连接好,先按本仪器使用说明书的要求对仪器进行自校,再将转换开关扳到"测量"位置,就可进行实测了。在汽车传动系中,最便于固定倾角传感器的部位是传动轴。因此,在整个检测过程中,该倾角传感器一直固定在传动轴上。

① 检测万向传动装置的游动角度。把传动轴置于驱动桥游动范围的中间位置或将驱动桥支起,拉紧驻车制动器,用手左右旋转传动轴至游动范围的两个极端位置,测量仪分别显示出固定在传动轴上的倾角传感器的两个倾斜角度。将两个极端位置的倾斜角度记下,其差值即为万向传动装置的游动角度。此角度不包括传动轴与驱动桥之间的十字万向节的游动角度。

② 检测离合器至变速器各挡的游动角度。松开驻车制动器,变速器挂入选定挡位,离

合器处于接合状态,传动轴置于驱动桥游动范围的中间位置或将驱动桥支起。用手左右旋转传动轴至游动范围的两个极端位置,测量仪分别显示出倾角传感器的两个倾斜角度。求出两极端位置倾斜角度的差值,便可得到一游动角度值。该游动角度减去已测得的万向传动装置的游动角度,即为从离合器从动片花键毂到变速器输出轴端在该挡位下的游动角度。按同样的方法,依次挂入各挡位,便可测得离合器至变速器各挡位下的游动角度。

③ 检测驱动桥的游动角度。变速器置空挡位置,松开驻车制动器,踩下制动踏板,将驱动轮制动。用手左右旋转传动轴至游动范围的两个极端位置,求出两极端位置倾斜角度的差值,即可获得驱动桥的游动角度。该角度包括传动轴与驱动桥之间的十字万向节的游动角度。

对于多桥驱动的汽车,当需要检测所有每一段的游动角度时,倾角传感器应分别固定在变速器与分动器之间的传动轴、前桥传动轴、中桥传动轴和后桥传动轴上。

在测量仪上读取数值时应注意,其显示的角度值在 0°~30° 内有效。出现大于 30° 的情况时,可将固定在传动轴上的传感器适当转过一定角度。若其中一极限位置为 0°,另一极限位置超过 30°,则说明该段游动角度已大于 30°,超出了仪器的测量范围。

（3）诊断参数标准

目前,我国尚无游动角度的诊断参数标准,根据国外资料介绍,中型载货汽车传动系统游动角度及各分段游动角度应不大于表 3-1 所列数据,仅供诊断时参考。

表 3-1   游动角度参考数据

部位	游动角度	部位	游动角度
离合器至变速器输出轴端	5°~15°	驱动桥	55°~65°
万向传动装置	5°~6°	传动系	65°~86°

学习项目 3.2   车轮定位检测

汽车车轮定位检测,包括转向轮(通常为前轮)定位检测和非转向轮(通常为后轮)定位检测。转向轮和非转向轮定位检测,也即前轮定位和后轮定位检测,统称为四轮定位检测。汽车前轮定位包括前轮外倾、前轮前束、主销后倾和主销内倾,是评价汽车前轮直线行驶稳定性、操纵稳定性、前轴和转向系统技术状况的重要诊断参数。汽车后轮定位一般包括后轮外倾和后轮前束,可用于评价后轮直线行驶稳定性和后轴的技术状况。车轮定位检测不仅对在用车十分必要,而且对新车定型和质量抽查也是必不可少的。

3.2.1   检测方法分类

汽车车轮定位的检测方法有静态检测法和动态检测法两种。

（1）静态检测法

车轮定位的静态检测法,是在汽车静止的状态下,根据车轮旋转平面与各车轮定位间存在的直接或间接的几何关系,用专用检测设备对车轮定位进行几何角度测量的一种检测方法。使用的检测设备一般有气泡水准式、光学式、激光式、电子式和微机式等前轮定位仪或四轮定位仪。前轮定位仪和四轮定位仪可统称为车轮定位仪。

气泡水准车轮定位仪一般由转盘、支架、水准仪等组成。由于其具有结构简单、价格低廉、便于携带等优点,在国内汽车维修行业获得了广泛应用。但是,它也存在着安装、测试费时费力和不能同时检测四个车轮的定位等不足,检测效率较低。

光学式车轮定位仪一般由转盘、支架、车轮镜和投光装置等组成。投光装置(由投光器和投影屏组成)也像水准仪一样安装在支架上,而支架固定在轮辋上。该定位仪利用光学投影原理,将车轮纵向旋转平面与车轮定位的关系投影到带有指示刻度的投影屏上,从而测得车轮定位值。

激光式车轮定位仪的检测原理与光学式相同,只不过采用的是激光投影系统,因而在强烈的阳光下也能清楚地从投影屏上读出测量数据。

电子式车轮定位仪则是在光学式和激光式的基础上,由投影屏刻度显示转变为显示屏数字显示而已。

微机式车轮定位仪比以上几种车轮定位仪先进,目前国内外生产的四轮定位仪多以这种类型为主,可同时检测前、后轮的车轮定位参数。微机式车轮定位仪由于采用微电脑技术和精密传感测量技术,并备有完整齐全的配套附件,所以具有测量准确和操作简便等优点。它一般由微机主机、彩色显示器、操作键盘、传感器、转盘、自中式支架、打印机和遥控器等组成,往往制成可移动台式,如图3-3所示。它由安装在车轮上的传感器把车轮定位角的几何关系转变成电信号,送入微机处理、分析和判断,然后由显示屏显示和打印机打印输出。在测试过程中,可通过操作全功能红外线遥控器,在汽车的任何位置实现远距离的测试控制。

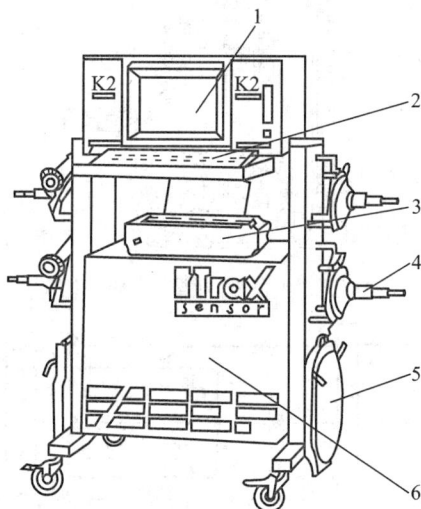

图3-3　微机式四轮定位仪外形图

1—彩色显示器;2—键盘;3—打印机;4—自定心卡盘;5—转盘;6—主机柜

(2)动态检测法

动态检测法是在汽车以一定车速行驶的状态下,用检测设备检测车轮定位产生的侧向力或由此引起的车轮侧滑量的一种检测方法。在车轮定位检测中,为了确知前轮前束和前轮外倾配合是否恰当,一般采用动态检测法检测前轮的侧滑量。

检测前轮侧滑量,使用的检测设备有滑动板式侧滑试验台和滚筒式车轮定位试验台两种。目前,国内大多采用滑板式侧滑试验台(以下简称为"侧滑试验台")进行动态检测。侧滑试验台是使汽车在滑板上驶过,用测量滑板左右方向移动量的方法,检测前轮侧滑量并判断是否合格的一种检测设备。

后轮带有外倾和前束的汽车,也可以通过侧滑试验台测得后轮前束与后轮外倾的配合状况和后轴的技术状况。

3.2.2 气泡水准车轮定位仪及其使用方法

(1) 气泡水准车轮定位仪的基本结构

气泡水准车轮定位仪按适用车型范围可分为两种:一种适用于大、中、小型汽车,另一种仅适用于小型汽车。前者一般由水准仪、支架、转盘(又称转角仪)等组成;后者一般由水准仪和转盘组成。

1) 水准仪。如图 3-4 所示,水准仪分为两种:一种适用于大、中、小型汽车,另一种适用于小型汽车。它们均由壳体、水泡管、水泡调节装置和刻度盘等组成。适用于大、中、小型汽车的水准仪带有两个定位销,以便插入支架中心孔固装在支架上;适用于小型汽车的水准仪带有永久磁铁和定位针,可以对准汽车万向节枢轴中心孔吸附在轮毂的端面上,因而省去了支架。

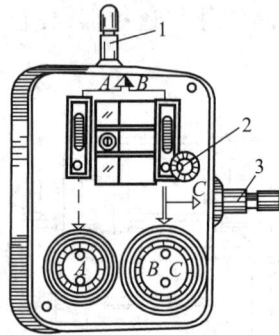

(a) 适用于大、中、小型汽车的水准仪

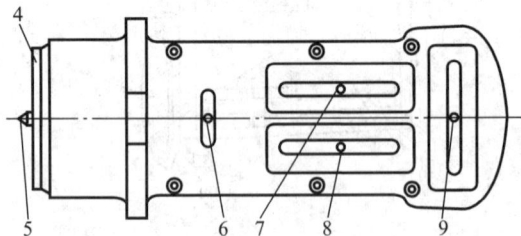

(b) 适用于小型汽车的水准仪

图 3-4   水准仪

1、3—定位销;2—旋钮;4—永久磁铁;5—定位针;6—校正水准仪水平状态的水泡管;
7—测量主销后倾角的水泡管;8—测量前轮外倾角的水泡管;9—测量主销内倾角的水泡管

2）支架。支架是水准仪与车轮轮辋之间的连接装置，固定在轮辋上。水准仪插接在支架的中心孔内，用锁紧螺钉锁住。支架有卡紧式和磁力式两种。

3）转盘。转盘一般由固定盘、活动盘、扇形刻度尺、游标指示针、锁止销和若干滚珠等组成。滚珠装于固定盘与活动盘之间，用保持架保持。

转盘具有如下作用：

① 在前轮定位检测中，便于静止的汽车前轮转向，并转至规定角度。

② 可测得两前轮的最大转向角。

③ 可测得两前轮转向时内轮转角大于外轮转角的关系，用于验证能否满足下列等式

$$\cot \alpha = \cot \beta + B/L \qquad\qquad (3-1)$$

式中　α——汽车转向时前外轮的转向角；

　　　β——汽车转向时前内轮的转向角；

　　　B——左右两侧主销中心间的距离；

　　　L——汽车前后轴轴距。

（2）气泡水准车轮定位仪的使用方法

常见气泡水准车轮定位仪的使用方法大同小异。以下以国产 GCD-1 型光束水准车轮定位仪为例介绍其使用方法。

国产 GCD-1 型光束水准车轮定位仪，除由一个水准仪、两个支架和两个转盘组成外，还配备有两个聚光器、两个标尺、两个标杆和一个踏板抵压器。聚光器在标杆配合下可测得车轮前束值。聚光器在标尺配合下可测得后轴与前轴间的平行度、后轴与车架间的垂直度及后轴与车架在水平平面的弯曲变形等。踏板抵压器（实际上是一个抵杆）可将制动踏板压下而顶靠在驾驶座或其他支承物上，使车轮处于制动状态，以节省一个人力。

1）检测前的准备。

① 汽车技术状况预检。

a. 如无特殊说明，被检车辆载荷应符合原厂规定。

b. 车轮轮胎气压应符合汽车制造厂的规定。

c. 车轮轮胎应为新胎或磨损均匀的半新胎。

d. 检查车轮轮毂轴承、万向节衬套与主销的配合是否松旷，检查制动器是否可靠。

② 对检测场地的要求。

a. 检测场地表面应平整，并处于水平状态。

b. 检测场地如为专用地坪，可将两转盘分别放入深为 60 mm 的预留坑内。如果无预留坑，当前轮放在转盘上后，后轮应垫以厚 60 mm 的平整木块，以保证前后轮接地面处于同一水平平面上。

③ 汽车的正确放置。在汽车两前轮放在转盘上之前，应前后数次推动汽车，以便前轮自动处于直线行驶状态。然后，将两前轮分别放在各自的转盘上，并使主销中心线的延长线基本上通过转盘中心。在有工厂标记的条件下，依工厂标记来确定转向器的中间位

置,进而确定前轮的直线行驶位置,这样比较方便而且准确。在没有工厂标记的情况下,若认为前束在每个前轮上是均匀分配的,则可参照下述方法来确定前轮的直线行驶位置。

a. 取下转盘锁止销。

b. 在两前轮上分别安装支架和聚光器,将聚光器光束水平投向安放在两后轮外端面中心且与后轮垂直的带三脚架的标尺上。标尺应紧靠在车轮外端面的中心上。调节聚光器焦距,使在标尺上得到一清晰的带有一缺口的扇形图像(以下简称为指针),如图 3－5 所示。读出两侧标尺上指针所指数值。通过转动汽车转向盘使两侧标尺上指针所指数值相等,则认为两前轮处于直线行驶位置。

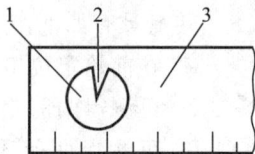

图 3－5　聚光器投出
的光束指针
1—光束;2—指针;
3—标尺

前轮直线行驶位置确定后,应调整转盘扇形刻度尺零位对准转盘的游动指针,然后加以固定。当再转动转向盘时,前轮的转角便可由游动指针的指示从转盘刻度尺上读出。

④ 支架的安装。先将固定支架的两个固定脚卡在轮辋的适当部位,再移动活动支架,使其固定脚也卡在轮辋上,然后用活动支架的偏心卡紧机构将三个固定脚卡紧在轮辋上。此时,三个固定脚的定位端面贴紧在轮辋的边缘上。松开支架中部的调整支座弹性固定板的固定螺栓,使调整支座沿支架导轨滑动,通过特制芯棒使调整支座安装聚光器或水准仪的孔中心与前轮中心重合,然后拧紧螺栓,将调整支座固定于导轨上。

经多次试验,当支架中心与车轮中心偏 2～3 mm 时,对测量结果影响甚微,故也可以目视对中心,而不使用特制芯棒。

⑤ 轮辋变形的检查及补偿。

a. 将聚光器定位销轴插入支架的调整支座孔中,使销轴定位端面与支座定位端面贴合,然后拧紧弹簧卡固定螺钉,防止聚光器从支座上滑落。

b. 顶起被测车轮,使其离开转盘或地面,当在其圆周上施力时能自由转动。

c. 将标杆以轮辋半径 7 倍的距离放在所测车桥之前或之后的地面上。一般情况下,测前轮轮辋变形量时,可把标杆放于前桥之前;测后轮轮辋变形量时,可把标杆放在后桥之后。

d. 将聚光器通以 DC 12 V 电源,聚光器发出强光束指针。转动聚光器的调节盘,使光束指针的扇形缺口朝上。调整聚光器伸缩套筒,使光束指针清晰地指在标杆上带有刻度的标牌上。用手把持住聚光器,松开弹簧卡固定螺钉,缓慢转动车轮一周,读出光束指针在标牌上指示的最大值与最小值。最大值与最小值之差即为轮辋端面的摆差。当摆差大于 3 mm 时,一般认为轮辋是不合格的,应予更换。

e. 对于有较大摆差的车轮轮辋,为了消除对检测车轮定位角度值的影响,可转动调整支座上的滚花调节螺钉,直至光束指针指示的最大值与最小值之差在 3 mm 之内为止。

轮辋的变形补偿后,将车轮放回转盘上。

2) 前束值的检测。

① 检测原理。用聚光器配合标杆检测车轮前束值的原理如图 3－6 所示。当中心为 O 的车轮 AB 与放置在地面上的标杆 MN 垂直时,聚光器光束指针投射到标杆上标尺的 M 点。

当车轮具有前束时，AB 与 MN 不垂直，此时光束指针投射到标杆的 N 点，且聚光器由原来的位置 OCD 变为 OC_1D_1。由于 $CM \gg OC$，而前束与 CM 比较起来也非常小，故可认为点 C 与 C_1 重合，则 $\overline{AA_1} = \overline{A_2A_3}$（$A_2$、$A_3$ 是光束指针在与 A 点同一截面上的投影点）。从图中可得：$\overline{A_2A_3} : \overline{MN} = \overline{CA_2} : \overline{CM}$，其中 $\overline{CA_2} = \overline{OA} = D/2$，$\overline{CM} = 7 \times D/2$。所以，$\overline{A_2A_3} : \overline{MN} = D/2 : 7 \times D/2 = 1 : 7$。此时，若 $\overline{AA_1} = \overline{A_2A_3} = 1$ mm，则 $\overline{MN} = 7$ mm。

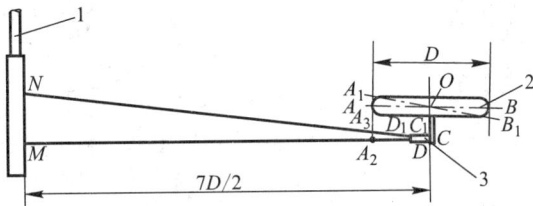

图 3-6　用聚光器配合标杆检测车轮前束值的原理
1—标杆；2—前轮；3—聚光器

在标杆的标牌上每隔 7 mm 划一刻度。当车轮前束测点每偏转 1 mm 时，光束指针的变化为一个刻度（7 mm），这就把车轮前束实际值放大了 7 倍而显示在标杆的标牌上，从而提高了测量灵敏度和读数精度。

② 检测方法。以汽车前轮前束为例。汽车两前轮放于转盘上找正直线行驶位置后，检测过程中不得再变动前轮与转向盘的相对位置。

a. 调节两套标杆长度，使标杆两标牌之间的距离略大于被测轮距，并能使聚光器光束指针大致投射到标牌的中间位置，如"20"左右。两套标杆一定要调整到等长，特别是标牌之间的距离一定要相等，否则将影响检测结果。

b. 将已调整好的两套标杆分别放置在被测车桥的前后两侧，并平行于车桥。每一标杆距车轮中心的距离为车轮上规定前束测点处半径的 7 倍。车轮上规定前束测点依车型而定，有的测点在胎面中心处，有的测点在胎侧突出处，而有的测点在轮辋边缘处，检测前束前应注意查阅汽车维修手册或使用说明书。

c. 先将车轮一侧聚光器的光束投向前标杆的标牌上，使光束指针指于某一整数上，如图 3-7 所示。再将该聚光器的光束向后投射到后标杆的标牌上，并平行移动后标杆使光束指针落在与前标牌同一数值上。然后，将另一侧聚光器分别向前标杆、后标杆投射光束，读出光束指针指示值，计算前束。若前标杆指示值为 23 mm，后标杆指示值为 26 mm，后值减前值，则前束值为 26 mm − 23 mm = 3 mm。反之，若前标杆指示值为 26 mm，后标杆指示值为 23 mm，则前束值为 23 mm − 26 mm = −3 mm，说明被测车轮为负前束。

汽车后轮前束的检测方法同上。

3）车轮外倾角度值的检测。

① 在车轮保持直线行驶位置不动的情况下，将水准仪黑箭头指示的定位销插入车轮上支架的中心孔内，并使水准仪在左右方向上大致处于水平状态。轻轻拧紧弹簧卡锁紧螺钉，固定住水准仪，如图 3-8 所示。

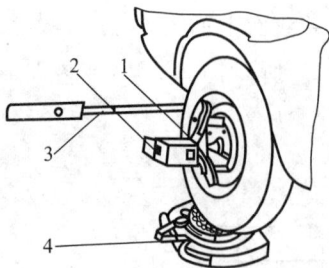

图 3-7　检测前轮前束

1—支架；2—聚光器；3—标杆；4—转盘

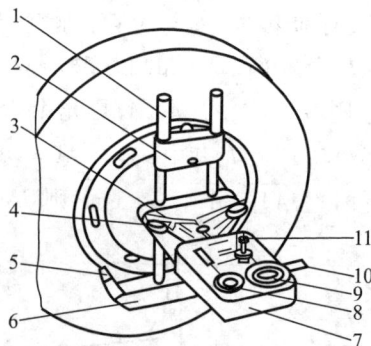

图 3-8　检测车轮外倾角和主销后倾角

1—导轨；2—活动支架；3—调整支座；4—调节螺钉；
5—固定脚；6—固定支架；7—水准仪；8—A 调节盘；
9—BC 调节盘；10—定位销；11—旋钮

② 转动水准仪上的 A 调节盘，直到对应气泡管内的气泡处于中间位置为止，然后在黑刻度盘上读出 A 盘红线所指角度值，该角度值即为前轮外倾角。用同样的方法可检测另一侧车轮的外倾角。

A 盘每转动 360°/13≈27.69°代表车轮外倾角 1°，黑刻度盘把每 1°再分成 6 等份，每 1 份为 10′，读数分辨率可达 1′，因而使读数误差减小。

4）主销后倾角度值的检测。车轮外倾角度值测定后，不动水准仪，接着进行主销后倾角度值的检测。

① 将前轮向内转 20°（对于左前轮则向左转，对于右前轮则向右转，下同），松开弹簧卡锁紧螺钉，使水准仪左右方向处于水平状态，然后拧紧锁紧螺钉。

② 转动水准仪上的 BC 调节盘，使其上的红线与蓝、红、黄刻度盘零线重合。调整对应气泡管的旋钮，使该气泡管内的气泡处于中间位置。

③ 将前轮向相反方向转 40°。然后，转动 BC 调节盘使气泡管的气泡回到中间位置，在蓝盘上读出 BC 调节盘红线所示的值即为主销后倾角。用同样的方法可测出另一侧主销后倾角。

BC 调节盘每转动 360°/19.11≈18.84°代表主销后倾角或主销内倾角 1°，刻度盘把每 1°再分成 6 等份，每 1 份为 10′，读数分辨率可达 1′，使读数误差减小。

5）主销内倾角度值的检测。为了防止转动汽车转向盘时前轮滚动，必须踩下制动踏板或用踏板抵压器压下制动踏板，使前轮处于制动状态。

① 从支架上取下水准仪，将水准仪红黄箭头所指的定位销插入支架中心孔内，轻轻拧紧锁紧螺钉，如图 3-9 所示。将被测前轮向内转 20°，松开锁紧螺钉，使水准仪在左右方向上大致处于水平状态，然后拧紧锁紧螺钉。

② 转动 BC 调节盘，使其红色刻线与蓝、红、黄刻度盘零线重合。调节对应气泡管的旋钮，使气泡处于中间位置。

③ 将前轮向相反方向转 40°，然后调节 BC 调节盘使水泡管内的气泡回到中间位置。此时，BC 调节盘红线在红刻度盘或黄刻度盘所示之值即为主销内倾角。用同样方法检测另一

侧的主销内倾角。检测左前轮时在黄刻度盘上读数,检测
右前轮时在红刻度盘上读数,简称左黄右红。

6)前轮最大转角的检测。前轮最大转角是指前轮处
于直线行驶位置时,分别向左、向右转向至极限位置的角
度。由于有些汽车转向器和纵拉杆布置在车架的一侧,为
防止与轮胎碰擦,因而向左、向右的最大转角是不相等的。

前轮最大转角的检测方法如下:

① 找正前轮直线行驶位置后,置转盘扇形刻度尺于零
位并将其固定。

② 转动汽车转向盘使前轮向任一侧转至极限位置,从
扇形刻度尺上读出并记录最大转角值,并与原厂规定值对
照。不符合要求的前轮最大转角,可通过调整万向节上的
限位螺钉,直至符合要求为止。

③ 转动汽车方向盘使前轮回到直线行驶位置,用上
述方法同样可测得另一侧前轮最大转角值,并视必要调
整之。

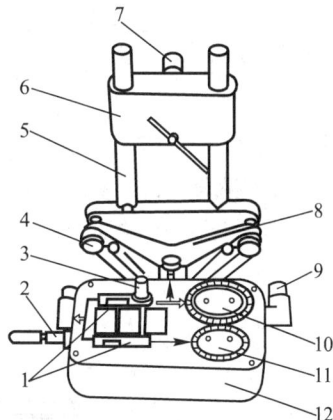

图 3-9　检测主销内倾角
1—水泡管;2—定位销;3—旋钮;
4—调节螺钉;5—导轨;
6—活动支架;7、9—固定脚;
8—调整支座;10—BC 调节盘;
11—A 调节盘;12—水准仪

3.2.3　四轮定位仪及其使用方法

汽车使用中由于磨损、损伤、变形、换件修理等原因,造成车轮定位变化,出现轮胎磨损
异常,自动跑偏,转向发飘、发抖,前轮摆头等不正常现象,使汽车操纵稳定性、行驶平顺性及
汽车动力性、经济性和行车安全性等受到了严重影响。如果汽车发生碰撞、翻车等交通事
故,将会出现车身变形、车桥变形、转向机构损伤等现象,致使汽车技术状况遭到严重破坏。
因此,用四轮定位仪检测汽车车轮定位状况,并视状况进行调整。

（1）四轮定位仪的功能与特点

1)测量全面。可以检测前轮前束、前轮外倾、主销后倾、主销内倾、后轮前束、后轮外
倾、轴距、轮距等项内容,并能自动将检测结果同原厂标准数据进行比较。

2)数据齐全。其数据库一般都能存储国内外常见车型的标准数据和调整方法,供检测
时对照和调整之用。有的还具有数据库扩容功能和数据修改功能。

3)调整指示。一般都能指示调整方法。按其方法调整,在现场就能使车轮定位符合
要求。

4)使用方便。一般都能图形显示,中文界面,菜单操作,带有帮助系统以提供实时
帮助。

5)升级方便。有些四轮定位仪的用户可通过互联网对软件进行远程升级。

6)测量原理先进,使用更加可靠。

7)具有遥控操作功能。

8)具有打印功能。

（2）四轮定位仪的基本结构与工作原理

以国产 KD 系列光学式微机四轮定位仪为例,介绍四轮定位仪的基本结构与工作原理。

KD-120 型光学式微机四轮定位仪外形图如图 3-10 所示,KD-101B 型光学式微机四轮定位仪外形图如图 3-11 所示。由图可以看出,KD 系列光学式微机四轮定位仪主要由微机、彩色显示器、键盘、控制箱、传感器、机壳、打印机和红外遥控器等组成,其系统框图如图 3-12 所示。其中,微机、彩色显示器、键盘、控制箱、打印机等,装在机壳内;传感器 1、传感器 2、传感器 3 和传感器 4,不用时置于机壳内或挂于机壳两旁,检测时分别安装在四个车轮的外端面上。

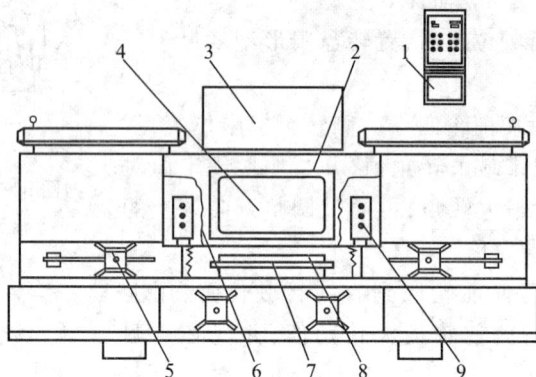

图 3-10   KD-120 型光学式微机四轮定位仪外形图
1—红外遥控器;2—主机柜;3—上车镜;4—彩色显示器;5—传感器;
6—微机;7—键盘;8—打印机;9—控制箱

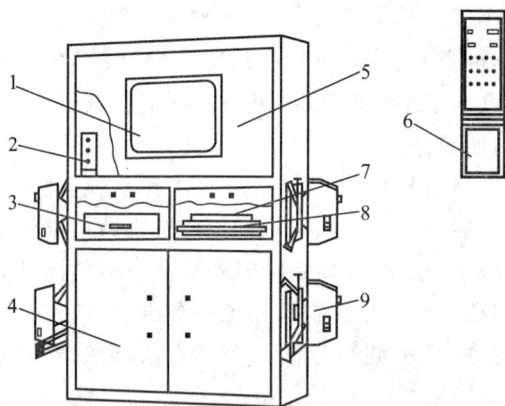

图 3-11   KD-101B 型光学式微机四轮定位仪外形图
1—彩色显示器;2—控制箱;3—微机;4—工具箱;5—主机柜;
6—红外遥控器;7—打印机;8—键盘;9—传感器

KD 系列光学式微机四轮定位仪,以微机为核心,配合标准系统软件,与四个传感器之间形成了一个完整的检测系统。通过传感器光学信号的传递和传感器内部单片微机的运算处理,将其检测到的车轮前束值、左右轮前束值、前轴偏移量、主销后倾角和主销内倾角等多项指标,通过电缆线传输到微机,经运算处理后由彩色显示器显示并由打印机打印输出。KD 系列

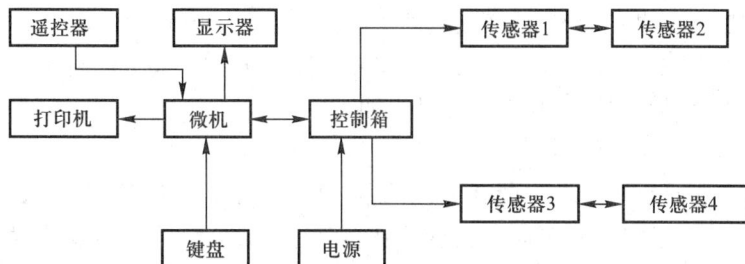

图 3 - 12　KD 系列光学式微机四轮定位仪系统框图

光学式微机四轮定位仪的测量精度和先进性,主要取决于传感器的测量精度、微机执行的系统软件的工作性能和各种车型的四轮定位标准数据库。为了保证测试结果可靠和准确,KD 系列光学式微机四轮定位仪在系统内采取了较强的抗干扰措施,能确保仪器正常工作。

汽车的前轴和后轴均应与汽车纵向中心垂直平面保持垂直。因此,在车架、车轴不产生水平面弯曲变形的情况下,前、后车轴两端的轴心距应该相等。如果前、后车轴两端的轴心距不等,则说明前轴或后轴(也可能是前轴和后轴)与车架的相对位置发生变动,即车轴与汽车纵向中心垂直平面在水平平面的垂直度发生了变化。此时,前束、主销后倾等也要随之发生变化。当车架发生水平平面弯曲时,也产生同样的结果。如果车架、车轴产生了垂直平面的弯曲变形,前轮外倾、后轮外倾、主销内倾都要随之发生变化。

(3)四轮定位仪的使用方法

1)准备工作。

① 汽车举升器应牢固、水平。将汽车开上举升器停放在一次平台上,前轮处于转盘中间保持直线行驶位置,拉紧驻车制动器,并在车下选择好二次举升的支撑点。

② 问询汽车驾驶员被检车辆行驶中的情况和出现的问题,以及以前是否做过四轮定位的检测和调整等情况。

③ 接入 AC 220V 电源,但先不要开启四轮定位仪主机柜后面板的开关。

④ 将传感器安装在被测车的四个车轮上,并注意以下事项:

a. 以驾驶员的方向感为基准,1 号传感器安装在右前轮上,2 号传感器安装在右后轮上,3 号传感器安装在左前轮上,4 号传感器安装在左后轮上。

b. 旋转传感器卡具上的上、下卡爪,使传感器在车轮上固定牢固。

⑤ 分别将 4 根电缆线连接到 4 个传感器的接线插座上,如图 3 - 13 所示。

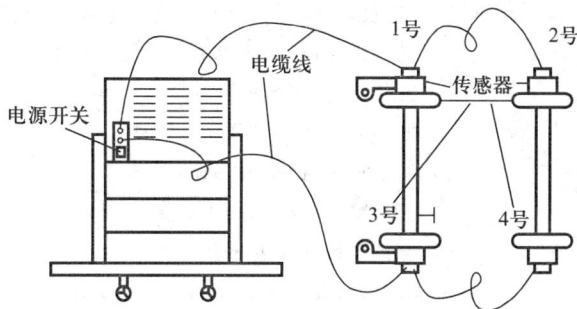

图 3 - 13　电缆线连接图

⑥ 调整传感器至水平状态,使面板上的水准仪气泡居于中间位置。

⑦ 操纵举升器二次举升被测车辆,使其车轮离开一次平台 50 mm 高度。

⑧ 松开驻车制动器,使前、后车轮转动自如。

2)操作步骤。

① 开启主机柜后面板上的电源开关,系统启动,30 s 后进入四轮定位测试系统。

② 显示器显示检测界面,界面下方显示"F1:测定   F2:修整   F3:输入"的提示,使用微机键盘或遥控器即可操作。

③ 当单击"F1"键时,提示"请选择汽车生产国家"的界面出现,如图 3−14 所示。通过按"↑""↓"方向键选择被检车的生产国家,然后按"Enter"键,出现"请选择汽车公司"的界面,如图 3−15 所示。

```
┌─────────────────────────────┐
│ WHEEL ALIGNMENT 上:↑ 下:↓ ESC: │
│ 退回 ENTER 确认                  │
├─────────────────────────────┤
│                              │
│        请选择汽车生产国家!         │
│                              │
│      国产                      │
│      韩国                      │
│      美国                      │
│      德国                      │
│      意大利                     │
│      日本                      │
│      其他                      │
└─────────────────────────────┘
```

图 3−14   选择汽车生产国家

```
┌─────────────────────────────┐
│ WHEEL ALIGNMENT 上:↑ 下:↓ ESC: │
│ 退回 ENTER 确认                  │
├─────────────────────────────┤
│                              │
│        请选择汽车公司!            │
│                              │
│   现代汽车公司(HYUNDAI)          │
│   大宇汽车公司(DAEWOO)           │
│   起亚汽车公司(KIA)              │
│   三星汽车公司(SAMSUNG)          │
│   其他汽车公司                    │
└─────────────────────────────┘
```

图 3−15   选择汽车公司

④ 选择汽车公司后,提示"请选择车型"的界面出现,如图 3−16 所示。根据被检汽车厂牌、型号、年代等参数,通过按"↑""↓"方向键和"Enter"键可实现选择。

```
┌────────────────────────────────────┐
│ WHEEL ALIGNMENT 上:↑ 下:↓ ESC:退回 ENTER 确认 │
├────────────────────────────────────┤
│                                    │
│            请选择车型!                 │
│                                    │
│       蓝雀(lantra) 1.5 (91−92)       │
│                                    │
│       蓝雀(lantra) 1.5 (93−96)       │
│                                    │
│       蓝雀(lantra) 1.6 (91−92)       │
│                                    │
│       包房(scoupe)PAS (91−92)        │
│                                    │
│       包房(scoupe) (92−95)           │
│                                    │
│       包房PAS(scoupe) (92−95)        │
│                                    │
│       索娜塔(sonata) (88−91)         │
│                                    │
│       索娜塔(sonata) (92−93)         │
└────────────────────────────────────┘
```

图 3−16   选择车型

⑤ 按仪器使用说明书要求,对固定在车轮上的传感器按 1→4→3→2 的顺序进行轮缘动态补偿操作,以消除轮辋变形对检测的影响。

⑥ 轮缘动态补偿操作结束后,按显示器上界面的提示,将驻车制动器拉紧,用制动杆将行车制动踏板压紧,二次举升复位,前轮落在转盘中心,将传感器水准仪气泡调整在中间位置上。

⑦ 按显示器上界面的提示,逐项进行检测并视必要调整,详细步骤不再赘述。

学习项目3.3 转向参数检测

转向参数一般是指转向盘的自由转动量和转向力。

1) 转向盘的自由转动量:汽车停在平坦、干燥和清洁的硬质地面上保持直线向前状态时,轻轻左右转动转向盘从一侧有阻力起至另一侧有阻力止所测得的最大游动角度。

2) 转向盘的转向力:在一定行驶条件下,作用在转向盘外缘的圆周力。

这两个转向参数(诊断参数)主要用来诊断转向轴和转向系统中各零件的配合状况。该配合状况直接影响到汽车操纵稳定性和行车安全性。因此,对于在用车和新车都必须进行上述两转向参数的检测。

转向盘的自由转动量和转向力的检测,应采用专用检测仪进行。

3.3.1 用简易检测仪检测转向盘自由转动量

简易转向盘自由转动量检测仪(简称为"简易检测仪")只能检测转向盘的自由转动量。简易检测仪主要由刻度盘和指针两部分组成。刻度盘和指针分别固定在转向盘轴管和转向盘边缘上,固定方式有机械式和磁力式两种。图 3-17 所示的简易转向盘自由转动量检测仪的固定方式为机械式。磁力式使用磁力座固定指针或刻度盘,结构更为简单,使用更为方便。

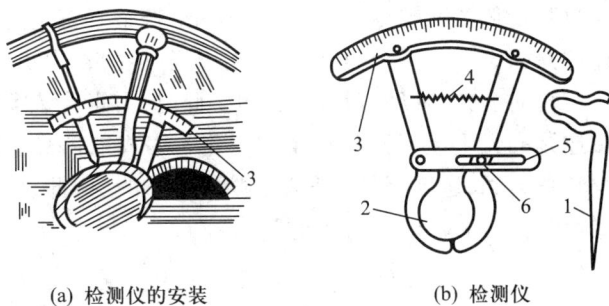

(a) 检测仪的安装   (b) 检测仪

图 3-17 简易转向盘自由转动量检测仪

1—指针;2—夹臂;3—刻度盘;4—弹簧;5—连接板;6—固定螺钉

测量时,应使汽车停在平坦、干燥和清洁的硬质地面上保持直线向前状态,轻轻向左或向右转动转向盘至空行程一侧感到有阻力的位置,调整简易检测仪的指针使其指向刻度盘零刻度。然后,轻轻转动转向盘至空行程另一侧感到有阻力的位置,指针所示刻度即为转向盘的最大自由转动量。

3.3.2　用转向参数测量仪检测转向盘的自由转动量和转向力

国产 ZC-2 型转向参数测量仪是以微机为核心的智能仪器,可测得转向盘的自由转动量和转向力。该仪器由操纵盘、主机箱、连接叉和定位杆等组成,如图 3-18 所示。操纵盘由螺钉固定在三爪底板上,底板经力矩传感器与三个连接叉相连,每个连接叉上都有一只可伸缩的活动卡爪,以便与被测汽车转向盘相连接。主机箱为一圆形结构,固定在底板中央,其内装有接口板、微机板、转角编码器、打印机、力矩传感器和电池等。定位杆从底板下伸出,经磁力座吸附在驾驶室内的仪表盘上。定位杆的内端连接有光电装置,光电装置装在主机箱内的下部。

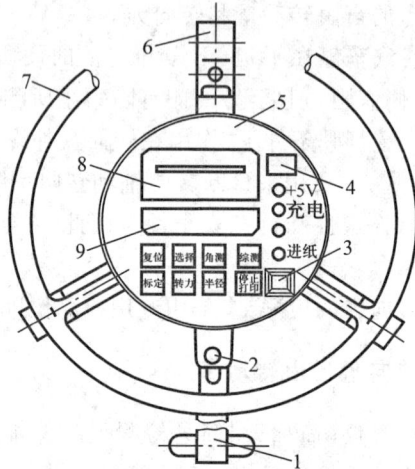

图 3-18　ZC-2 型转向参数测量仪

1—定位杆;2—固定螺栓;3—电源开关;4—电压表;5—主机箱;
6—连接叉;7—操纵盘;8—打印机;9—显示器

测量时,把转向参数测量仪对准被测汽车转向盘中心,调整好三个连接叉上伸缩卡爪的长度,与汽车转向盘连接并固定好。转动操纵盘,转向力通过底板、力矩传感器、连接叉传递到被测汽车转向盘上,使转向盘转动以实现汽车转向。此时,力矩传感器将转向力矩转变成电信号,而定位杆内端连接的光电装置则将转角的变化转变成电信号。这两种电信号由微机自动完成数据采集、转角编码、运算、分析、存储、显示和打印。因此,使用该测量仪既可测得转向盘的转向力,又可测得转向盘的自由转动量。

3.3.3　诊断参数标准

按照 GB 7258—2012《机动车运行安全技术条件》的规定,转向盘的自由转动量和转向力应符合以下要求:

(1)转向盘的自由转动量

机动车转向盘的最大自由转动量应小于等于:

1)最大设计车速大于等于 100 km/h 的机动车:15°。

2)三轮汽车:35°。

3）其他机动车:25°。

（2）转向盘的转向力

机动车在平坦、硬实、干燥和清洁的水泥或沥青道路上行驶,以 10 km/h 的速度在 5 s 之内沿螺旋线从直线行驶过渡到直径为 25 m 的车辆通道圆行驶,施加于转向盘外缘的最大切向力应小于或等于 245 N。

学习项目 3.4 车轮平衡度检测

随着公路质量的提高和高速公路网络的快速发展,汽车行驶速度越来越高,因此对车轮平衡度的要求也越来越高。如果车轮不平衡,在其高速旋转时,不平衡质量将引起车轮上下跳动和横向振摆 。这不仅影响了汽车的行驶平顺性、乘坐舒适性和操纵稳定性,使车辆难以控制,而且也影响了汽车的动力性、经济性和行驶安全性。此外,还因加剧了轮胎及有关机件的磨损和冲击,缩短了汽车的使用寿命,增加了汽车的运行成本。按照 GB 7258—2012《机动车运行安全技术条件》的规定,最高设计车速大于 100 km/h 的机动车,车轮的动平衡要求应与该车型的技术要求一致。因此,最高设计车速大于 100 km/h 的机动车,其车轮平衡度已成为必检项目之一。

3.4.1 车轮不平衡与车轮平衡机的类型

（1）车轮静不平衡

支起车轴,调整好轮毂轴承的松紧度,用手轻转车轮后使其自然停转。在停转的车轮离地最近处做一标记,然后重复上述试验多次。如果每次试验结束时标记都停在离地最近处,则车轮静不平衡。车轮上所做的标记点称为不平衡点或垂点。反之,若车轮经几次自然停转后所做标记的位置各不一样,或强迫停转消除外力后车轮不再转动,则车轮是静平衡的。

静平衡的车轮,其重心与旋转中心重合;静不平衡的车轮,其重心与旋转中心不重合,在旋转时产生离心力 F,如图 3-19 所示。图中

$$F = mr\omega^2 \qquad (3-2)$$

式中　m——不平衡点的质量;

　　　ω——车轮的旋转角速度,$\omega = 2\pi n$;

　　　n——车轮的转速;

　　　r——不平衡点离车轮旋转中心的距离。

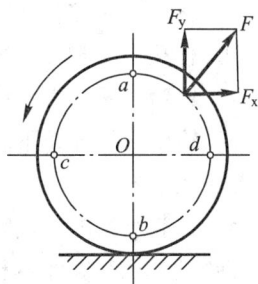

图 3-19　车轮静不平衡产生的离心力

从式（3-2）可以看出,车轮转速 n 越高,不平衡点质量 m 越大,不平衡点离车轮旋转中心的距离 r 越远,则离心力 F 越大。

离心力 F 可分解为水平分力 F_x 和垂直分力 F_y。在车轮转动一周中,垂直分力 F_y 有两次落在通过车轮中心的垂线上,一次在 a 点,一次在 b 点,方向相反,均达到最大值,使车轮上下跳动,并由于陀螺效应引起前轮摆振;水平分力 F_x 有两次落在通过车轮中心的水平线上,一次在 c 点,一次在 d 点,方向相反,均达到最大值,使车轮前后窜动,并形成绕主销来回摆

动的力矩,造成前轮摆振。当左、右前轮的不平衡质量相互处于180°位置时,前轮摆振最为严重。

（2）车轮动不平衡

即使静平衡的车轮,即重心与旋转中心重合的车轮,也可能是动不平衡的。这是由于车轮的质量分布相对车轮纵向中心面不对称造成的。在图3-20a中,车轮是静平衡的。在该车轮旋转轴线的径向相反位置上,各有一作用半径相同、质量也相同的不平衡点 m_1 与 m_2,且不处于同一平面内。对于这样的车轮,其不平衡点的离心力合力为零,而离心力的合力矩不为零,转动中产生方向反复变动的力偶 M,使车轮处于动不平衡中。动不平衡的前轮绕主销摆振。如果在 m_1 与 m_2 同一作用半径的相反方向上配置相同质量 m'_1 与 m'_2,则车轮处于动平衡中,如图3-20b所示。动平衡的车轮肯定是静平衡的,因此,对车轮应主要进行动平衡检验。

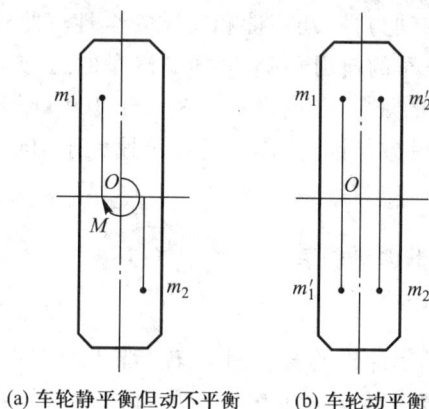

(a) 车轮静平衡但动不平衡   (b) 车轮动平衡

图3-20 车轮平衡示意图

（3）车轮不平衡的原因

1）加工轮毂、制动鼓(盘)时,轴心定位不准、加工误差大、非加工面铸造误差大、热处理变形、使用中变形或磨损不均。

2）轮胎螺栓质量不等、轮辋质量分布不均或径向圆跳动、端面圆跳动太大。

3）轮胎质量分布不均,尺寸或形状误差太大,使用中变形或磨损不均,使用翻新轮胎或垫、补轮胎。

4）并装双胎的充气嘴未相隔180°安装,单胎的充气嘴未与不平衡点标记(经过平衡试验的新轮胎,往往在胎侧标有红、黄、白或浅蓝色的□、△、○、◇符号,用来表示不平衡点位置)相隔180°安装。

5）轮毂、制动鼓(盘)、轮胎螺栓、轮辋、内胎、衬带、轮胎等拆卸后重新组装成车轮时,累计的不平衡质量或几何偏差太大,破坏了原来的平衡。

（4）车轮平衡机的类型

车轮平衡度应使用车轮平衡机进行检测。车轮平衡机也称为车轮平衡仪。

如果按功能分,车轮平衡机可分为车轮静平衡机和车轮动平衡机两类;如果按测量方式分,车轮平衡机可分为离车式车轮平衡机和就车式车轮平衡机两类;如果按车轮平衡机转轴的形式分,车轮平衡机又可分为软式车轮平衡机和硬式车轮平衡机两类。

使用离车式车轮平衡机时,是把车轮从车上拆下安装到车轮平衡机的转轴上检测其平衡状况的。使用就车式车轮平衡机时,无需从车上拆下车轮,就车即可测得车轮平衡状况。

软式车轮平衡机上安装车轮的转轴由弹性元件支承,当被测车轮不平衡时,该轴与其上的车轮一起振动,测得该振动即可获得车轮的不平衡量。硬式车轮平衡机的转轴由刚性元件支承,工作中转轴不产生振动,它是通过直接测量车轮旋转时不平衡点产生的离心力来确定不平衡量的。

凡是可以测定车轮旋转平面左、右两侧的不平衡量及其相位的,可以称为二面测定式车轮平衡机。

就车式车轮平衡机既可以进行静平衡试验,又可以进行动平衡试验。

3.4.2 车轮不平衡检测原理

(1)静不平衡检测原理

1)离车式车轮平衡机。安装在平衡机特制平衡心轴或平衡机转轴上的车轮,如果不平衡,在自由转动状态下,其不平衡点只有处于最下面的位置才能保持静止状态,而配重平衡后则可停于任一位置。利用这一基本原理,使用平衡机即可测得车轮的静不平衡质量和相位。

2)就车式车轮平衡机。就车式车轮平衡机检测车轮静不平衡的原理如图 3-21 所示。支离地面的车轮如果不平衡,转动时产生的上下振动通过万向节或悬架传给平衡机检测装置的传感磁头、可调支杆和底座内的传感器。传感器转变成的电信号控制频闪灯闪光,以指示车轮不平衡点位置,并输入指示装置指示不平衡度(量)。当传感磁头传递向下的力时频闪灯就发亮,所照射到的车轮最下部的点即为不平衡点。当不平衡点的质量越大时,传感器的受力也越大,变换的电量也越大,指示装置指示的数值也越大。

(2)动不平衡检测原理

1)离车式车轮平衡机。以硬支承平衡机为例,由于其转轴支承装置刚度大,固有振动频率高,振幅小,因而车轮的惯性力可忽略不计。车轮不平衡所产生的离心力是以力的形式作用在平衡机的支承装置上的,只要测出支承装置上所受的力或由此而产生的振动,就可获得车轮的不平衡量。

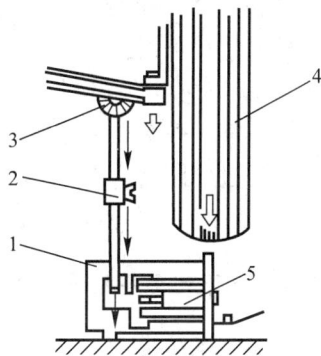

图 3-21 就车式车轮平衡机
检测车轮静不平衡的原理
1—底座;2—可调支杆;
3—传感磁头;4—车轮;
5—传感器

电测式车轮平衡机检测车轮动不平衡的原理如图 3-22 所示。图中 m_1、m_2 为车轮不平衡质量,F_1、F_2 为对应的离心力,F_L、F_R 分别为在左、右支承处测得的动反力。该测量法的测量点在支承处,不平衡的校正面在轮辋边缘,它们存在动平衡关系。根据力的平衡条件得

$$F_R - F_L - F_1 - F_2 = 0$$
$$F_1(a+c) + F_2(a+b+c) - F_R c = 0$$

联立求解得

$$F_1 = F_L(a+b+c)/b - F_R(a+b)/b$$
$$F_2 = F_L(a+c)/b - F_R a/b$$

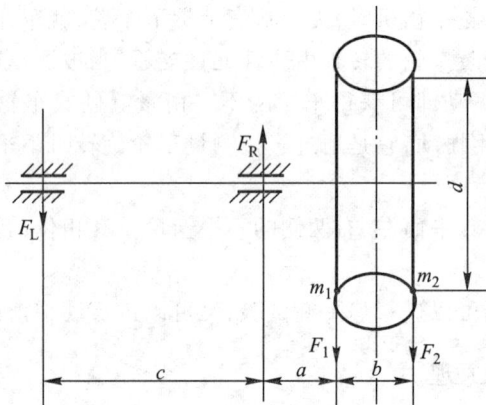

图 3 -22　电测式车轮平衡机检测车轮动不平衡的原理

a—轮辋边缘至右支承的距离；b—轮辋宽度；c—左右支承间的距离；d—轮辋直径

可以看出,不平衡点质量产生的离心力仅与支承处的动反力及尺寸 a、b、c 有关。支承处的动反力或由此而引起的振动,可以通过相应传感器变成电信号后测出,各位置尺寸中 c 是常数,a、b 可通过测量后输入运算电路的方法得出。因此,通过运算即可根据动反力确定出车轮两个校正面上的离心力,再根据离心力确定出两个校正面上的平衡量。

2）就车式车轮平衡机。就车式车轮平衡机检测车轮动不平衡的原理与图 3 - 21 所示检测车轮静不平衡的原理相同,只不过传感磁头固定在制动底板上,检测的是横向振动。横向振动通过传感磁头、可调支杆传至底座内的传感器,传感器转变成的电信号控制频闪灯闪光,以指示车轮不平衡点位置,并输入到指示装置指示车轮不平衡度(量)。

3.4.3　离车式车轮动平衡机及其使用方法

（1）基本结构

离车式车轮动平衡机如图 3 - 23 所示。目前应用最多的是硬式二面测定车轮动平衡机,一般由驱动装置、转轴与支承装置、显示与控制装置、制动装置、机箱和车轮防护罩等组成。驱动装置一般由电动机、传动机构等组成,可驱动转轴旋转。转轴由两个滚动轴承支承,每个轴承均装有一个能将动反力转变为电信号的传感器。转轴的外端通过锥体和大螺距螺母等固装被测车轮。驱动装置、转轴与支承装置等均安装在机箱内。车轮防护罩可防止车轮旋转时其上的平衡块或花纹内的夹杂物飞出伤人。制动装置可使车轮停转。

现在的离车式车轮动平衡机多为微机控制式,具有自动判断和自动调校系统,能将传感器送来的电信号通过微机运算、分析、判断后显示出不平衡量及相位。为了使显示的不平衡量恰好是轮辋边缘所加平衡块的质量,离车式车轮动平衡机一般都具有将测得的轮辋直径 d、轮辋宽度 b 和轮辋边缘至平衡机机箱的距离 a(轮辋外悬尺寸),通过键盘或选择器旋钮等输入微机的装置。

（2）使用方法

1）清除被测车轮上的泥土、石子和旧平衡块。

2）检查轮胎气压，视必要充气至汽车制造厂的规定值。

3）根据轮辋中心孔的大小选择离车式动平衡机锥体，仔细地装上车轮，用大螺距螺母上紧。

4）打开离车式动平衡机电源开关，检查指示与控制装置的面板是否指示正常。

5）用卡尺测量轮辋宽度 b、轮辋直径 d（也可由胎侧读出），用离车式动平衡机上的标尺测量轮辋边缘至机箱距离 a，再用键入或选择器旋钮对准测量值的方法，将 a、b、d 值输入到指示与控制装置中去。离车式车轮动平衡机的专用卡尺如图 3-24 所示，a、b、d 三尺寸如图3-25所示。为了适应不同的计量制式，离车式动平衡机上的所有标尺一般都同时标有英制和公制刻度。

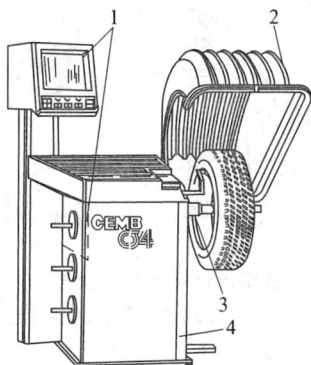

图 3-23　离车式车轮动平衡机
1—显示与控制装置；2—车轮防护罩；
3—转轴；4—机箱

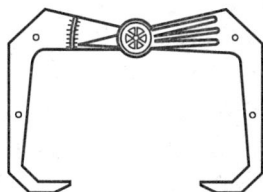

图 3-24　离车式车轮动平衡机的专用卡尺

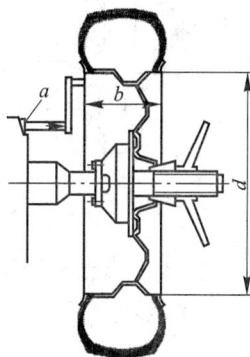

图 3-25　车轮在动平衡机上的安装
a—轮辋边缘至机箱的距离；
b—轮辋宽度；d—轮辋直径

6）放下离车式动平衡机车轮防护罩，按下起动键，车轮旋转，平衡测试开始，微机自动采集数据。

7）车轮自动停转，或听到"笛"声时按下停止键并操纵制动装置使车轮停转后，从指示装置读取车轮内、外两侧不平衡量和不平衡位置。

8）抬起车轮防护罩，用手慢慢转动车轮。当指示装置发出指示（声响、指示灯亮、制动、显示点阵或显示检测数据等）时停止转动。在轮辋的内侧或外侧的上部（时钟 12 点位置）加装指示装置显示的该侧平衡块质量。内、外侧要分别进行，平衡块装卡要牢固。

9）安装平衡块后有可能产生新的不平衡，应重新进行平衡试验，直至不平衡量小于 5 g，指示装置显示"00"或"OK"时才满足要求。当不平衡量相差 10 g 左右时，如能沿轮辋边缘左右移动平衡块一定角度，将可获得满意的效果。在平衡过程中，实践经验越丰富，平衡速度越快。

10）测试结束，关闭离车式动平衡机电源开关。

3.4.4　就车式车轮动平衡机及其使用方法

（1）基本结构

就车式车轮动平衡机一般由驱动装置、测量装置、指示与控制装置、制动装置和小车等组成,其示意图如图 3-26 所示,测量图如图 3-27 所示。驱动装置由电动机、转轮等组成,能带动支离地面的车轮转动。测量装置由传感磁头、可调支杆、底座和传感器等组成,能将车轮不平衡量产生的振动变成电信号,送至指示与控制装置。指示与控制装置由频闪灯、不平衡度表或数字显示屏等组成,频闪灯用来指示车轮不平衡点位置;不平衡度表或数字显示屏用来指示车轮的不平衡量,一般有两个挡位,第一挡一般用于初查时的指示,第二挡一般用于装上平衡块后复查时指示。制动装置用于车轮停转。除测量装置外,就车式车轮动平衡机的其余装置都装在小车上,可方便移动。

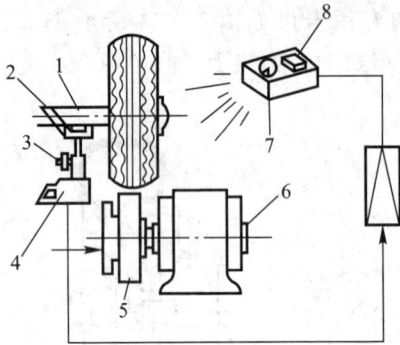

图 3-26　就车式车轮动平衡机示意图
1—万向节;2—传感磁头;3—可调支杆;4—底座;
5—转轮;6—电动机;7—频闪灯;8—不平衡度表

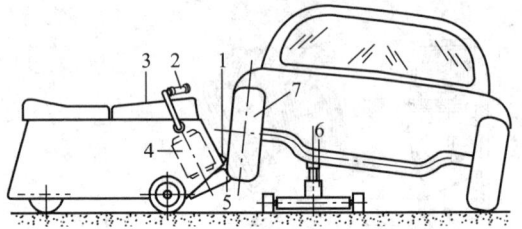

图 3-27　就车式车轮动平衡机测量图
1—光电传感器;2—手柄;3—仪表板;4—驱动电动机;
5—摩擦轮;6—传感器支架;7—被测车轮

（2）使用方法

1）准备工作。

① 用千斤顶支起被测汽车车轴,两边车轮离地间隙要相等。

② 清除被测车轮上的泥土、石子和旧平衡块。

③ 检查轮胎气压,视必要充至汽车制造厂的规定值。

④ 检查轮毂轴承是否松旷,视必要调整至规定松紧度。

⑤ 在轮胎外侧面任意位置上用白粉笔或白胶布做上标记。

2）从动前轮静平衡。

① 用三角木塞紧对面车轮和后轴车轮,将就车式车轮动平衡机的测量装置推至被测前轮一端的前轴下,使传感磁头吸附在悬架下或万向节下,调节可调支杆高度并锁紧。

② 推就车式车轮动平衡机至车轮侧面或前面(视车轮平衡机形式不同而异),检查频闪灯工作是否正常,检查转轮的旋转方向能否使车轮的转动方向与汽车前进行驶时的方向一致。

③ 操纵就车式车轮动平衡机转轮与轮胎接触,起动驱动电动机带动车轮旋转至规定转速。

④ 观察频闪灯照射下的轮胎标记位置,并从指示装置(第一挡)上读取不平衡量数值。

⑤ 操纵就车式车轮动平衡机上的制动装置,使车轮停止转动。

⑥ 用手转动车轮,使其上的标记仍处在上述观察位置上,此时轮辋的最上部(时钟 12 点位置)即为加装平衡块的位置。

⑦ 按指示装置显示的不平衡量选择平衡块,牢固地装卡到轮辋边缘上。

⑧ 重新驱动车轮进行复查测试,指示装置用二挡显示。若车轮平衡度不符合要求,则应调整平衡块质量和位置,可参照图3-28所示的方法进行,直至符合平衡要求。

3)从动前轮动平衡。

① 将传感磁头吸附在经过擦拭的制动底板边缘平整处。

② 操纵就车式车轮动平衡机转轮驱动车轮旋转至规定转速,观察轮胎标记位置,读取不平衡量数值,停转车轮找平衡块加装位置,加装平衡块和复查等,方法与静平衡相同。

4)驱动轮平衡。

① 对面车轮不必用三角木塞紧。

② 用发动机和传动系统驱动车轮,加速至50~70 km/h的某一转速下稳定运转。

③ 测试结束后,用汽车制动器使车轮停转。

④ 其他方法同从动轮动、静平衡测试。

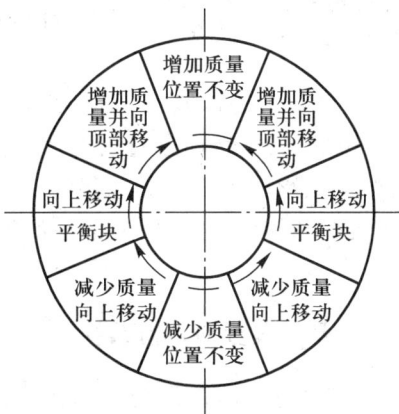

图3-28　复查时平衡块质量和位置的调整方法

车轮动平衡机的平衡重也称配重,通常有卡夹式和粘贴式两种类型。图3-29所示为卡夹式配重,适用于轮辋有卷边的车轮。对于铝镁合金轮辋,因无卷边可夹,可使用图3-30所示的粘贴式配重。粘贴式配重的外弯面有不干胶,粘贴于轮辋内表面。

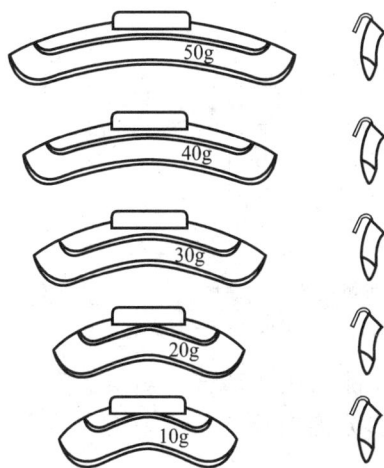

图3-29　卡夹式配重

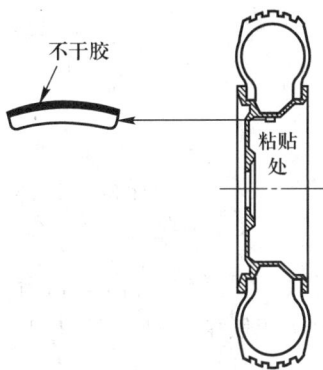

图3-30　粘贴式配重

标准的平衡重有两种系列。一种系列以盎司(oz)为基础单位,分为9挡。其中,最小为0.5oz(14.2 g),最大为6oz(170.1 g)。另一种以克(g)为基础单位,分14挡。其中最小为5 g,最大为80 g,配重的最小间隔为5 g。因此,过分苛求车轮动平衡机的精度和灵敏度并无太大的实际意义。特殊情况下,如高速小轿车和赛车,可使用特制的平衡重块。

学习项目 3.5 **悬架装置和转向系统间隙检测**

汽车悬架装置和转向系统各部间隙在使用中会逐渐增大,致使汽车行驶中出现跳动增加、横摆加剧、转向盘自由行程增大、转向轮摆头、轮胎磨损异常和各种冲击增强等现象,严重地影响了汽车的操纵稳定性、行驶平顺性、行车安全性和使用寿命。因此,汽车悬架装置和转向系统间隙是一个综合性诊断参数,能表征悬架装置和转向系统的技术状况。

3.5.1　悬架装置和转向系统间隙检测仪简介

悬架装置和转向系统间隙检测,须采用悬架装置和转向系统间隙检测仪进行,如图 3-31 所示。

（1）基本结构

悬架装置和转向系统间隙检测仪,一般由电控箱、左测试台、右测试台、泵站和手电筒式开关等组成,示意图如图 3-32 所示。

1）电控箱　主要由控制电路和保护电路组成。控制电路用于控制液压泵电动机和电磁阀继电器的动作,保护电路用于保护液压泵电动机过载和电路漏电。

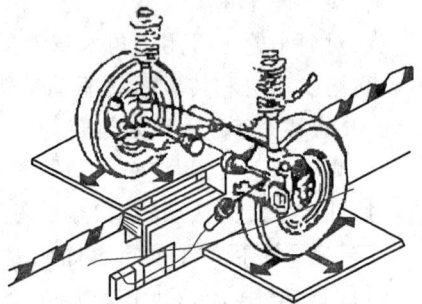

图 3-31　悬架装置和转向系统间隙检测

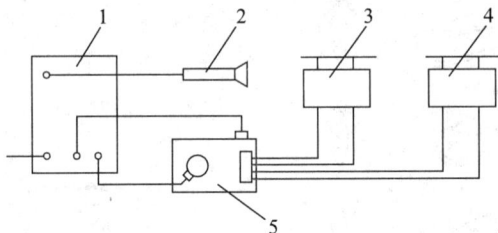

图 3-32　悬架装置和转向系统间隙检测仪示意图
1—电控箱；2—手电筒式开关；3—左测试台；4—右测试台；5—泵站

2）手电筒式开关　由测试台移动方向控制按键和照明两部分组成。移动方向控制按键用于控制电控箱中各继电器的动作,照明部分能使检查员方便对检查部位进行观察。

3）泵站　由液压泵、电动机、电磁阀、油压表、过滤器和溢流阀等组成。电动机带动液压泵工作,电磁阀在继电器作用下控制高压油液流向相应的液压缸。而液压缸则产生推动左、右测试台测试板的动力。

4）测试台　包括左测试台和右测试台。按测试台测试板移动方向不同,测试台可分为前后双向移动式,前后左右四向移动式,前后左右再加前左后右（对角线）、前右后左（对角线）八向移动式三种类型。前后双向移动式测试台主要由测试板、液压缸、导向结构和壳体等组成,结构如图 3-33 所示。

（2）工作原理

在左、右测试台移动方向控制开关作用下,控制电路能控制液压泵电动机和电磁阀继电器动作。在电动机带动下,液压泵产生高压油液。电磁阀在继电器作用下控制高压油液流向对应的液压缸,另一液压缸处于卸荷状态。在液压缸动力作用下,测试台测试板及其上的悬架装置和转向系统按导向杆给定的方向移动。换向后,另一液压缸产生动力,前一液压缸处于卸荷状态,于是测试台测试板及其上的悬架装置和转向系统按导向杆给定的相反方向移动,实现了前、后双向对悬架装置和转向系统间隙的检测。

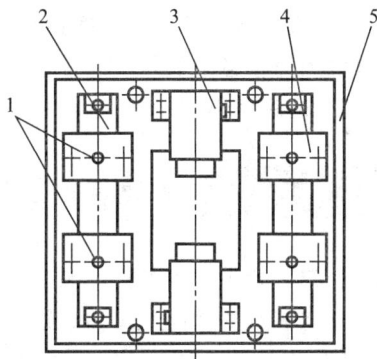

图 3-33　前后双向移动式测试台结构图
1—润滑孔；2—导向杆；3—液压缸；
4—轴承座；5—壳体

3.5.2　悬架装置和转向系统间隙检测仪的使用方法

（1）仪器准备

1）接通电控箱总电源。

2）将手电筒式开关的工作开关按下,其上工作灯应亮,电控箱上绿色指示灯应亮,电动机应带动液压泵工作;否则,应检查并排除故障。

3）按下手电筒式开关上左、右测试板向前或向后移动的键,系统升压。当测试板移动到一侧极限位置时,检查油压表的压力是否正常;否则应调节溢流阀,使油压达到要求。

4）检查测试板表面是否沾有泥、砂、油污等,若有,应清除。

（2）车辆准备

1）车辆应运行至正常工作温度。

2）轮胎气压应符合汽车制造厂的规定值。

3）轮胎上的砂、石、泥、土应清除干净。

（3）检测方法

1）汽车前轴开上悬架装置和转向系统间隙检测仪的测试板,两前轮在两块测试板上居中停放。

2）汽车驾驶员用力踩住制动踏板,并握紧转向盘。车下检测员按动手电筒式开关上测试板"前后方向移动"键,使悬架装置和转向系统以一定频率反复作前、后方向移动。

3）车下检测员按动手电筒式开关上测试板"左右方向移动"键,使悬架装置和转向系统以一定频率反复作左、右方向移动。

4）车下检测员按动手电筒式开关上测试板"前左、后右（对角线）方向移动"键或"前右、后左（对角线）方向移动"键,使悬架装置和转向系统以一定频率反复作对角线方向移动。

5）汽车前轴在作上述移动方向的测试时,车下检测员要始终注意观察并用手触试汽车车轮与制动底板（或制动盘）处、万向节主销处、纵横拉杆球头销处、独立悬架摆臂处、相关悬架 U 形螺栓处和钢板销处、转向垂臂处和转向器在车架上的固定处等的间隙,做好记录,视必要进行调整、紧固或修理。

6）汽车驾驶员放松转向盘和制动踏板，将汽车前轴开下后轴开上，在测试板上用同样方法检测后轴悬架装置的间隙。

7）检测完毕，关闭手电筒式开关和电控箱总电源。

学习项目3.6　悬架装置工作性能检测和评定

悬架装置主要由弹性元件、导向装置和减振器三部分组成，是汽车行驶系统的组成之一。悬架装置的功能是传力、缓和并迅速衰减车身与车桥之间因路面不平引起的冲击和振动，以保证汽车具有良好的行驶平顺性、乘坐舒适性、操纵稳定性和行驶安全性。因此，悬架装置的工作性能，对汽车使用性能有重要影响。

汽车悬架装置最易发生故障的部件是减振器。减振器对汽车行驶平顺性、乘坐舒适性、操纵稳定性和行驶安全性的影响很大。有研究表明，大约有四分之一的汽车至少有一个减振器工作不正常。当悬架装置减振器工作不正常时，汽车行驶中车轮轮胎有30%的路程接地力减小，造成车辆跳跃、转向盘发飘、弯道行驶时车身晃动加剧、制动时易发生跑偏或侧滑、轮胎磨损异常、乘坐舒适性降低及有关机件磨损速度加快等不良后果。

随着道路条件不断改善和高速公路快速发展，不仅是小轿车的行驶速度大大提高，就是货车和大客车以100 km/h速度行驶的情况也很常见。在高速行驶状态下，汽车的操纵稳定性和行驶安全性尤为重要，并与悬架装置有着直接的关系。所以，悬架装置工作性能的检测和评定是十分重要的。

3.6.1　悬架装置工作性能检测方法分类

悬架装置工作性能的检测方法，可以分为经验法、按压车体法和检测台检测法三种类型。

（1）经验法

经验法是通过人工外观检视悬架装置的弹簧是否断裂，弹簧和导向装置的连接螺栓是否松动，减振器是否漏油、缺油和损坏等项目，凭经验确定悬架装置技术状况的一种方法。

（2）按压车体法

按压车体法是通过按压车体（既可以人力按压，也可以采用试验台的动力按压。当采用试验台动力按压车体时，试验台如图3-34所示），迫使车身和悬架装置一起上下振动，检查悬架装置减振器和各部机件的工作情况，凭经验判断它们的技术状况和工作性能的一种方法。

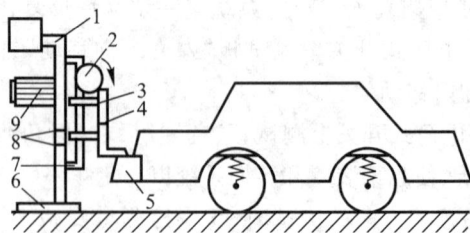

图3-34　按压车体法的试验台

1—支架；2—凸轮；3—推杆；4、8—光脉冲测量装置；5—汽车保险杠；

6—水平导轨；7—垂直导轨；9—电动机

显然,上述两种方法主要是靠检查人员的经验,因此存在主观因素大、可靠性差、只能定性分析不能定量分析等问题。

(3)检测台检测法

在20世纪80年代,国际上出现了能快速检测悬架装置工作性能的悬架装置检测台。

根据激振方式不同,悬架装置检测台可分为跌落式、谐振式(也称为共振式)和平板式三种类型。平板式检测台(其使用要早于20世纪80年代)不仅能检测悬架装置的特性,还能检测汽车的轴重、制动性能和车轮侧滑量。

1)跌落式。如图3－35所示,测试中先通过试验台举升装置将汽车升起一定高度,然后突然松开支撑机构或撤去垫块,车辆落下产生自由振动,用测量装置测量车体振幅或者用压力传感器测量车轮对台面的冲击压力,对振幅或压力分析处理后,用以评价汽车悬架装置的工作性能。

2)谐振式。谐振式悬架装置检测台是一种通过机械激振方式使汽车悬架装置产生谐振的方法,来测定汽车悬架装置工作性能的检测装置,如图3－36所示。检测中首先起动由检测台的电动机、蓄能飞轮、偏心轮和弹簧等组成的激振器,迫使检测台台面及其上被检汽车悬架装置产生振动。当达到起始激振频率后断开电动机电源,从而由蓄能飞轮产生扫频激振。由于起始激振频率比车轮固有振动频率高,因此蓄能飞轮逐渐衰减的扫频激振过程总可以降低到车轮固有振动频率处,从而使检测台台面——汽车悬架装置产生谐振。通过检测静态车轮垂直接地力和台面与悬架装置共振时的最小动态车轮垂直接地力,计算吸收率,便可评价汽车悬架装置的工作性能。

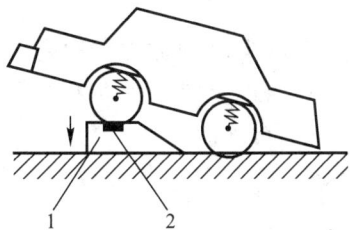

图3－35　跌落式悬架装置检测台
1—垫块;2—测量装置

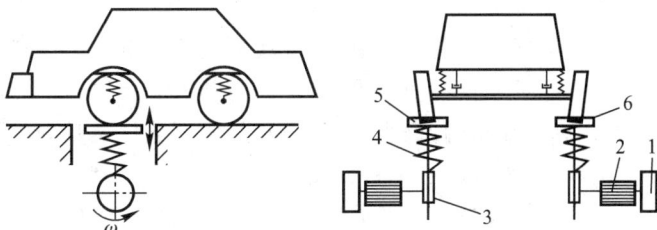

图3－36　谐振式悬架装置检测台
1—蓄能飞轮;2—电动机;3—凸轮;
4—激振弹簧;5—台面;6—测量装置

由于谐振式悬架装置检测台性能稳定、数据可靠,因此应用广泛。

3)平板式。如图3－37所示,被测汽车以一定速度开上测试平板,驾驶员用力踩下制动踏板,使车辆在制动、悬架、轴重测试平板上制动并停住。制动时由于车身产生振动,致使前后车轮动态负荷相对静态负荷发生变化。每块平板都设有测得轮胎作用于平板上的垂直力传感器,因而能测得车轮的动、静态负荷。计算悬架效率,即可评价悬架装置特性。

图3－37所示检测台为意大利威迈格平板式检测台,由测试平板、数据处理系统和踏板力计等组成。该检测台的测试平板一共有6块,其中,前后两端的4块为制动、悬架、轴重测试用,中间的两块一块为侧滑测试用,另一块为空板,不起任何测试作用。

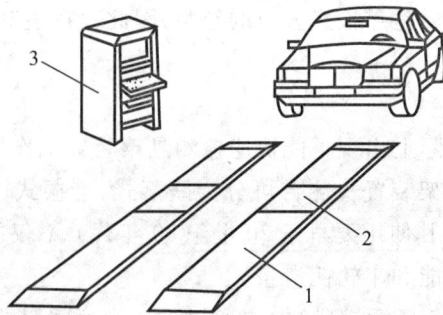

图 3 –37   平板式检测台
1—制动、悬架、轴重测试平板；2—侧滑测试平板；3—数据处理系统

3.6.2   悬架装置工作性能检测方法

按照 GB 18565—2001《营运车辆综合性能要求和检验方法》的规定，对于最大设计车速大于或等于 100 km/h、轴载质量小于或等于 1 500 kg 的载客汽车，应按下列方法进行悬架装置工作性能的检测。

（1）用谐振式悬架装置检测台检测

1）汽车轮胎规格、气压应符合规定值，车辆空载，不乘人（含驾驶员）。

2）将汽车每轴车轮驶上悬架装置检测台，使轮胎位于台面的中央位置。

3）起动悬架装置检测台，使激振器迫使汽车悬架装置产生振动，并达到起始激振频率（高于共振频率）。

4）达到起始激振频率后，将激振电源关断，使激振频率逐渐减少，并通过共振频率。

5）记录衰减振动曲线，纵坐标为动态轮荷，横坐标为时间。测量共振频率时的动态轮荷。计算并显示动态轮荷与静态轮荷的百分比及其同轴左右轮百分比的差值。

（2）用平板式检测台检测

1）平板式检测台平板表面应干燥，没有松散物质及油污。

2）驾驶员将车辆对正平板以 5 ~ 10 km/h 的速度驶上平板，置变速器于空挡，急踩制动踏板，使车辆停住。

3）测量制动时的动态轮荷，记录动态轮荷的衰减曲线。

4）计算并显示悬架效率和同轴左右轮悬架效率之差值。

3.6.3   悬架装置工作性能评定方法

交通行业标准 JT/T 497—2004《乘用车悬架特性的评定指标和检测方法》，对乘用车悬架装置工作性能的评价指标和评定方法作了如下规定。

（1）评价指标

1）用谐振式悬架装置检测台检测汽车悬架特性时，其评价指标为吸收率。

按照交通行业标准 JT/T 448—2001《汽车悬架装置检测台》的定义，吸收率是指被测汽车最小的动态车轮垂直接地力与静态车轮垂直接地力之比，以百分数（%）表示。其中：

动态车轮垂直接地力，是指谐振式悬架装置检测台台面与被测汽车悬架装置的车轮部分出现共振时,汽车车轮作用在台面上的垂直作用力。

静态车轮垂直接地力,是指谐振式悬架装置检测台台面与被测汽车悬架装置处于静止状态时,汽车车轮作用在台面上的垂直作用力。

吸收率表明了悬架装置在汽车行驶中确保车轮与路面相接触的最小能力。它在 0 ~ 100% 范围内变化。每侧车轮的吸收率应单独计算。

汽车行驶中,所有车轮的吸收率是不一样的。这是由于各个车轮悬架装置的工作性能不一、车轮承受载荷不一、轮胎气压不一和路面对车轮的冲击不一等原因造成的。如果在检测台上,人为使各车轮承受的载荷、轮胎气压和台面冲击是一致的,那么,吸收率主要决定于悬架装置的工作性能。因此,完全可以用吸收率评价悬架装置的工作性能。

欧洲使用的谐振式悬架装置检测台,也是由驱动电动机、偏心轮、蓄能飞轮、弹簧、台板和力传感器等组成的,主要的生产厂家有德国的 HOFMANN 公司和意大利的 CEMB 公司等。试验中,检测台台板连同其上的被检汽车按正弦规律作垂直振动,振幅固定而频率变化。力传感器感应到车轮作用到台板上的垂直作用力,并将力信号存入存储器。当对全车所有车轮悬架装置检测完后,微机将力信号进行分析和处理,便可获得各车轮的吸收率(他们称之为接地性指数)。

利用悬架装置检测台测得的车轮接地性指数与刚性台面(相对轮胎)的振幅有关,且是刚性台面振幅的函数,因此,为获得一个好的测量结果可比性,检测台台面的振幅最好保持不变。

欧洲减振器制造协会(EUSAMA)推荐的评价车轮接地性的参考标准见表 3-2,可供我国检测悬架装置工作性能时参考。需要指出的是,表中的车轮接地性指数是在悬架装置检测台台面振幅为 6 mm 时测得的,这也是大部分悬架装置检测台使用的激振振幅。

表 3-2 车轮接地性的参考标准

车轮接地性指数/%	车轮接地状态	车轮接地性指数/%	车轮接地状态
60 ~ 100	优	20 ~ 30	差
45 ~ 60	良	1 ~ 20	很差
30 ~ 45	一般	0	车轮与路面脱离

表中的参考标准适用于大多数汽车,但车重小的微型汽车例外。这是因为这一类汽车的其中一个轴(一般为后轴)的两个车轮接地性指数非常低,而它们的悬架装置是正常的。

2)用平板式检测台检测汽车悬架工作性能时,其评价指标为悬架效率。

用平板式检测台检测汽车悬架工作性能时,汽车以 5 ~ 10 km/h 的速度驶上检测台台面,驾驶员急踩制动踏板,车轮制动后停在平板上,此时车轮处的负重发生变化。图 3-38 所示为测试时前、后车轮处负重随时间变化的曲线。其中,图 3-38a 反映的是制动时前部车身先加速向下,前轮处的动态负重先从静态负重附近(O 点)上升到最大值(A 点),再从最大值下降到最小值(B 点)。图 3-38b 反映的是后部车身的振动,它与图 3-38a 反相位。即前部车身向下运动时后部车身向上抬起。由于汽车悬架装置能衰减、吸收车身的振动,所以车身的振动经过一段时间后就会消失。每侧车轮的悬架效率 η 可用下式表达

(a) 前轮

(b) 后轮

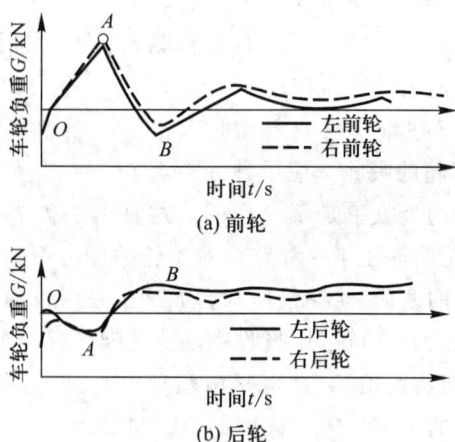

图 3-38　测试时前、后车轮处负重随时间变化的曲线

$$\eta = [1 - |(G_B - G_0)/(G_A - G_0)|] \times 100\% \qquad (3-3)$$

式中　η——悬架效率；

　　　G_0——各车轮处静态负荷值；

　　　G_A——图 3-38 所示曲线上 A 点的纵坐标绝对值；

　　　G_B——图 3-38 所示曲线上 B 点的纵坐标绝对值。

（2）评定方法

1）用谐振式悬架装置检测台检测汽车悬架工作性能时，吸收率应不小于 40%；同轴左右轮吸收率之差不得大于 15%。

2）用平板式检测台检测汽车悬架工作性能时，悬架效率应不小于 45%；同轴左右轮悬架效率之差不得大于 20%。

学习项目 3.7　实训

3.7.1　实训目的

1）了解实训设备，熟悉实训环境，初步学会检测设备的使用方法。

2）在实践教师指导下学习汽车底盘主要性能的检测方法，提高学生实践动手能力。

3）理论联系实际，实现学、做一体化，促进知识与技能相结合。

3.7.2　实训内容

1）传动系统游动角度检测。

2）车轮定位检测。

3）转向参数检测。

4）车轮平衡度检测。

5）悬架装置和转向系统间隙检测。

6）悬架装置工作性能检测和评定。

3.7.3　实训设备

1）指针式游动角度检测仪。

2）数字式游动角度检测仪。

3）气泡水准车轮定位仪。

4）四轮定位仪。

5）转向参数测量仪。

6）离车式车轮动平衡机。

7）就车式车轮动平衡机。

8）悬架装置和转向系统间隙检测仪。

9）谐振式悬架装置检测台。

10）平板式检测台。

11）其他必要的机工具、检测仪表和教学投影仪等。

3.7.4　实训方法

（1）实训准备

1）使汽车底盘运转至正常工作温度。

2）将需要预热的检测设备预热至规定时间。

3）其他必要的机工具、检测仪表和教学投影仪等处于待用状态。

（2）实训方法

同教学模块2"实训方法"。

3.7.5　实训成绩

同教学模块2"实训成绩"。

本模块要点

1）传动系统游动角度,是离合器、变速器、万向传动装置和驱动桥游动角度之和,因此也称为传动系统总游动角度。传动系统游动角度在汽车使用中随行驶里程增加将逐渐增大。因此,传动系统游动角度能表征整个传动系统的调整和磨损状况。

用经验检查法检查传动系统游动角度时可分段进行,然后将各段游动角度求和即可获得传动系统总游动角度。

采用游动角度检测仪检测传动系统游动角度时也要分段进行,游动角度检测仪有指针式和数字式两种。

2）车轮定位检测,包括转向轮（通常为前轮）定位检测和非转向轮（通常为后轮）定位检测。转向轮和非转向轮定位检测也即前轮和后轮定位检测,统称为四轮定位检测。汽车前轮定位,包括前轮外倾、前轮前束、主销后倾和主销内倾,是评价汽车前轮直线行驶稳定性、操纵稳定性、前轴和转向系统技术状况的重要诊断参数。后轮定位主要有后轮外倾和后轮前束,可用于评价后轮直线行驶稳定性和后轴的技术状况。

汽车车轮定位的检测方法有静态检测法和动态检测法两种类型。

为了确知前轮前束和前轮外倾配合是否恰当,可使用动态检测法检测前轮的侧滑量。使用的检测设备有滑动板式侧滑试验台和滚筒式车轮定位试验台两种。

后轮带有外倾和前束的汽车,也可以通过侧滑试验台测得后轮前束与后轮外倾的配合是否符合要求。

气泡水准车轮定位仪按适用车型范围可分为两种:一种适用于大、中、小型汽车,另一种仅适用于小型汽车。前者一般由水准仪、支架、转盘(又称转角仪)等组成;后者一般由水准仪和转盘组成。

四轮定位仪可检测的项目包括:前轮前束、前轮外倾、主销后倾、主销内倾、后轮前束、后轮外倾、轮距和轴距等。

3)转向参数一般是指转向盘自由转动量和转向盘转向力。

转向盘自由转动量是指汽车停在平坦、干燥和清洁的硬质地面上保持直线向前状态时,轻轻左右转动转向盘从一侧有阻力起至另一侧有阻力止所测得的最大游动角度。

转向盘转向力是指在一定行驶条件下,作用在转向盘外缘的圆周力。

转向盘自由转动量和转向力的检测,应采用专用检测仪进行。

4)如果车轮不平衡,在其高速旋转时,不平衡质量将引起车轮上下跳动和横向振摆。这不仅影响了汽车的行驶平顺性、乘坐舒适性和操纵稳定性,使车辆难以控制,而且也影响了汽车的动力性、经济性和行驶安全性。此外,还因加剧了轮胎及有关机件的磨损和冲击,缩短了汽车使用寿命,增加了汽车运行成本。

车轮静不平衡:支起车轴,调整好轮毂轴承松紧度,用手轻转车轮后使其自然停转。在停转的车轮离地最近处做一标记,然后重复上述试验多次。如果每次试验结束时标记都停在离地最近处,则车轮静不平衡。这个在车轮上所做的标记点称为不平衡点或垂点。

车轮静平衡:若车轮经几次自然停转后所做标记的位置各不一样,或强迫停转消除外力后车轮不再转动,则车轮是静平衡的。静平衡的车轮,其重心与旋转中心重合;静不平衡的车轮,其重心与旋转中心不重合,在旋转时产生离心力。

车轮动不平衡:即使静平衡的车轮,即重心与旋转中心重合的车轮,也可能是动不平衡的。这是由于车轮的质量分布相对车轮纵向中心面不对称造成的。动平衡的车轮肯定是静平衡的,因此对车轮主要应进行动平衡检验。

车轮平衡度应使用车轮平衡机检测。车轮平衡机也称为车轮平衡仪。使用离车式车轮平衡机时,是把车轮从车上拆下安装到车轮平衡机的转轴上检测其平衡状况的。使用就车式车轮平衡机时,无需从车上拆下车轮,就车即可测得车轮平衡状况。

就车式车轮平衡机既可以进行静平衡试验,又可以进行动平衡试验。

车轮动平衡机的平衡重也称配重,通常有卡夹式和粘贴式两种类型。

标准的平衡重有两种系列。一种系列以盎司(oz)为基础单位,分为9挡。其中,最小为 0.5oz(14.2 g),最大为6oz(170.1 g)。另一种以克(g)为基础单位,分14挡。其中最小为 5 g,最大为80 g,配重的最小间隔为5 g。因此,过分苛求车轮动平衡机的精度和灵敏度并无太大的实际意义。

5）汽车悬架装置和转向系统各部间隙在使用中会逐渐增大,致使汽车行驶中出现跳动增加、横摆加剧、转向盘自由行程增大、转向轮摆头、轮胎磨损异常和各种冲击增强等现象,严重地影响了汽车操纵稳定性、行驶平顺性、行车安全性和使用寿命。因此,汽车悬架装置和转向系统间隙是一个综合性诊断参数,能表征悬架装置和转向系统的技术状况。

悬架装置和转向系统间隙检测,须采用悬架装置和转向系统间隙检测仪进行。

6）汽车悬架装置最易发生故障的部件是减振器。减振器对汽车行驶平顺性、乘坐舒适性、操纵稳定性和行驶安全性的影响很大。有研究表明,大约有四分之一的汽车至少有一个减振器工作不正常。当悬架装置减振器工作不正常时,汽车行驶中车轮轮胎有 30% 的路程接地力减小,造成车辆跳跃、转向盘发飘、弯道行驶时车身晃动加剧、制动时易发生跑偏或侧滑、轮胎磨损异常、乘坐舒适性降低及有关机件磨损速度加快等不良后果。

在高速行驶状态下,汽车的操纵稳定性和行驶安全性尤为重要,并与悬架装置有着直接的关系。所以,悬架装置工作性能的检测和评定是十分重要的。

悬架装置工作性能的检测方法,有经验法、按压车体法和检测台检测法三种类型。

评价指标:

用谐振式悬架装置检测台检测汽车悬架特性时,其评价指标为吸收率。吸收率是指被测汽车最小的动态车轮垂直接地力与静态车轮垂直接地力之比,以百分数(%)表示。

用平板式检测台检测汽车悬架装置工作性能时,其评价指标为悬架效率。

评定方法:

用谐振式悬架装置检测台检测汽车悬架装置工作性能时,吸收率应不小于40%;同轴左、右轮吸收率之差不得大于15%。

用平板式检测台检测汽车悬架装置工作性能时,悬架效率应不小于45%;同轴左、右轮悬架效率之差不得大于20%。

复习题

1）用以评价底盘技术状况的诊断参数主要有哪些?

2）传动系统游动角度增大的现象和原因是什么?

3）如何检测传动系统游动角度?

4）叙述气泡水准车轮定位仪的测量原理。

5）何谓车轮定位的静态检测法和动态检测法?

6）叙述气泡水准车轮定位仪的组成和基本结构。

7）叙述气泡水准车轮定位仪的使用方法。

8）叙述四轮定位仪的基本结构、工作原理和使用方法。

9）什么是转向盘自由转动量和转向力?

10）如何用转向参数测量仪检测转向盘的自由转动量和转向力?

11）转向盘自由转动量和转向力的诊断参数标准是什么?

12）什么是车轮的静不平衡和动不平衡？

13）叙述车轮不平衡原因和检测原理。

14）叙述离车式车轮动平衡机的使用方法。

15）叙述就车式车轮动平衡机的使用方法。

16）叙述悬架装置和转向系统间隙检测仪的使用方法。

17）悬架装置工作性能检测方法有哪几种类型？

18）叙述悬架装置工作性能的检测方法、评价指标和评定方法。

教学模块 4　电控系统检测技术

教学目标

1）了解电控系统检测中专用工具和检测设备的类型、作用、使用方法和使用注意事项。

2）熟悉 OBD－Ⅱ随车诊断系统要求达到的目标、故障码的组成与结构、随车故障诊断系统（包括微机系统、传感器和执行器）自诊断工作原理。

3）掌握电控汽油喷射发动机检修注意事项，电控燃油喷射系统、电控自动变速器系统和防抱死制动系统故障诊断的程序和方法，以及电控燃油喷射系统主要电子元器件的故障诊断方法。

学习项目

1）电控系统专用工具和检测设备。

2）OBD－Ⅱ随车诊断系统。

3）电控燃油喷射系统故障诊断的程序和方法。

4）电控燃油喷射系统主要电子元器件故障诊断方法。

5）电控自动变速器系统故障诊断的程序和方法。

6）防抱死制动系统故障诊断的程序和方法。

7）案例。

8）实训。

自 1886 年发明汽车 100 余年来，尽管汽车的动力性、燃料经济性、排放净化性、操纵稳定性、安全性、舒适性和车身造型等方面一直在不断地改进和完善，但仍然满足不了人们越来越高的要求，特别是对节约燃料和减少污染物排放的要求。因此，化油器式汽油发动机在经历了百年多的发展之后,不得不逐渐被电控汽油喷射发动机取代。

现代汽车是一个集机、电、液、气于一身的交通运输工具,人们在设计、制造中能及时、广泛地采用世界上最先进的技术、工艺和材料,特别是大量采用了电子技术和微机控制技术,使汽车上的电控装置越来越多,使用性能越来越完善。

现代汽车的电控系统中,除了发动机电控燃油喷射(Electronic Fuel Injection,EFI)系统外,还相继出现了电控自动变速器(Electronic Controlled Transmission,ECT)系统、防抱死制动系统(Anti - Lock Brake System,ABS)、安全气囊系统(Supplemental Restraint System,SRS)、牵引力控制系统(Traction Control System,TCS)、巡航控制系统(Cruise Control System,CCS)、空调(Air Conditioning,A/C)系统和悬架控制系统 TEMS 等,在汽车使用性能提高的同时结构也越来越复杂,因而对故障诊断、维护修理的要求也越来越高。

学习项目4.1　电控系统专用工具和检测设备

从事汽车电控系统检修的人员,除应拥有一些常用工具和检测设备外,还必须配备一些与检测电控系统有关的专用工具和检测设备,才能有效、快速、准确地完成汽车电控系统的检测工作。这些专用工具和检测设备是:跨接线、测试灯、手持式真空泵、压力表、真空表、喷油器清洗器、万用表、解码器、发光二极管、示波器、扫描仪、专用诊断仪和发动机综合性能检测仪等。

4.1.1　专用工具和检测设备简介

(1)跨接线

跨接线也称为维修专用线,能起旁通电路的作用,丰田公司称其为专用维修工具(Special Serivce Tools,SST)之一。简单的跨接线一般是一段多股导线,两端分别接有鳄鱼夹或不同形式的插头,如图4-1所示。检修人员一般要备有多种形式的跨接线,以用作多种部位的检测。

跨接线的使用方法和注意事项举例介绍如下:

1)对于有故障的电气设备,首先应将跨接线连接在该电气设备接线点"-"与车身搭铁之间。如果此时恢复工作,说明其搭铁电路断路。

2)如果未恢复工作,再将跨接线连接在该电气设备接线点"+"与蓄电池正极之间。如果恢复工作,说明其电源电路断路或短路。

3)用跨接线连接电源和电气设备之前,必须先确认电气设备的使用电压是否为 12 V。如果电气设备的使用电压低于 12 V,将不能连接。

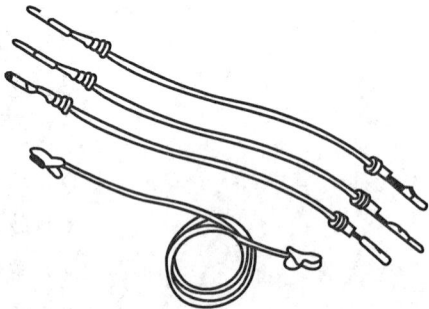

图4-1　跨接线图

4)跨接线不能将电气设备接线点"+"直接与搭铁线之间连接。

(2)测试灯

测试灯分不带电源测试灯(12 V 测试灯)和自带电源测试灯两种,如图4-2所示。

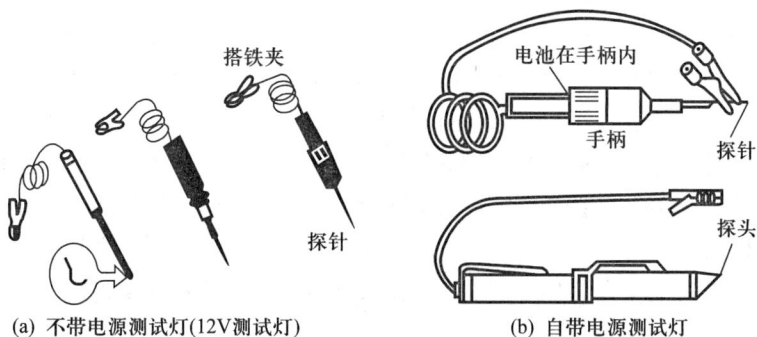

图 4-2　测试灯

1）不带电源测试灯（12 V 测试灯）　以汽车电源作为电源，由 12 V 测试灯、导线和各种不同的端头组成，主要用来检查系统内电源电路是否给电气设备供电，举例如下：

① 将 12 V 测试灯一端搭铁，另一端接电气设备电源接头。如灯亮，说明该电气设备电源电路无故障。

② 如果灯不亮，再将 12 V 测试灯接电源的一端去接电源方向的第二个接点。如果灯亮，说明故障在第一接点与第二接点之间的电路出现断路故障。

③ 如果灯仍不亮，则去接电源方向的第三个接点、第四个接点……越来越接近电源，直至灯亮为止，且断路发生在最后被测插头与前一个被测插头之间。

2）自带电源测试灯　以其手柄内装有的两节干电池作为电源，其余同 12 V 测试灯，也是用于检查电路断路与短路故障的，举例如下：

① 检查断路。断开电气设备的电源电路，将自带电源测试灯的一端连接在电气设备电路的首端，将另一端一个一个地分别连接在电气设备的其他接点。如果灯亮，说明测点与电气设备电路首端导通；如果灯不亮，则断路发生在测点与前一接点之间。

② 检查短路。断开电气设备的电源电路，将自带电源测试灯一端搭铁，将另一端连接在电气设备电路中。如果灯亮，表示电气设备电路有短路故障。可一步一步地采取将电路插头脱开或拆除部件等办法，直至使自带电源测试灯熄灭，则短路出现在最后开路与前一开路电路插头或部件之间。

需要指出的是，如无特殊说明，不可用 12 V 测试灯和自带电源测试灯检测电子控制器 ECU（Electronic Control Unit）系统。

（3）手持式真空泵

手持式真空泵一般由吸气筒、真空表和软管等组成，如图 4-3 所示。该种真空泵主要用于诊断真空控制系统的故障，可实现不解体检测，即不需要从车上拆卸真空部件，就车进行即可。使用中通过推拉真空泵的手柄，供给真空部件负压，就可测得真空部件的密封性和真空控制阀一类的部件打

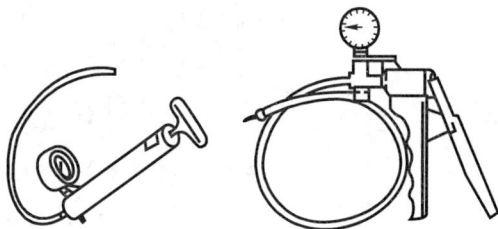

图 4-3　手持式真空泵

开、关闭时的真空度数值,以判断是否符合要求。

（4）真空表

真空表由表头和软管组成,主要用于气缸密封性检测。软管的一头固定在表头上,另一头连接在节气门后方的进气管专用接头上。进气管真空度是一项综合性很强的诊断参数。若进气管真空度符合要求,不仅表明气缸密封性符合要求,而且也表明点火正时、配气正时和空燃比等也都符合要求。在气缸密封性检测中,真空表能诊断的故障比较多,而且无需拆卸火花塞等机件,在国外被认为是最重要、最实际和最快速的不解体诊断方法之一,现在仍继续使用。真空表的结构和使用方法,见本书"2.3.4　进气管真空度检测"。

（5）压力表

压力表一般由表头、导管和接头等组成,可用来检测管路、部件内部的液体压力或气体压力。汽车压力表中配备有各种不同量程的表头和接头,以满足发动机和底盘各部检测的需要。其中,气缸压力表可检测气缸压缩终了的压力,以表征气缸密封性;汽油压力表可检测发动机供油系统的汽油压力,以检查汽油压力是否符合要求。在电控汽油喷射发动机供油系统的供油总管上,有些汽车设有专用的油压检测口,用于与汽油压力表连接;有些汽车虽然没有专用的油压检测口,但可通过冷起动喷油器管路接头或汽油滤清器管路接头,连接汽油压力表进行汽油压力检测。

气缸压力表的有关情况和使用方法,见本书"2.3.1　气缸压缩压力检测"汽油压力表的使用方法,见本模块有关内容。

（6）喷油器清洗器

喷油器清洗器可对电控汽油喷射发动机的喷油器进行清洗和喷油量测量,以恢复喷油器喷油量和喷射形状。喷油器清洗器可分为就车式和离车式两种形式。

1）就车式喷油器清洗器　内部装有除碳剂和一个电动汽油泵,用于就车(无须将喷油器拆下)清洗喷油器,如图 4-4a 所示。使用该设备时,要将清洗器的油管与发动机供油系

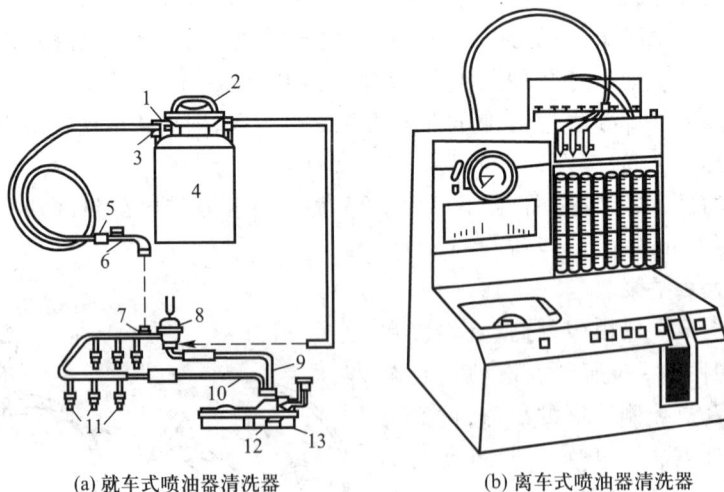

(a) 就车式喷油器清洗器　　　　　　　(b) 离车式喷油器清洗器

图 4-4　喷油器清洗器图

1—汽油压力表;2—除碳剂电动泵;3—检测阀;4—喷油器清洗器;5—滤清器;6—阀;7—油压检测口;
8—油压调节器;9—回油管;10—供油管;11—喷油器;12—电动汽油泵;13—汽油箱

统的供油总管的油压检测口连接,再将供油系统的油压调节器回油管与清洗器连接,并断开发动机电动汽油泵驱动电路,起动清洗器电动汽油泵,在 2 000 r/min 下运转发动机 10 min,即可将全部喷油器清洗干净。

2)离车式喷油器清洗器　用于离车(须将喷油器拆下安装到喷油器清洗器上)清洗喷油器。图 4-4b 所示的超声波喷油器清洗器可在 10 min 内彻底清洗 8 个喷油器,并完成喷油量测量等检测项目。

(7)万用表

万用表可用来检测电阻(Ω)、电流(A)和交、直流电压(V)。汽车检测中经常用万用表测量电阻和直流电压,以判断电路通、断和电气设备的技术状况。万用表使用方法和注意事项如下:

1)测量电阻。

① 将万用表开关转至电阻(Ω)挡的适当挡位(选择量程),校零。

② 测量电路两点之间的电阻,读取电阻值。

③ 测量电阻时决不能带电操作,否则易烧坏万用表。

2)测量直流电压。

① 将万用表开关转到直流电压(V)挡的适当挡位(选择量程)。

② 要注意万用表的"+""-"测针应和电路测点的"+""-"极一致。

③ 测量电路两点之间的电压,读取电压值。

适合汽车检测的专用万用表,称为汽车万用表。汽车万用表由于具有体积小、价格便宜、操作简单和使用方便等优点,已成为汽车检修人员必备的测试仪表。现代汽车万用表除能检测电阻、电压和电流外,一般还能检测发动机转速(r/min)、点火闭合角(°)、点火重叠角(°)、温度(℃)、喷油时间(ms)和频率(Hz)等。智能型的汽车万用表,还能进行自动量程切换、平均值显示、峰值捕捉、相对值测量、条形图模拟指针显示和脉冲信号触发电平调整等,测试功能更能满足现代汽车检测的需要。

万用表的有关情况和使用方法,见本学习项目"4.1.2　万用表"内容。

(8)解码器

解码器是在读码器的基础上发展起来的检测仪器。读码器是早期的一种电控系统检测仪器,具有体积小、操作方便和易于携带等优点,但只具有读取故障码和清除故障码的功能。因此,读码器在读取故障码后还要从汽车维修手册中查取故障码的含义,才能知道故障码所代表故障的部位(或所在系统)和要诊断的项目(或要诊断的内容)。解码器除了具有读码、清码功能外,还增加了显示故障码所代表故障的部位和要诊断的项目等功能,即具有解码功能,增加了使用的方便性。

(9)发光二极管

发光二极管可用于显示故障码和检测脉冲信号(如喷油信号、点火信号、点火反馈信号、步进电动机信号等)。汽车电控系统的许多脉冲信号,既可用示波器显示,也可以用发光二极管显示。发光二极管具有体积小、重量轻、工作电压低、响应速度快、分辨能力强和使用寿命长等优点。

(10)示波器

示波器是一种多用途的汽车快速检测设备,可用来显示电子元器件波形、点火系统波形、柴油机供油压力波形和针阀升程波形、发动机异响波形等,用途越来越广泛。示波器显示信号的速度比一般电子检测设备快得多,是唯一能即时显示瞬态波形的仪器。它不仅能快速捕捉到电路信号,而且可以用较慢的速度显示波形和存储波形,以便于观察和分析,为判断故障带来了方便。

示波器的有关情况和使用方法,见本书"学习项目 2.4"和"学习项目 2.5"两节。

(11)扫描仪

扫描仪一般是在解码器的基础上增加了电控系统数据扫描、显示及其他一些功能的检测仪器。它不仅具有读码、解码、清码功能,而且能对电控系统进行动态分析,并能方便地指示出与故障码有关的电路或元件的实际运行参数,以便快速诊断出故障原因和部位。

扫描仪除了具有上述诊断功能外,有的还具有对传感器、执行器的测试功能,甚至还有诊断、维修指南功能,比较适合汽车修理厂、汽车维护厂(场)使用。有的功能强大的解码器也具有扫描仪功能。

(12)专用诊断仪

专用诊断仪除具有读码、解码、清码、数据扫描功能外,还具有传感器输入信号和执行器输出信号参数的修正实验,电控系统参数调整、匹配和标定,以及防盗密码的设定等专业功能。它是汽车生产厂家专门配备给其特约维修站或 4S 店维修车间的专用诊断仪器,具有专业性强、测试功能完善等优点。有的功能强大的解码器也具有专用诊断仪的功能。

(13)发动机综合性能检测仪

发动机综合性能检测仪,是发动机检测设备中检测项目最多、功能最全、结构最复杂、技术含量最高和涉及面最广的一种综合性能检测仪器。它不仅适用于化油器式发动机检测,也适用于电控汽油喷射发动机检测(具有读码、解码、清码和读取数据流等功能)。

发动机综合性能检测仪以示波器为核心,当配备多种传感器时,能实现对多种电量、非电量参数的检测、分析和判断,在汽车综合性能检测中发挥的作用越来越大。

发动机综合性能检测仪的有关情况和使用方法,见本书"2.1.3　发动机综合性能检测仪及其使用方法"。

上述检测设备中,真空表、压力表、示波器和发动机综合性能检测仪,在本书模块 2 中已经介绍,本学习项目仅将万用表、解码器介绍如下:

4.1.2　万用表

万用表分为指针式和数字式两种,可作为电阻表、电流表和电压表使用。由于在汽车电控系统的检测中,规定不要使用指针式万用表检测电子控制器 ECU 和各种传感器,更不能使用测试灯测试 ECU 和任何与 ECU 相连接的电气设备,而应该使用高阻抗数字式测试仪表进行测试。因此,数字式万用表在汽车电控系统的检测中获得了广泛应用。

(1)数字式万用表

数字式万用表采用数字化测量技术和液晶显示器 LCD 显示,具有测量范围宽、准确度高、分辨力强、测量速率快、输入阻抗高、功耗小、功能全、集成度高、过载能力强、抗干扰能力强和便携等优点。数字式万用表除可以用来检测电阻(Ω)、电流(A)和交、直流电压(V)外,有些还具有测试脉冲、振幅和频率等功能。

数字式万用表的外形和电路结构,以袖珍数字式万用表为例简介如下。

袖珍数字式万用表是由直流数字式电压表扩展而成的,其电路结构如图 4 - 5 所示,外形如图 4 -6 所示。直流数字式电压表的电路分为模拟部分和数字部分。模拟部分用于模拟信号处理,可将模拟量转换为与之成正比的数字量。数字部分可实现整机逻辑控制、计数与显示功能。被测量通过转换开关和测量电路,由测量电路输出适合数字式电压表测量的直流电压。

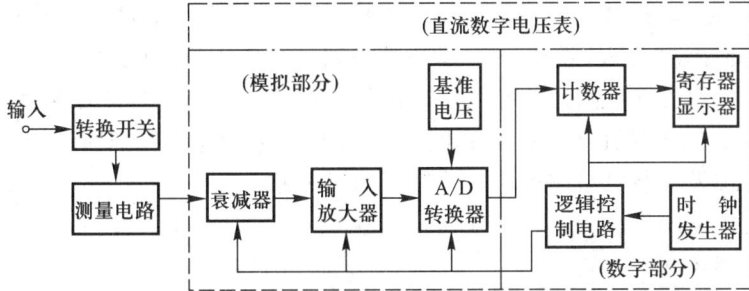

图 4 -5　袖珍数字式万用表电路结构图

（2）汽车万用表

汽车万用表也是一种数字式万用表,在汽车检测中用途广泛。它除了具有数字式万用表的功能外,还具有一些汽车专用的测试功能。汽车万用表一般能测试汽车电压、电流、电阻、转速、频率、温度、电容、闭合角和占空比等项目,并具有自动断电、自动量程变换、图形显示、峰值保留和数据锁定等功能。具有图形显示的汽车万用表,也称为图形汽车万用表。它不仅具有一般汽车万用表的所有功能,而且能将信号以图形的方式显示出来。

现在常见的汽车万用表,有 EDA 系列汽车万用表、OTC 系列汽车万用表、VC400 型汽车万用表和 KM300 型汽车万用表等。KM300 型汽车万用表为美国艾克强汽车测试设备制造公司产品,其外形如图 4 -7 所示。

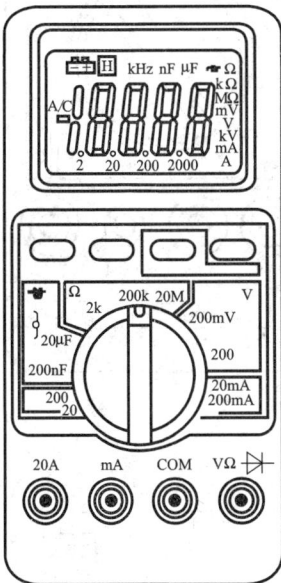

图 4 -6　袖珍数字式万用表外形图

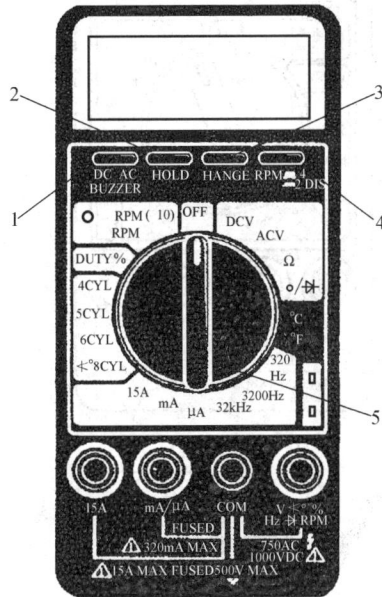

图 4 -7　KM300 型汽车万用表

1—"直流/交流"按钮；2—"保持"按钮；

3—"量程"选择按钮；4—"转速"选择按钮；5—选择开关

汽车万用表的使用方法,以 KM300 型汽车万用表为例,介绍如下。

1)测量直流电压。

① 将汽车万用表"选择开关"旋转到直流电压(DCV)位置。此时汽车万用表进入自动选择量程方式,能自动选择最佳测量量程。也可以按下"量程"(RANGE)按钮,选择手动选择量程方式。每按动"量程"按钮一次,即可选择到下一个高一点的量程。

② 将汽车万用表红色测针的导线插入面板电压/欧姆插孔中,黑色测针的导线插入面板 COM 插孔中,红、黑测针连接到被测电路上,如图 4-8 所示。已如前述,要注意汽车万用表的"+""−"测针应与电路测点的"+""−"极性一致。

③ 读取直流电压值。

2)测量直流电流。

① 按下"直流/交流"(DC/AC)按钮,选择直流。

② "选择开关"旋转到 15 A、mA 或 μA 位置。

③ 将红色测针的导线插入面板 15 A 或 mA/μA 插孔内,如果拿不准所需电流量程,应先从 15 A 开始。将黑色测针的导线插入面板的"COM"插孔内,红、黑测针连接到被测电路上,与电路串联,如图 4-9 所示。

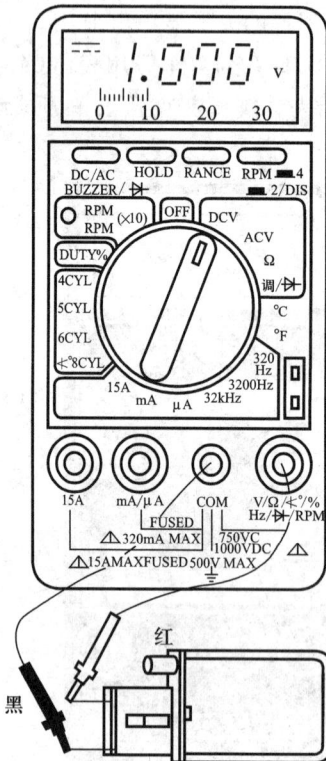

图 4-8　测量直流电压　　　　图 4-9　测量直流电流

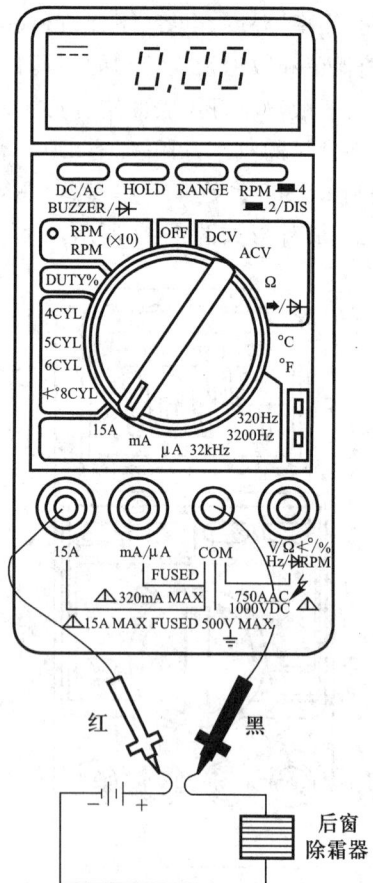

④ 接通被测电路。

⑤ 读取直流电流值。

3）测量电阻。

① 将"选择开关"旋转到欧姆（Ω）位置上，此时汽车万用表进入自动选择量程方式，能自动选择最佳测量量程。也可以按下"量程"（RANGE）按钮，选择手动选择量程方式。每按动"量程"按钮一次，即可选择到下一个高一点的量程。

② 将红色测针的导线插入面板电压/欧姆插孔中，黑色测针的导线插入面板 COM 插孔中。将红、黑测针连接到被测电路上，如图 4－10 所示。

③ 读取两点之间的电阻值。

已如前述，测量电阻时决不能带电操作，否则易烧坏汽车万用表。

4）测量温度。

① 将"选择开关"旋转到温度（℃ 或 ℉ ）位置上。

② 将汽车万用表配备的带测针的特殊插头，插接到面板上黄色插孔内，测针与被测温度的部位接触，如图 4－11 所示。

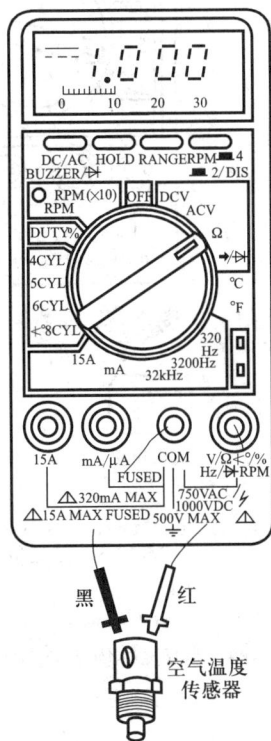

图 4－10　测量电阻

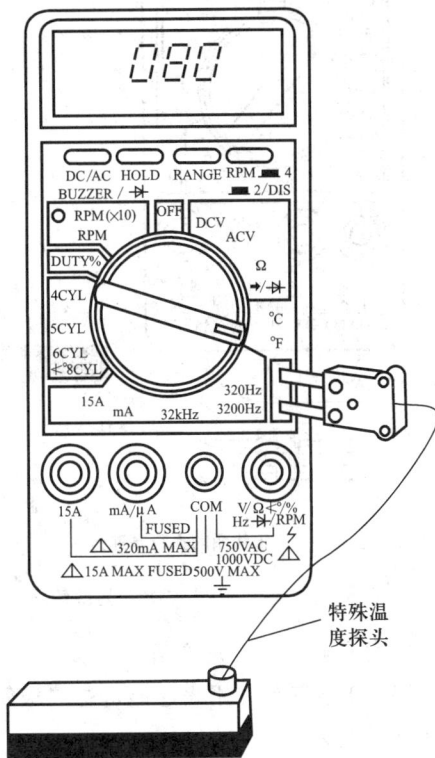

图 4－11　测量温度

③ 温度稳定后，读取测量值。

5）测量转速。

① 将"选择开关"旋转到转速（RPM 或 RPM×10）位置上。

② 将感应夹的红色导线插入面板电压/欧姆插孔内，黑色导线插入 COM 插孔内，感应

夹夹在通往火花塞的高压线上,其上方的箭头应指向火花塞,如图 4-12 所示。

③ 按下"转速"选择按钮,根据被测发动机的行程数和有无分电器,选择"4"或"2/DIS"。

④ 读取发动机转速值。

6)测量触点闭合角。

① 将"选择开关"旋转到触点闭合角区域中对应的缸(4CYL、5CYL、6CYL、8CYL)位置上。

② 将红色测针的导线插入面板闭合角插孔(与电压/欧姆插孔为同一插孔)中,黑色测针的导线插入面板 COM 插孔中,红、黑测针连接到被测电路上,如图 4-13 所示。

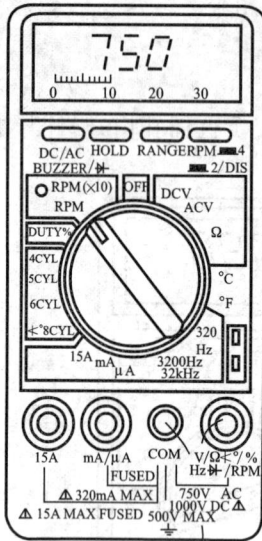

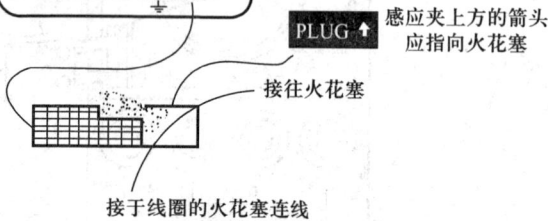

图 4-12   测量转速

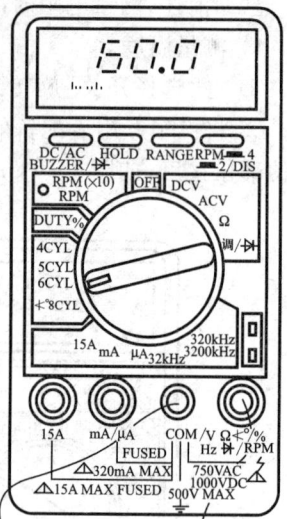

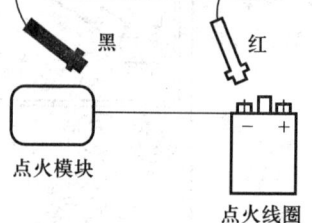

图 4-13   测量触点闭合角

③ 读取触点闭合角度值。

KM300 型汽车万用表还能进行二极管、频率和占空比等项测试,具体方法见其使用说明书,不再赘述。

4.1.3   解码器

已如前述,解码器不仅具有读码、清码功能,而且还具有解码功能,使用起来非常方便,是汽车电控系统检测中不可缺少的检测设备之一。

(1)解码器功能

功能强大的解码器具有以下功能:

1）可以方便地直接读取故障码,而不必再通过发动机故障警告灯的闪烁读取。

2）可以方便地直接清除故障码,使发动机故障警告灯熄灭,而不必再通过拆卸熔丝或蓄电池负极的比较麻烦的方法达到清除故障码的目的。

3）能与电子控制器 ECU 中的微机直接进行交流,显示数据流,即显示电子控制器 ECU 的工作状况和多种数据输入、输出的瞬时值,使电控系统的工作状况一目了然,为诊断故障提供依据。特别是当不产生故障码而又怀疑车辆有故障时,可以通过观察数据流中的参数来判断回路中是否确实有故障。

4）能在静态或动态下,向电控系统各执行器发出检修作业需要的动作指令,以便检查执行器的工作状况。

5）行车时或路试中能监测并记录数据流和故障码,以便回到汽车修理厂后能够调出,进行分析和判断。

6）有的还具有万用表功能和打印功能。

7）有的还能显示系统控制电路图和维修指导,以供诊断时参考。

8）可以和个人计算机相连,进行资料的更新与升级。

9）功能强大的专用解码器,还能对车上 ECU 进行某些数据的重新输入和更改。

但是,解码器也有以下不足之处:

1）自身不能思考,因而也不会分析、判断故障。

2）在某些条件下,可能会显示错误的信息,而且也不会从所有被检汽车上都能获取 ECU 中微机的数据信息。

3）在诊断电控系统中未设诊断代码的故障时,或诊断的电控系统无法提供数据或数据无法取出时,解码器无能为力。对于机械系统、真空系统、排气系统、电气系统和液压系统等,还应采取传统的故障诊断方法。

（2）解码器类型

一般来讲,带有数据流功能的解码器,可分为原厂专用型和通用型两大类型。

原厂专用型解码器一般是汽车制造厂为检测诊断本厂生产的汽车而专门设计制造的解码器。世界上一些大的汽车制造商,如通用公司、福特公司、克莱斯勒公司、奔驰公司、宝马公司、奥迪公司、日产公司等,都有专用型解码器,只适用检测和诊断本厂生产的汽车,一般配备在汽车特约维修站或 4S 店的维修车间,以提供良好的售后服务。

通用型解码器一般是检测设备制造厂为适应检测诊断多车型而设计制造的。它往往存储有几十种、几百种甚至数千种不同厂牌、不同车型汽车电控系统的检测程序、标准数据和故障码等资料,并配备有各种车型的检测插头,可以检测和诊断多种车型,因而适合综合性汽车维修企业使用。

目前国内汽车维修企业使用最多的通用型解码器,有美国生产的 MT2500 红盒子和 OTC4000 型等解码器,有国产的 431ME 电眼睛、仪表王、修车王、车博士等。美国 OTC 解码器如图 4－14 所示,国产 431ME 电眼睛、威宁达公司 K61 解码器和金奔腾"彩圣"解码器分别如图 4－15、图 4－16、图 4－17 所示。

不管是专用型还是通用型解码器,大多都能对全车各部电控系统进行检测、诊断和数据流分析。解码器与 ECU 相互交流信息的速度,决定于 ECU 中内置微机的性能,即决定于微

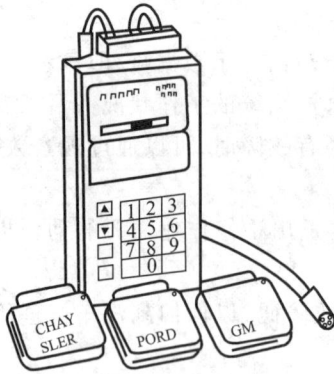

图 4 –14　美国 OTC 解码器　　　　图 4 –15　国产 431ME 电眼睛主机

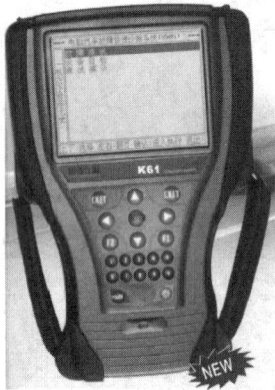

图 4 –16　国产威宁达公司 K61 解码器　　图 4 –17　国产金奔腾"彩圣"解码器

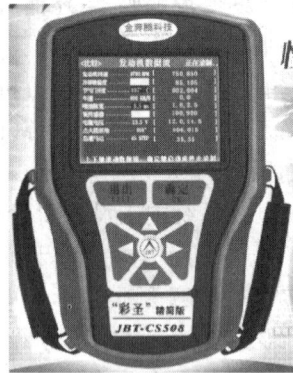

机数据传输速度的高低。数据传输速度是描述数据传输系统的重要技术指标之一。数据传输速度在数值上等于每秒钟传输的构成数据代码的二进制位数,单位为比特/秒(bit/second),记作 bps。数据传输速度越高,则信息传输得越快。它不仅表明了解码器与 ECU 相互交流信息的速度,而且决定了解码器对 ECU 反应的快慢和显示屏数据读数变化的快慢。

（3）解码器基本结构

以国产 431ME 电眼睛为例介绍解码器的基本结构。431ME 电眼睛是汽车电控系统检测仪,不仅具有解码器的功能,即具有读码、解码和清码功能,而且还具有读取在线数据流功能、传感器的模拟和测试功能、OBD – Ⅱ接口功能、中文显示功能、提示维修方法功能和打印功能等,能对亚洲、欧洲和美洲 2 000 余种车型的电控系统(包括发动机系统、自动变速器系统、防抱死制动系统、安全气囊系统和定速巡航系统等)进行检测诊断,其功能已超出解码器的功能。

431ME 电眼睛由主机、测试卡、测试主线、测试辅线和测试插头组成,并附带一个传感器模拟/测试仪。

　　1）主机。由显示屏、操作键、上端两个9针（PIN）测试接口、下端一个测试卡插口组成。上端两个9 PIN测试接口，左侧的接口与测试主线连接，右侧的接口与个人计算机相连。主机的面板上布置有显示屏、方向键、确认键、退出键和0～9数字键，以实现人机对话。

　　2）测试卡。共有12块测试卡。其中，A01～A05为亚洲车系测试卡，可测试丰田、三菱、马自达、尼桑、本田、现代、大宇、起亚、五十铃、铃木、大发、富康、夏利等车系；B01～B04为欧洲车系测试卡，可测试大众/奥迪、奔驰、宝马、欧宝、富豪、绅宝、标致等车系；C01为美洲车系测试卡，可测试通用、福特、克莱斯勒车系；D01为OBD-Ⅱ（第二代随车微机诊断系统）数据流测试卡，并具有字典功能；F01为传感器模拟/测试卡，用于模拟和测试传感器。

　　3）测试主线。用于连接汽车诊断座和431ME的主机，带有接头。

　　4）测试辅线。包括双钳电源线、点烟器线、万用-1线、万用-2线。

　　5）测试插头。有15个测试插头，即大众/奥迪4 PIN测试插头、宝马20 PIN测试插头、奔驰38 PIN测试插头、奔驰3 PIN测试插头、丰田17 PIN测试插头、丰田17 F测试插头、尼桑14 PIN测试插头、本田3 PIN测试插头、马自达17 PIN测试插头、三菱/现代12 PIN测试插头、福特6+1 PIN测试插头、克莱斯勒6 PIN测试插头、通用/大宇12 PIN测试插头、OBD-Ⅱ16 PIN测试插头和传感器测试插头。

　　6）传感器模拟/测试仪。有输出、输入、接地三个测试端口，上端的9 PIN测试接口与测试主线连接。当进行传感器测试时，用传感器测试线的红线插入输入端，黑线插入接地端。当进行传感器模拟试验时，用传感器测试线的红线插入输出端，黑线插入接地端。

　　（4）解码器的使用方法

　　以国产431ME电眼睛（以下简称为"电眼睛"）为例，介绍解码器的使用方法。

　　1）注意事项。

　　① 测试前应正确选择测试插头。这是因为各车型的诊断插座提供电源的形式不一，有的可能要接外接电源，有的可能不接外接电源。因此，要避免因选择插头不当而烧坏仪器。

　　② 测试前应先将测试卡插入"电眼睛"主机的测试卡接口，然后再接通电源。

　　③ "电眼睛"的额定电压为12 V，汽车蓄电池电压应在11～14 V之间。

　　④ 关闭汽车所有附属电气设备（如空调、前照灯、音响等）。

　　⑤ 发动机节气门应处于关闭状态，即怠速触点闭合。

　　⑥ 点火正时和怠速应在规定范围，发动机水温和变速器油温应达到正常工作温度（水温90～110 ℃，油温50～80 ℃）。

　　⑦ 接通电源，"电眼睛"屏幕闪烁，若程序未运行或出现乱屏现象，可将主机上的9 PIN插头拔下再重插一次，即可继续操作。

　　⑧ 测试插头和诊断插座应接触良好，以保证信号传输不会中断。

　　⑨ 测试结束后，应先切断电源，再从主机上取出测试卡。

　　2）开机。

　　① 选择相应测试卡，将其标签朝上插入主机下部的测试卡插口，并确认到位。为了便于说明"电眼睛"的使用方法，本节以下内容假定插入的是A01卡（亚洲车系测试卡），选择丰田车系。

　　② 将测试主线与主机上端9 PIN测试接口相接，另一端的电源线与汽车点烟器或通过

双钳线与蓄电池相接,使主机通电。

3)调显示屏亮度。主机通电后即打开仪器,并响两声,此时立即用"↑"和"↓"键调节显示屏亮度,而在进入菜单后不可再调。

4)选择测试插头。

① 主机通电后进入亚洲车系诊断系统,如图 4－18 所示。

② 按"确认"键后,显示 A01 卡可测试的车系,如图 4－19 所示。

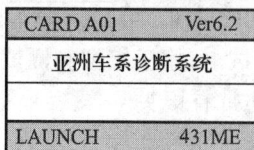

```
CARD A01        Ver6.2
───────────────────────
   亚洲车系诊断系统
───────────────────────

LAUNCH          431ME
```

```
431ME  Select  mode
───────────────────────
• 丰田/ TOYOTA
  三菱/ MITSUBISHI
  马自达/ MAZDA
```

图 4－18　显示亚洲车系诊断系统　　　　　　图 4－19　A01 卡可测试的车系

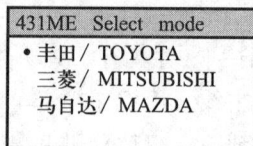

③ 选择"丰田/TOYOTA"车系,按"确认"键,屏幕显示出该车系测试接头形式,如图 4－20 所示。

④ 按"↑"和"↓"键阅读图中内容,按提示选择适合的测试插头。将选择的测试插头一端与测试主线相连,另一端插入被检汽车上的诊断插座。

安装完测试卡和选择好测试插头后,就可以进行测试操作了。测试操作通常分为读取系统数据流和测试故障码两大部分。

读取数据流可以获取汽车有关传感器参数,了解汽车的运行状态。测试故障码可以读取汽车故障诊断代码,诊断汽车故障。

5)测试故障码。

① 在选择测试插头时,若选择"半圆形诊断座",按"确认"键,显示测试功能,如图 4－21 所示。可以看出,有测试故障码、重阅已测故障码、查阅故障码、清除故障码、清除 SRS 故障码和打印测试结果 6 项测试功能。

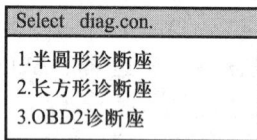

```
Select  diag.con.
───────────────────────
1.半圆形诊断座
2.长方形诊断座
3.OBD2诊断座
```

```
431ME  Select  func
───────────────────────
• (1)测试故障码
  (2)重阅已测故障码
  (3)查阅故障码
  (4)清除故障码
  (5)清除SRS故障码
  (6)打印测试结果
```

图 4－20　选择测试插头　　　　　　　图 4－21　6 项测试功能

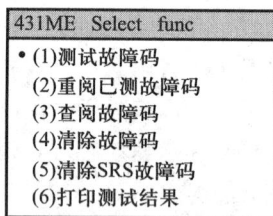

② 选择"测试故障码"功能,按"确认"键,屏幕显示"自动测试所有系统"和"选择系统测试"两项测试操作供选择,如图 4－22 所示。

③ 选择"自动测试所有系统",按"确认"键。此时"电眼睛"自动对被检汽车的发动机系统 ENG、自动变速器系统 AT、防抱死制动系统 ABS、安全气囊系统 SRS 和定速系统 CC 进行检测,并自动显示检测结果。用"↑""↓"键和"确认"键可读取各系统的故障码及内容,用于指导诊断故障。

a. 若选择"ENG 系统",按"确认"键,则显示出发动机系统的故障码,如图 4－23 所示。

Sel. test operation
•自动测试所有系统 　选择系统测试

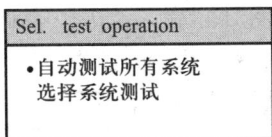

图 4 – 22　两项测试操作供选择

发动机系统...............ENG		
• 12	13	21

图 4 – 23　显示发动机系统诊断代码

b. 选择故障码"12",按"确认"键,则显示出故障码 12 所代表的故障含义,如图 4 – 24 所示。图中最下一行有"01"和"03"字样。其中,"01"表示第 1 页内容,"03"表示共有 3 页内容,用"↑"和"↓"键可阅读所有内容。

④ 选择"选择系统测试",按"确认"键,则显示出可测试的 5 个系统,如图 4 – 25 所示。

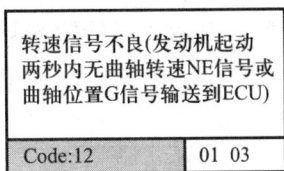

转速信号不良(发动机起动 两秒内无曲轴转速NE信号或 曲轴位置G信号输送到ECU)	
Code:12	01 03

图 4 – 24　故障码 12 的含义

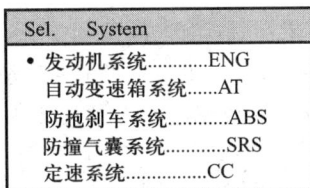

Sel.   System
• 发动机系统............ENG 　自动变速箱系统......AT 　防抱刹车系统............ABS 　防撞气囊系统...........SRS 　定速系统................CC

图 4 – 25　可测试的 5 个系统

a. 选择"发动机系统",按"确认"键,进入测试状态,如图 4 – 26 所示。此时"电眼睛"正在对发动机系统进行测试,并显示测试结果。

b. 若选择其他系统,方法同上。

6) 重阅已测故障码。使用"重阅已测故障码"功能,可重新查阅实测操作时读取的故障码内容及故障分析。

① 选择"重阅已测故障码",按"确认"键,屏幕显示出"已测系统列表重阅"和"选择系统重阅"两种操作方法供选择,如图 4 – 27 所示。

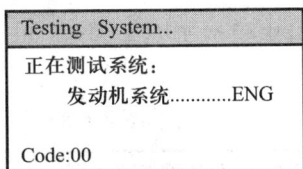

Testing   System...
正在测试系统: 　　发动机系统............ENG Code:00

图 4 –26　正在对发动机系统进行测试

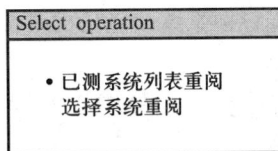

Select operation
•已测系统列表重阅 　选择系统重阅

图 4 –27　两种操作方法供选择

② 选择"已测系统列表重阅",按"确认"键,屏幕自动显示已测系统的测试结果,如图 4 – 28 所示。

a. 如果选择"ENG 系统",按"确认"键,屏幕重新显示出发动机系统已测故障码。

b. 选择其中某一故障码,按"确认"键,屏幕显示出故障码的含义。

③ 选择"选择系统重阅",按"确认"键,屏幕显示出可选择的 5 个系统,如图 4 – 25 所示。用"↑""↓"键和"确认"键可阅读各系统故障码及故障码内容。

7) 查阅故障码。使用查阅故障码功能,可查阅电控系统所有故障码内容与读取过的故障码内容及分析。

① 选择"查阅故障码",按"确认"键,屏幕显示出 5 个可查阅的系统,如图 4 – 25 所示。

② 在选择某系统后,屏幕显示出"依照故障码顺序查阅"和"输入故障码查阅"两种操作方法供选择,如图4-29所示。用"↑""↓"键和"确认"键选择其中的操作方法。

SYSTEM	RESULT
• ENG	Tb.code
AT	Tb.code
SRS	Tb.code
CC	Tb.code

图4-28　已测系统测试结果

Select　operation

• 依照故障码顺序查阅
　 输入故障码查阅

图4-29　两种操作方法供选择

③ 如果选择"依照故障码顺序查阅"方法,按"确认"键,屏幕可能显示出故障码11的内容,如图4-30所示。按"→"键,可查看下一个顺序号的故障码内容。

④ 如果选择"输入故障码查阅"方法,按"确认"键,屏幕显示出"请输入故障码",如图4-31所示。按主机上的0~9数字键,即可将故障码输入,按"→"键可更改数字,按"确认"键可查出该故障码对应的故障内容和指导修车的内容。

主电脑电源中断

| Code:11 | 01　01 |

图4-30　故障码11的内容

Search　Code...
请输入故障码:

O　O

图4-31　请输入故障码

8)清除故障码。使用"清除故障码"功能,可自动清除故障码或提示人工清除故障码的方法。清除故障码前,应读取一遍所有故障码。清除故障码后,应再读取一遍所有故障码,检查是否仍有故障存在。

① 选择"清除故障码",按"确认"键,屏幕显示清码方法,如图4-32所示。按照屏幕提示方法即可清除故障码。

② 对于特别系统故障码的清除有特别的提示。如对丰田汽车安全气囊SRS的故障码清除,就有特别提示。

a. 选择"清除SRS故障码",按"确认"键,屏幕显示清码方法,如图4-33所示。

【清码方法】
除防撞气囊系统以外的其他系统拆下EFI保险丝或拆下电瓶电源负极30秒后即可清除故障码。

图4-32　清码方法

【清除气囊故障码】
1.接上[TOYOTA-17]或[TOYOTA-17F]测试接头,按[确认]键
2.数秒钟后,SRS警告灯会快速闪烁,表示SRS故障码已清除,此时应关点火即完成清除。

图4-33　清除SRS故障码的方法

b. 按"确认"键,屏幕显示"正在清除气囊故障码"。于是,安全气囊SRS的故障码得到清除。

③ 有时人工清除故障码的方法不止一种,需要根据实际情况(如测试的系统、车型等)进行选择和试验。

9）打印测试结果。使用"打印测试结果"功能,可以通过连接微型打印机将测试结果打印输出。

① 连接微型打印机,选择"打印测试结果"。按"确认"键,屏幕显示出 5 个可打印的系统,如图 4 –25 所示。

② 按"↑"和"↓"键选择要打印的系统,按"确认"键即可打印出测试结果。

学习项目 4.2 OBD – Ⅱ随车诊断系统

为了限制汽车有害排放,提高燃料燃烧性能,减少大气污染、光化学烟雾和燃料消耗量,世界上许多国家相继制定了一些法律和法规,采取了越来越严厉的限制,汽车厂商也纷纷研制新的措施。1979 年美国通用汽车公司首次在电控燃油喷射系统中使用了随车诊断系统,1985 年美国加州空气资源协会(CARB)开始对汽车提出了应能监测排放系统性能及指示器件失灵的要求,即对汽车增设随车诊断系统提出了要求。

当时要求汽车增设随车诊断系统的目的是:在车辆的排放系统有故障时提示车主注意,并使维修技术人员快速地找到故障来源,以减少汽车废气对大气的污染。可以看出,当时增设随车诊断系统的主要目的是监测排放系统,减少废气对大气的污染,并希望为故障诊断带来方便。

1993 年以前的随车诊断系统为第一代随车诊断系统,各厂家采用不同的诊断座、不同的故障码和不同的诊断功能,因而在检测与诊断中还是感到不方便。OBD – Ⅱ是第二代随车诊断系统(On Borad Diagnostics – Ⅱ)的缩写,它是由美国汽车工程师学会(SAE)制定的,经由美国联邦环保局(EPA)及美国加州空气资源协会(CARB)登记的一套汽车标准。美国加州要求销售到该地区的车辆,不论欧、美、日等国均必须符合该标准。1990 年的美国联邦大气污染防治法,要求最迟到 1996 年度车型,在美国出售的所有汽车都要符合 OBD – Ⅱ的要求。该标准要求各汽车厂家提供统一的诊断模式,统一的诊断座,统一的故障码,只要一台诊断仪器就可检测与诊断所有车种。

在 OBD – Ⅱ标准公布后,世界各汽车生产厂家纷纷采用,逐渐形成了国际标准。1994 年约有 10% 的汽车生产厂家采用了这一标准,1995 年约有 50%,而 1996 年几乎全部厂家都在考虑采用这一标准。OBD – Ⅱ标准要求对汽车排放和电子元器件等提供更为精确的监控,覆盖范围更广,因而使汽车设计制造、检测诊断、维护修理等产生了巨大变化。为此,掌握和使用 OBD – Ⅱ国际标准,将大大简化汽车检测诊断、维护修理工作。

4.2.1 OBD – Ⅱ随车诊断系统的目标

OBD – Ⅱ随车诊断系统要求达到:

1）统一诊断座。OBD – Ⅱ诊断座如图 4 –34 所示。

2）统一诊断座位置。

3）解码器和车辆之间采用标准通信规则。

4）统一故障码含义。

5）具有行车记录器功能。

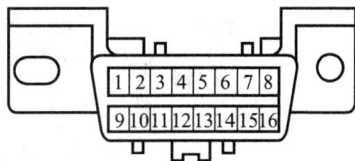

图 4 –34 OBD – Ⅱ诊断座

6）监控排放控制系统。

7）解码器能够读码、记录数值、清码等。

8）标准的技术缩写术语,定义系统的工作元件。

美国汽车工程师学会(SAE)还制定了一条类似国际标准 ISO 1941 的通信标准 J1850,建立了用于车辆传送信息到解码器的标准。除此之外,SAE 还制定了解码器软件标准 J1979。

从图 4-34 中可以看出,OBD-Ⅱ诊断座统一为 16 针(pin),各针的功能见表 4-1。

从表 4-1 中可以看出,在 OBD-Ⅱ诊断座的 16 针中,其中 7 针是 OBD-Ⅱ标准定义的,其余 9 针待用,可由汽车生产厂家自行设定。

表 4-1　OBD-Ⅱ诊断座各针的功能

针的序号	针的功能	针的序号	针的功能
1	汽车生产厂家自行设定	9	汽车生产厂家自行设定
2	BUS+线,SAE J1850	10	BUS-线,SAR J1850
3	汽车生产厂家自行设定	11	汽车生产厂家自行设定
4	底盘搭铁	12	汽车生产厂家自行设定
5	信号搭铁	13	汽车生产厂家自行设定
6	汽车生产厂家自行设定	14	汽车生产厂家自行设定
7	K 线,ISO 1941	15	L 线,ISO 1941
8	汽车生产厂家自行设定	16	蓄电池正极

4.2.2　OBD-Ⅱ随车诊断系统故障码的组成与结构

OBD-Ⅱ随车诊断系统故障码由 1 位字母和 4 位数字组成,结构如下:

1）第 1 位为英文字母,表示故障码的系统划分(System Designation),分配的字母有 4 个,划分如下:

B——车身系统。

C——底盘系统。

P——动力系统。

U——未定义。

2）第 2 位为数字,表示故障码类型(Code Type),共计 4 个数字,类型如下:

0——美国汽车工程师学会(SAE)定义的(通用)故障码。

1——汽车生产厂家定义的(扩展)故障码。

2、3——随系统划分 B、C、P、U 的不同而不同。在 P 系统中,2 或 3 由 SAE 留作将来使用;在 B 或 C 系统中,2 为汽车生产厂家保留,3 由 SAE 保留。

3）第 3 位为数字,表示故障的系统识别(System Identification),共计 10 个数字,识别如下:

1——燃油或进气系统故障。

2——燃油或进气系统故障。

3——点火系统故障。

4——排放控制系统故障。

5——速度控制系统故障。

6——电脑或输出电路故障。

7——变速器控制系统故障。

8——变速器控制系统故障。

9——SAE 未定义。

10——SAE 未定义。

4）第4、5位为数字，两位数字组合在一起使用，表示对具体故障的代码界定（Code Definition）。SAE 把不同传感器、执行器和电路分配了不同区段的两位数代码，以便使故障码表示的故障更为具体些。在区段内，两位数中最小数字表示通用故障，即通用故障码；较大数字表示扩展故障，即扩展故障码。扩展故障码较通用故障码提供了更为具体的故障信息，如电压高或低、信号超出范围、响应太慢等，使故障码提供的故障信息更为具体些，诊断的针对性更强些。例如，美国通用（GM）汽车 OBD－Ⅱ故障码"P0116 发动机水温传感器电压信号不良""P0117 发动机水温传感器电压信号太高"与"P0118 发动机水温传感器电压信号太低"就说明了这一问题：P0116 是通用故障码，只表明水温传感器电压信号不良；P0117 与 P0118 是扩展故障码，P0117 进一步表明水温传感器电压信号太高，P0118 进一步表明水温传感器电压信号太低。所以，扩展故障码比通用故障码更具体些，针对性更强些。

OBD－Ⅱ随车诊断系统规定的故障码的组成与结构，对于任何厂牌、车型都是适用的，其中部分故障码见表4-2。

表4-2 OBD－Ⅱ随车诊断系统部分故障码表

故障码	故障码含义	故障码	故障码含义
P0100	空气流量计线路故障	P0500	车速信号始终收不到
P0101	怠速时空气流量计电压不良	P0505	怠速（步进电动机）控制不良
P0102	空气流量计信号太低	P0750	换挡电磁阀 A 不良
P0201	第一缸喷油器线路不良	P0751	换挡电磁阀 A 卡在全开位置
P0202	第二缸喷油器线路不良	P0753	换挡电磁阀 A 短路或断路
P0301	第一缸有间歇性不点火	P0755	换挡电磁阀 B 不良
P0325	前爆震传感器信号不良	P0756	换挡电磁阀 B 卡在全开位置
P0400	EGR 阀控制系统不良	P0758	换挡电磁阀 B 短路或断路
P0421	三元催化转换器不良	P0770	变矩器离合器电磁阀不良

4.2.3 OBD‒Ⅱ随车诊断系统故障码的显示方法

OBD‒Ⅱ随车诊断系统故障码既可以使用解码器、扫描仪等专用检测仪器显示(读取),也可以采用如下方法就车显示(读取):

1)通用(GM)车系。跨接 OBD‒Ⅱ诊断座第 5、6 孔,由组合仪表板"发动机报警灯"显示故障码。

2)福特(FORD)车系。跨接 OBD‒Ⅱ诊断座第 5、13 孔,由组合仪表板"发动机报警灯"显示故障码。

3)克莱斯勒(CHRYSLER)车系。将点火开关置 ON,等待 5～10 s 后,由组合仪表板"发动机警告灯"显示故障码。

4)沃尔沃(VOLVO)车系。按图 4‒35 所示跨接 LED 灯,将 A 搭铁 1 s 后脱开即可显示 1 个故障码,搭铁 5 s 后可清除该故障码。

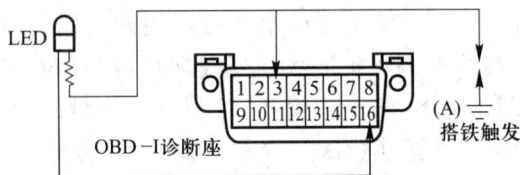

图 4‒35   沃尔沃车系故障码显示方法

5)丰田(TOYOTA)车系。跨接 OBD‒Ⅱ诊断座第 5、6 孔,由组合仪表板"发动机警告灯"显示故障码。

6)三菱(MITSUBISHI)车系。可显示以下系统的故障码:

跨接 OBD‒Ⅱ诊断座第 5、1 孔,由组合仪表板"发动机警告灯"显示发动机电控系统故障码;用 LED 灯跨接 OBD‒Ⅱ诊断座第 4、6 孔,由 LED 灯显示自动变速器电控系统故障码;用 LED 灯跨接 OBD‒Ⅱ诊断座第 8、4 孔,由 LED 灯显示防抱死制动 ABS 电控系统故障码。

学习项目4.3 电控燃油喷射系统故障诊断的程序和方法

现代汽车发动机电控燃油喷射系统 EFI 设有 OBD‒Ⅱ随车故障诊断系统(一般简称为"故障诊断系统"或"故障自诊断系统")。该故障诊断系统由电子控制器 ECU 控制,是能时刻监测电控系统各元器件工作情况并将发现的故障以代码的形式存入微机存储器中的一种自诊断系统,具有故障诊断和处理功能。自从 1979 年美国通用汽车公司首次在电控燃油喷射系统中正式使用故障诊断系统以来,美、欧、日等国家和地区相继采用,给越来越复杂的电控系统的故障诊断带来了方便。

汽车上的电控系统一般由电子控制器 ECU、传感器和执行器三部分组成。电控系统工作时,电子控制器 ECU 输入、输出信号的电平是在规定范围内变化的。如果某一输入、输出信号超出规定范围,ECU 就判定该路信号出现故障。故障诊断系统检测到故障后,ECU 立即采取三项措施:一项措施是通过一定的显示方式通知汽车驾驶员,告知发动机电控系统出现故障;另一项措施是将故障信息以代码的形式存入微机存储器中,以利于检修人员调出故障码实现快速诊断;再一项措施是立即启用应急备用系统,对喷油、点火等按预先编好的程序和设置的参数进行简单控制,以利于驾驶员把车(带故障运行)开到汽车修理厂或驻地。

4.3.1　电控燃油喷射系统检修注意事项

(1) 一般注意事项

1) 电控燃油喷射系统 EFI 结构复杂,技术含量高,检修时不可大意。在未搞懂其结构、工作原理和检修方法之前,千万不要盲目拆卸,以免引起新的故障。

2) ECU(内部置有微机)工作可靠,在未确定其损坏之前,一般不要随意打开它的盒盖。

3) EFI 系统对高电压敏感,所以不论发动机是否工作,只要点火开关接通,就不要断开任何 12 V 电气装置,否则会因断开而使有关线圈产生很高的自感电动势,造成 ECU 内置微机和传感器等器件损坏。此时不能断开的部件或部位主要是:蓄电池任一电极插头、各种电磁阀、怠速控制阀、喷油器、点火装置的导线、微机的程控只读存储器 ROM、ECU 的任何导线、鼓风电动机导线连接器和空调离合器导线等。因此,在拆卸 EFI 系统各电线插头及线束连接器时,首先要关闭点火开关,并拆下蓄电池负极接线柱上的搭铁线。

拆下蓄电池负极搭铁线后,微机存储器中的故障码被清除。因此,如有必要应在拆下搭铁线之前读取故障码。

4) 除非有特殊说明,不要使用指针式欧姆表检测 ECU 和传感器,更不能使用测试灯测试 ECU 和任何与 ECU 相连的电气设备。为防止 ECU、传感器等受损,应使用高阻抗数字式测试仪表进行测试。

5) 在车身上使用电焊时,应断开汽车电源。在靠近微机、传感器等处施焊时,更应采取一些必要的防护措施。

6) 安装蓄电池时,注意正、负极不能接反。

7) 清洗发动机或雨天检修时,注意电路不可溅水。

8) 对于带有安全气囊(SRS)的汽车,不论是驾驶员安全气囊、前座乘员安全气囊,还是他们的左右侧安全气囊,如果没有正确、全面的维修资料,就不要去检修它。如果不按正确顺序操作,可能会使 SRS 系统意外打开,造成事故。带有安全气囊的丰田系列汽车,要求检修工作必须在点火开关转到"LOCK"位置和蓄电池负极电缆从接线柱上拆下 20 s 以后或更长一些时间才可以开始。

9) 用其他车辆蓄电池跨接起动本车或用本车蓄电池跨接起动其他车辆时,必须先断开点火开关,才能安装或拆卸跨接电缆线。

10) 当检修人员进出车厢时,人体的静电放电可能达到 10 000 V 左右的高电压。因此,在检修 ECU 控制的数字式仪表或安装、拆卸只读存储器 ROM 时,检修人员一定要采取搭铁(接触车身)措施,否则,静电会损害 ECU 电路。一般做法是检修人员身上带有搭铁金属带,将其一头缠在手腕上,另一头夹在车身上。

11) 如果发动机在缺火情况下工作,催化式排气净化转换器可能会过热。为此,要特别注意检查蓄电池插头和高压线插接处的连接是否正确可靠。

12) 不能将无线电扬声器等强磁物体靠近 ECU,以防损害微机的电路或元器件。因此,在汽车上安装大功率移动无线电系统要慎重。

（2）进气系统检修注意事项

进气系统的密封性在检修中要特别引起重视。这是因为，ECU主要根据发动机的进气量和转速确定喷油器的喷油量。当进气系统的密封性欠佳时，既影响了发动机的进气量，又影响了发动机的转速，二者都影响了喷油器的喷油量。所以，经常检查进气系统各连接件的密封性十分重要。

（3）燃油系统检修注意事项

1）一定要使用清洁的汽油，并且不使用含铅汽油。

2）检修燃油系统时，应拆下蓄电池搭铁线，以防损害元器件。

3）在拆卸汽油管接头时，为防止汽油流失，应在管接头下方放置容器，并注意防火。

4）安装油管螺母或安装油管接头时，应注意以下两点：

① 对于连接螺栓型，一定要换用新垫片，并先用手拧上连接螺栓，再施加规定转矩（29 N·m）上紧。

② 对于连接螺母型，先用少量锭子油涂抹油管接口表面，并用手拧上油管螺母，再施加规定转矩（30 N·m）上紧。

5）有些电动汽油泵的控制开关受点火开关和空气流量计油泵开关的双重控制。打开点火开关后，如果空气流量计内没有空气流动，即发动机曲轴未转动时，电动汽油泵并不工作。这一点要特别注意，不要认为是故障。有些电动汽油泵（如大宇系列），打开点火开关后，电动汽油泵工作2 s，以提高汽油压力，便于起动。

6）拆装喷油器时，不要重复使用O型密封圈。新换的O型密封圈可先用锭子油或汽油润滑一下，但千万不能涂抹发动机机油、齿轮油、制动液。安装O型密封圈时要放正，注意不要损伤其表面。

7）对燃油系统检修后，要检查整个系统的密封情况，不得有任何渗漏。检查方法（以丰田系列汽车为例）如下：

① 连接蓄电池搭铁线，打开点火开关，但不要起动发动机。

② 使用跨接线，接通检查连接器+B和FP端子。

③ 电动汽油泵处于工作中。当夹住电动汽油泵回油软管时，燃油油管内的汽油压力将达到最大值（392 kPa）。在此情况下，检查整个燃油系统，不得有任何渗漏。

（4）电控系统检修注意事项

1）在拆卸电控系统的连接件和插头之前，应将点火开关转到"OFF"或拆下蓄电池搭铁线。

2）元件损坏时应随总成一起更换。

3）电控系统的故障一般较少，常见故障往往是接触不良造成的，所以要注意保持各连接件、接插件和插头的清洁和可靠。

4）对于一些接插件，打开卡锁和拉出插头时应将力用在插头上，而不能用在导线上。插接时应将插头全部插入，并将卡锁锁好。

5）用万用表检查电路时，如果遇到防水型插头，要仔细取出防水橡胶套后再进行检测，并应将万用表的测针插进线束端的插头里。检测后应重新安装好防水橡胶套。

4.3.2　用故障自诊断系统诊断故障的程序和方法

电控燃油喷射发动机出现故障时,在进行必要的倾听用户意见和外观检查之后,只要显示故障码,就应首先按故障码的含义和指示的方法进行快速诊断。

（1）故障自诊断系统的工作原理

如前所述,发动机电控系统工作时,ECU 输入、输出信号的电平是在规定范围内变化的。如果某一输入、输出信号超出规定范围,ECU 就判定该路信号出现故障。

1）微机系统的故障自诊断工作原理。ECU 内置的微机系统一般不易发生故障,但偶尔发生故障时会影响控制程序正常运行,使汽车不能正常行驶。为此,在电控系统中设有监视回路,用来监视微机的工作是否正常。在监视回路中还设有监视计时器,用于在正常情况下按时对微机复位。当微机系统发生故障时,控制程序不能正常巡回,这时如果监视计时器的定期清除不能按时使微机复位,则微机显示溢出,表明微机系统发生故障并予以显示。在微机系统中还设有应急回路,当该回路收到监视回路发出的异常信号时,立即启用应急备用系统,使汽车保持一定运行能力行驶到汽车修理厂或驻地。

2）传感器的故障自诊断工作原理。运转中的发动机如果电控系统的传感器出了故障,其输出信号就超出了规定范围。比如,水冷发动机的水温传感器,其水温范围设定在 $-30 \sim 120$ ℃。正常工作时,输出的信号电压为 $0.3 \sim 4.7$ V。当水温传感器发生故障时,其向 ECU 输出的信号电压就会小于 0.3 V（水温高于 120 ℃）或大于 4.7 V（水温低于 -30 ℃）。ECU 接收到的信号电压超出规定范围时,就判定水温传感器信号电路有短路或断路故障。

ECU 判断出电控系统发生故障后,立即采取三项措施:其一,输出控制信号,使驾驶室组合仪表板上的发动机警告灯点亮,通知驾驶员电控系统出现故障;其二,将水温传感器的故障信息以代码的形式存入微机存储器,以便检修人员调出故障码,快速诊断出故障,及时进行维修;其三,采用预先存储的正常水温（如 80 ℃）对发动机进行控制,使发动机仍能维持运转。

有时,即使水温传感器本身没有故障,但电路开路,故障诊断系统同样会显示水温传感器有故障。因此,在判断故障时,除了检查传感器本身外,还要检查线束、接插件（连接器）和传感器与 ECU 之间的电路等。

需要指出的是,故障诊断系统对于偶尔出现一次的不正常信号,并不立即判定是故障,只有不正常信号保持一定时间后才被视为故障。

3）执行器的故障自诊断工作原理。执行器是在 ECU 不断发出各种指令情况下工作的。如果执行器出现了问题,监视回路把故障信息传输给 ECU,ECU 会作出故障显示和故障存储,并采取应急措施,确保发动机维持运转或停止运转。例如,当点火器中的功率三极管出现故障时,点火器内的点火监视回路就不能将功率三极管正常工作（不断地导通和截止）的信号反馈到 ECU。如果 ECU 得不到这一反馈信号,就判定点火系统发生故障,除了采取故障显示和故障存储的措施外,并立即向喷油器发出停止喷油的指令,使喷油器停止喷油,以防可燃混合气进入三元催化转换器而将其烧毁。

同样需要说明的是,ECU 只有 6 次得不到反馈信号,才判定点火系发生了故障。

（2）故障自诊断系统显示故障的方式

故障自诊断系统诊断出故障后要进行显示，以便告知驾驶员发动机出现了故障。由于厂牌、车型和生产厂家的不同，因而显示的方式也不相同。有用发动机警告灯显示的，有用红、绿发光二极管 LED 显示的，还有用数码管显示的。上述方式显示的诊断代码，有一位数的、两位数的、三位数的，也有四位数或五位数的。

用发动机警告灯显示故障的情况如下：

许多汽车的发动机在组合仪表板上设有发动机警告灯，用于故障报警和就车显示诊断代码。发动机起动前，点火开关打开时，该灯应点亮。不亮，说明灯或灯的电路有问题。发动机起动后，当转速高于 500 r/min 时，该灯应熄灭，说明发动机无故障；如果该灯继续点亮或在运行中点亮，说明 ECU 检测到电控系统出现了故障，并以此方式向驾驶员发出报警信号，使驾驶员知道发动机出现了故障。另外，还可通过该灯的闪烁频率和闪烁次数，使检修人员就车读取微机存储器中存储的故障码，以便诊断、排除故障。故障排除后，通过消除故障码，才能清除存储器中存储的故障码。

（3）进入故障自诊断系统并读取故障码的方法

由于汽车厂牌、车型和生产厂家不同，因而进入发动机故障自诊断系统并读取故障码的方法也不相同。有以下几种方法：

1）用跨接线连接检查连接器有关插孔的方法进入，通过驾驶室组合仪表板上发动机警告灯或 LED 闪烁，就车读取故障码。

2）用按压"诊断按钮开关"的方法进入，就车读取故障码。

3）用转动微机控制装置上的"诊断开关"的方法进入，就车读取故障码。

4）用同时按下空调控制面板上的"OFF"和"WARM"键的方法进入，就车读取故障码。

5）用点火开关"ON→OFF→ON→OFF→ON"循环一次的方法进入，就车读取故障码。

6）用解码器、汽车专用示波器、汽车扫描仪、汽车电控专用检测仪或发动机综合性能检测仪等检测仪器进入，直接显示故障码。

目前，像丰田、日产、三菱、马自达、福特、通用（凯迪拉克除外）、宝马、菲亚特及标致等汽车，是通过跨接线的方法进入，由发动机警告灯显示故障码的；奔驰、奥迪、沃尔沃等汽车也是通过跨接线的方法进入，由 LED 显示故障码的；凯迪拉克和林肯·大陆等汽车是通过同时按下空调控制面板上的"OFF"和"WARM"键的方法进入的；而克莱斯勒公司的电控汽车是通过点火开关"ON→OFF→ON→OFF→ON"循环一次的方法进入的。现在，绝大多数汽车都可以通过解码器等专用或通用的上述检测仪器，进入故障自诊断系统并解读故障码，十分方便。

（4）故障自诊断系统的测试模式

采用上述方法进入故障自诊断系统后，诊断故障的测试模式一般有两种：

1）静态测试模式。即在点火开关打开，发动机处于静止状态下进行检测与诊断的一种测试模式，简称 KOEO（Key On Engine Off）模式。该种测试模式用于静态下提取存储在存储器中的故障码，一般是存储的一些永久性故障（如断路、短路等故障）或间歇性故障（如接触不良等故障）。

2）动态测试模式。为了检测在静态状态下难以检测到的故障（一般是指一些难以存储的间歇性故障和偶发性故障），因而增加了动态测试模式功能。动态测试模式是在点火开关打开，发动机处于运转状态（包括汽车路试）下进行检测与诊断的一种测试模式，简称 KOER（Key On Engine Run）模式。该种测试模式用于提取动态（可以进行故障征兆模拟试验）下存储在存储器中的故障码或进行混合气成分的检测与分析。动态下存储的故障码，除了一些永久性故障外，一般是一些偶发性故障和通常情况下难以记录到的间歇性故障。

动态测试模式与静态测试模式相比，往往要再现故障出现的条件和时机，不仅可以提取到静态测试模式能提取到的一切故障码，而且可以提取到静态测试模式提取不到的故障码，因此具有较高的测试灵敏度。

有些汽车，如丰田系列汽车，也将静态称为正常状态，将动态称为试验状态。

（5）用故障自诊断系统诊断故障的程序和方法

如前所述，大多数电控汽油喷射发动机在组合仪表板上设有发动机警告灯，用于故障报警和显示故障码。发动机起动后（转速高于 500 r/min）如果该灯熄灭，说明发动机无故障。如果该灯继续点亮或在运行中点亮，说明 ECU 检测到电控系统出现的故障。此种情况下，检修人员在倾听用户意见和对发动机进行外观检查后，应首先使用故障自诊断系统诊断故障。检修人员按照一定方法进入故障自诊断系统后，可就车读取故障码或通过解码器等检测仪器直接显示故障码，然后在汽车维修手册或解码器等检测仪器中查阅该故障码的全部含义，并按指示的程序和方法，对有关元器件和电路进行检查和测试，直至分析、判断出故障的部位和原因，并将其排除。

用故障自诊断系统诊断故障一般采用就车读取故障码的方法，以丰田凌志 LEXUS LS400 型汽车为例介绍如下。

如前所述，丰田汽车诊断故障的测试模式，是将前述的静态称为正常状态，将前述的动态称为试验状态。

按规定的方法进入故障自诊断系统后，只要检测到故障，两种状态都能点亮"CHECK"发动机警告灯，都能就车读取故障码。故障排除后发动机警告灯都能熄灭，但故障码都仍然存储在 ECU 的存储器中，都要通过一定的方法才能清除存储的诊断代码。需要提请注意的是，使用试验状态前，应将已存储的故障码记录后并清除。

1）正常状态（静态）下诊断故障的程序和方法。

① 检查"CHECK"发动机警告灯是否正常。

a. 将点火开关转到"ON"，发动机不起动，"CHECK"发动机警告灯应点亮。如果不亮，说明灯有问题，应检查组合仪表。

b. 起动发动机，"CHECK"发动机警告灯应熄灭。如果灯继续点亮，说明故障诊断系统已检测出故障或灯本身不正常。

② 调出故障码。

a. 将点火开关转到"ON"。

b. 用专用维修工具 SST（跨接线，下同）将故障诊断通信连接器 TDCL 或检查连接器的端子 TEl 与 E1 连接，如图 4－36 所示。

c. 从"CHECK"发动机警告灯的闪烁中就车读取诊断代码。正常代码、故障码 12 和故障码 31 的闪烁形式分别如图 4-37a、b 所示。当显示两个或更多的故障码时,从较小代码开始显示,然后依次逐渐增大代码数。

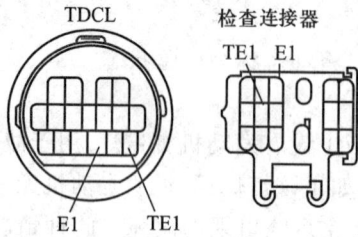

(a) 正常代码

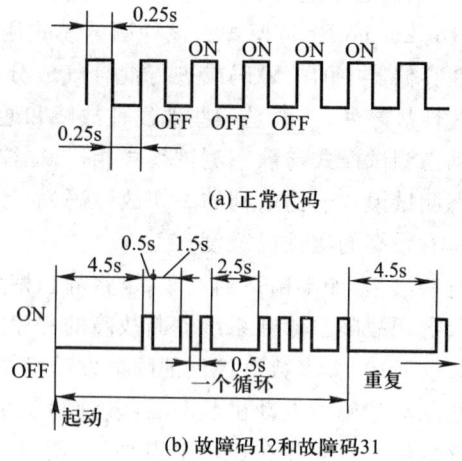

图 4-36　TDCL 与检查连接器

(b) 故障码12和故障码31

图 4-37　代码的闪烁形式

d. 读取故障码,按汽车维修手册的指示,仔细检查电路故障。

e. 完成检查后,脱开 TE1 和 E1 端子,关闭点火开关。

2)试验状态(动态)下诊断故障的程序和方法。

① 初始状态。

a. 蓄电池电压为 11 V 或更高。

b. 节气门全关(节气门位置传感器 IDL 触点闭合)。

c. 变速器置空挡位置。

d. 空调器关闭。

② 将点火开关转到"OFF"。

③ 用 SST 连接 TDCL 或检查用连接器 TE2 和 E1 端子,以起动试验状态。TDCL 的端子如图 4-38所示。

④ 将点火开关转到"ON",检查"CHECK"发动机警告灯是否闪烁。若闪烁,可确认已进入试验状态;若不闪烁,检查 TE2 端子电路。

⑤ 起动发动机。

⑥ 在发动机运转中或汽车路试中,再现用户叙述的故障现象。

⑦ 再现故障的试验结束后,用 SST 连接 TDCL 或检查用连接器的端子 TE1 和 E1。TDCL 的端子参见图 4-38。

⑧ 从组合仪表上"CHECK"发动机警告灯的闪烁中就车读取故障码。

⑨ 完成检查后,脱开 TE1、TE2 和 E1 端子,关闭点火开关。

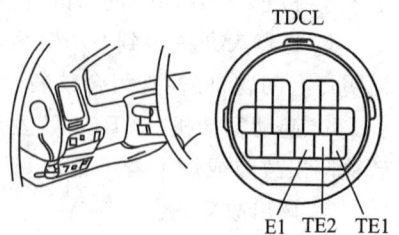

图 4-38　TDCL 的端子

丰田凌志 LEXUS LS400 型汽车发动机的故障码见表 4 - 3。从"CHECK"发动机警告灯的闪烁中就车读取故障码后,应到故障码表中查取该故障码的全部情况,可得到故障所在的系统和要诊断的主要内容等信息,然后按该车型维修手册指示的诊断流程图和电路检查顺序,对电路进行检查。

表 4 - 3　丰田凌志 LEXUS LS400 型汽车发动机的故障码

代号	"CHECK"发动机警告灯闪烁次数	系统	"CHECK"发动机警告灯[1]		诊断	储存情况[2]
			正常状态	试验状态		
—	⊓⊔⊓⊔⊓⊔⊓⊔	正常	—	—	在未发现其他代码时出现本图形	—
12	⊓⊔⊓⊔	转速信号	ON	N. A.	在运转发动机后 2 s 以内,"NE"或"G1"和"G2"信号不送至 ECU	○
13	⊓⊔⊓⊔⊓	转速信号	ON	N. A.	发动机转速高于 1 000 r/min 时,NE 信号不送至 ECU 当 G1 或 G2 信号与 NE 信号的相位偏移超过标准值时 在 G1 和 G2 信号脉冲之间的时间间隔内,12 个 NE 信号脉冲不输入到 ECU	○
14	⊓⊔⊓⊔⊓⊔	1 号点火信号	ON	N. A.	"IGF1"信号连续 8 ~ 11 次不送至 ECU	○
15	⊓⊔⊓⊔⊓⊔⊓	2 号点火信号	ON	N. A.	"IGF2"信号连续 8 ~ 11 次不送至 ECU	○
16	⊓⊔⊓⊔⊓⊔⊓⊔⊓⊔⊓	ECT 控制信号	ON	N. A.	ECT 控制程序出错	×
17	⊓⊔⊓⊔⊓⊔⊓⊔⊓⊔⊓⊔	1 号凸轮轴位置传感器信号	N. A.	OFF	G1 信号不送至 ECU	×
18	⊓⊔⊓⊔⊓⊔⊓⊔⊓⊔⊓⊔⊓	2 号凸轮轴位置传感器信号	N. A.	OFF	G2 信号不送至 ECU	×

续表

代号	"CHECK"发动机警告灯闪烁次数	系统	"CHECK"发动机警告灯①		诊断	储存情况②
			正常状态	试验状态		
21④	⎍⎍⎍	主氧传感器信号（左列）	OFF	ON	在空燃比反馈修正期间，主氧传感器的输出电压在高空燃比侧和低空燃比侧，在一段时间内持续不超过设定值（OXL1）	○
					氧传感器加热体电路（HT1）开路或短路	
22	⎍⎍⎍⎍	水温传感器信号	ON	ON	水温传感器电路（THW）开路或短路	○
24	⎍⎍⎍⎍⎍	进气温度传感器信号	OFF	ON	进气温度传感器电路（THA）开路或短路	○
25④	⎍⎍⎍⎍⎍⎍	空燃比过高	OFF	ON	在空燃比反馈修正期间，主氧传感器的输出电压在某一设定的或更长时间内保持在高空燃比侧	○
26④	⎍⎍⎍⎍⎍⎍⎍	空燃比过低				○
27④	⎍⎍⎍⎍⎍⎍⎍⎍	副氧传感器信号（左列）	OFF	ON	副氧传感器电路（OXL2）开路或短路	○
28④	⎍⎍⎍⎍⎍⎍⎍⎍⎍	主氧传感器信号（右列）	OFF	ON	在空燃比反馈修正期间，主氧传感器的输出电压在高空燃比侧和低空燃比侧，在一段时间内持续不超过设定值（OXR1）	○
					氧传感器加热体电路（HT2）开路或短路	
29④	⎍⎍⎍⎍⎍⎍⎍⎍⎍⎍	副氧传感器信号（右列）	OFF	ON	副氧传感器电路（OXR2）开路或短路	○
31	⎍⎍⎍⎍	空气流量计信号	ON	N.A.	当发动机转速高于预定转速时，"KS"信号不送至 ECU	○

续表

代号	"CHECK"发动机警告灯闪烁次数	系统	"CHECK"发动机警告灯[1]		诊断	储存情况[2]
			正常状态	试验状态		
35	⎍⎍⎍⎍⎍⎍	HAC 传感器信号	ON OFF[3]	ON	HAC 传感器电路开路或短路	○
41	⎍⎍⎍⎍⎍	节气门位置传感器信号	OFF	ON	节气门位置传感器信号电路（VTA1）开路或短路 IDL1 触点接通，VTA1 信号输出超过 1.45 V	○
43	⎍⎍⎍⎍⎍⎍	起动器信号	N. A.	OFF	"STA"信号不送至 ECU	×
47[5]	⎍⎍⎍⎍⎍⎍⎍⎍	副节气门位置传感器信号	OFF	ON	副节气门位置传感器信号（VTA2）电路开路或短路 IDL2 触点接通，VTA2 信号输出超过 1.45V	○
52	⎍⎍⎍⎍⎍	1 号爆燃传感器信号	ON	N. A.	1 号爆燃传感器信号电路（KNK1）开路或短路	○
53	⎍⎍⎍⎍⎍	爆燃控制信号	ON	N. A.	爆燃控制程序出错	×
55	⎍⎍⎍⎍⎍	2 号爆燃传感器信号	ON	N. A.	2 号爆燃传感器信号电路（KNK2）开路或短路	○
51	⎍⎍⎍⎍⎍	开关状态信号	N. A.	OFF	在诊断检查试验状态期间，"IDL1"信号、"NSW"信号、"A/C"信号均不送至 ECU	×

① 在诊断状态栏中,ON 表示进行诊断并检测出故障时"CHECK"发动机警告灯会点亮;OFF 表示即使在诊断中检测出故障,警告灯也不亮;N. A. 表示不进行该项诊断。

② 在储存情况栏中,标记○表示储存在 ECU 存储器中的故障码是曾经出现过的故障;标记×表示即使出现故障。代码也不储存在 ECU 存储器中。因此,故障码的警告灯显示只限于那些时间,即诊断结果按照试验状态顺序的正常结果输出。

③ 仅在海湾合作委员会成员国和一般国家汽车上,在正常状态下,当出现代码为 35 的故障时,"CHECK"发动机警告灯不会点亮。

④ 故障码 21、25、26、27、28 和 29 仅用于欧洲和澳大利亚汽车。

⑤ 故障码 47 仅用于装有 TRC(牵引控制)系统的汽车,这一系统仅供欧洲用户选用。

如前所述,试验状态对不正常现象的检测能力比正常状态强,因而可在试验状态下采用故障征兆模拟方法,人为地使故障在瞬态下明显再现,将接触不良的部位检测诊断出来。丰田凌志 LEXUS LS400 型汽车,在试验状态下采用故障征兆模拟方法,进行瞬时电路检查的程序和方法如下:

1）记录并清除已存储的故障码(清除方法见下述内容)。

2）设定试验状态。

① 将点火开关转到"OFF",用 SST 连接 TDCL 或检查用连接器 TE2 和 E1 端子,起动试验状态。

② 将点火开关转到"ON",起动发动机,"CHECK"发动机警告灯应熄灭。

3）进行征兆模拟试验。在发动机运转中,采用振动法(轻拍、推、拉等),再现故障码所指电路的配线、连接器或端子的工作环境。在征兆模拟试验中,如果"CHECK"发动机警告灯点亮,说明诊断系统已检测到故障,被振动的部位就是因接触不良而出现瞬时断路或短路的部位。

4）完成征兆模拟试验后,脱开 TE1、TE2 和 E1 端子,关闭点火开关,排除瞬时断路或短路故障。

5）故障排除后,清除故障码。

（6）故障码清除方法

发动机电控系统的故障排除后,必须清除故障码,显示装置才不再显示故障信号。就大多数汽车而言,断开通往电控系统的电源线或熔断器即可清除存储在微机存储器内的故障码。一般把电控系统的熔断器拔下或把蓄电池负极拆下 10 ~ 30 s(视车型不同而定),即可达到目的。

丰田系列汽车清除故障码时,将点火开关转到 OFF,从 2 号接线盒 J/B 拆下 EFI 熔丝(20 A)达 10 s 即可,如图 4 - 39 所示。

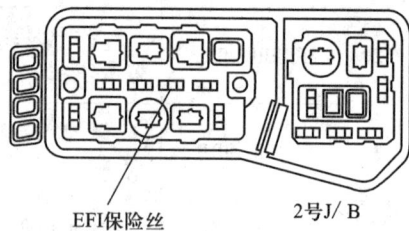

EFI保险丝   2号J/ B

图 4 - 39 2 号接线盒 J/B

故障码清除以后,要重新起动发动机,必要的话还应进行路试,检查显示装置是否还显示故障码。如果还显示原故障码,说明原故障并未被排除;如果显示新的故障码,说明还有新的故障需要排除。因此,还须进一步诊断并排除故障,并再一次清除故障码和再一次显示故障码,直至显示正常代码为止。

需要指出的是,使用拆卸蓄电池负极清除故障码的方法,也会将时钟和音响等存储一起清除掉。因此,最好按汽车维修手册指示的方法进行,不可随意拆卸蓄电池负极。如果非要拆卸蓄电池负极清除故障码,事先要读取并记录已存储的故障码。

（7）用解码器等专用检测仪器显示故障码

前述的读取故障码的方法,是从汽车组合仪表上发动机警告灯的闪烁中就车读取故障码的,进而在汽车维修手册中查取故障码的全部含义和诊断流程,对电路进行深入检测,然后诊断出故障的原因和部位,从而将故障排除。这一过程对于检修人员来说,比较费时费力,影响检测、诊断效率。已如前述,国内外发展起来的一些电控系统专用检测仪器,包括解码器、示波器、扫描仪、专用诊断仪和发动机综合性能检测仪等,都具有读码、解码、清码等功能,甚至还有对检修内容的指导功能。因此,应充分利用这些检测设备,快速、准确地完成检修任务。

4.3.3　用传统方法诊断故障的程序和方法

从以上介绍的诊断程序和方法中可以看出,电控汽油喷射发动机装备的故障自诊断系统,利用故障码诊断故障,具有故障部位明确、针对性强、能实现快速诊断等优点,给越来越复杂的电控系统的故障诊断带来了方便。因此,EFI 系统发现故障时,只要显示故障码,就应该首先按故障自诊断系统诊断故障的程序和方法进行快速诊断。但是,故障自诊断系统检测并存储故障的能力是有限的,不可能把所有故障(特别是机、液、气方面的非电故障和非电控系统的电气故障等)都包括在其内。对于那些没有包括在故障自诊断系统之内的故障和虽包括在内但故障码不显示或显示正常代码而故障又确实存在的情况下,则无法再使用故障自诊断系统诊断故障,而应采取传统的方法,即在问询汽车用户有关情况后,采用外观检查、基本检查、进入故障征兆一览表、进入疑难故障诊断表和采用故障征兆模拟试验、对比试验等传统方法,把故障诊断出来并排除掉。

(1)倾听用户意见

首先向汽车用户了解故障的现象、出现的时机与条件、故障发生前的预兆和发生后的征兆、是突变还是渐变等情况,问询该车在此之前是否找其他厂家检修过以及检修的具体内容和结果等问题。总之,要注意倾听汽车用户对故障的陈述、意见和要求,以作为诊断时的参考性依据之一。

(2)进行外观检查

外观检查的目的在于发现并消除从发动机外部能看得见的故障和存在的问题。检修人员主要检查发动机管、线、接插件的连接状况和老化、变质、烧蚀及破损等情况。如发现问题,则故障找到。

在外观检查之后,必要时可驾车路试,以体验或再现汽车带故障运行的实际状况。

(3)进行基本检查

基本检查主要是对蓄电池电压、曲轴转动情况、发动机起动情况、怠速运转情况、空气滤清器堵塞情况、进气管与气缸密封性、点火正时、燃油压力、高压线跳火和火花塞技术状况等进行的检查与测试。如发现问题,则故障找到。

外观检查和基本检查是非常重要的。这是因为,一台运转良好的电控发动机,既决定于电控系统准确、有效的控制,也决定于电控系统以外的机、电、液、气的相互配合和正常工作,缺一不可。

(4)使用故障征兆一览表

电控汽油喷射发动机的常见故障,有不能起动、起动困难、怠速不良、加速不良、发动机失速等故障。当发动机出现故障时,如果故障自诊断系统不显示故障码或显示正常代码,在外观检查和基本检查中也未发现问题,而故障又确实存在,就应查阅该车型维修手册中的故障征兆一览表,并按表中给定的诊断次序(1、2、3……)诊断并排除故障。汽车维修手册中一般都列有故障征兆一览表,表中列出了故障征兆、怀疑部位和诊断次序。丰田系列汽车发动机的故障征兆一览表见表 4-4,使用该表诊断故障前应首先进行基本检查。从表中第一

表 4-4　丰田系列汽车

征兆	怀疑部位	转速信号电路※（1号）	点火信号电路（跳火试验）	主氧传感器※① 空燃比过高—过低	冷却液温度传感器电路※	进气温度传感器电路	副氧传感器电路①	空气流量计电路※	节气门位置传感器电路※	起动机信号电路※	爆燃传感器电路	空挡起动开关电路※	ECU电源电路	备用电源电路	喷油器电路※	冷起动喷油器电路※	ISC阀电路※	燃油系统电路※
不能起动	发动机转不动											3						
	起动机转不动发动机																	
	无初始燃烧	9	2										1		6	8		3
	燃烧不完全		7		9			6							10	11	3	2
起动困难	发动机盘转缓慢																	
	常温起动困难		10		3	13									11	12	4	6
	冷态起动困难				1	8				2					10	7	5	9
	热态起动困难				1	8									10	7	4	9
怠速运转不好	一挡怠速不正确				4	5											6	
	发动机怠速转速太高				4	5			10			9	8				6	
	发动机怠速转速太低				1							3			6		2	5
	怠速运转不柔和	6	10		3			14						13	15	16	8	9
	缺火	4			7			10							12	13	8	9
驾驶性能不良	开始加速时出现减速现象/加速性差	13	11		9	10		8	7						16	17		12
	回火				4	5		7	6						9			8
	消声器放炮(后燃)	8			2	4		6	5						11	12	7	1
	发动机喘振	13	9		3	4			7						14	15		8
	爆燃										2				4			
发动机失速	发动机起动后不久就失速				5	6		8							9		7	3
	在踩下加速器踏板后							1	3									
	在松开加速踏板后							3									1	
	在 A/C 工作时																1	
	从 N 挡位换到 D 挡位时											1					2	
	旋转转向机构时																	
	起动或停机时																	
其他故障	燃油经济性差		18	6	7	19		8				17			13	15	16	12
	发动机过热																	
	发动机过冷																	
	机油耗过高																	
	机油压力太高																	
	机油压力太低																	
	起动机运转不停																	
	蓄电池经常放电																	

① 仅欧洲和澳大利亚规格汽车。

② 仅适用于海湾合作委员会成员国和一般国家规格汽车。

③ 仅指带 TRC 汽车。

④ 仅指带防盗系统。

发动机故障征兆一览表

燃油压力控制ＶＳＶ电路	ＥＧＲ系统电路①	可变电阻器电阻②（压缩机电路）	Ａ／Ｃ信号电路	燃油质量	漏燃油	漏冷却液	漏机油	漏真空	起动机继电器	空挡起动开关	起动机	火花塞	点火线圈／分电器	加速器踏板拉杆	冷却扇扇系统	减速缓冲器	ＰＳ怠速提升装置	压缩	即使松开后制动器仍然咬死	副节气门阀故障③	ＥＣＴ故障	控制ＥＣＵ④	防盗和门销	发动机机械和其他故障	ＥＣＴ发动机和ＥＣＵ
									1	4	2												5		
											1													2	
												5	4					7						10	11
											1	5	4					8						12	13
		2									1													3	
	5		2					1				8	7					9						14	15
	6		4					3				12	11												13
5	6		3					2				12	11												13
														1	2	3									7
														1	2	3									11
	4																								7
	4	5	2					1				12	11					7						17	18
	3		2					1				5	6					11						14	15
	5	6	4					1				15	14	2			3	19	18					20	21
	2	3						1																10	11
	3											10	9											13	14
	5	6	2					1				11	10					13						16	17
	5		1									3												6	17
	4		2					1																	10
	2																							4	
	2																							4	
		2																						3	
																								3	
																			1						
																						1			
			2	1								9	10	4	5			11		3		20		21	22
					1													2						3	
						1												1						2	
							1																	2	
								1																1	
										1	2													1	

个故障"发动机转不动"的诊断中可以看出,第 1 步应先检查"起动机继电器",第 2 步再检查"起动机",第 3 步检查"ECU 电源电路",第 4 步检查"空挡起动开关",第 5 步检查"防盗和门锁控制 ECU"。只要按其诊断次序到指定的部位去检查,故障总能诊断出来并排除掉,因而使用故障征兆一览表诊断常见故障是十分有效和实用的。

（5）疑难故障诊断与故障征兆模拟试验

经过以上检查、测试后,一般情况下故障就被诊断出来了。但是,有些故障的征兆不明显,而故障又确实存在,这就成为故障诊断中最难以处理的情况,称之为疑难故障（有些属于偶发性故障或间歇性故障）诊断。对于疑难故障,诊断时可查阅汽车维修手册中的疑难故障诊断表,根据其上的检查要点和顺序进行。必要时可进行故障征兆模拟试验,再现故障出现的环境和条件,进行全面分析与判断,总能把故障诊断出来。故障征兆模拟试验,也适用于用故障自诊断系统诊断故障的程序和方法（在试验状态下）。

进行故障征兆模拟试验以前,最好能把可能发生故障的电路、连接器、传感器、执行器或相关部件的范围缩小,以缩短试验和诊断的时间。

在汽车静止、发动机运转的情况下,进行发动机故障征兆模拟试验,主要有以下四种方法:

1）振动法。模拟汽车行驶时的振动,以利易松动部位故障再现。

2）加热法。模拟发动机工作时某一部位的温度,以利故障再现。

3）淋水法。模拟雨、雪、雾的高湿度环境,以利故障再现。

4）电负荷满载法。模拟汽车使用全部用电负载时的工作情况,以利故障在用电满负荷或超负荷情况下再现,必要时可进行汽车路试。

（6）进行对比试验

对比试验是用性能良好的同一型号、规格的新元器件,替换下被怀疑有故障的旧元器件的一种试验。替换后如果故障排除,说明原旧元器件确实有问题。

综上所述,电控燃油喷射系统 EFI 诊断故障的程序和方法框图如图 4 - 40 所示。

需要指出的是,采用传统方法诊断故障时要注意使用必要的检测设备,如气缸压力表、燃油压力表、真空表、万用表、点火（喷油）正时仪、示波器、扫描仪、专用诊断仪和发动机综合性能检测仪等,以提供检测数据。

不管采用故障自诊断系统诊断故障,还是采用传统方法诊断故障,都应该对元器件和电路进行深入检查,并根据检测设备提供的数据（如扫描仪等仪器提供的数据流等）,针对故障的现象和特征,进行综合分析和判断,直至将故障诊断出来并排除掉。

接收故障车

↓

倾听用户意见

↓

进行外观检查，发现问题及时消除，必要时进行路试

↓

读取诊断代码：在正常状态（静态）和试验状态（动态）下，按照一定方法进入故障诊断系统后，均可就车读取诊断代码或通过解码器、扫描仪、专用诊断仪和发动机综合检测仪等专用检测仪器显示诊断代码

有诊断代码，采用故障自诊断系统诊断故障

无诊断代码或显示正常代码，但故障又确实存在，采用传统方法诊断故障

↓

进行基本检查：检查蓄电池电压、曲轴转动情况、发动机起动情况、怠速运转情况、空气滤清器堵塞情况、气缸压力、燃油压力、点火正时、高压跳火和火花塞技术状况等，发现问题及时解决

↓

诊断故障

查阅诊断代码的含义，按其车型维修手册或解码器等的指示进行电路检查，直至将故障诊断出并排除

遇常见故障时，可查阅该车型维修手册中的故障征兆一览表，并按表中给定的诊断次序(1、2、3……)诊断并排除故障

遇疑难故障(有些为偶发性故障或间歇性故障)时，按其车型维修手册的指示进行检查，必要时进行故障征兆模拟试验再现故障，直至将故障诊断出来并排除

故障诊断中可采用对比试验的方法，即用性能良好的同一型号、规格的新元器件，替换下被怀疑有故障的旧元器件。替换后如果故障排除，说明原旧元器件确实有问题

↓

清除诊断代码

↓

进行路试

↓

重阅诊断代码

↓

进行路试

如无诊断代码，诊断结束

如仍有诊断代码，诊断继续

如仍有故障，诊断继续

如再无故障，诊断结束

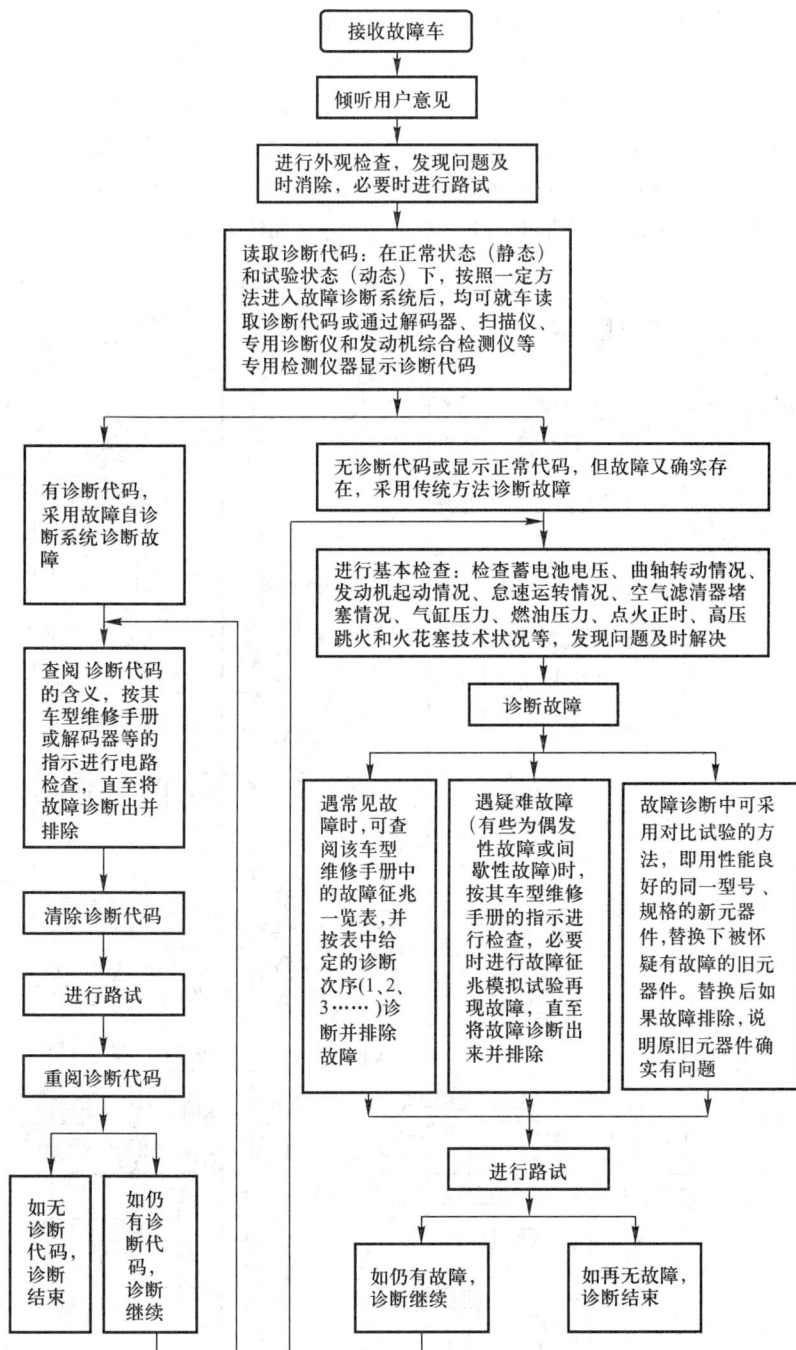

图 4-40　电控燃油喷射系统 EFI 诊断故障的程序和方法框图

学习项目4.4　电控燃油喷射系统主要电子元器件的故障诊断方法

电控燃油喷射(EFI)系统的 ECU、传感器和执行器的技术状况，多表现在断路、短路、接触

不良和元器件损坏上,可以通过万用表检测其电压、电阻和通过示波器观测其信号电压波形等方法,找出故障的原因和部位。万用表和示波器的测针必须可靠接触测点,才能保证测量结果正确无误。当使用示波器观测波形时,如无特殊说明,示波器的 COM 测针应在发动机机体上搭铁或连接蓄电池负极,CH1 测针连接在被测电气设备的输出或输入信号线上。

丰田凌志 LEXUS LS400 型汽车 1UZ－FE 型发动机 EFI 系统的电路图如图4－41所示,丰田皇冠 3.0 型汽车 2JZ－GE 型发动机 EFI 系统的电路图,如图4－42所示,供学习中参考。

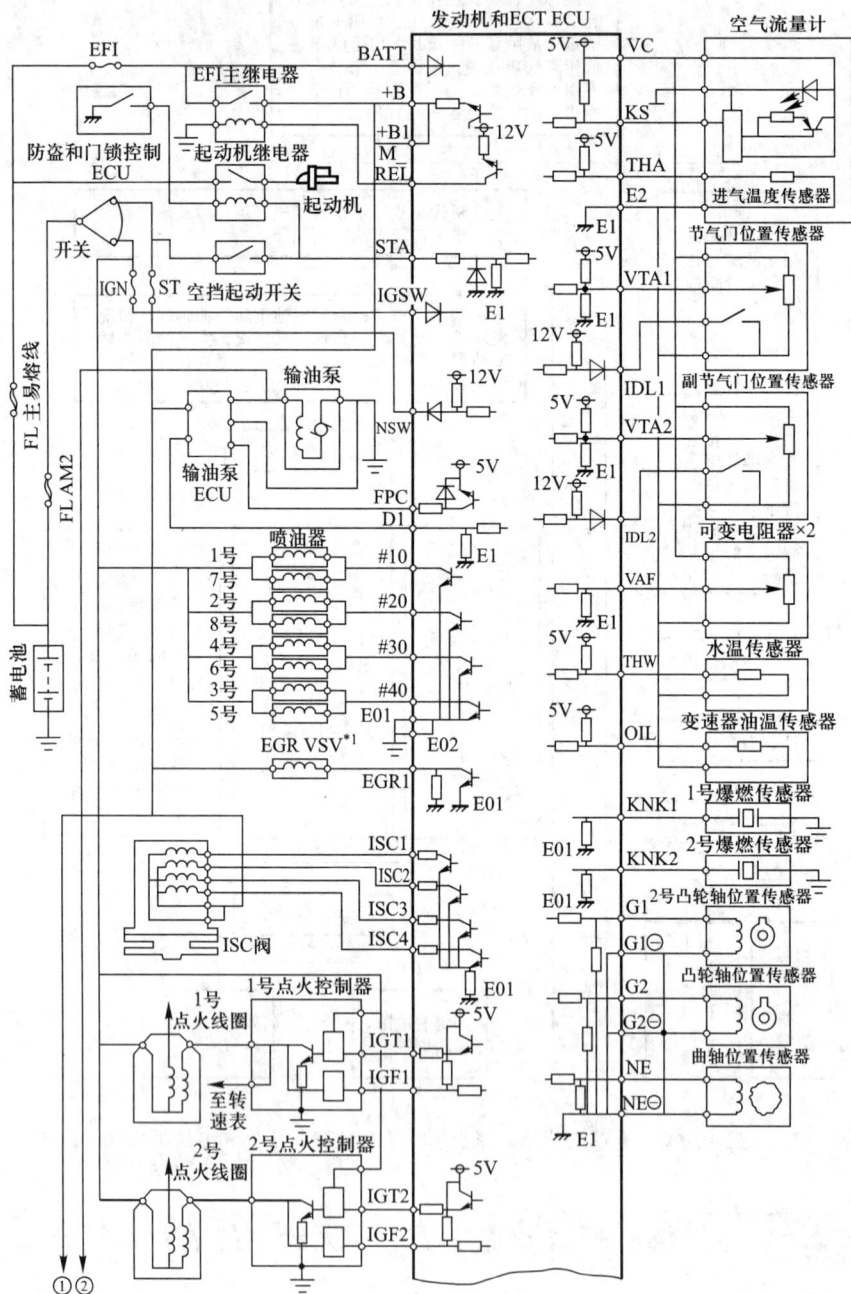

图 4－41   丰田凌志 LEXUS LS400 型汽车 1UZ－FE 型发动机 EFI 系统电路图

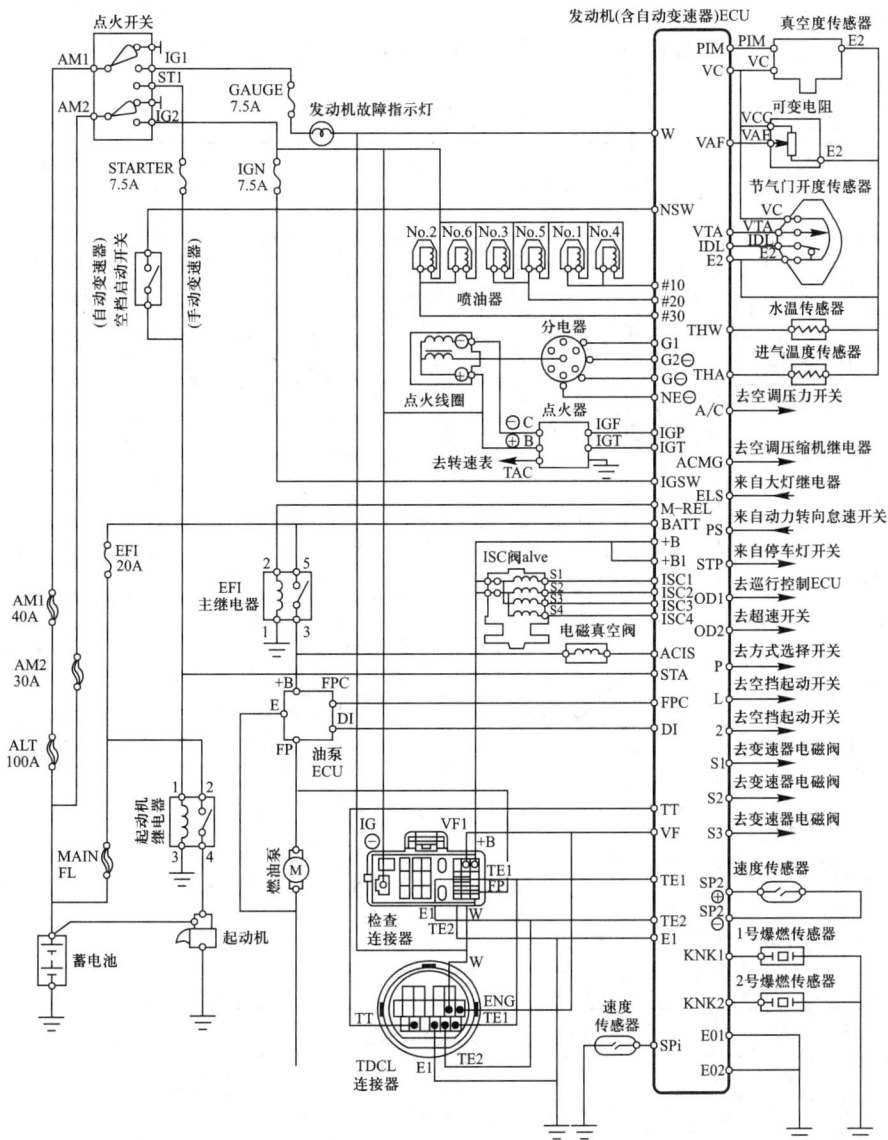

图 4-42 丰田皇冠 3.0 型汽车 2JZ-GE 型发动机 EFI 系统电路图

4.4.1 电子控制器的检测方法

电子控制器 (ECU) 是电控系统的核心,主要由输入回路、A/D(模/数)转换器、微机和输出回路等组成,屏蔽安装在一个铝质的方盒内,一般安装在驾驶室组合仪表板下方或发动机机舱内。

（1）电压测量

点火开关置"ON"，蓄电池电压不低于 11 V，用电压表测量 ECU 导线连接器在连接状态下每个插头的电压。1UZ‒FE 型发动机 ECU 导线连接器各端子的标准电压值见表 4‒5，2JZ‒GE 型发动机 ECU 导线连接器各端子的标准电压值见表 4‒6。

表 4‒5　1UZ‒FE 型发动机 ECU 导线连接器各端子的标准电压值

序号	端子	检测条件		标准电压值/V
1	BATT‒E1	点火开关置"ON"		10~14
2	IGSW‒E1			
3	+B(+B1)‒E1			
4	IDL‒E2	点火开关置"ON"	节气门开	4~6
5	VC‒E2			4~6
6	VTA‒E2		节气门全关	0.1~1.0
			节气门全开	3~5
7	KS‒车身接地	点火开关置"ON"		4~6
		盘转或运转		2~4
8	VC‒车身接地	点火开关置"ON"		4~6
9	THA‒E2	点火开关置"ON"	进气温度 20 ℃	1~3
10	THW‒E2		冷却水温度 80 ℃	0.1~1.0
11	10#‒E1 20#‒E1 30#‒E2 40#‒E2	点火开关置"ON"		10~14
12	STA‒E1	发动机运转		6~14
13	ISC1 ISC4　‒E1 ISC4 ISC4	点火开关置"ON"		9~14
14	IGT‒E1	怠速		0.7~1.0
15	W‒E1	发动机无故障（发动机故障指示灯熄灭）运转		8~14

续表

序号	端子	检测条件		标准电压值/V
16	A/C – E1	空调开关置"ON"		0 ~ 2
17	TE1 – E1	点火开关置"ON"	检查用连接器的端子 TE1 与 E1 不连接	4 ~ 6
			检查用连接器的端子 TE1 与 E1 连接	0 ~ 1
18	NSW – E1	点火开关置"ON"	换至 P 挡或 N 挡	0 ~ 1
			除 P 或 N 挡外任一挡	10 ~ 14

表 4 – 6　2JZ – GE 型发动机 ECU 导线连接器各端子的标准电压值

序号	端子		检测条件		标准电压值/V
1	BATT – E1		点火开关置"ON"		9 ~ 14
	IGSW – E1				
	M – REL – E1				
	+ B – E1				
	+ B1 – E1				
2	IDL – E2		点火开关置"ON"	节气门开	9 ~ 14
	VC – E2				4.0 ~ 5.5
	VTA – E2			节气门全开	0.3 ~ 0.8
				节气门开	3.2 ~ 4.9
3	PIM – E2		点火开关置"ON"		3.3 ~ 3.9
	VC – E2				4.0 ~ 5.5
4	10# 20# 30#	—	E01 E02		9 ~ 14
5	THA – E2		点火开关置"ON"	进气温度 20 ℃	0.5 ~ 3.4
6	THW – E2			冷却水温度 80 ℃	0.2 ~ 1.0
7	STA – E1		起动		6 ~ 14
8	IGT – E1		起动或怠速		脉冲发生

续表

序号	端子		检测条件		标准电压值/V
9	ISC1 ISC2 ISC3 ISC4	– E1	点火开关置"ON"		9 ~ 14
10	W – E1		发动机运转正常,发动机故障警告灯熄灭		9 ~ 14
11	ELS – E1		尾灯和雾灯都接通		9 ~ 14
			尾灯和雾灯都关闭		3 或更小
12	STP – E1		踩下制动踏板,使制动灯接通		9 ~ 14
			制动灯关闭		3 或更小
13	ACIS – E1				9 ~ 14
14	OD1 OD2	– E1	点火开关置"ON"		1.5 或更小
15	IGF – E1				
16	KS – E1				
17	G1 G2	– G⊖	急速		脉冲发生
18	NE – G⊖				
19	KNK1 KNK2	– E1			
20	D1 – E1				
21	FPC – E1		起动发动机,加速到 6 000 r/min		4.5 ~ 5.5
22	VF – E1		暖机后使发动机转速保持在 2 500 r/min ,180 s 后回到急速		1.8 ~ 3.2
23	NSW – E		点火开关置"ON"	变速杆置于 P 或 N 挡	3 或更小
					9 ~ 14
24	SP1 SP2 ⊕	– E1		变速杆置于 P 或 N 挡以外的任何一个挡位	4 或更小
25	TE1 TE2	– E1		检查用连接器的 TE1 – E1 不连接	9 ~ 14
				检查用连接器的 TE1 – E1 连接	1 或更小
26	A/C ACMG	– E1		空调打开	9 ~ 14
				空调关闭	1.5 或更小

（2）电阻测量

1）欧姆表测针应从导线一侧插进电路端的插头，因此应小心拆卸 ECU 电路插头。

2）测量电路插头每个端子间的电阻值。

1UZ - FE 型发动机 ECU 导线连接器各端子的标准电阻值见表 4 - 7，2JZ - GE 型发动机 ECU 导线连接器各端子的标准电阻值见表 4 - 8。

表 4 - 7　1UZ - FE 型发动机 ECU 导线连接器各端子的标准电阻值

序号	端子		检测条件	标准电阻值/Ω
1	+ B（ + B1 ）	- 10# - 20# - 30# - 40#		0. 05 ~ 1. 78
2	+ B（ + B1 ）	- PR		30 ~ 50
3	+ B（ + B1 ）	- EGR		30 ~ 50
4	+ B（ + B1 ） + B（ + B1 ）	- HT1 - HT2		5. 1 ~ 6. 3
5	+ B（ + B1 ）	- ISC1 - ISC2 - ISC3 - ISC4		10 ~ 30
6	+ B（ + B1 ） - BK			∞
7	IDL1 - E2		节气门开	∞
			节气门全关	0 ~ 2 300
8	THW - E2		水温 80℃	200 ~ 400
9	THA - E2		进气温度 20 ℃	200 ~ 300
10	VTA1 - E2		节气门全开	2 800 ~ 8 000
			节气门全关	200 ~ 800

表 4 - 8　2JZ - GE 型发动机 ECU 导线连接器各端子的标准电阻值

序号	端子	检测条件	标准电阻值/Ω
1	ZDL - E2	节气门开	∞
		节气门全关	≤500
2	VTA - E2	节气门全开	2 400 ~ 11 200
		节气门全关	340 ~ 6 300
3	VC - E2		3 100 ~ 7 200

续表

序号	端子		检测条件	标准电阻值/Ω
4	THA – E2		进气温度 20 ℃	2 000 ~ 3 000
5	THW – E2		水温 80 ℃	200 ~ 400
6	G1 G2	– G⊖	冷机	125 ~ 190
7	NE – G⊖		冷机	155 ~ 240
8	ISC1 ISC2 ISC3 ISC4	– + B + B1		10 ~ 30
9	10# 20# 30#	– + B + B1		13. 2 ~ 14. 2
10	ACIS –	+ B + B1		38. 5 ~ 44. 5

4.4.2　主要传感器的检测方法

（1）空气流量计

空气流量计安装在空气滤清器与节气门之间,用于测量进入气缸的空气流量,并将空气流量变成电信号传输给电子控制器(ECU)。常用的空气流量计有叶片式、热线式、热膜式和卡门旋涡式四种类型。下面仅以丰田子弹头 2JZ – FE 型发动机叶片式空气流量计为例介绍其检测方法,其测量图如图 4 – 43 所示。

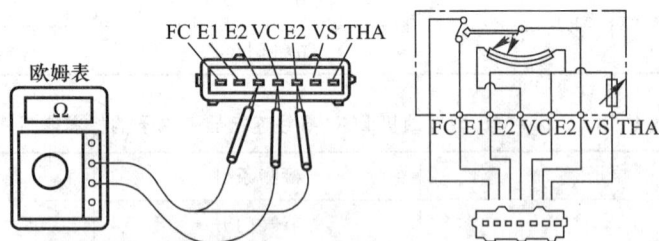

图 4 – 43　2JZ – FE 型发动机叶片式空气流量计测量图

1）电压测量。使用电压表测量 ECU 端 VC – E2 端子和 VS – E2 端子,其标准电压值见表 4 – 9。如果与标准值不符,则说明叶片式空气流量计有故障。

表4-9 2JZ-FE型发动机叶片式空气流量计标准电压值

端子	故障	检测条件		标准电压值/V
VC-E2		点火开关置ON		4~6
			测量板全关	3.7~4.3
	无电压		测量板全开	0.2~0.5
VS-E2		怠速		2.3~2.8
		3 000 r/min		0.3~1.0

2）电阻测量。就车检测电阻时,应先脱开叶片式空气流量计的导线连接器,再用电阻表检测叶片式空气流量计上各端子间的电阻值。各端子间的标准电阻值见表4-10。

表4-10 2JZ-FE型发动机叶片式空气流量计上各端子间的标准电阻值(就车检测)

端子	温度/℃	标准电阻值/Ω
VS-E2		200~600
VC-E2		200~400
THA-E2	-20	10 000~20 000
	0	4 000~7 000
	20	2 000~3 000
	40	900~13 000
	60	400~700
FC-E1		∞

在车下检测电阻时,应先拆下叶片式空气流量计,再用电阻表根据测量板不同开度检测FC-E1、VS-E2端子间的电阻值。各端子间的标准电阻值见表4-11。

表4-11 2JZ-FE型发动机叶片式空气流量计上各端子间的标准电阻值(车下检测)

端子	标准电阻值/Ω	测量板位置
FC-E1	∞	全关闭
	0	非关闭
VS-E2	200~600	全关闭
	20~1 200	从全关到全开

不管就车还是在车下检测电阻值,只要电阻值不符合要求,就应更换叶片式空气流量计,并重新连接好导线连接器。

3）波形观测。利用示波器可以观测到空气流量计输出信号电压(或频率)的变化情况。需要提请注意的是,叶片式空气流量计输出的信号电压有两种变化形式:第一种变化形式是输出的信号电压随发动机进气量的增大而增高,多安装在欧洲、亚洲车型上;第二种变化形式是输出的信号电压随发动机进气量的增大而降低,多安装在丰田车系上,如上述丰田子弹头 2JZ - FE 发动机的叶片式空气流量计就是如此。

把示波器的 COM 测针连接到空气流量计的搭铁线上,把 CH1 测针连接到空气流量计的信号输出线(通往 ECU)上,关闭发动机所有附件,起动发动机,即可观测到空气流量计输出信号电压(或频率)波形的变化情况。一般情况下,空气流量计输出信号电压的变化范围,上述第一种变化形式,在怠速下是 1.0 V 左右,节气门全开时最大幅值可达 4.5 V。

在节气门从全闭到全开再到全闭动作过程中,叶片式空气流量计(模拟式)输出信号电压的变化波形图(输出的信号电压随发动机进气量的增大而增高)如图 4 - 44 所示,热线式空气流量计(模拟式)输出信号电压的变化波形图如图 4 - 45 所示,卡门旋涡式空气流量计(数字式)输出信号频率的变化波形图如图 4 - 46 所示。可以看出,随着进气量增加,叶片式空气流量计和热线式空气流量计输出信号电压是逐渐增加的,卡门旋涡式空气流量计输出信号频率也是增加的。如果发动机在加、减速时信号电压或信号频率无变化或变化微小,则说明空气流量计或其相关电路有故障。

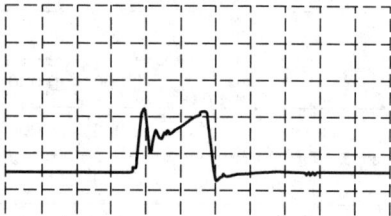

图 4 -44 叶片式空气流量计
输出信号电压的变化波形图

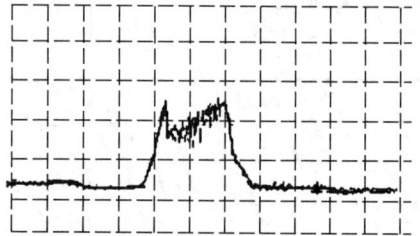

图 4 -45 热线式空气流量计
输出信号电压的变化波形图

(2) 进气歧管压力传感器

进气歧管压力传感器安装在进气歧管内,用于测量进入气缸的空气压力,并将空气压力变成电信号传输给电子控制器(ECU)。丰田皇冠 3.0 型汽车 2JZ - GE 型发动机半导体式进气歧管压力传感器的电路图如图 4 - 47 所示,测量图如图 4 - 48 所示。

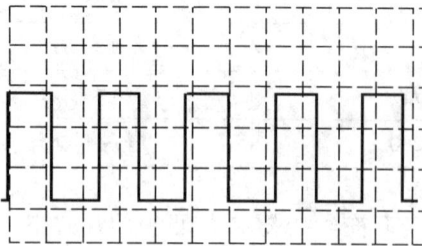

图 4 -46 卡门旋涡式空气流量
计输出信号频率的变化波形图

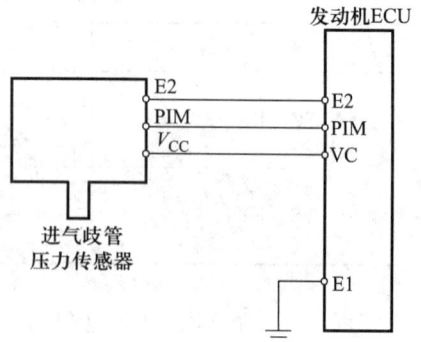

图 4 -47 2JZ -GE 型发动机半导体式
进气歧管压力传感器电路图

(a) 就车检测电源电压　　　　　　(b) 检测输出电压

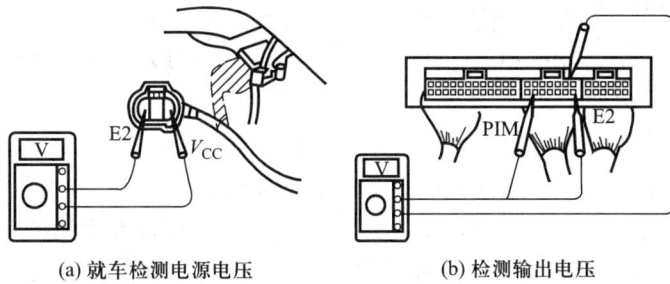

图 4 - 48　2JZ - GE 型发动机半导体式进气歧管压力传感器测量图

1）电源电压测量。点火开关置"ON"，用电压表测量进气歧管压力传感器的电源电压，如图 4 - 48a 所示。VCC 端子与 E2 端子间的标准电压应为 4.5 ~ 5.5 V。

2）输出电压测量。点火开关置"ON"，拆下进气歧管处的真空软管，用电压表测量进气歧管压力传感器 ECU 端连接器 PIM 与 E2 端子间在大气压力下的输出电压，如图 4 - 48b 所示。然后，用真空泵对进气歧管压力传感器施加 13.3 ~ 66.7 kPa 的真空度，再测 ECU 端连接器 PIM 与 E2 端子间的电压降。该电压降应符合表 4 - 12 中所列值，否则应更换进气歧管压力传感器。

表 4 - 12　2JZ - GE 型发动机半导体式进气歧管压力传感器在不同真空度下的电压降

真空度/kPa	13.3	26.7	40.0	53.5	66.7
电压降 （PIM - E2 间电压）/V	0.3 ~ 0.5	0.7 ~ 0.9	1.1 ~ 1.3	1.5 ~ 1.7	1.9 ~ 2.1

3）波形观测。利用示波器可以观测到进气歧管压力传感器输出信号电压或频率的变化情况。进气歧管压力传感器有模拟式和数字式两种形式。

一般情况下，进气歧管压力传感器输出信号电压的变化范围，在怠速下是 1.25 V 左右，节气门全开时最大幅值可达 5.0 V 左右。

在节气门从全闭到全开再到全闭动作过程中，模拟式进气歧管压力传感器输出信号电压变化波形图如图 4 - 49 所示，数字式进气歧管压力传感器输出信号频率变化波形图如图 4 - 50 所示。可以看出，随着进气量增加，模拟式进气歧管压力传感器输出信号电压是逐渐增大的，

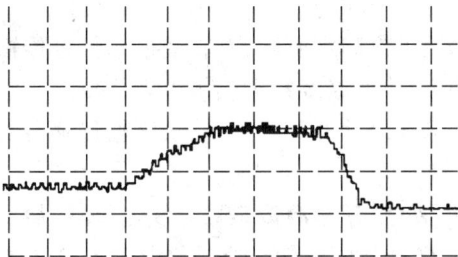

图 4 - 49　模拟式进气歧管压力传感器
输出信号电压变化波形图

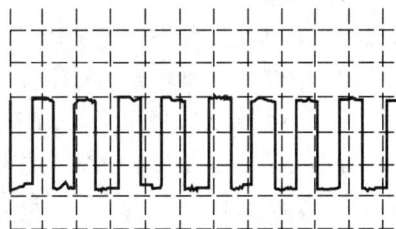

图 4 - 50　数字式进气歧管压力传感器
输出信号频率变化波形图

数字式进气歧管压力传感器输出信号频率也是增大的。如果发动机在加、减速时信号电压或信号频率无变化或变化微小，说明进气歧管压力传感器或其相关电路有故障。

（3）进气温度传感器

进气温度传感器通常安装在空气流量计空气测量部位附近，可检测发动机的进气温度，并转变成电信号传输给ECU。进气温度传感器由外壳和对温度变化非常敏感的负温度系数热敏电阻构成。热敏电阻的阻值随进气温度升高而降低，随进气温度降低而升高。

1）电阻测量。脱开进气温度传感器的导线连接器，用欧姆表测量其插头间的电阻值，如图4－51a所示，其电阻值应符合图4－51b所示。如果不符合要求，应更换进气温度传感器。

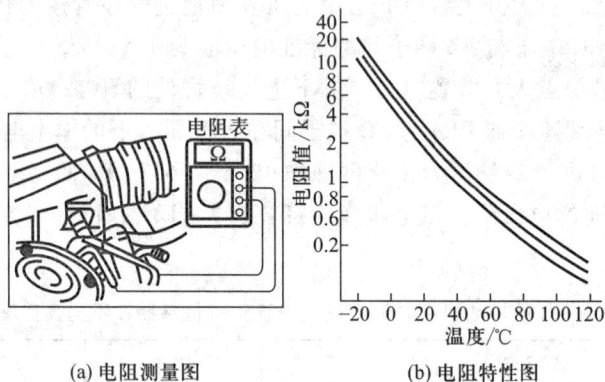

(a) 电阻测量图　　　　　(b) 电阻特性图

图4－51　进气温度传感器电阻测量图

2）波形观测。利用示波器可以观测到进气温度传感器输出信号电压的变化情况。如果怀疑发动机故障是进气温度传感器输出信号不准确造成的，就应该从发动机未工作之前的冷态（点火开关置"ON"，不起动发动机）开始检测。一般情况下，进气温度传感器输出信号电压的变化范围，为从冷态的略小于5 V到正常工作的1～2 V。如果进气温度传感器电路中出现开路，则输出信号电压将保持5 V的参考电压；如果进气温度传感器电路中出现短路，则输出信号电压将保持0。因此，如果进气温度传感器波形是一个0 V或5 V的直流信号，或者波形不随进气温度的变化而变化（信号电压幅值与进气温度成反比），则应检查进气温度传感器及其相关电路。

（4）水温传感器

水温传感器通常安装在节温器附近，可检测发动机冷却水温度，并转变成电信号传输给ECU。水温传感器由金属外壳和对温度变化非常敏感的负温度系数热敏电阻构成。热敏电阻的阻值随冷却水温度升高而降低，随冷却水温度降低而升高。可以看出，水温传感器的结构和输出特性与进气温度传感器完全相同。

1）电阻测量。拆下蓄电池负极插头，放出冷却液，脱开水温传感器导线连接器，从发动机上拆下水温传感器，在不同水温条件下用欧姆表测量其电阻值。皇冠3.0汽车2JZ－GE型发动机水温传感器电阻测量图如图4－52a所示，测得的电阻值应在图4－52b所示两条曲线之间。如果电阻值在两条曲线之外，则应更换水温传感器。

2）波形观测。利用示波器可以观测到水温传感器输出信号电压的变化情况。如果怀

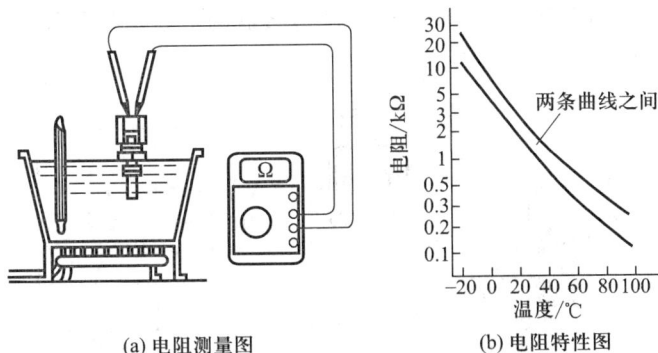

(a) 电阻测量图 (b) 电阻特性图

图 4 - 52 2JZ - GE 型发动机水温传感器电阻测量图

疑发动机故障是水温传感器输出信号不准确造成的,就应该从发动机未工作之前的冷态(点火开关置"ON",不起动发动机)开始检测。一般情况下,水温传感器输出信号电压的变化范围,为从冷态的略小于 5 V 到正常工作的 1 ~ 2 V。如果水温传感器电路中出现开路,则输出信号电压将保持 5 V 的参考电压;如果水温传感器电路中出现短路,则输出信号电压将保持 0 V。因此,如果水温传感器波形是一个 0 V 或 5 V 的直流信号,或者波形不随冷却水温度的变化而变化(信号电压幅值与冷却水温度成反比),则应检查水温传感器及其相关电路。

(5) 节气门开度传感器

节气门开度传感器安装在节气门体上,用于检测节气门的开度,并转变成电信号传输给 ECU。节气门开度传感器有模拟式、开关式和编码式三种形式。

1) 电压测量。点火开关置"ON",在节气门开度传感器连接器接插良好的情况下,ECU 连接器上 IDL、VC、VTA 三个端子处的电压应与规定相符,否则说明节气门开度传感器有故障。丰田皇冠 3.0 型汽车 2JZ - GE 型发动机节气门开度传感器的电路图如图 4 - 53 所示,标准电压值见表 4 - 13。

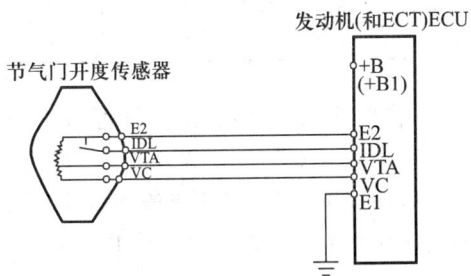

图 4 - 53 2JZ - GE 型发动机
节气门开度传感器电路图

表 4 - 13 2JZ - GE 型发动机节气门开度传感器标准电压值

端子	检测条件		标准电压/V
IDL - E2	点火开关置 ON	节气门开	9 ~ 14
VC - E2			4.0 ~ 5.5
VTA - E2		节气门全开	0.3 ~ 0.8
		节气门开	3.2 ~ 4.9

2) 电阻测量。检查前先脱开节气门开度传感器导线连接器,用塞尺检查节气门止动螺钉与止动杆间的间隙,用欧姆表测量节气门开度传感器导线连接器端子间的电阻值。丰田

皇冠 3.0 型汽车 2JZ - GE 型发动机节气门开度传感器的电阻测量图如图 4 - 54 所示,间隙和电阻值应符合表 4 - 14 中的给定值。

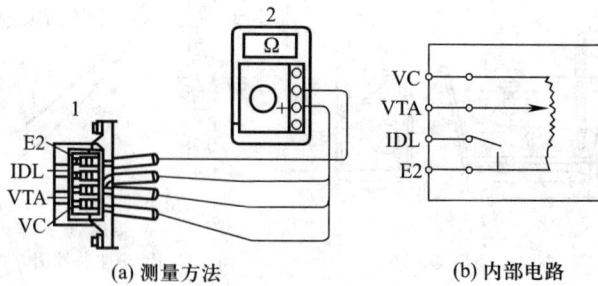

图 4 -54　2JZ -GE 型发动机节气门开度传感器电阻测量图
1—节气门开度传感器导线连接器;2—欧姆表

表 4 -14　2JZ -GE 型发动机节气门开度传感器各端子间的电阻值

止动螺钉与止动杆间的间隙/mm	端子名称	电阻值/kΩ
0	VTA - E2	0. 34 ~ 6. 3
0. 45	IDL - E2	0. 5 或更小
0. 55	IDL - E2	无限大
节气门全开	VTA - E2	2. 4 ~ 11. 2
	VC - E2	3. 1 ~ 7. 2

3）波形观测。利用示波器可以观测到节气门开度传感器输出信号电压的变化情况。

一般情况下,节气门开度传感器输出信号电压的变化范围,在打开点火开关不起动发动机的情况下,节气门从全关到全开,信号电压幅值在 1. 0 ~ 5. 0 V 之间变化;在发动机运转中,怠速下信号电压一般低于 1. 0 V,节气门全开运转时信号电压一般低于 5. 0 V,且波形应连续,不应有向下的尖波、大的跌落或断点。要特别注意信号电压达到 2. 8 V 左右时的波形,此处是节气门开度传感器滑动触点最易损坏或断裂之处。模拟式节气门开度传感器在发动机怠速运转时测得的波形是一条较为稳定的直流电压波形,如图 4 -55 所示;在节气门从全闭到全开再到全闭动作过程中,输出信号电压的正常变化情况如图 4 -56 所示;故障波

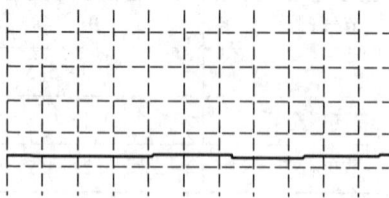

图 4 -55　模拟式节气门开度传感器
在发动机怠速运转时测得的波形图

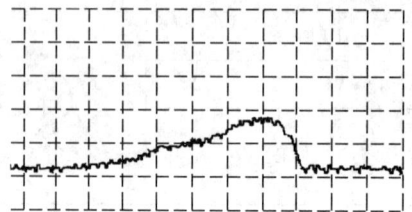

图 4 -56　模拟式节气门开度传感器
输出信号电压正常变化波形图

形（波形出现跌落）如图 4 - 57 所示。从图 4 - 56 中可以看出，随着节气门逐渐开大，模拟式节气门开度传感器输出信号电压是逐渐增大的。如果发动机在加、减速时信号电压无变化、变化微小或出现异常波形，则说明节气门开度传感器或其相关电路有故障。

（6）曲轴位置传感器

曲轴位置传感器安装在曲轴上、凸轮轴上、分电器内或飞轮壳上，用于检测曲轴转角位置，并转变成电信号传输给 ECU。该传感器是检测发动机转速、控制点火时刻和喷油时刻等不可缺少的信号源，有磁电式、光电式、霍尔效应式三种形式。

以丰田皇冠 3.0 型汽车 2JZ - GE 型发动机曲轴位置传感器为例，介绍电阻测量和间隙检查方法，其电路图如图 4 - 58 所示。

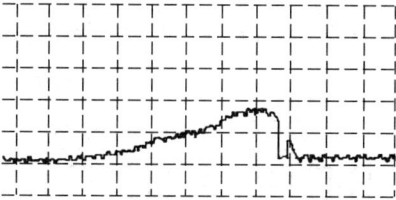

图 4 - 57　模拟式节气门开度传感器
故障波形（波形出现跌落）图

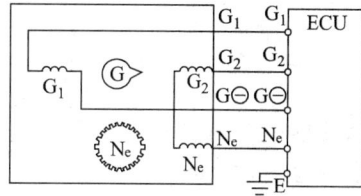

图 4 - 58　2JZ - GE 型发动机曲轴
位置传感器电路图

1）电阻测量。脱开曲轴位置传感器的导线连接器，用欧姆表测量曲轴位置传感器端子间的电阻值。电阻值应符合表 4 - 15 中的给定值。如果不符合要求，应更换曲轴位置传感器。

表 4 - 15　曲轴位置传感器端子间的电阻值

端子	检测条件	电阻值/Ω
G1 - G$\ominus$	冷态	125 ~ 200
	热态	160 ~ 235
G2 - G$\ominus$	冷态	125 ~ 200
	热态	160 ~ 235
N_e - G$\ominus$	冷态	155 ~ 250
	热态	190 ~ 290

2）间隙检查。用塞尺检查传感线圈凸出部分与信号转子之间的空气间隙，如图 4 - 59 所示。其间隙应为 0.2 ~ 0.4 mm。如果不符合要求，应更换分电器壳体。

3）波形观测。磁电式曲轴位置传感器，利用永久磁铁、传感线圈和磁阻圆盘（带有缺口和舌片）的磁电感应，输出的是模拟交流电压信号，从示波器上看到的是一个正弦波波形，波形幅值和波形频率均随转速的升高而升高，随转速的降低而降低，正常波形如图 4 - 60 所示。

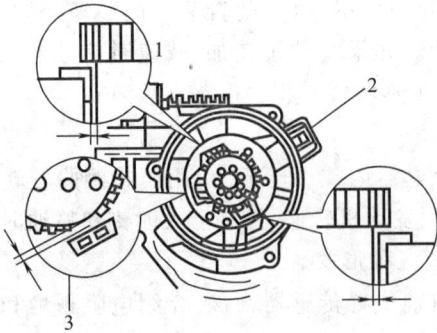

图 4 -59 检查传感线圈与信号转子之间的空气间隙
1—G1 传感线圈；2—G2 传感线圈；3—Ne 传感线圈

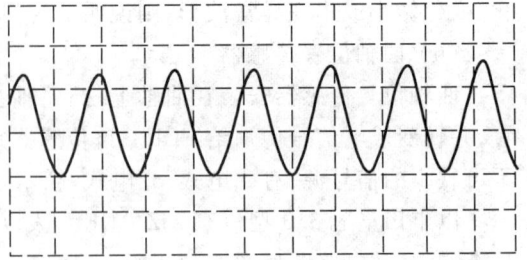

图 4 -60 磁电式曲轴位置传感器正常波形图

光电式曲轴位置传感器利用发光二极管、光敏二极管和转盘（带有缺口或孔眼）的光电作用，霍尔效应式曲轴位置传感器利用霍尔半导体元件、永久磁铁和叶轮（带有缺口并周缘向下弯曲）的霍尔效应，二者均输出方波电压脉冲，其正常波形如图 4 -61 所示。光电式和霍尔效应式曲轴位置传感器输出波形幅值不变，一般为供电电压值，波形频率随转速的变化而变化。

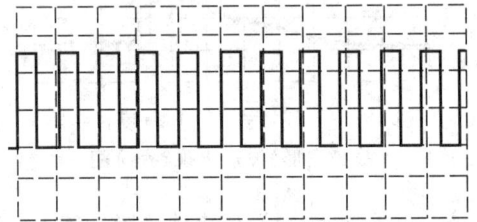

图 4 -61 光电式和霍尔
效应式曲轴位置传感器正常波形图

在波形观测中，波形的连续、稳定和脉冲信号的均匀一致是非常重要的。不论是磁电式、光电式还是霍尔效应式曲轴位置传感器，如果输出的波形为一条直线，波形频率（磁电式曲轴位置传感器还应包括波形幅值）不随转速的变化而变化，则曲轴位置传感器或其电路有故障。如果波形不正常，应首先检查有关电路是否由于老化、接触不良或连接器损坏等原因造成。检查中可一边晃动、轻拍有关线束或连接器，一边观察示波器显示的波形，将有利于问题找出。如果波形变得非常不均匀，可能是单缸工作不良造成的。如果波形有断开现象，可能是单缸"失火"造成的。

（7）凸轮轴位置传感器和发动机转速传感器

凸轮轴位置传感器用于检测凸轮轴转角位置，发动机转速传感器用于检测发动机转速，并分别转变成电信号分别传输给 ECU。它们的结构、工作原理和类型均同曲轴位置传感器。

以丰田凌志 LEXUS LS400 型汽车 1UZ - FE 型发动机凸轮轴位置传感器和发动机转速传感器为例，介绍电阻测量和波形观测方法，其电路图如图 4 -62 所示。

1）电阻测量。脱开各传感器导线插接器，用欧姆表测量 1 号凸轮轴位置传感器、2 号凸轮轴位置传感器和曲轴位置传感器的电阻值，应为：

冷态（ - 10 ~ 50 ℃）时：均为 835 ~ 1 400 Ω。

热态（50 ~ 100 ℃）时：均为 1 060 ~ 1 645 Ω。

对于不同时期生产的同一机型的发动机，上述数据可能略有差异，使用时应查阅该车型

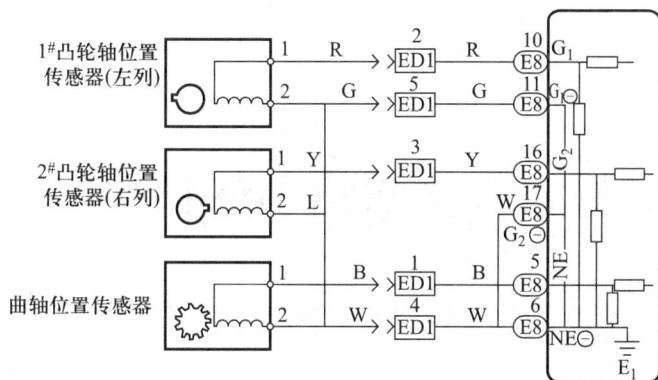

图 4 -62 1UZ -FE 型发动机凸轮轴位置传感器和发动机转速传感器电路图

维修手册。

2）波形观测。凸轮轴位置传感器和发动机转速传感器的波形观测方法,同曲轴位置传感器,不再赘述。

（8）爆燃传感器

爆燃传感器安装在气缸体或气缸盖上,能检测到发动机爆燃界限,并转变成电信号传输给 ECU,以实现发动机爆燃控制。爆燃传感器有磁致伸缩式和压电式两种类型。丰田系列发动机爆燃传感器的电路图如图 4 -63 所示。

1）电阻测量。脱开爆燃传感器导线连接器,用欧姆表测量接线端子与外壳间的电阻值。如果电阻值为 0,表明已经导通,应更换爆燃传感器。

2）波形观测。点火开关置"ON",不起动发动机,用扳手敲击发动机缸体或缸盖,从示波器上可以看到爆燃传感器输出的类似正弦波的交流电压信号。敲击越重,波形振幅和频率越大。汽车路试中当发动机产生爆燃时,随着发动机转速、负荷的增加,示波器显示波形的振幅和频率也增加。当爆燃传感器检测到一个短暂的爆燃信号时,示波器显示的波形如图 4 -64 所示;当检测到连续不断的爆燃信号时,显示的波形如图 4 -65 所示。如果观测中不显示波形,或波形振幅和波形频率不随爆燃加大而增加,应检查爆燃传感器及其相关电路。

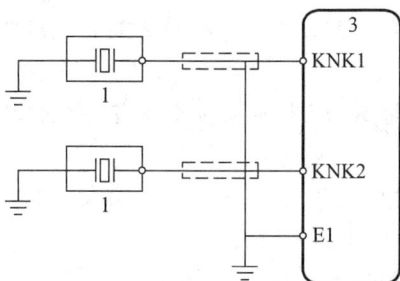

图 4 -63 丰田系列发动机爆燃传感器电路图
1—1 号爆燃传感器; 2—2 号爆燃传感器;
3—发动机 ECU

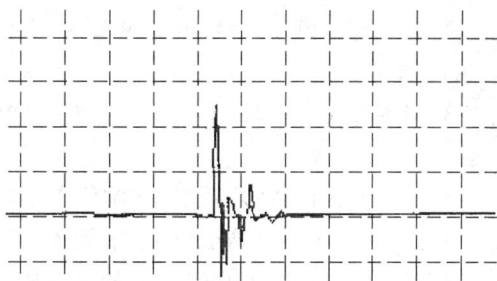

图 4 -64 爆燃传感器检测到一个
短暂的爆燃信号时的波形

应当指出的是,爆燃传感器的可靠性和耐久性都比较强,除非机械损坏,一般不会失效。

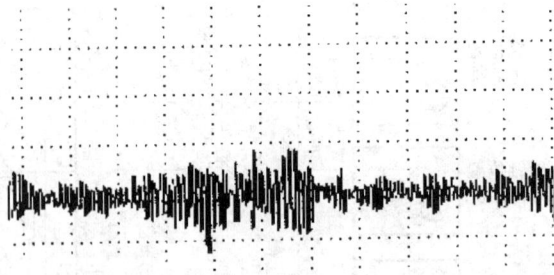

图 4 -65　爆燃传感器检测到连续不断的爆燃信号时的波形

（9）氧传感器

氧传感器安装在发动机排气管内，能检测出排气中的氧气含量，并转变成电信号传输给 ECU，以便把混合气的空燃比控制在理论空燃比（14.7∶1）附近很窄的范围内，使三元催化转换器达到最佳净化效果，形成 EFI 系统闭环控制。氧传感器有氧化锆氧传感器和二氧化钛氧传感器两种类型。根据它们是否需要加热，又有加热型和非加热型之分。氧传感器的电路图如图 4 -66 所示。

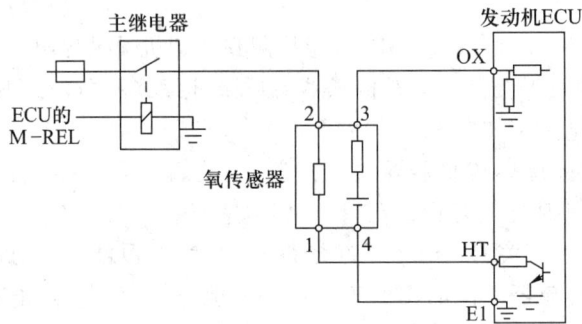

图 4 -66　氧传感器电路图

1）外观检查。从排气管上拆下氧传感器，观察端部颜色，可以判断其技术状况的变化及变化的原因，方法如下：

① 当端部为淡灰色时，氧传感器技术状况正常。

② 当端部为黑色时，系由积炭造成，在清除积炭并排除气缸上机油和混合气过浓等原因后，可继续使用。

③ 当端部为棕色时，系由铅污染（铅"中毒"）造成，应更换氧传感器并避免使用含铅汽油。

④ 当端部为白色时，系由硅（维修中使用硅密封胶或燃油、润滑油中的硅化合物燃烧后生成的二氧化硅）污染造成，应更换氧传感器并避免使用硅密封胶。

处在排气气流中的氧传感器，如果在使用中被积炭、铅、硅等污染而无法与氧气接触，则将逐渐失效。

2）电阻测量。脱开氧传感器的导线连接器，用欧姆表测量氧传感器的端子 1 与 2 之间的电阻值。该电阻值一般在暖机后约为 300 kΩ，在常温下应为无穷大，具体数据应查阅汽车维修手册。如果电阻值不符合要求，应更换氧传感器。

3）电压测量。氧传感器的输出电压测量,按下列方法进行:

① 装回氧传感器的导线连接器。

② 起动发动机在 2 500 r/min 下运转 2 ~ 3 min,使氧传感器达到工作温度。氧传感器端部温度只有达到 300 ℃ 以上时才能输出电压信号,在 800 ℃ 左右时对混合气的变化反应最快。

③ 保持发动机在 2 500 r/min 下稳定运转,用电压表测量氧传感器端子 3 与 4 的输出电压,电压值应为 0.45 V 左右。如果在改变节气门开度过程中输出电压无变化(氧传感器输出电压的变化范围为 0.1 ~ 0.9 V),表明氧传感器工作不良。氧传感器输出电压随可燃混合气混合比变化的关系如图 4 - 67 所示,用示波器可观测到这一波形。

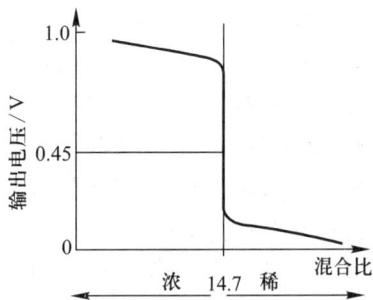

图 4 -67　氧传感器输出电压随混合气混合比变化的波形图

④ 试验中如果拔掉一根发动机真空管使混合气变稀,氧传感器输出电压应降低至 0.3 ~ 0.1 V;如果堵住空气滤清器的进气口使混合气变浓,氧传感器输出电压应增大至 0.8 ~ 0.9 V。若输出电压不能随之快速变化或输出电压变化在 10 s 内小于 8 次(电压表指针在 10 s 内的波动次数),则表明氧传感器有故障,必须更换。

⑤ 如果电压表读数持续偏高,可能是混合气较浓或氧传感器被积炭、铅或硅污染造成的;如果电压表读数持续偏低,可能是混合气较稀、氧传感器故障或氧传感器与 ECU 之间导线电阻过大等原因造成的;如果电压表读数持续为一个中间值,可能是 ECU 回路不通或氧传感器损坏造成的。

4）波形观测。利用示波器可以观测到氧传感器输出信号电压的变化情况。在发动机正常工作温度下,氧传感器输出电压随可燃混合气混合比变化的范围为 0.1 ~ 0.9 V。当输出电压大于 0.45 V 时表示混合气变浓,小于 0.45 V 时表示混合气变稀。ECU 根据氧传感器输出电压的变化,及时加浓或稀释混合气,所以总能把混合气的空燃比控制在理论空燃比(14.7:1)附近很窄的范围内。因此氧传感器输出电压必须快速地反映混合气混合比的变化,才能满足燃油闭环控制系统的要求。由于氧传感器工作在排气气流这种十分恶劣的环境中,会逐渐失效,对混合气混合比的反应时间逐渐变长,输出的信号电压逐渐变低。氧传感器在临近失效时,输出的信号电压将不再变化或根本不输出信号电压,此时故障自诊断系统产生一个故障码。

在发动机高转速下,加热型氧传感器的输出波形如图 4 - 68 所示。如果氧传感器输出电压不能快速地反映混合气混合比的变化,则说明已经失效,必须更换。

从 20 世纪 80 年代开始,有些车型分别在三元催化转换器前、后各装一个氧传感器。ECU 根据前氧传感器输出的信号电压控制混合气混合比,根据后氧传感器输出的信号电压监控三元催化转换器的工作状态,并进一步提高对空燃比的控制精度。

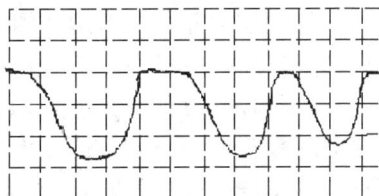

图 4 -68　加热型氧传感器输出波形图

技术状况良好的氧传感器输出的电信号,通过 ECU 的控制作用,可使混合气的混合比总是符合要求的,因而三元催化转换器也总是处于效率最佳的排气净化状态。所以,氧传感器的检测结果已成为一项重要的综合性评价参数。

4.4.3　主要执行器的检测方法

（1）怠速控制阀

怠速控制阀(ISCV)安装在节气门体上,在 ECU 作用下,能自动控制怠速运转时进入发动机的空气量,实现对怠速转速的控制,保证怠速时稳定运转。ECU 通过发动机转速传感器监测怠速转速,并根据自动变速器空挡开关、空调压缩机电磁离合器开关、蓄电池充电指示灯、动力转向压力开关等传输来的信号,不断将实际怠速与预置的目标怠速进行对比,根据对比出的转速差值,指令怠速控制阀调节旁空气通道的空气通过量进行怠速补偿,使怠速转速保持在目标怠速上。

ISCV 大致分为两种:一种为控制节气门全关闭位置的节气门直动式,另一种为控制节气门旁空气通道空气通过量的旁通空气式。旁通空气式应用普遍。旁通空气式 ISCV 可分为步进电动机式、旋转滑阀式、占空比控制式和开关控制式多种形式。

限于篇幅,仅以皇冠 3.0 型汽车 2JZ - GE 型发动机步进电动机式怠速控制阀为例,介绍怠速控制阀的电阻测量、开闭情况检查和电源电压测量,其电路图如图 4 - 69 所示,测量图如图 4 - 70 所示。

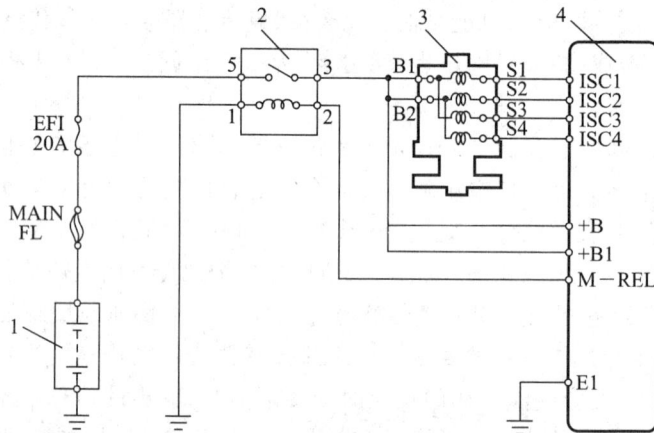

图 4 - 69　2JZ - GE 型发动机步进电动机式怠速控制阀电路图
1—蓄电池;2—EFI 主继电器;3—ISCV 阀;4—发动机 ECU

1)电阻测量。用欧姆表测量 ISCV 上各端子间的电阻值,如图 4 - 70a 所示。其 B1 - S1、B1 - S3、B2 - S2、B2 - S4 端子间的标准电阻值均应为 10 ~ 30 Ω。

2)开闭情况检查。在把 B1、B2 端子与蓄电池正极连接的情况下,如果把 S1、S2、S3、S4 端子按顺序与蓄电池负极(或搭铁)连接,ISCV 应逐渐关闭,如图 4 - 70b 所示；如果把 S4、S3、S2、S1 端子按顺序与蓄电池负极(或搭铁)连接,ISCV 应逐渐开启,如图 4 - 70c 所示。

3)电源电压测量。如果在确认 ISCV 单体正常的情况下怠速控制仍有故障,须检查使 ISCV 动作的电源电压。具体方法是:

(a) 电阻测量

(b) 关闭情况检查   (c) 开启情况检查

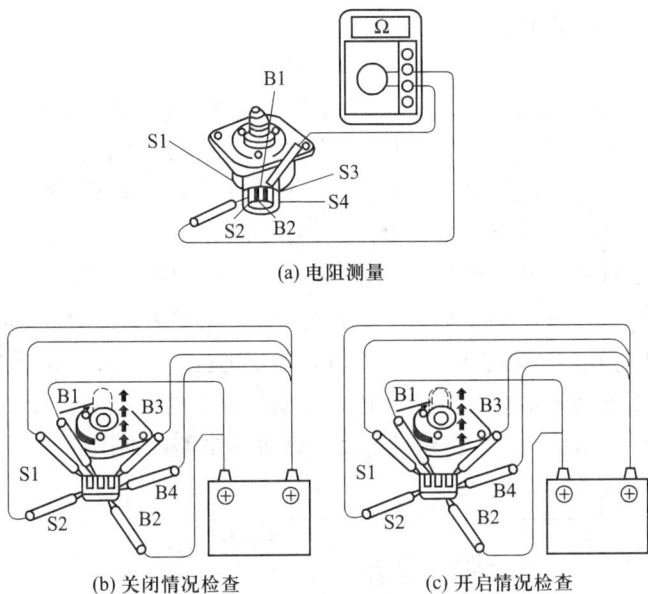

图4-70 2JZ-GE型发动机步进电动机式怠速控制阀测量图

① 点火开关置"ON",测量ISCV的接线端B1、B2与接地间的电压,电压值应为12 V。

② 如果电源电压正常,再在发动机停机后的几秒钟内检查ECU对ISCV的控制信号。可用数字万用表脉冲信号(Hz)挡检查ECU的ISC1~ISC4与机壳接地间是否有脉冲信号发生。也可采用示波器观测ECU的ISCV信号输出是否正常。若输出信号不正常或无信号输出,则检查有关传感器及其连线。如果有关传感器及其连线也无问题,则故障在ECU内部。

4)波形观测。利用示波器可以观测到ECU输出到怠速控制阀的控制信号是否常。起动发动机怠速运转,连续打开并关闭发动机各用电附属装置,如果装备有自动变速器,还可以在P挡和N挡之间来回切换,以改变怠速时发动机的负荷。当发动机负荷发生变化时,ECU应当发出怠速控制指令,ISCV也应调节旁空气通道的空气通过量,使怠速转速相应变化。如果从示波器上看到控制信号波形,即ECU发出了控制信号,而发动机怠速不变化,则怠速控制阀有故障。步进电动机式怠速控制阀的控制信号波形如图4-71所示。

步进电动机式怠速控制阀,由于是通过控制步进电动机的正反旋转方向和旋转量,来带动阀杆和阀芯的往复运动,使旁空气通道的流通截面积即怠速进气量发生变化,来达到控制怠速转速目的的。因此,除了应注意检查步进电动机式ISCV的电气部分(定子、转子及其电路)外,其机械部分的技术状况也不容忽视。要注意检查阀芯与阀座的密封性,进给丝杠轴向移动的灵活性,以及有无脏污、堵塞、犯卡现象等。

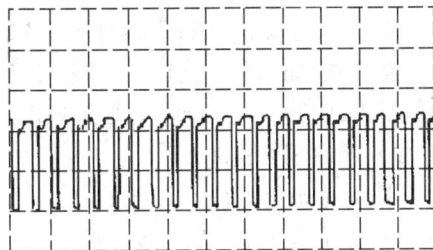

图4-71 步进电动机式怠速
控制阀的控制信号波形图

当发动机出现怠速不稳定时,可能是ISCV技术状况不良造成的,但也可能是发动机转速传感器、节气门位置传感器或喷油器、点火系统、气缸密封性等技术状况不良造成的,因此应注意综合检测、分析和判断。

（2）电动燃油泵

EFI 使用的电动燃油泵安装在燃油箱内或燃油箱外，能把燃油从燃油箱中吸出，加压后输往喷油器。电动燃油泵按结构不同可分为滚柱式、旋涡式和次摆线式三种形式。一般常用的电动燃油泵，在外加电压为 12 V、排出油压为 250 kPa 情况下，排出流量为 100 L/h，消耗电流在 5 A 以下。其中，排出流量随电压的变化而变化。

以丰田凌志 LEXUS LS400 型汽车 1UZ – FE 型发动机和皇冠 3.0 型汽车 2JZ – GE 型发动机的电动燃油泵为例，该两种发动机的共同特点是，除了装备发动机 ECU 外，还专门设置了电动燃油泵 ECU。这种电动燃油泵 ECU 对泵油量的控制，是通过控制电动燃油泵不同的电源电压，进而控制电动燃油泵的转速来达到控制泵油量的。

皇冠 3.0 型汽车 2JZ – GE 型发动机电动燃油泵的电路图如图 4 –72 所示。

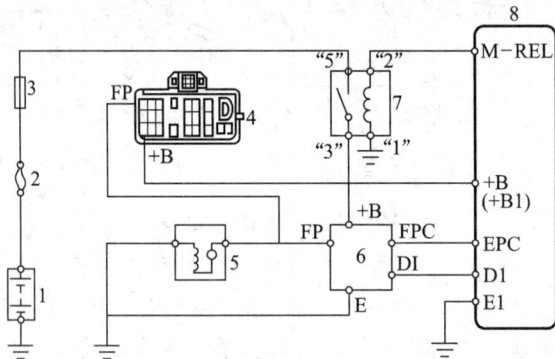

图 4 –72 2JZ – GE 型发动机电动燃油泵电路图
1—蓄电池；2—易熔丝；3—EFI 熔断器；4—检查连接器；5—电动燃油泵；
6—电动燃油泵 ECU；7—EFI 主继电器；8—发动机 ECU

1）工作情况检查。

① 用跨接线连接检查连接器的 + B 和 FP 端子。

② 点火开关置"ON"，但不起动发动机。

③ 用手捏住电动燃油泵进油软管，应能感到有压力脉动，并且听到汽油的回流声。

④ 点火开关置"OFF"，取下跨接线。

经检查，如果软管无油压，再检查 EFI 主继电器易熔丝、EFI 熔断器、EFI 主继电器、电动燃油泵 ECU、电动燃油泵、发动机 ECU 和各线束连接器等有无问题。

2）燃油压力检查。

① 蓄电池电压应不低于 11 V。

② 拆下蓄电池负极插头。

③ 拆下输油管与总输油管的连接螺栓，安装燃油压力表，螺栓扭矩为 42 N·m。

④ 用跨接线连接检查连接器的 + B 和 FP 端子。

⑤ 安装蓄电池负极接头。

⑥ 点火开关置"ON"。

⑦ 读取燃油压力值。其标准油压应为 265 ~ 304 kPa。如果油压过高，应更换汽油压力

调节器;如果油压过低,可检查各部件、软管及接头有无渗漏现象,以及电动燃油泵、燃油滤清器、燃油压力调节器等有无问题。

⑧ 点火开关置"OFF",拆下跨接线。

⑨ 起动发动机运转,读取燃油压力值。怠速时标准燃油压力应为 196~235 kPa。拆下燃油压力调节器上的真空软管,塞住管口。此种情况下,怠速时标准燃油压力应为 265~304 kPa。若压力不符合要求,则应检查真空软管和燃油压力调节器。

⑩ 发动机熄火,检查燃油压力表的剩余压力 5 min 内应不低于 147 kPa。否则,应检查电动燃油泵、燃油压力调节器和喷油器。

⑪ 点火开关置"OFF",拆下蓄电池负极插头,再拆下燃油压力表,用两个新密封垫圈和接头螺栓,把输油管安装在总输油管上。

⑫ 安装蓄电池负极插头。

3) 电动燃油泵 ECU 的检查。

① 拆下蓄电池负极插头,脱开电动燃油泵 ECU 的导线连接器。

② 用欧姆表检测电动燃油泵 ECU 导线连接器上 E 和 D1 端子的接地电阻,如图 4-73 所示。检查接地电阻时应该导通,如果不导通则应检查导线。

③ 安装蓄电池负极插头,连接电动燃油泵 ECU 导线连接器,用电压表测量各种测量条件下电动燃油泵 ECU 导线连接器上 +B、FP、FPC 各端子的接地电压。电压值应符合表 4-16 中的给定值。如果不符合要求,则应检查导线或更换电动燃油泵 ECU。

4) 电动燃油泵车下检查。

① 脱开电动燃油泵导线连接器,把电动燃油泵从车上拆下。

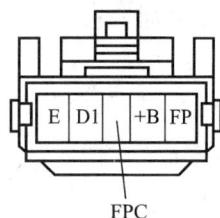

图 4-73　电动燃油泵
ECU 导线连接器

表 4-16　电动燃油泵 ECU 各端子的电压值

检查项目	连接端子	测量条件	标准电压/V
是否导通	E - 接地		导通
是否导通	D1 - 接地		导通
电压	FP - 接地	突然加速	12~14
		怠速	8~10
电压	+B - 接地	点火开关置"ON"	9~14
电压	FPC - 接地	突然加速到 6 000 r/min 或更高	4~6
		怠速	2.5

② 用欧姆表测量电动燃油泵两个接线端子之间的电阻(即泵内电动机线圈的电阻)。其电阻值在 20 ℃时应为 0.2~0.3 Ω。如果不符合要求,则应更换电动燃油泵。

③ 将电动燃油泵与蓄电池连接(注意极性),并远离蓄电池。为防止烧坏电动机线圈,每次接通时间不超过 10 s。若泵内电动机不转动,则应更换有关组件。

5）电动燃油泵密封性检查。电动燃油泵经过维护、修理之后,应进行密封性检查,方法如下:

① 用跨接线把检查连接器的 +B 与 FP 端子连接起来。

② 点火开关置"ON",但不起动发动机。

③ 用钳子夹住回油软管,汽油管内的汽油达到最大压力,检查电动燃油泵各部是否有漏油之处。

（3）喷油器

EFI 使用的喷油器是电磁式的,通过绝缘垫圈安装在进气管、进气歧管或气缸盖上,与进气道（或气缸）相通,与输油管道相连,能根据 ECU 的喷射控制信号喷射汽油。喷油器喷射的汽油应具有良好的雾化性和一定的喷雾形状,以保证发动机具有符合设计要求的动力性、燃油经济性和排放净化性。

喷油器的分类方法比较多,通过不同的分类方法可以分出不同的类型。最常见的分类方法是把喷油器分为饱和开关型、峰值保持型和 PNP 型三种类型。

喷油器和检查连接器的电路图如图 4 – 74 所示。

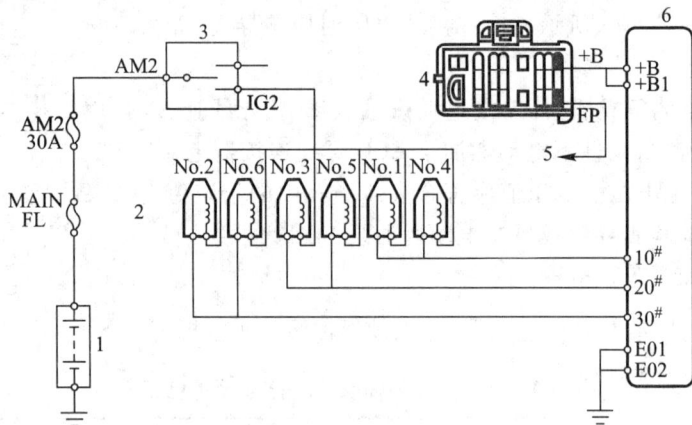

图 4 –74 喷油器和检查连接器的电路图

1—蓄电池;2—喷油器;3—点火开关;4—检查连接器;5—接电动燃油泵;6—发动机 ECU

1）工作情况检查。在发动机起动或正常运转时,把专用听诊器按在喷油器上,逐缸听诊喷油器是否有喷油声、喷油频率与发动机转速是否一致等。也可用手捏住喷油器,通过感觉到的振动来判断其是否工作。如果听诊不到声音或感觉不到喷油器是在工作,则应检查导线连接及插头情况、喷油器电磁线圈的电阻和 ECU 来的喷油控制信号等项目。

2）电阻测量。

① 脱开喷油器导线插头,用欧姆表测量插头之间的电阻。在 20 ℃时电阻值应为 13.4 ~ 14.2 Ω。如果电阻值不符合要求,则应更换喷油器。

② 测量之后连接好喷油器导线插头。

3）喷油量测量。用带流量测定功能的专用喷油器清洗器进行。标准喷油量一般为 15 s 内 45 ~ 55 mL,各喷油器喷油量之差不大于 5 mL,且喷油器不得有滴漏现象。

4）观测喷油波形。用示波器可以观测到喷油器的喷油波形（电压随时间变化的波形）,

其标准波形如图 4 – 75 所示。图中 4 – 75a 所示为饱和开关型喷油器(多适用于多点燃油喷射系统,一般安装在进气门附近)标准喷油波形,图中 4 – 75b 所示为峰值保持型喷油器(多适用于单点燃油喷射系统,一般安装在节气门体上)标准喷油波形。

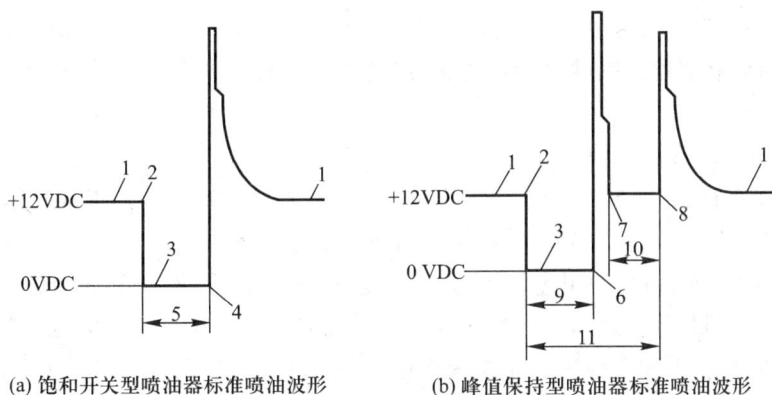

(a) 饱和开关型喷油器标准喷油波形　　(b) 峰值保持型喷油器标准喷油波形

图 4 – 75　喷油器标准喷油波形

1—喷油器关闭;2—喷油器开始喷油;3—喷油器喷油;4—喷油结束,喷油器线圈产生自感脉冲;
5—喷油时间;6—基本喷油量结束,喷油器线圈产生自感脉冲;7—喷油器开始加浓补偿量喷油;
8—喷油器加浓补偿量喷油结束,喷油器线圈产生自感脉冲;
9—基本喷油时间;10—加浓补偿量喷油时间;11—总喷油时间

① 标准喷油波形上各段的含义:

1——喷油器未喷油时的波形,电压为 AC 12 V。

2——ECU 的喷油信号到达,喷油器控制回路搭铁,喷油器开始喷油。

3——喷油器喷油。由于喷油器控制回路搭铁(电压降至 0),喷油器线圈流入 4 A 电流,产生最大磁吸力使喷油器针阀全开向外喷油。该段波形成为喷油波形上的喷油区,对应的时间为喷油时间,如图 4 – 75a 所示。图 4 – 75b 中该段为基本喷油量,对应的时间为基本喷油时间,为 0.8 ~ 1.1 ms。

4——ECU 停止喷油信号到达,喷油器控制回路电流切断,喷油结束,喷油器线圈因内部电场消失而产生自感脉冲,幅值约为 35 V。

5——喷油时间。当燃油控制系统能正确控制混合气浓度时,喷油时间将根据发动机的工况和氧传感器的输出电压发生变化。通常情况下,怠速下的喷油时间一般为 1 ~ 6 ms;起动时或大负荷时的喷油时间一般为 6 ~ 35 ms。

6——峰值保持型喷油器基本喷油量结束,喷油器控制回路的电流由 4 A 立即转换到一个带限流电阻的电路,使电流减小到 1 A 但仍维持喷油器针阀在开启中,以便转入加浓补偿量喷油。由于电流减小,引起喷油器内线圈电场减小,故产生自感脉冲,幅值约为 35 V。

7——峰值保持型喷油器在加速、大负荷等工况和大气修正时开始加浓补偿量喷油。

8——ECU 停止喷油信号到达,加浓补偿量喷油结束,喷油器线圈产生自感脉冲,幅值约为 30 V。从开始加浓补偿量喷油到加浓补偿量喷油结束,对应的时间为加浓补偿量喷油时间,为 1.2 ~ 2.5 ms。

9——基本喷油时间。

10——加浓补偿量喷油时间。

11——总喷油时间。峰值保持型喷油器的总喷油时间应从图4－75b中的2开始算起，至8结束，包括其中间产生的自感脉冲对应的时间段。中间产生的自感脉冲并不影响喷油器的针阀处于开启中，且自感脉冲对应的时间正是计算机运算增加或减少喷油时间的时间段。峰值保持型喷油器总喷油时间在怠速、起动或大负荷时的长度，与饱和开关型喷油器的喷油时间长度相同。

② 观测喷油波形。

a. 起动发动机，在2 500 r/min下运转2～3 min，直至发动机达到正常工作温度，并使燃油控制系统进入闭环状态。检查氧传感器，技术状况应正常。

b. 关闭空调系统和其他用电设备，变速杆挂P挡或N挡，操作节气门缓慢改变发动机转速，如果燃油控制系统工作正常，则被测波形上喷油时间（对于峰值保持型喷油器应为加浓补偿量喷油时间，下同）应该有相应的变化。当发动机转速增加时，喷油时间增加；反之，喷油时间减少。

c. 当把丙烷喷入进气管或适当遮盖空气滤清器使混合气变浓时，如果燃油控制系统工作正常，则被测波形上喷油时间应缩短，以试图使变浓的混合气变稀。

d. 当拔下某一真空软管使混合气变稀时，如果燃油控制系统工作正常，则被测波形上喷油时间应延长，以试图使变稀的混合气变浓。

e. 发动机在2 500 r/min下稳定运转时，可以看到各喷油器波形上喷油时间在稍宽与稍窄之间来回变换，变换时间在0.25～0.5 ms之间，说明喷油器工作正常，同时也说明燃油控制系统能使混合气在正常浓、稀之间转换。

如果喷油波形未按上述变化，则可能原因是喷油器及其电路有故障、氧传感器有故障或燃油控制系统在开环下运行。

可以看出，观测并分析喷油波形，不仅可以观测出喷油器的技术状况，而且可以分析、判断出燃油控制系统的工作是否正常。

实测多点燃油喷射系统正常喷油波形如图4－76所示，实测单点燃油喷射系统正常喷油波形如图4－77所示。饱和开关型和峰值保持型喷油器工作时，ECU提供的喷油信号是向已供电的喷油器提供搭铁，而PNP型喷油器的工作时ECU提供的喷油信号是向已搭铁的喷油器供电。因而，PNP型喷油器的喷油波形是倒置的，且很像一个倒置的饱和开关型喷油器的喷油波形。

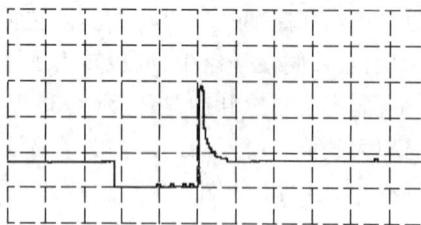

图4－76　实测多点燃油喷射
系统正常喷油波形图

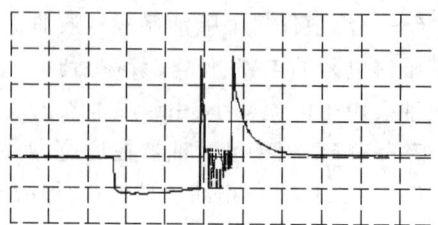

图4－77　实测单点燃油喷射
系统正常喷油波形图

（4）冷起动喷油器

冷起动喷油器也是一种电磁式喷油器,安装在进气管中节气门的后部,进行辅助喷射以改善发动机的低温起动性能和加快暖机过程。它与一般喷油器的主要区别,一是仅用于冷起动时,因而要求工作电压较低;二是要求喷雾颗粒化,喷雾锥角较大。

以丰田凌志 LEXUS LS400 型汽车 1UZ – FE 型发动机冷起动喷油器为例,其电路图如图 4 – 78 所示。

1）冷起动喷油器电阻测量。拆下冷起动喷油器,用欧姆表测量冷起动喷油器"1"与"2"端子间的电阻值。该标准电阻值在 20 ℃时应为 2 ~ 4 Ω。如果不符合要求,应更换冷起动喷油器。

2）温度时间开关电阻测量。拆下温度时间开关,用欧姆表测量温度时间开关 STA – STJ、STA – 接地端子间的电阻值,其电阻值应符合表 4 – 17（欧洲和澳大利亚）或表 4 – 18（其他国家）的给定值。如果不符合要求,应更换温度时间开关。

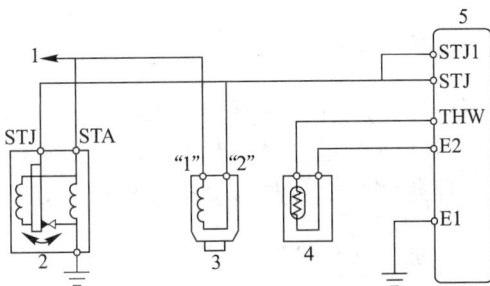

图 4 – 78　1UZ – FE 型发动机冷起动喷油器电路图
1—起动机继电器；2—温度时间开关；
3—冷起动喷油器;4—水温传感器;5—发动机 ECU

表 4 – 17　温度时间开关各端子间的电阻值（欧洲和澳大利亚）

端子	标准电阻值/Ω	冷却液温度/℃
STA – STJ	25 ~ 45	15 以下
	65 ~ 85	30 以上
STA – 接地	25 ~ 85	—

表 4 – 18　温度时间开关各端子间的电阻值（其他国家）

端子	标准电阻值/Ω	冷却液温度/℃
STA – STJ	20 ~ 40	30 以下
	40 ~ 60	40 以上
STA – 接地	20 ~ 80	—

学习项目 4.5　电控自动变速器系统故障诊断的程序和方法

采用自动变速器实现自动换挡,是提高车辆使用性能和降低驾驶员劳动强度的有效措施之一。进入 20 世纪 70 年代后期,以微机为控制核心的电控自动变速器（ECT）得到迅速发展。至 20 世纪 90 年代末期,美国已有 98% 的汽车装用了 ECT,欧洲和日本也达到了 80% 的普及率,逐渐淘汰了液控自动变速器等其他类型的自动变速器。

ECT 一般由液力变矩器、行星轮变速器、液压机构、电控系统、冷却系统、工作液、壳体和手动操纵机构等组成。

可以看出,ECT 结构比较复杂,包括了机械部分、液压部分和电控部分,而且各国厂商的产品千差万别,一旦出现故障,检修难度较大。但是,它们的基本工作原理都是一样的,因此诊断故障的程序和方法也是有规律可循的。ECT 诊断故障的程序和方法,以丰田系列汽车 ECT 为例,介绍如下。

4.5.1　倾听用户意见

首先向汽车用户了解 ECT 故障的现象、出现的时机和条件等情况,并问询该车在此之前是否找其他厂家检修过以及检修的具体内容等问题。总之,要注意倾听汽车用户对故障的陈述、意见和要求,以作为诊断的参考性依据之一。

4.5.2　进行外观检查

根据 ECT 的故障现象进行外观检查,目的在于发现并消除从 ECT 外部能看得见的故障和存在的问题。主要是检查 ECT 是否存在漏油现象、发动机怠速情况、电控系统接插件是否松动或脱开、节气门拉索和变速杆等的联动装置是否松动或脱开等现象。必要时可驾车路试,以体验汽车的运行状况。

4.5.3　用故障自诊断系统诊断故障

ECT 的电控系统设有故障自诊断系统。如果电控系统发生了故障,ECT ECU(有些车型的 ECT 与发动机共用一个 ECU)将故障以代码的形式存储在存储器中,并使组合仪表板上的超速挡关断(O/D - OFF)指示灯闪烁,以告知驾驶员 ECT 出现了故障。

就车读取故障码的程序和方法如下:

(1) O/D - OFF 指示灯检查。

1) 将点火开关转到"ON"。

2) 检查当超速挡(O/D)开关键(图 4 - 79)处于关断时,O/D - OFF 指示灯是否点亮(应只亮不闪);当 O/D 开关键处于打开时,O/D - OFF 指示灯是否熄灭(应熄灭)。

(2) 读取故障码。

1) 将点火开关转到"ON",但不起动发动机。

2) 将 O/D 开关键置于"ON"。如果仅此时 O/D - OFF 指示灯闪烁,说明 ECT 系统发生故障,ECU 中已存储有故障码。

3) 用专用维修工具 SST(跨接线) 连接 TDCL(故障诊断通信连接器)或检查用连接器的 TEl 和 E1 端子,如图 4 - 80 所示。

4) 由 O/D - OFF 指示灯不同的闪烁方式(闪烁频率、闪烁的时间间隔等),来显示 ECT 系统的技术状况。如果 ECT 系统工作正常,则显示正常代码;如果 ECT 系统有故障,则显示故障码。正常代码和故障码 42 的闪烁方式如图 4 - 81 所示。当存储器中存储两个以上故障码时,首先显示较低数码的故障码。

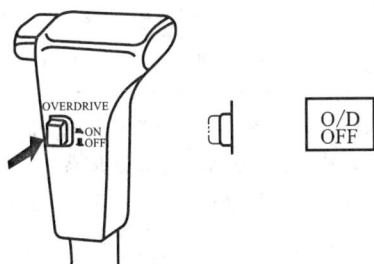

图4-79 超速挡开关键

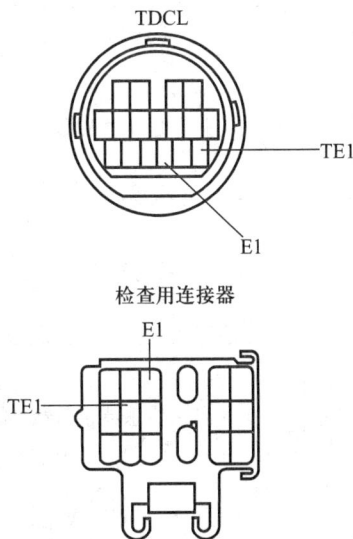

图4-80 TDCL和检查用连接器的端子

（3）查阅故障码含义，进行电路检查

如果通过 O/D - OFF 指示灯的闪烁读出了故障码，则说明 ECT 系统发生了故障并存储了故障码。此时，应根据被检车型在其维修手册中查出故障码代表的故障、故障部位和检查方法，然后进行故障诊断，主要是对电路进行检查。也可以通过解码器、扫描仪或专用检测仪等读取 ECT 的故障码，并获取检修的指示内容。丰田系列汽车 ECT 系统故障码见表4-19。电路检查中，要严格按维修手册中的方法、步骤进行，直至诊断出并排除故障。

对于丰田系列汽车，如果读取的故障码为42，通过查其车型维修手册知（参见表4-19）：诊断内容为1号车速传感器故障，故障部位为1号车速传感器、1号车速传感器配线或连接器、ECU。

（4）清除故障码

故障诊断出并排除以后，对于丰田系列汽车，在点火开关关断的情况下，拆下 EFI 的熔丝10 s以上，即可将 ECU 存储器中的故障码清除掉。接通熔丝后还应再检查一下，应能输出正常代码。

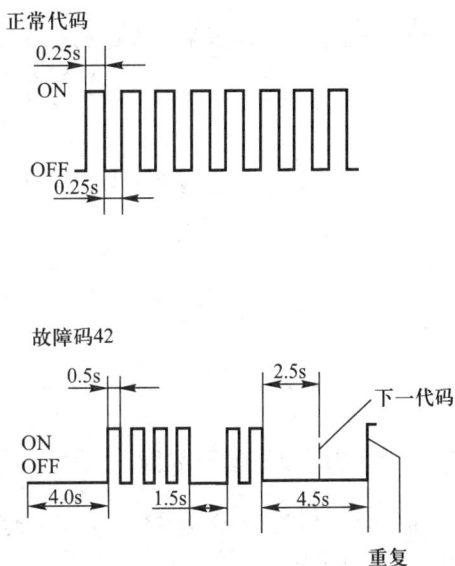

图4-81 正常代码与故障码42的闪烁方式

表 4 – 19　丰田系列汽车 ECT 故障码表

故障码	诊断内容	故障部位
42	1 号车速传感器故障	1 号车速传感器 1 号车速传感器配线或连接器 ECU
46	4 号电磁阀开路或短路	4 号电磁阀 4 号电磁阀配线或连接器 ECU
61	2 号车速传感器信号故障	2 号车速传感器 2 号车速传感器配线或连接器 ECU
62	1 号电磁阀开路或短路	1 号或 2 号电磁阀 1 号或 2 号电磁阀配线或连接器 ECU
63	2 号电磁阀开路或短路	
64	3 号电磁阀开路或短路	3 号电磁阀 3 号电磁阀配线或连接器 ECU
67	O/D 直接挡转速传感器信号故障	O/D 直接挡离合器转速传感器 O/D 直接挡转速传感器配线或连接器 O/D 配线或连接器 ECU
68	自动跳合开关短路	自动跳合开关 自动跳合开关配线或连接器 ECU

4.5.4　用传统方法诊断故障

如果超速挡关断(O/D – OFF)指示灯不闪烁或读码时显示正常代码,但 ECT 的故障又确实存在,可采用以下传统方法进行检查、试验和诊断故障。

(1)基本检查

1)发动机怠速检查。变速杆置于 N 挡,关闭空调,检查发动机怠速值是否符合原厂规定。发动机怠速一般为 750 ± 50 r/min。如怠速过低,当从 N 挡或 P 挡换至 R、D、2 或 L 挡时,会引起车身振动或发动机熄火;如怠速过高,则会产生换挡冲击,并且当换至行驶挡起步时,车辆自行"爬行"过于明显。

2)节气门全开检查。将加速踏板踩到底,检查节气门能否全开。若节气门不能全开,则会发生发动机加速不良、全负荷时输出功率不足和不能达到最高车速等故障。

3)节气门阀拉索检查。该拉索过松、过紧均不行,必须符合原厂规定。丰田系列汽车规定,当节气门全开时,拉索标记距拉索罩套口的距离为 0 ~ 1 mm,如图 4 - 82 所示。若拉索调整过紧,则使加速踏板控制液压力过高,引起换挡点升高而造成换挡冲击;若拉索调整过松,则使加速踏板控制液压力过低,引起换挡点降低而造成功率消耗。

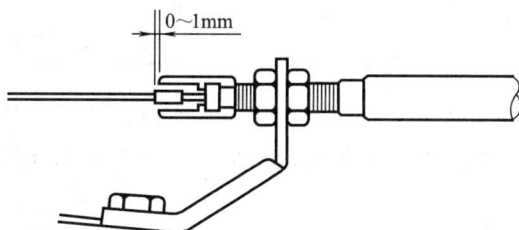

图 4 - 82 拉索标记距拉索罩套口的距离

4) 变速杆检查。将变速杆依次换至 P、R、N、D、2、L 各挡位,检查挡位是否正确和挡位开关指示灯的指示是否正确。否则,应对其传动机构进行仔细调整。

5) 液位检查。该项检查必须在 ECT 升温后和发动机怠速运转的情况下进行。先将变速杆从 P 挡依次换至 R、N、D、2、L 各挡,再从 L 挡依次换至 2、D、N、R、P 各挡,在每个挡位下都应停留数秒钟,以使各挡位充分排气充油。然后拔出 ECT 油标尺并擦拭干净,将油标尺重新全部插入套管,再拔出油标尺检查液位。如果液位在油标尺"HOT"上下标记范围之内(图 4 - 83),则符合要求;如果液位低于"HOT"下限,则须加油。

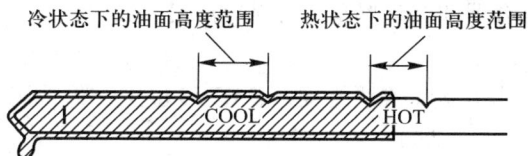

图 4 - 83 液位检查

ECT 液位对 ECT 的工作性能影响很大。如果液位低于规定范围,就会出现 ECT 的离合器和制动器打滑,汽车加速性能变差,换挡时冲击过大,行星轮和其他旋转零件润滑不足等问题。如果液位高于规定范围,就会出现油液从加油管或通风管溢出,控制阀阀体内的排泄孔堵塞,阻碍 ECT 的离合器和制动器平顺脱开,以及换挡不平稳等问题。

6) 油质检查。ECT 油液品质发生变化,如颜色变黑、有焦糊味、粘度变大或变小等,则应更换,否则会影响 ECT 的正常工作。检查时,拔出 ECT 油标尺,观察油的颜色,嗅嗅油的气味,用手指捻试一下油的粘度,凭经验做出判断。ECT 油液品质变化与可能的形成原因见表 4 - 20。

表 4 - 20　ECT 油液品质变化与可能形成的原因

油液品质	可能的形成原因
油液清洁且呈红色	品质正常
油液呈深红色或褐色	未及时更换油液 长期重载行驶、某部件打滑或损坏等原因造成油液温度太高
油液中有金属颗粒	离合器片、制动器片或单向离合器磨损严重

油液品质	可能的形成原因
油标尺上粘附有胶质油膏	油温过高
油液有焦糊味	油面过低、油温过高、油液冷却器或管路堵塞

7）空挡起动开关检查。检查发动机是否仅能在变速杆处于 N 挡或 P 挡时才能起动,而在其他挡位时不能起动。如果在其他挡位能起动,则发动机一起动汽车就开始行驶,因此是不允许的。

8）超速挡控制开关检查。将 ECT 运转至正常工作温度,发动机熄火,打开点火开关,连续接通并断开超速挡开关,察听变速器内的电磁阀应有操作声。有操作声说明 3 挡与超速挡之间能够进行相互变换。汽车路试中,当车速达到超速挡起作用车速以后,接通超速挡开关,在同一发动机转速下车速应有明显升高。

（2）失速试验

ECT 失速,是指变矩器涡轮在负荷太大而停止转动时泵轮的转速。该试验通过挂挡和制动使涡轮不转,测试泵轮（即发动机）转速,以便分析故障原因。

1）试验目的。在试验条件下通过测试在 D 挡和 R 挡时的发动机最大转速,检查发动机与 ECT 的综合性能。主要是测试发动机输出功率是否正常、液力变矩器导轮单向离合器是否良好、行星轮系统的离合器和制动器是否打滑等项目。

2）试验方法。

① 在行车制动器和驻车制动器性能良好、ECT 液位正常的情况下,将 ECT 油液温度升至正常工作温度（50～80 ℃,下同）。

② 汽车停于平坦的场地上,用三角木抵住前后车轮,拉紧驻车制动器,发动机在怠速下运转,左脚用力踩住制动踏板,将变速杆置于 D 挡,右脚把加速踏板迅速踩到底,使节气门全开,时间不超过 5 s,然后迅速抬起加速踏板。

③ 当发动机转速上升至稳定值时,读取此时的发动机转速值。该转速称为"失速转速",一般应为 2 000 r/min 左右（因车型而异,具体数值需查汽车维修手册）。

④ 按以上方法,将变速杆置于 R 挡,进行同样的试验。

3）试验结果分析。

① 如果 D 挡和 R 挡失速相同,且都低于规定值,则可能是发动机功率不足或变矩器导轮单向离合器工作不正常造成的。如果失速低于规定转速值 600 r/min 以上,则变矩器可能损坏。

② 如果 D 挡失速转速高于规定值,则可能是油路压力太低,前进离合器打滑,2 号单向离合器工作不良或 O/D 单向离合器工作不良造成的。

③ 如果 R 挡失速转速高于规定值,则可能是油路压力太低,直接离合器打滑,1 挡及倒挡离合器打滑或 O/D 单向离合器工作不良造成的。

（3）液压试验

1）试验目的。测试 ECT 液压控制系统中的油液压力,用以判断泵、阀的技术状况、密封性能和节气门阀拉索的调整状况。

2）试验准备。为了液压试验方便,一般在自动变速器壳体的有关位置设有数个测量不同油路油液压力的测压孔,用于安装压力表,平时用方头螺塞堵住,其具体位置可从该车型维修手册中查到。液压试验前应查到这些测压孔,如果查不到,可采用以下方法找到:

用举升器将汽车升起,发动机怠速运转,分别将各个测压孔螺塞旋松,观察当变速杆处于不同挡位时是否有压力油液流出,依此判断各油路具体位置。

① 变速杆位于 R 挡、D 挡、2 挡、L 挡各挡位时都有压力油流出,为主油路测压孔。

② 变速杆位于 D 挡、2 挡、L 挡各挡位时都有压力油流出,为前进挡油路测压孔。

③ 变速杆位于 R 挡位时有压力油流出,为倒挡油路测压孔。

④ 变速杆位于 D 挡、2 挡、L 挡各挡位,并且在驱动轮转动后才有压力油流出时,为调速器油路测压孔。

3）试验方法。

① 主油路液压试验。

a. 将 ECT 预热至正常工作温度,找到 ECT 壳体上的主油路测压孔,连接压力表。当进行前进挡(D、2、L 挡)主油路液压试验时,也可以将压力表连接在前进挡油路测压孔上;当进行倒挡(R 挡)主油路液压试验时,将压力表连接在倒挡油路测压孔上。

b. 拉紧驻车制动器,用三角木塞住前后四轮,左脚用力踩下制动踏板,变速杆推入 D 挡,测量发动机怠速工况下前进挡的主油路油液压力。

c. 在上述状态下,右脚将加速踏板踩到底,在发动机达到失速转速时读取油液最大压力值,该油液压力值即为失速工况下的前进挡主油路油液压力。注意读取油液压力值后要立即抬起加速踏板。

将变速杆分别推入 2、L 挡,重复上述试验,可测得各个前进挡在怠速工况下和失速工况下的主油路油液压力。

d. 在 R 挡重复上述试验,可测得倒挡在怠速工况下和失速工况下的主油路油液压力。

e. 测出的主油路油液压力值应与规定值对照。如果未达到规定值,则应检查节气门阀拉索的调整状况,视需要重新调整并重复做主油路液压试验。

不同车型 ECT 的主油路油液压力规定值不完全相同,应查阅汽车维修手册。几种常见车型 ECT 主油路油液压力规定值见表 4 - 21。

表 4 - 21　常见车型 ECT 主油路油液压力规定值

车型	ECT 型号	发动机型号	变速杆位置	主油路液压/kPa	
				怠速工况	失速工况
丰田 HIACE	A45DL	1RZ、2RZ	D	354 ~ 402	1 030 ~ 1 196
			R	500 ~ 569	1 424 ~ 1 785
		2L、3L	D	344 ~ 431	1 098 ~ 1 294
			R	451 ~ 657	1 471 ~ 1 863
		2RZ - E	D	441 ~ 500	990 ~ 1 167
			R	667 ~ 745	1 471 ~ 1 863

续表

车型	ECT 型号	发动机型号	变速杆位置	主油路液压/kPa	
				急速工况	失速工况
丰田 PREVIA	A46DE	2JZ – FE	D	364 ~ 402	1 040 ~ 1 304
			R	500 ~ 559	1 404 ~ 1 863
丰田 CROWN	A340E	2JZ – GE	D	364 ~ 422	904 ~ 1 147
			R	500 ~ 598	1 236 ~ 1 589
	A42DL	1G – FE	D	354 ~ 402	1 030 ~ 1 196
			R	500 ~ 569	1 424 ~ 1 785
丰田 CORONA	A240E	4A – FE	D	374 ~ 422	904 ~ 1 050
			R	550 ~ 707	1 414 ~ 1 648
	A241E	3S – FE	D	374 ~ 422	904 ~ 1 050
			R	638 ~ 795	1 560 ~ 1 893
	A241L	2C	D	374 ~ 422	824 ~ 971
			R	647 ~ 794	1 424 ~ 1 755
丰田 CAMRY	A540E	3VZ – FE	D	354 ~ 412	994 ~ 1 040
			R	574 ~ 745	1 608 ~ 1873
凌志 LS400	A341E、A342E	1UZ – FE	D	384 ~ 441	1 206 ~ 1 363
			R	579 ~ 657	1 638 ~ 1 863
尼桑	L4N71B	VG30E、VG30S	D	314 ~ 373	1 157 ~ 1 275
			R	549 ~ 686	2 187 ~ 2 373
		LD28	D	384 ~ 481	1 020 ~ 1 196
			R	726 ~ 824	1 924 ~ 2 079
宝马	ZF4HP22/EH	325e、524td、528e 系列	D	588 ~ 735	
			R	1 078 ~ 1 274	
		535I、635csi、735I 系列	D	588 ~ 735	
			R	1 470 ~ 1 666	

　　f. 结果分析。

　　● 在任何范围油液压力均高于规定值,可能是节气门阀拉索调整不当、节气门阀失效或调压阀失效等原因造成的。

　　● 在任何范围油液压力均低于规定值,可能是节气门阀拉索调整不当、节气门阀失效、调压阀失效、液压泵效能不佳或 O/D 直接离合器损坏等原因造成的。

　　● 只在 D 挡位置油液压力低,可能是 D 挡油路泄漏或前进离合器故障等原因造成的。

● 只在 R 挡位置油液压力低,可能是 R 挡油路泄漏、直接离合器故障或 1 倒挡制动器故障等原因造成的。

② 调速器液压试验。

a. 用举升器将汽车升起。

b. 在自动变速器壳体调速器测压孔上接上压力表。

c. 起动发动机,变速杆置前进挡位置,松开驻车制动器,缓慢踩下加速踏板,使驱动轮转动。

d. 读取不同车速下的 ECT 油液压力值。

e. 试验结果分析。将测试结果与规定值比较,如果 ECT 油液压力太低,则可能是主油路压力太低、ECT 油路漏油或工作不正常等原因造成的。

(4) 时滞试验

发动机怠速运转,移动变速杆从 N 挡换入前进挡或倒挡时,在换入挡位前会感觉到有一定时间的迟滞或延时,称为 ECT 换挡时滞时间。

1) 试验目的。目的在于测出时滞时间,用时滞时间的长短检查主油路油液压力和 O/D 单向离合器、前进离合器、直接离合器和 1 倒挡制动器的工作情况是否正常。

2) 试验方法。

① 将 ECT 预热到正常工作温度,发动机怠速运转,变速杆置 N 挡位置,拉紧驻车制动器。

② 变速杆从 N 挡换入 D 挡,用秒表测量从移动变速杆起到有振动感止的时间。试验进行 3 次,时滞时间取 3 次试验的平均值。

③ 按上述同样方法,在间隔 1 min 后测量从 N 挡换入 R 挡的时滞时间。

3) 结果分析。ECT 从 N 挡换入 D 挡的时滞时间一般应小于 1.0 ~ 1.2 s,如丰田系列汽车该时滞时间要求小于 1.2 s;从 N 挡换入 R 挡的时滞时间一般应小于 1.2 ~ 1.5 s,如丰田系列汽车该时滞时间要求小于 1.5 s。

① 如果 N 挡至 D 挡时滞时间大于规定值,则可能是主油路油液压力太低、前进离合器摩擦片磨损或 O/D 单向离合器工作不良造成的。

② 如果 N 挡至 R 挡时滞时间大于规定值,则可能是倒挡主油路油液压力太低、倒挡离合器或制动器磨损严重造成的。

(5) 道路试验

ECT 的道路试验不仅在其维修前进行,而且在其维修后也应进行,以检查是否恢复了工作性能。

1) 试验目的。用于检查换挡点(升挡和降挡的转速)、换挡冲击和换挡执行元器件是否有打滑、振动和噪声等现象。

2) 试验方法。ECT 应预热至正常工作温度。

① D 挡试验。变速杆置 D 挡位置,打开 O/D 开关,踩下加速踏板使节气门全开,进行以下试验:

a. 升挡试验。在汽车加速过程中,ECT 应能自动按 1 挡至 2 挡、2 挡至 3 挡、3 挡至 O/D 挡的规律升挡,升挡点应与该车型自动换挡表(因车型而异,需查汽车维修手册)相吻合。

路试中,当 ECT 升挡时,发动机会有短时的转速下降,车身也会有轻微的振动,因而试车员应能感觉到汽车是否顺利地从 1 挡升至 2 挡、2 挡升至 3 挡、3 挡升至 O/D 挡。当试车员感觉到汽车升挡时,及时记下升挡车速。

ECT 如果有模式选择开关,应在 NORMAL(标准)模式和 PWR(动力)模式下各进行一次升挡试验。需要注意的是,当发动机冷却水温度低于 60 ℃ 时,不会出现 O/D 升挡及锁定动作。

分析方法:

(a) 若无 1 挡至 2 挡升挡,则可能是 2 号电磁阀卡住或 1 挡至 2 挡换挡阀卡住造成的。

(b) 若无 2 挡至 3 挡升挡,则可能是 1 号电磁阀卡住或 2 挡至 3 挡换挡阀卡住造成的。

(c) 若无 3 挡至 O/D 升挡,则可能是 3 挡至 O/D 挡换挡阀卡住造成的。

(d) 若换挡点不正常,则可能是节气门阀、1 挡至 2 挡换挡阀、2 挡至 3 挡换挡阀或 3 挡至 O/D 挡换挡阀等发生故障造成的。

(e) 若锁定不正常,则可能是锁定电磁阀卡住或锁定继电器阀卡住造成的。

b. 检查振动及打滑情况。用与上述同样的试验方法检查 1 挡至 2 挡、2 挡至 3 挡和 3 挡至 O/D 挡升挡时的振动及打滑情况。若振动太大,则可能是主油路油液压力太高、蓄压器故障或单向阀故障造成的。

c. 检查不正常噪声和振动。在 D 挡位置以 O/D 挡或锁定状态下行车,以检查不正常噪声和振动。检查中要非常仔细,因为传动轴、差速器和变矩器不平衡也会引起振动和噪声,应注意区别。

d. 降挡试验。在 D 挡位置以 O/D 挡、3 挡、2 挡行车,检查降挡车速是否与自动换挡表所列的 O/D 挡至 3 挡、3 挡至 2 挡、2 挡至 1 挡降挡点一致。若降挡车速有异常,则可能是节气门阀拉索调整不当或相关挡换挡阀有故障造成的。

检查降挡时有无反常振动及打滑现象。

e. 检查锁定机构。在 D 挡位置以 O/D 挡稳定行驶,车速在 75 km/h 左右,使变矩器锁止离合器啮合,踩下加速踏板,发动机转速应无突然改变,而是与车速同步上升。若发动机转速猛增,则说明锁止离合器未锁定,可能是锁止离合器的控制系统有故障造成的。

② 2 挡试验。将变速杆置 2 挡位置,加速踏板稳定在节气门全开位置,在路试中检查下列内容:

a. 能否自动地从 1 挡升至 2 挡,升挡点是否与自动换挡表相符合。试验中应注意:2 挡位置无 O/D 升挡及锁定动作。

b. 在 2 挡位置以 2 挡行车,松开加速踏板检查发动机制动效果。如无制动效果,则可能是 2 挡制动器有故障造成的。

c. 检查有无不正常振动和噪声。

③ L 挡试验。变速杆置 L 挡位置,路试中不应出现 1 挡至 2 挡升挡现象。松开加速踏板应有良好的发动机制动效果,否则为 1 倒挡制动器失效。加、减速行驶时,应无不正常振动和噪声。

④ R 挡试验。变速杆置于 R 挡位置,节气门全开行驶,应能迅速倒车,不应有倒车打滑

现象。

⑤ P挡试验。将车停于一斜坡（大于5°）上，变速杆置于P挡位置，放松驻车制动器，检查停车锁爪是否可以将车停在原处。

⑥ 强制低挡试验。使汽车在D挡位下中速行驶，迅速踩下加速踏板，此时ECT应自动降低一个挡位，并有明显的增扭效果，抬起加速踏板后又能自动回到原来的高挡位，说明ECT强制低挡功能正常。

a. 如果迅速踩下加速踏板后未自动降低一个挡位，则说明自动变速器强制低挡功能失效。

b. 如果迅速踩下加速踏板后能自动降低一个挡位，但发动机转速异常升高，抬起加速踏板升挡时出现换挡冲击，则说明换挡执行元件磨损严重（打滑）。

（6）手动换挡试验

1）试验目的。目的是确定ECT是电路故障、机械故障还是液压故障。

2）试验方法。

① 首先脱开ECT上所有换挡电磁阀的线束连接器，使ECU控制换挡的作用消失。

② 将变速杆按顺序置入L挡、2挡、D挡，并预先打开O/D挡，进行道路试验。

③ 观察发动机转速与汽车车速之间的对应关系。厂牌、车型不同时，发动机转速与汽车车速之间的对应关系也不相同，具体情况应查汽车维修手册。当发动机转速为2 000 r/min时，各挡位对应的车速可参考表4-22。

表4-22　发动机转速与汽车车速之间的对应关系

变速杆挡位	发动机转速/(r/min)	汽车车速/(km/h)
1挡	2 000	18～22
2挡	2 000	34～38
3挡	2 000	50～55
超速挡	2 000	70～75

④ 如果各挡位均符合发动机转速与车速的对应关系，则说明ECT机械部分和液压部分正常；否则，说明ECT机械部分或液压部分有故障。

⑤ 试验结束后，连接电磁阀线束连接器，清除故障码。

（7）故障诊断

以丰田汽车为例，ECT的故障诊断可按表4-23进行，ECT就车故障诊断可按表4-24进行。诊断故障过程中，应按表中给出的该故障诊断顺序（1、2、3、4……），采取逐项排除的方法进行，直至将故障诊断出并排除掉。

表4－23　丰田汽车ECT故障诊断表

征兆 / 故障部位		1号、2号电磁线圈电路	3号电磁线圈电路	4号电磁线圈电路	1号车速传感器电路	2号车速传感器电路	O/D直接挡离合器电路	主节气门位置传感器开关电路	空挡起动开关电路	自动跳合开关电路	停车灯开关信号电路	模式选择开关电路	O/D开关O/D	OFF指示灯电路	O/D解除信号电路	水温传感器电路	发动机和ECT的ECU	见就车诊断表	见分解诊断表
车辆不能在任何前进挡或倒挡行驶																		1	2
车辆不能在特定的一个挡位或几个挡位行驶																		1	2
无上行换挡	1挡→2挡	1			3	3	2										6	4	5
	2挡→3挡	1			3	3	2									6	7	4	5
	3挡→O/D挡	2			4	4	3		5				1	6	7		10	8	9
无下行换挡	O/D挡→3挡	3			4	4	3		5						1		7	6	
	3挡→2挡	2			3	3	1			4							6	5	
	2挡→1挡	2			3	3	1			4							7	5	6
无锁定			1		4	4	2	5		3						6	9	7	8
无锁定解除			2		4	4	1			3							7	5	6
换挡位置太高或太低					4	4	1					3					5		
在L挡位上行至2挡,在L挡位上行至3挡									1									2	
O/D开关在"OFF"位置,但由3挡上行至O/D挡															1			2	
发动机未暖机,但由3挡上行至O/D挡														1	2	5		3	4
接合不柔和	N挡→D挡			2			1		3								6	4	5
	锁定	2				3	1										6	4	5
	任何挡位			2		3	4	1									7	5	6
滑移或打颤	前进挡和倒挡																	1	2
	特定挡位																	1	2
无发动机制动																		1	2
加速不良		1															3		2
无自动跳合		3								2	1						5	4	
无模式选择												1						2	
起动后或停车时振动大或发动机失速		2									1						4		3

表4-24　丰田汽车ECT就车故障诊断表

征兆／故障部位	节气门拉索	变速器控制杆	过滤器	驻车锁定爪	手动阀	倒挡空制阀	1—2挡换挡阀	2—3挡换挡阀	3—4挡换挡阀	锁定控制阀	锁定继动阀	蓄能器控制阀	电磁阀	G_1蓄能器	量孔控制阀	电磁继动阀	G_2蓄能器	低跟踪惯性调节阀	第二挡跟踪惯性调节阀	B_2蓄能器	B_0蓄能器	C_0蓄能器	过滤器	卸压阀	车外修理一览表
车辆不能在任何前进挡或倒挡行驶	1	2		4	3																				5
车辆不能在R挡行驶						1																			2
车辆不能在特定的一个挡位或几个挡位行驶(除R挡位外)																									1
无上行换挡　1挡→2挡							1																		2
无上行换挡　2挡→3挡								1																	2
无上行换挡　3挡→O/D挡									1																2
无下行换挡　O/D挡→3挡									1																
无下行换挡　3挡→2挡								1																	
无下行换挡　2挡→1挡							1																		
无锁定或锁定解除										1	2														2
N挡→D挡													1	2	3	4									3
锁定										1	2						3								5
N挡→R挡													1		3		2								4
N挡→L挡																		1							4
接合不柔和　1挡→2挡(D挡位)													1	2				3							
接合不柔和　1挡→2挡(2挡位)													1	2					3						
接合不柔和　1挡→2挡→3挡→O/D挡													1	2											
接合不柔和　2挡→3挡													1	2				3							
接合不柔和　3挡→O/D挡													1	2											4
接合不柔和　O/D挡→3挡													1	2								3			4
滑移或打颤　前进挡和倒挡	1	2	3																				3		4
滑移或打颤　任何挡位	1	2																					4	5	6
无发动机制动　1挡																		1							3
无发动机制动　2挡																			1						2
无自动跳合							1	2																	2

学习项目4.6　防抱死制动系统故障诊断的程序和方法

汽车防抱死制动系统(ABS,Anti – Lock Brake System)是提高汽车行驶安全性的重要装置。它能使汽车在紧急制动时,防止车轮抱死以获取最大制动力,并保持行驶方向的稳定性和转向时良好的操纵性。

以日本丰田凌志 LEXUS LS400 型汽车的 ABS 为例介绍以下内容。

LEXUS LS400 型汽车的 ABS,是由防抱死制动系统电子控制器(ABS ECU)、ABS 执行器、车速传感器和 ABS 警告灯等组成的。其中,ABS 执行器主要由 ABS 主继电器、泵电动机继电器和三位电磁阀等组成。汽车紧急制动时,ABS ECU 能计算车轮的旋转速度并换算成车速,然后判断路面和轮胎的状况,使 ABS 执行器动作,把最适宜的制动液压力供给每个车轮制动器,避免车轮抱死,使车轮与地面的滑移率保持在最佳范围(10% ~30%)之内,以达到最大制动效能。

ABS 装备有故障诊断系统。如果 ABS 中任一信号系统出现故障,驾驶室组合仪表上的 ABS 警告灯点亮,告知驾驶员出现故障。同时,ABS ECU 把故障以代码形式存储起来,以利检修人员读出故障码,检测、分析、判断并排除故障。

4.6.1　故障自诊断系统的使用方法

(1)检查 ABS 警告灯

点火开关置"ON"位置时,ABS 警告灯亮 3 s 为正常。ABS 警告灯的位置如图 4 – 84 所示。

(2)读取故障码

1)点火开关置"ON"位置,脱开维修用连接器接头,如图 4 – 85 所示。

2)用专用维修工具 SST 连接 TDCL 或检查用连接器的 TC 和 E1 端子,如图 4 – 86 所示。

3)读取故障码。通过观察 ABS 警告灯不同的闪烁方式(闪烁频率、闪烁的时间间隔等),读取正常代码或故障码。正常代码、故障码 11 与 21 的闪烁方式如图 4 – 87 所示。如果有两个或更多故障出现,则数字最小的故障码首先显示。

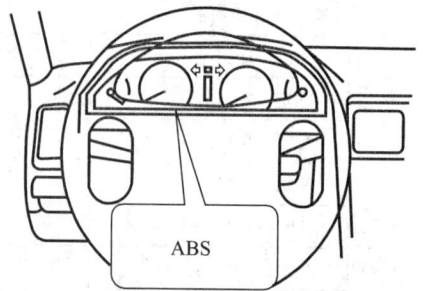

图 4 –84　ABS 警告灯位置

4)ABS 故障码见表 4 –25。

5)读取故障码完毕,脱开端子 TC 和 E1,关闭点火开关。

(3)检查车速传感器

1)将点火开关置"OFF"位置,踩下驻车制动踏板,用 SST 连接检查用连接器的端子 TS 和 E1、TC 和 E1。注意不要踩行车制动踏板。

2)起动发动机,检查 ABS 警报灯,应该闪烁。

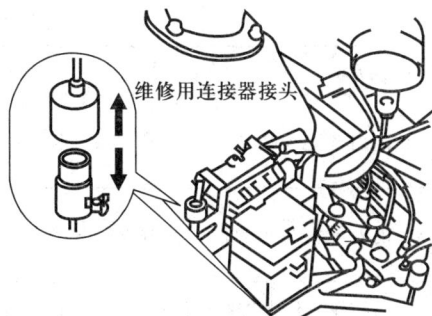

图 4-85　脱开维修用连接器接头　　　　　图 4-86　TDCL 和检查用连接器

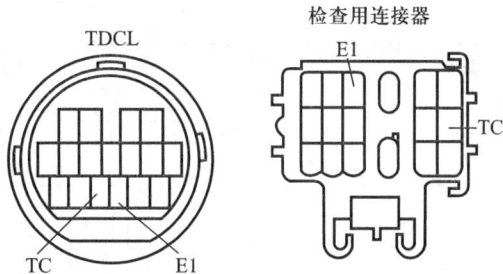

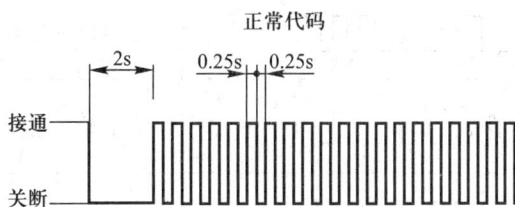

(a) 正常代码

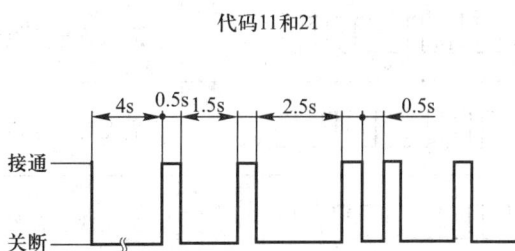

(b) 诊断代码11与21

图 4-87　ABS 警告灯闪烁方式举例

表 4-25　ABS 故障码

故障码	ABS 报警灯闪烁方式	
11		ABS 电磁继电器电路开路
12		ABS 电磁继电器电路短路
13		泵电动机继电器电路开路
14		泵电动机继电器电路短路

续表

故障码	ABS 报警灯闪烁方式	
21	接通 关断	前右轮三位电磁阀电路开路或短路
22	接通 关断	前左轮三位电磁阀电路开路或短路
23	接通 关断	后右轮三位电磁阀电路(对于有 TRC 系统的汽车,则为后轮电磁阀电路)开路或短路
24	接通 关断	后左轮三位电磁阀电路开路或短路
31	接通 关断	前右轮车速传感器信号出错
32	接通 关断	前左轮车速传感器信号出错
33	接通 关断	后右轮车速传感器信号出错
34	接通 关断	后左轮车速传感器信号出错
35	接通 关断	前左或后右车速传感器电路开路
36	接通 关断	前右或后左车速传感器电路开路
37	接通 关断	前车速传感器转子故障
41	接通 关断	蓄电池电压过低或异常高
43	接通 关断	TRC 控制系统失灵(仅指带 TRC 系统的汽车)
51	接通 关断	泵电动机闭锁
常通	接通 关断	ECU 失灵

3）放开驻车制动器，驾驶车辆向前行驶，检查当车辆达到表 4 - 26 所列速度时，ABS 警告灯是否闪烁或者持续点亮。

表 4 - 26 不同车速下 ABS 警告灯状态

车速/(km/h)	ABS 警告灯状态	车速/(km/h)	ABS 警告灯状态
0 ~ 3	闪烁(正常) 持续亮(不正常)	56 ~ 109	闪烁(正常) 持续亮(不正常)
4 ~ 6	熄灭 1 s 后持续亮	110 ~ 130(参考)	熄灭 1 s 后持续亮
7 ~ 44	闪烁(正常) 持续亮(不正常)	131 或更高 (参考)	闪烁(正常) 持续亮(不正常)
45 ~ 55	闪烁 熄灭 1 s 后持续亮		

4）停车，根据 ABS 警告灯闪烁情况读取故障码。正常情况下，ABS 警告灯将以每隔 0.125 s 的频率点亮和熄灭（接通和关断）。

如果有两个或两个以上的故障同时出现，则数字小的故障码首先显示。ABS 车速传感器检查功能的故障码见表 4 - 27。

5）车速传感器检查完毕后，脱开检查用连接器的端子 TS 和 E1、TC 和 E1。

表 4 - 27 ABS 车速传感器检查功能的故障码

故障码	诊断内容	故障部位
71	前右车速传感器输出电压低	前右车速传感器
72	前左车速传感器输出电压低	前左车速传感器
73	后车速传感器输出电压低	后右车速传感器
74	后车速传感器输出电压低	后右车速传感器
75	前右车速传感器输出电压不正常变化	前右车速传感器转子
76	前左车速传感器输出电压不正常变化	前左车速传感器转子
77	后右车速传感器输出电压不正常变化	后右车速传感器转子
78	后左车速传感器输出电压不正常变化	后左车速传感器转子

4.6.2 根据故障码诊断故障

根据 ABS 警告灯的闪烁情况就车读取故障码后，要在其汽车维修手册中查出故障码代表的故障现象、故障部位和检查方法，然后对故障进行检测诊断，主要是对电路进行检查。

也可以通过解码器、扫描仪或其他专用检测仪器读取故障码,并获取检修的指示内容。电路检查中,要严格按照汽车维修手册给出的程序和方法进行,举例如下:

如果故障码为 41,通过查其维修手册得知(参见表 4－25):故障为蓄电池电压过低(一段时间内低达 9.5 V 或更低)或异常高(一段时间内高达 17 V 或更高),需要查 IG(点火)电源电路。该电源电路是 ECU 的电源,也是 CPU 和 ABS 执行器的电源。其故障部位为:①蓄电池;②充电电路;③蓄电池与 ECU、ECU 与车身地线之间的配线或连接器;④ECU。

故障诊断开始时,首先检查蓄电池电压。如电压不在 10～14 V 之间,则应检查并修理充电系统。然后,按其汽车维修手册上给定的诊断流程图进行检查和判断。在具体操作中,应对电路进行仔细检查和测量,直至诊断出故障并排除掉。

故障排除后,ECU 内的故障码应被消除。丰田系列汽车在满足以下 4 个条件的情况下,3 s 内踩制动踏板 8 次,即可消除 ABS 的故障码。

1) 汽车静止。

2) 点火开关置"ON"位置。

3) 将检查用连接器上的短路插销取出,如图 4－88 所示。

4) 连接检查用连接器或 TDCL 上的 TC 和 E1 端子。

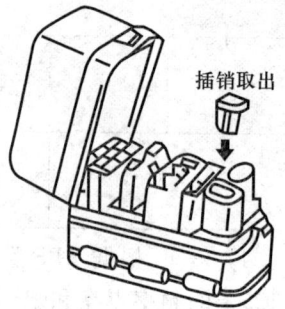

图 4－88　取出检查用连接器上的短路插销

学习项目 4.7　案例

4.7.1　案例 1

故障现象:一辆帕萨特 B5 轿车,发动机运行中突然熄火,其后再也无法起动。

检测诊断:检修人员起动发动机数次,均无法着车,但发现排气管排出的气体中有很浓的汽油味道,说明气缸内有燃油供应,可以不用检查供油系统。接着检查各缸点火情况,发现火花塞跳火强度符合要求。再检查配气正时和气缸压力,也都符合要求。检修人员将解码器接入故障自诊断系统,经查询有两个故障信息被记录,其一是凸轮轴信号控制装置机械故障,其二是霍尔传感器信号发生器对地短路。根据故障信息,检修人员打开发动机盖,拆检霍尔传感器信号发生器,发现凸轮轴前端的脉冲环脱落。由于霍尔传感器提供了发动机 1、4 缸的上止点判缸信号,其功能的丢失直接导致发动机无法起动。于是更换了一个新脉冲环,发动机顺利起动,故障排除。

其实,这一故障诊断可以先不进行基本检查,而是直接进入故障自诊断系统,只要显示故障码,按故障码的指示内容去检测与诊断,要省事得多。

4.7.2　案例 2

故障现象:一辆丰田凌志 ES300 型轿车,发动机报警灯亮并出现怠速不稳、加速无力和排气管过热现象。

检测诊断：该轿车采用 V8 型电控汽油喷射发动机。检修人员利用解码器读取的故障码为 25 和 26（即混合气过浓和混合气过稀），看起来相互矛盾，使检修人员感到难以下手。接下来检修人员采取了更换全部喷油器、紧固分电器和调整点火正时等措施，故障依然存在。再经检测气缸压力，其值基本正常。然后检测进气管真空度，发现怠速时真空度最高只有 50 kPa（在相当于海平面高度下怠速时的真空度应为 57～71 kPa），同时还发现发动机左侧气缸点火线圈发出的电火花较弱。至此，初步判断出该车发动机左侧气缸点火线圈出现故障。

经检修人员更换发动机左侧点火线圈后，左侧高压电火花强度恢复正常。重新起动发动机，进气管真空度达到要求。进行汽车路试，发动机怠速稳定，汽车加速有力，排气管不再过热，故障排除。

4.7.3　案例 3

故障现象：一辆 96 款本田雅阁轿车，起步时加速迟缓，且换挡时机变晚。

检测诊断：该轿车采用 4 缸多点喷射发动机，自动变速器。据车主介绍，此车遇信号灯时，再起步加速行驶非常困难，别的汽车都已急驰远去，而此车还在缓慢加速中。并且，在低于 60 km/h 行驶时加速也不顺畅，明显感觉发闷，而高速行驶时一切正常。检修人员准备用解码器进入其故障自诊断系统，但是发现诊断座已被割掉，因而无法进行，只能采用传统的经验法来检查、分析、判断故障。

检修人员对汽车进行路试。首先把变速杆从 P 挡移到 D4 挡，松开制动踏板，不踩加速踏板，此时该车能够起步行驶，说明变速器中传递 D4 挡动力的单向离合器技术状况正常。然后再把变速杆分别换到 3 挡、2 挡和 1 挡，此车也能够起步行驶，说明变速器的导轮也是正常的，没有打滑，在低速时能够有效传递动力。

至此，说明变速器没有故障，故障应出在发动机上。继续进行汽车路试，当踩加速踏板使车速升到 60 km/h 时，发现发动机转速表指针停在 1 700 r/min 不动，大约过了 30 s 后才显示上升，并且当转速升到 1 800 r/min 才有换挡感觉，明显表现出加速迟缓，换挡滞后。而当车速高于 60 km/h 时，加速一切正常。根据经验判断，此车故障为发动机动力不足。

路试结束后汽车开回修理厂，发动机熄火。当检修人员把点火开关转到"ON"，发动机报警灯点亮 3～5 s 后熄灭，起动发动机后该报警灯再也没有亮起，说明故障诊断系统没有检测到电控系统有故障。

检修人员查看高压火强弱。当把高压线拔下并距缸体 6～8 mm，当发动机逐缸试火时，发现一缸火花弱。于是检查一缸高压线，看到高压线破皮，于是更换成新线。又拆下各缸火花塞进行检查，技术状况尚好，仅清理了积炭并调试了火花塞间隙，装回发动机继续使用。

继续进行汽车路试，发现汽车的动力性能有所改善，但仍然感到有些发闷，换挡时机也晚，表明发动机动力还未恢复到应有程度。

高压电路的问题已经解决，再检查油路。经查，汽油压力符合要求，且能随发动机转速升高而升高，说明供油系统工作正常。当检查到喷油器时，发现喷油器脏污严重，用化油器清洗剂清洗外表并用喷油器清洗器将其内部清洗干净后，用万用表测量电阻值为 3.1 Ω，属于正常。此后在缸外给喷油器通电，观察各喷油器喷射锥角和雾化情况，其结果令人满意。

于是把喷油器装回到发动机上,继续进行汽车路试。路试中汽车起步顺畅,加速行驶中发动机转速持续上升,在 1 750 r/min 附近时汽车实现顺利换挡。总的感觉是,汽车从低速到高速加速匀顺、换挡及时,动力充足,故障排除。

4.7.4　案例 4

故障现象:一辆三菱轿车,在点火开关处于"ON"位置时,不论发动机是否运转,仪表板上的 ABS 报警灯均常亮不灭,说明该车 ABS 发生故障。

检测诊断:检修人员决定先卸下各车轮轮胎,在转动前制动盘时发现有"咔嗒"的摩擦声。经检查发现车速传感器前端部有泥沙充塞在制动盘之间。拆下车速传感器进行了清洁,装复后调整刹车间隙在 0.5 ~ 1.0 mm 之间。

用手继续转动制动盘,用万用表电压挡检测车速传感器是否有电动势产生。若有微小电动势产生,表示车速传感器正常,若无微小电动势产生,可再检测车速传感器的内电阻是否在 1.6 ~ 1.7 kΩ 范围内。结果在检测到后轮的一个车速传感器时发现内电阻为无穷大,并发现其引出线中的黑线已经断开,至此故障找到。经重新焊接引出线后再试车,ABS 警告灯很快熄灭,说明 ABS 故障已经排除。

学习项目 4.8　实训

4.8.1　实训目的

1)了解实训设备,熟悉实训环境,初步学会检测设备的使用方法。
2)在实践教师指导下学习电控系统诊断故障的程序和方法,提高学生实践动手能力。
3)理论联系实际,实现学、做一体化,促进知识与技能相结合。

4.8.2　实训内容

1)认识电控系统专用工具和检测设备,初步学会其使用方法。
2)演练电控燃油喷射系统诊断故障的程序和方法。
3)演练电控燃油喷射系统主要电子元器件检测方法。
4)演练电控自动变速器系统诊断故障的程序和方法。
5)演练防抱死制动系统诊断故障的程序和方法。
6)设置几个较简易故障供学生诊断。

4.8.3　实训设备

1)跨接线、测试灯、手持式真空泵、压力表、真空表、喷油器清洗器和发光二极管。
2)万用表、解码器、示波器、扫描仪、专用诊断仪和发动机综合性能检测仪。
3)电控汽油发动机实验台架。
4)电控自动变速器实验台架。
5)防抱死制动系统实验台架。

6）其他必要机工具、示教台和教学投影仪等。

4.8.4　实训方法

（1）实训准备

1）使实验台架运转至正常工作温度。

2）将需要预热的检测设备预热至规定时间。

3）其他必要的机工具、示教台和教学投影仪等处于待用状态。

（2）实训方法

同教学模块 2 中的"实训方法"。

4.8.5　实训成绩

同教学模块 2 中的"实训成绩"。

本模块要点

1）专用工具和检测设备。包括跨接线、测试灯、手持式真空泵、压力表、真空表、喷油器清洗器、万用表、解码器、发光二极管、示波器、扫描仪、专用诊断仪和发动机综合性能检测仪等。

2）万用表。可用来检测电阻（Ω）、电流（A）和交、直流电压（V）。汽车检测中经常用万用表测量电阻、直流电压和直流电压降，以判断电路是否通、断和电气设备的技术状况。

万用表分为指针式和数字式两种。由于在汽车电控系统检测中，规定不要使用指针式万用表检测 ECU 和各种传感器，更不能使用测试灯测试 ECU 和任何与 ECU 相连接的电气设备，而应该使用高阻抗数字式测试仪表进行测试。因此，数字式万用表在汽车电控系统的检测中获得了广泛应用。

3）解码器。除了具有读码、清码功能外，还增加了显示故障码所代表故障的部位和要诊断的项目等功能，即具有解码功能，增强了使用的方便性。

一般来讲，带有数据流功能的解码器，可分为原厂专用型和通用型两大类型。

原厂专用型解码器一般是汽车制造厂为检测诊断本厂生产的汽车而专门设计制造的解码器，只适用检测和诊断本厂生产的汽车，一般配备在汽车特约维修站或 4S 店的维修车间，以提供良好的售后服务。

通用型解码器一般是检测设备制造厂为适应检测诊断多车型而设计制造的。它往往存储有几十种、几百种甚至数千种不同厂牌、不同车型汽车电控系统的检测程序、标准数据和故障码等资料，并配备有各种车型的检测插头，可以检测和诊断多种车型，因而适合综合性汽车维修企业使用。

4）OBD - Ⅱ随车诊断系统。1993 年以前的随车诊断系统为第一代随车诊断系统，各厂家采用不同的诊断座、不同的故障码和不同的诊断功能，因而在检测与诊断中感到不方便。OBD - Ⅱ是第二代随车诊断系统，要求各汽车厂家提供统一的诊断模式，统一的诊断座，统一的故障码，只要一台诊断仪器就可检测与诊断所有车种。

OBD－Ⅱ标准要求对汽车排放和电子元器件等提供更为精确的监控,覆盖范围要更广,因而使汽车设计制造、检测诊断、维护修理等产生了巨大变化。

OBD－Ⅱ随车诊断系统要求达到:统一诊断座,统一诊断座位置,解码器和车辆之间采用标准通信规则,统一故障码含义,具有行车记录器功能,监控排放控制系统,解码器能够读码、记录数值、清码等,标准的技术缩写术语,定义系统的工作元件。

OBD－Ⅱ随车诊断系统故障码由 1 位字母和 4 位数字组成,对于任何厂牌、车型都是适用的。

OBD－Ⅱ随车诊断系统故障码既可以使用解码器、扫描仪等专用检测仪器显示(读取),也可以采用就车读取的方法显示(读取)。

5)故障诊断系统。发动机电控系统工作时,ECU 输入、输出信号的电平是在规定范围内变化的。如果某一输入、输出信号超出规定范围,ECU 就判定该路信号出现故障。故障诊断系统检测到故障后,ECU 立即采取三项措施:一项措施是通过一定的显示方式通知汽车驾驶员,告知发动机电控系统出现故障;另一项措施是将故障信息以代码的形式存入微机存储器中,以利检修人员调出故障码实现快速诊断;再一项措施是立即启用应急备用系统,对喷油、点火等按预先编好的程序和设置的参数进行简单控制,以利驾驶员把车开到(带故障运行)汽车修理厂或驻地。

6)用故障自诊断系统诊断故障的程序和方法。目前,大多数电控燃油喷射发动机在组合仪表板上设有发动机警告灯,用于故障报警和显示故障码。发动机起动后如果该灯熄灭,说明发动机无故障;如果该灯继续点亮或在运行中点亮,说明 ECU 检测到电控系统出现的故障。此种情况下,检修人员在倾听用户意见和对发动机进行外观检查后,应首先使用故障诊断系统诊断故障。检修人员按照一定方法进入故障诊断系统后,可就车读取故障码或通过解码器等检测仪器直接显示故障码,然后在汽车维修手册或解码器等检测仪器中查阅该故障码的全部含义,并按指示的程序和方法,对有关元器件和电路进行检查和测试,直至分析、判断出故障的部位和原因,并将其排除。

发动机电控系统的故障排除以后,必须清除故障码,显示装置才不再显示故障信号。就大多数汽车而言,断开通往电控系统的电源线或熔断器即可清除存储在微机存储器内的故障码。一般把电控系统的熔断器拔下或把蓄电池负极拆下 10 ~ 30 s(视车型不同而定),即可达到目的。

7)用传统方法诊断故障的程序和方法。对于那些没有包括在故障自诊断系统之内的故障和虽包括在内但故障码不显示或显示正常代码而故障又确实存在的情况下,则无法再使用故障诊断自系统诊断故障,而应采取传统的方法,即在问询汽车用户有关情况后,采用外观检查、基本检查、进入故障征兆一览表、进入疑难故障诊断表和采用故障征兆模拟试验、对比试验等传统方法,把故障诊断出来并排除掉。

故障征兆模拟试验主要有以下四种方法:

振动法:模拟汽车行驶时的振动,以利易松动部位故障再现。

加热法:模拟发动机工作时某一部位的温度,以利故障再现。

淋水法:模拟雨、雪、雾的高湿度环境,以利故障再现。

电负荷满载法:模拟汽车使用全部用电负载时的工作情况,以利故障在用电满负荷或超负荷情况下再现,必要时可进行汽车路试。

进行对比试验。即用性能良好的同一型号、规格的新元器件,替换下被怀疑有故障的旧元器件的一种试验。替换后如果故障排除,说明原旧元器件确实有问题。

不管采用故障自诊断系统诊断故障,还是采用传统方法诊断故障,都应该对元器件和电路进行深入检查,并根据检测设备提供的数据(如扫描仪等仪器提供的数据流等),针对故障的现象和特征,进行综合分析和判断,直至将故障诊断出来并排除掉。

8)电控燃油喷射系统主要电子元器件的检测方法。电控燃油喷射(EFI)系统的 ECU、传感器和执行器的技术状况,多表现在断路、短路、接触不良和元器件损坏上,可以通过万用表检测其电压、电阻和通过示波器观测其信号电压波形等方法,找出故障的原因和部位。万用表和示波器的测针必须可靠接触测点,才能保证测量结果正确无误。当使用示波器观测波形时,如无特殊说明,示波器的 COM 测针应在发动机机体上搭铁或连接蓄电池负极,CH1测针连接在被测电气设备的输出或输入信号线上。

9)电控自动变速器系统诊断故障的程序和方法。电控自动变速器(ECT)一般由液力变矩器、行星轮变速器、液压机构、电控系统、冷却系统、工作液、壳体和手动操纵机构等组成,包括了机械部分、液压部分和电控部分。ECT 出现故障后,一般采用以下程序和方法进行诊断:

① 倾听用户意见。

② 进行外观检查。

③ 用故障自诊断系统诊断故障。ECT 的电控系统设有故障自诊断系统。如果电控系统发生了故障,ECT ECU(有些车型的 ECT 与发动机共用一个 ECU)将故障以代码的形式存储在存储器中,并使组合仪表板上的超速挡关断(O/D - OFF)指示灯闪烁,以告知驾驶员ECT 出现了故障。此种情况下,采用故障自诊断系统诊断故障,即采用读取故障码,查阅故障码含义并按指示内容进行电路检查,诊断出故障并排除掉后清除故障码的方法,就可完成故障诊断工作。

用传统方法诊断故障。如果超速挡关断(O/D - OFF)指示灯不闪烁或读码时显示正常代码,但自动变速器的故障又确实存在,可采用以下传统方法进行检查、试验和诊断故障。

① 基本检查。

② 失速试验。

③ 液压试验。

④ 时滞试验。

⑤ 道路试验。

故障诊断。ECT 传统的故障诊断方法,可查阅该车型维修手册,按 ECT 故障诊断表和ECT 就车故障诊断表等进行。诊断故障过程中,应按表中给出的该故障诊断顺序(1、2、3、4……),采取逐项排除的方法进行,直至将故障诊断出并排除掉。

10)防抱死制动系统诊断故障的程序和方法。汽车防抱死制动系统(ABS)是提高汽车行驶安全性的重要装置。它能使汽车在紧急制动时,防止车轮抱死以获取最大制动力,并保持行驶方向的稳定性和转向时良好的操纵性。

ABS 装备有故障诊断系统。如果 ABS 中任一信号系统出现故障,驾驶室组合仪表上的

ABS 警告灯点亮,告知驾驶员出现故障。同时,ABS ECU 把故障以代码形式存储起来,以利检修人员读出故障码,检测、分析、判断故障并排除掉。

因此,ABS 警告灯点亮后,就应该按照故障自诊断系统诊断故障。在读出故障码并查阅其含义和指示内容后,对元器件和电路进行检查,即能诊断出故障并将其排除掉,然后清除故障码。

复习题

1）电控系统的专用工具和检测设备有哪些？它们的作用、使用方法和使用注意事项是什么？

2）解码器的功能、类型和使用方法是什么？

3）OBD－Ⅱ随车诊断系统要求达到的目标是什么？

4）说明 OBD－Ⅱ随车诊断系统故障码的组成与结构。

5）电控燃油喷射发动机检修注意事项有哪些？

6）叙述发动机故障自诊断系统自诊断工作原理。

7）叙述发动机故障自诊断系统显示故障的方式。

8）进入发动机故障自诊断系统的方法有哪些？

9）发动机故障自诊断系统的测试模式有哪些？

10）叙述用故障自诊断系统诊断发动机故障的程序和方法。

11）发动机故障码如何清除？

12）叙述用传统方法诊断发动机故障的程序和方法。

13）发动机外观检查、基本检查的检查项目有哪些？

14）如何使用发动机故障征兆一览表？

15）故障征兆模拟试验有哪些模拟试验方法？

16）什么是对比试验？

17）叙述 EFI 系统 ECU 的检测方法。

18）叙述 EFI 系统主要传感器的检测方法和波形分析方法。

19）叙述 EFI 系统主要执行器的检测方法和波形分析方法。

20）ECT 外观检查的项目有哪些？

21）说明用故障自诊断系统诊断 ECT 故障的程序和方法。

22）说明 ABS 诊断故障的程序和方法。

23）说明丰田系列汽车消除 ABS 故障码的方法。

教学模块 5　整车检测技术

教学目标

1）了解整车检测中各检测设备的组成与基本结构。

2）熟悉整车检测中各检测原理和各检测设备的工作原理。

3）掌握整车检测中各检测方法和各检测设备的使用方法。

学习项目

1）汽车动力性检测。

2）汽车车轮侧滑量检测。

3）汽车制动性能检测。

4）汽车车速表指示误差检测。

5）汽车前照灯检测。

6）点燃式发动机汽车排气污染物检测。

7）压燃式发动机汽车排气烟度检测。

8）汽车噪声检测。

9）实训。

汽车整车技术状况关系到车辆行驶的动力性、经济性、排气净化性、安全性、操纵稳定性、行驶平顺性和乘坐舒适性等使用性能，因此，是汽车检测的重点内容。

汽车整车技术状况的变化主要表现在故障增多、性能降低和损耗增加上。用以评价整车技术状况的诊断参数见表 1-1。在诸多诊断参数中，要特别选出那些与汽车动力性、经济性、排气净化性、安全性和操纵稳定性等有关的参数进行检测、分析与判断，以便确定整车的技术状况。

汽车整车诊断参数的检测，既可以在道路试验中进行，也可以在室内的滚筒（转鼓）式试验台上进行。当汽车在室内的滚筒式试验台上进行试验时,滚筒式试验台是以筒的表面代替路面,试验时通过加载装置给滚筒施加负荷,模拟行驶阻力,使汽车尽可能在接近实际行驶工况下进行各项检测与试验。因此,汽车的动力性、燃料经济性、加速性、滑行性、制动性和车速表指示误差等,均可以在滚筒式试验台上测定。

对汽车整车技术状况和性能进行检测时,应使用整车检测设备。

学习项目5.1 汽车动力性检测

汽车动力性一般是指汽车在行驶中能达到的最高车速、最大加速能力和最大爬坡能力,是汽车最基本、最重要的使用性能,通过道路试验或室内试验台进行检测。

国家标准 GB/T 18276—2000《汽车动力性台架试验方法和评价指标》规定了在用汽车动力性台架试验方法和评价指标,其中的定义、评价指标、试验方法的主要内容摘录如下。

该标准的评价指标限值适用于表 5-1 所列在用国产汽车,其他在用车辆可参照执行。

表 5-1　汽车驱动轮输出功率的限值

汽车类别	汽车型号		额定扭矩工况			额定功率工况		
			直接挡检测速度 v_M /(km/h)	校正驱动轮输出功率/额定扭矩功率 η_{VM}(%)		直接挡检测速度 v_P /(km/h)	校正驱动轮输出功率/额定功率 η_{VP}(%)	
				额定值 η_{Mr}	允许值 η_{Ma}		额定值 η_{Pr}	允许值 η_{Pa}
载货汽车	1010 系列 1020 系列	汽油车	60	75	50	90	65	40
	1030 系列 1040 系列	汽油车	60	75	50	90	65	40
		柴油车	55	75	50	90	70	45
	1050 系列 1060 系列	汽油车	60	75	50	90	65	40
		柴油车	50	75	50	90	70	45
	1070 系列 1080 系列	汽油车	—	—	—	—	—	—
		柴油车	50	75	50	80	70	45
	1090 系列	汽油车	40	75	50	80	70	45
		柴油车	55	75	50	80	70	45
	1100、1110 系列 1120、1130 系列	汽油车	—	—	—	—	—	—
		柴油车	50	70	45	80	65	40
	1140 系列 1150 系列 1160 系列	柴油车	50	75	50	80	65	40
	1170 系列 1190 系列	柴油车	55	75	50	80	65	40

续表

汽车类别	汽车型号		额定扭矩工况			额定功率工况		
			直接挡检测速度 v_M /(km/h)	校正驱动轮输出功率/额定扭矩功率 η_{VM}(%)		直接挡检测速度 v_P /(km/h)	校正驱动轮输出功率/额定功率 η_{VP}(%)	
				额定值 η_{Mr}	允许值 η_{Ma}		额定值 η_{Pr}	允许值 η_{Pa}
半挂列车[①]	10t 半挂列车系列	汽油车	40	75	50	80	70	45
		柴油车	50	75	50	80	70	45
	15t、20t 半挂列车系列	柴油车	45	70	45	70	65	40
	25t 半挂列车系列	柴油车	45	75	50	75	65	40
客车	6600 系列	汽油车	60	70	45	85	60	35
		柴油车	45	75	50	75	65	40
	6700 系列	汽油车	50	65	40	80	60	35
		柴油车	55	70	45	75	60	35
	6800 系列	汽油车	40	65	40	85	60	35
		柴油车	45	70	45	75	60	35
	6900 系列	汽油车	40	65	40	85	60	35
		柴油车	60	70	45	85	60	35
	6100 系列	汽油车	40	65	40	85	60	35
		柴油车	40	70	45	85	60	35
	6110 系列	汽油车	40	65	40	85	60	35
		柴油车	55	70	45	80	60	35
	6120 系列	柴油车	60	65	40	90	60	35
轿车	夏利、富康		95/65[②]	65/60[②]	40/35[②]	—	—	—
	桑塔纳		95/65[②]	70/65[②]	45/40[②]	—	—	—

注:5010~5040 系列厢式货车和罐式货车驱动轮输出功率的允许值按同系列普通货车的允许值下调 2%,其他系列厢式货车和罐式货车驱动轮输出功率的允许值按同系列普通货车的允许值下调 4%。

① 半挂列车是按载货质量分类的。

② 为汽车变速器使用 3 挡时的参数值。

5.1.1　定义

1）实测有效功率:发动机在实际环境状态下所输出的功率。

2）校正有效功率:实测有效功率校正到标准环境状态下的功率。

3）总功率:发动机仅带维持本身正常运转所必需的附件时所输出的校正有效功率。

4）额定功率:标准环境状态下,制造厂根据发动机用途和特点,在规定的额定转速下所规定的总功率。

5）净功率:发动机带有本身实际工作所需全部附件时所输出的校正有效功率。

6）实测驱动轮输出功率:在实际环境状态下,底盘测功机测得的汽车驱动轮输出的功率,不含轮胎滚动阻力和底盘测功机传动系统阻力所消耗的功率。

7）校正驱动轮输出功率:实测驱动轮输出功率校正到标准环境状态下的功率。

8）模拟惯量:底盘测功机为模拟汽车在非稳定工况下运行的阻力,按汽车质量匹配的当量惯量。

5.1.2　评价指标

1）检测参数。汽车动力性采用驱动轮输出功率作为检测参数。驱动轮输出功率用底盘测功机检测。

2）评价指标。汽车动力性采用汽车发动机在额定扭矩(最大扭矩)和额定功率(最大功率)时的驱动轮输出功率作为评价指标。

3）检测工况。检测工况采用汽车额定扭矩和额定功率的工况。即发动机全负荷与额定扭矩转速和额定功率转速所对应的直接挡(无直接挡时指传动比最接近于 1 的挡,下同)车速构成的工况。

4）限值。在上述检测工况下,采用校正驱动轮输出功率与相应的发动机输出总功率的百分比作为驱动轮输出功率的限值。即有

$$\eta_{VM} = P_{VMO}/P_M \tag{5-1}$$

$$\eta_{VP} = P_{VPO}/P_e \tag{5-2}$$

式中　　η_{VM}——汽车在额定扭矩工况下的校正驱动轮输出功率与额定扭矩功率的百分比,(%);

　　　　η_{VP}——汽车在额定功率工况下的校正驱动轮输出功率与额定功率的百分比(%);

　　　P_{VMO}——汽车在额定扭矩工况下的校正驱动轮输出功率(kW);

　　　P_{VPO}——汽车在额定功率工况下的校正驱动轮输出功率(kW);

　　　　P_M——额定扭矩功率(kW);

　　　　P_e——额定功率(kW)。

汽车的校正驱动轮输出功率的限值列于表 5-1。

5）汽车动力性合格的条件为

$$\eta_{VM} \geqslant \eta_{Ma} \tag{5-3}$$

$$\eta_{VP} \geqslant \eta_{Pa} \tag{5-4}$$

式中　η_{Ma}——汽车在额定扭矩工况下校正驱动轮输出功率与额定扭矩功率的百分比的允许值,(%);

η_{Pa}——汽车在额定功率工况下校正驱动轮输出功率与额定功率的百分比的允许值,(%)。

5.1.3　试验方法

1. 通用试验条件

（1）环境状态

环境温度:0~40 ℃。

相对湿度:<85%。

大气压力:80~110 kPa。

（2）仪器、设备

温度计、湿度计、气压计、饱和蒸汽压计以及底盘测功机。

（3）台架准备

1）底盘测功机应符合附录 A(GB/T 18276—2000 的附录)的要求。附录 A 对双滚筒式底盘测功机的基本要求如下:

① 底盘测功机滚筒直径(d)应在 310~380 mm 范围内。

a. 用于允许轴载质量小于 3 t 车辆的底盘测功机,其滚筒间距(L)应不大于 500 mm。

b. 用于允许轴载质量大于 3 t 车辆的底盘测功机,其滚筒间距(L)应不大于 600 mm。

② 底盘测功机的测试精度要求。

a. 速度测量误差不大于 ±1%。

b. 扭矩测量误差不大于 ±2%。

③ 底盘测功机控制精度要求。测试工况的速度控制误差应不大于 ±0.5 km/h,测试工况的速度稳定时间应大于 30 s。

④ 底盘测功机应能显示并打印出各测试点的设定速度值、实际速度值、扭矩值和功率值。

⑤ 底盘测功机应标明其传动系统的损耗,风冷式涡流机应标明可连续工作的时间及提供冷却风扇的功率损耗特性。

⑥ 底盘测功机应标明其加载装置的特性及适用车型。

⑦ 配有机械惯量模拟系统的底盘测功机,应在各个惯性飞轮上标明其序号及模拟惯量值,并提供底盘测功机的主要旋转部件和涡流机转子的转动惯量。

⑧ 具有反拖装置的底盘测功机,其反拖速度应可在 10~100 km/h 范围内调节;其反拖扭矩的测量误差不大于 ±2%,反拖速度的测量误差不大于 ±0.5%。

2）测试前应对照所用底盘测功机的使用说明书检查、调整各运动部件,使其处于良好状况。

3）测试前应对底盘测功机进行检定和校准。

4）测试前应利用试验车辆带动底盘测功机空转动 10~30 min,以使底盘测功机各运动部件的工作温度正常。

（4）测试车辆的准备

1）车辆的装备应符合制造厂技术条件的规定。

2）车辆空载。

3）车辆使用的燃料和润滑油的牌号、规格应符合制造厂技术条件的规定。

4）轮胎的规格和气压应符合制造厂的规定。轮胎花纹深度不得小于 1.6 mm,胎面和胎壁上不得有暴露出轮胎帘布层的破裂和割伤。

5）检查空气滤清器状况,允许更换空气滤清器的滤芯。

6）测试前,车辆必须进行预热行驶,使其各运动部件、润滑油、冷却液等达到制造厂技术条件规定的温度状态。测试时可设置外加风扇向汽车发动机吹风。

7）关闭空调系统等非汽车运行所必需的耗能装置。

2. 驱动轮输出功率

（1）驱动轮输出功率的检测

1）按表 5-1 中相应车型的检测速度,在底盘测功机上设定检测速度 v_M 或 v_P。

2）将检测汽车驱动轮置于底盘测功机滚筒上,起动汽车,逐步加速并换至直接挡,使汽车以直接挡的最低车速稳定运转。

3）将加速踏板踩到底,测定 v_M 或 v_P 工况的驱动轮输出功率。

4）测取读数。待汽车速度在设定的检测速度下稳定 15 s 后,方可记录仪表显示的输出功率值;实际检测速度与设定检测速度的允差为 ± 0.5 km/h。

5）在读数期间,扭矩变动幅度应不超过 $\pm 4\%$。

6）按附录 B（GB/T 18276—2000 的附录）中表 B1 记录环境状态及检测数据,见表 5-2。

表 5-2　汽车驱动轮输出功率检测记录表

设定检测速度/km·h^{-1}	$v_M =$	$v_P =$
实际检测速度/km·h^{-1}	$v'_M =$	$v'_P =$
实际驱动轮输出功率/kW	$P_{VM} =$	$P_{VP} =$
校正驱动轮输出功率/kW	$P_{VMO} =$	$P_{VPO} =$
计算比值（%）	$\eta_{VM} =$	$\eta_{VP} =$
允许值（%）	$\eta_{Ma} =$	$\eta_{Pa} =$
判定		

7）汽车的额定扭矩和额定功率取用汽车使用说明书提供的数据。额定扭矩功率 P_M（kW）按下式计算

$$P_M = M_e n_e / 9\,549 \tag{5-5}$$

式中　M_e——发动机的额定扭矩（N·m）;

　　　n_e——发动机额定扭矩转速（r/min）,额定扭矩转速为 $n_{e1} \sim n_{e2}$ 时,取均值。

8）按附录 C（GB/T 18276—2000 的附录）提供的方法,将实测驱动轮输出功率修正为标准环境状态下的校正驱动轮输出功率。附录 C 规定的驱动轮输出功率的校正方法,引用了功率校正系数 α。功率校正系数 α 用于将实测功率修正为标准环境状态下的校正功率,见下式

$$P_0 = \alpha P \tag{5-6}$$

式中　P_0——校正功率（即标准环境状态下的功率）；

　　　α——功率校正系数（汽油机 α_a，柴油机 α_d）；

　　　P——实测功率。

标准环境状态：

大气压：$p_0 = 100$ kPa。

相对湿度：$\phi_0 = 30\%$。

环境温度：$T_0 = 298$ K（25 ℃）。

干空气压：$p_{s0} = 99$ kPa。

干空气压是基于总气压为 100 kPa，水蒸气分压为 1 kPa 计算得到的。

汽油机校正系数 α_a 和柴油机校正系数 α_d 经计算或查表得到，限于篇幅本教材不再具体介绍计算方法和查表方法，需要时请查阅 GB/T 18276—2000 的附录 C。

9）对 η_{VM} 或 η_{VP} 低于允许值的车辆，允许复测一次。

（2）驱动轮输出功率的试验

1）将底盘测功机按附录 B 中表 B2（表 5 - 3）的设定速度，依次设定试验速度直至额定功率车速。

表 5 - 3　汽车驱动轮输出功率试验记录表

设定速度/km·h^{-1}		30	40	50	60	70	80	90	100
1	实测速度 v_i/km·h^{-1}								
	实测驱动轮输出功率 P_{Vi}/kW								
2	实测速度 v_i/km·h^{-1}								
	实测驱动轮输出功率 P_{Vi}/kW								
3	实测速度 v_i/km·h^{-1}								
	实测驱动轮输出功率 P_{Vi}/kW								
平均实测驱动轮输出功率 P_{Vi}/kW									
校正驱动轮输出功率 P_{Vio}/kW									
计算式					$P_{Vio} = \alpha P_{Vi}$				

额定功率的试验速度按下式计算

$$v_a = 0.377 \times n_e r_p / (i_g i_o) \tag{5-7}$$

式中　v_a——汽车在额定功率时的试验速度（km/h）；

　　　n_e——发动机额定转速（r/min）；

　　　r_p——汽车轮胎计算滚动半径，见附录 D（标准的附录）（m），附录 D 列出的汽车轮胎计算滚动半径见表 5 - 4；

　　　i_g——变速器的传动比，试验采用直接挡时 $i_g = 1$，无直接挡时采用传动比最接近于 1 的挡；

　　　i_o——主减速器的传动比。

表 5 - 4　汽车轮胎计算滚动半径　　　　　　　　（单位:mm）

轮胎规格	计算滚动半径	轮胎规格	计算滚动半径
4.50 - 12 ULT	264	145R12 LT	262
5.00 - 10 ULT	250	155R12 LT	267
5.00 - 12 ULT	275	155R13 LT	278
5.50 - 13 LT	294	175R13 LT	290
6.00 - 14 LT	334	185R14 LT	318
6.50 - 14 LT	346	145/70R12	247
6.50 - 15 LT	358	155/80R12	268
6.50R15 LT	355	165/70R13	273
6.50 - 16 LT	367	175/70R13	280
6.50R16 LT	360	185/60R14	281
7.00 - 15 LT	367	185/70R13	286
7.00 - 16 LT	379	195/60R14	286
7.50 - 16 LT	393	195/75R14	315
7.00 - 20	439	215/70R14	319
7.50 - 20	454	215/70R15	332
8.25 - 20	472	8.25R20	462
9.00 - 20	493	9.00R20	484
10.00 - 20	509	10.00R20	500
11.00 - 20	522	11.00R20	512
12.00 - 20	541	12.00R20	531

2）将测试汽车驱动轮置于底盘测功机滚筒上,起动汽车,逐步加速并换至直接挡,使汽车以直接挡的最低车速稳定运转。

3）将加速踏板踩到底,分别测定各设定速度的驱动轮输出功率。

4）测取读数。待汽车速度在设定速度下稳定 15 s 后,方可记录仪表显示的输出功率值。实际试验速度与设定速度的允差为 ±0.5 km/h。

5）按附录 B 中表 B2(表 5 - 3)记录环境状态及试验数据。

6）按附录 C 提供的方法,将实测驱动轮输出功率按式(5 - 6)修正为标准环境状态下的校正驱动轮输出功率。

7）绘制驱动轮输出功率曲线。

3. 汽车车轮滚动阻力(F_{fi})——反拖测试

1）起动底盘测功机反拖装置,以 30 km/h 的速度暖机运转 10 ~ 30 min。

2）测定测功机传动系阻力(F_{ci})。利用底盘测功机反拖装置带动测功机传动系统空转,从30 km/h 速度起,以每 10 km/h 的速度为一测试点,逐点测试,直至反拖装置的最高速度,重复测试三次。按附录 B 中表 B3(表 5 - 5)记录并整理测试数据。

表 5 - 5　底盘测功机传动系统阻力

设定速度/km·h⁻¹		30	40	50	60	70	80	90	100
1	实测速度 v_i/ km·h⁻¹								
	反拖测功机功率 P_{ci}/kW								
	测功机传动系统阻力 F_{ci}/N								
2	实测速度 v_i/ km·h⁻¹								
	反拖测功机功率 P_{ci}/kW								
	测功机传动系统阻力 F_{ci}/N								
3	实测速度 v_i/ km·h⁻¹								
	反拖测功机功率 P_{ci}/kW								
	测功机传动系统阻力 F_{ci}/N								
平均测功机传动系统阻力 F_{ci}/N									
计算式		$F_{ci} = P_{ci} \times 3\,600/v_i$							

3) 测定车轮滚动阻力 (F_{fi})。分别测定试验车辆从动轴和驱动轴的载荷 (G_c、G_q)。将测试汽车的从动轮或驱动轮置于底盘测功机滚筒上,拆下驱动轮半轴(测驱动轮时),变速器置于空挡,放松驻车制动器,起动底盘测功机反拖装置,从 30 km/h 速度起,以每 10km/h 的速度为一测试点,逐点测试,直至反拖装置的最高速度,重复测试三次。

按附录 B 中表 B4 (表 5 - 6) 记录并整理测试数据。

表 5 - 6　汽车从动轮或驱动轮滚动阻力测试记录表

设定速度/km·h⁻¹		30	40	50	60	70	80	90	100
1	实测速度 v_i/km·h⁻¹								
	反拖车轮功率 $P_{\Sigma fi}$/kW								
2	实测速度 v_i/ km·h⁻¹								
	反拖车轮功率 $P_{\Sigma fi}$/kW								
3	实测速度 v_i/ km·h⁻¹								
	反拖车轮功率 $P_{\Sigma fi}$/kW								
平均实测速度 v_i/ km·h⁻¹									
平均反拖车轮功率 $P_{\Sigma fi}$/kW									
测功机传动系统消耗功率 P_{ci}/kW									
车轮滚动阻力消耗功率 P_{fi}/kW									
车轮滚动阻力 F_{fi}/N									
车轮滚动阻力系数 f_i									
计算式		$P_{fi} = P_{\Sigma fi} - P_{ci}$,$F_{fi} = P_{fi} \times 3\,600/v_i$,$f_i = F_{fi}/G_c (f_i = F_{fi}/G_q)$							

4. 汽车底盘传动系统阻力(F_{ti})——反拖测试

1）将测试汽车驱动轮置于底盘测功机滚筒上，变速器置于空挡，放松驻车制动器，发动机熄火。

2）起动底盘测功机反拖装置，以 40～50 km/h 的速度反拖汽车驱动轮及滚筒系统 10～30 min。

3）利用底盘测功机反拖装置带动汽车驱动轮转动，从 30 km/h 速度起，以每 10 km/h 的速度为一测试点，逐点测试，直至反拖装置的最高速度，重复测试三次。

4）按前述方法测试汽车车轮滚动阻力，据测算的滚动阻力系数计算相应速度下驱动轮的滚动阻力。

5）按附录 B 中表 B5（表 5-7）记录和整理测试数据，并计算传动效率。

表 5-7　汽车传动系统阻力测试记录表

	设定速度/km·h^{-1}	30	40	50	60	70	80	90	100
1	实测速度 v_i/ km·h^{-1}								
	反拖驱动轮功率 $P_{\Sigma ti}$/kW								
2	实测速度 v_i/ km·h^{-1}								
	反拖驱动轮功率 $P_{\Sigma ti}$/kW								
3	实测速度 v_i/ km·h^{-1}								
	反拖驱动轮功率 $P_{\Sigma ti}$/kW								
平均实测速度 v_i/ km·h^{-1}									
平均反拖驱动轮功率 $P_{\Sigma ti}$/kW									
驱动轮滚动阻力消耗功率 P_{fqi}/kW									
测功机传动系统消耗功率 P_{ci}/kW									
汽车传动系统损耗功率 P_{ti}/kW									
汽车传动系统阻力 F_{ti}/N									
汽车传动系统功率 η_{ti}(%)									
计算式	$P_{ti} = P_{\Sigma ti} - P_{fqi} - P_{ci}$, $P_{fqi} = G_q f_i v_i \times 9.8/3\,600$, $F_{ti} = P_{ti} \times 3\,600/v_i$, $\eta_{ti} = (P_{ei} - P_{ti})/P_{ei}$ 式中　P_{ei}——相应速度下的发动机总功率								

5. 加速时间

1）根据测试汽车的整备质量选定底盘测功机的相应当量惯量，即

转动惯量 = 汽车平移惯量 + 非驱动轮转动惯量 - 滚筒转动惯量

当底盘测功机所配备的机械惯量模拟系统的惯量级数不能准确满足测试汽车的当量惯量需要时，可选配与测试汽车整备质量最接近的转动惯量级。

2）将测试汽车驱动轮置于底盘测功机滚筒上。

3）货车、客车直接挡加速时间测定：

① 起动汽车，逐步加速并换至直接挡，待车速稳定在 30 km/h 时，全力加速至该车型最高车速的 80%。按附录 B 中表 B6（表 5-8）记录其累计加速时间。

表 5-8　客车、货车加速时间测试记录表

车速		从 30km/h 加速到下列车速/km·h⁻¹								
		40	50	60	70	80	90	100	110	120
加速时间/s	1									
	2									
	平均									

② 重复测定两次，取均值。

③ 整理测试结果，绘制加速性能曲线。

4）轿车起步连续换挡加速时间测定：

① 起动轿车，从初速度 0 开始起步，连续换挡，全力加速直至车速为 100 km/h。按附录 B 中表 B7（表 5-9）记录加速时间。

② 重复测定两次，取均值。

③ 整理测试结果，绘制加速性能曲线。

表 5-9　轿车起步连续换挡加速时间测试记录表

车速		从 0 加速到下列车速/ km·h⁻¹									
		10	20	30	40	50	60	70	80	90	100
加速时间/s	1										
	2										
	平均										

6. 滑行距离和时间

1）按上述 5 中的 1）选定底盘测功机的当量惯量。

2）根据车型分类选定试验车辆滑行初速度 v_1 和终速度 v_2（表 5-10），在底盘测功机上设定 v_1、v_2 值。

表 5-10　设定滑行速度　　　　　　　（单位：km·h⁻¹）

车型分类	滑行初速度 v_1	滑行终速度 v_2
轿车	80	50
货车、客车	60	30

3）将试验车辆驱动轮置于底盘测功机滚筒上，起动汽车，加速至高于设定的滑行初速度 v_1 后，变速器置于空挡，利用车-台系统储存的动能，使车-台系统继续运转直至设定终速度 v_2。

4）按附录 B 中表 B8（表 5-11）分别记录车-台系统自 v_1 滑行至 v_2 的时间和距离。

5）重复测定两次，取均值。

表 5-11　汽车滑行距离和时间测试记录表

车速/ km·h⁻¹		滑行距离/m			滑行时间/s		
初速度 v_1	终速度 v_2	1	2	平均	1	2	平均

5.1.4　底盘测功试验台

已如前述,在室内对汽车进行底盘测功时须在滚筒式试验台架上进行,该试验台架称为底盘测功试验台或底盘测功机。底盘测功试验台有关情况介绍如下:

（1）类型

按照不同的分类方法,底盘测功试验台可以分出不同的类型。如果按测功装置中测功器形式不同,底盘测功试验台可以分为水力式、电力式和电涡流式三种;如果按测功装置中测功器的冷却方式不同,底盘测功试验台可以分为水冷式、风冷式和油冷式三种;如果按支承左右两边车轮的滚筒个数不同,底盘测功试验台可以分为单滚筒式、双滚筒式两种;如果按滚筒装置承载能力不同,底盘测功试验台又可以分为小型式、中型式、大型式和特大型式四种,对应的承载质量见表 5-12。

表 5-12　底盘测功试验台形式与承载质量对应表

底盘测功试验台形式	小型	中型	大型	特大型
承载质量 M/t	$M \leqslant 3$	$3 < M \leqslant 6$	$6 < M \leqslant 10$	$M > 10$

（2）组成

滚筒式底盘测功试验台,一般由框架与滚筒装置、举升与制动装置、测功装置（功率吸收装置）、测速装置、控制与指示装置、惯性模拟装置、安全辅助装置和标定装置等组成。有些滚筒式底盘测功试验台还设有反拖装置。

（3）结构与工作原理

1）框架与滚筒装置。底盘测功试验台的滚筒通过两端的轴承安装在框架上。框架是底盘测功试验台机械部分的基础,一般由型钢焊接而成,坐落并固定在地坑内。底盘测功试验台进行测功等试验项目时,由于被测车辆的驱动车轮带动滚筒转动并在其上滚动,因而能在室内模拟道路行驶。

底盘测功试验台有单滚筒式和双滚筒式之分,如图 5-1 所示。

① 单滚筒式试验台。支承左右两边驱动车轮的滚筒各为一个的试验台,称为单滚筒式试验台。单滚筒试验台的滚筒直径一般较大,多在 1 500 ~ 2 500 mm 之间。滚筒直径越大,车轮在滚筒上就越像在平路上滚动,使轮胎与滚筒的滑转率小、滚动阻力小,因而测试精度较高。但加大滚筒直径会受到制造、安装、占地和费用等多方面的限制,因此滚筒直径不易过大。

单滚筒式试验台对车轮在滚筒上的安放、定位要求严格,而车轮中心与滚筒中心在垂直方向上的对中又比较困难,故使用不方便。所以,该种试验台一般适用于汽车制造厂、科研院所和大专院校进行科研性试验,不适用于汽车维修企业、汽车综合性能检测站等进行生产性试验。

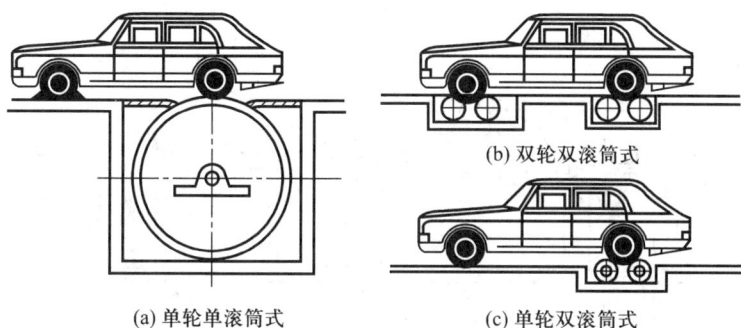

(a) 单轮单滚筒式

(b) 双轮双滚筒式

(c) 单轮双滚筒式

图 5-1 滚筒式底盘测功试验台

② 双滚筒式试验台。支承左右两边驱动车轮的滚筒各为两个的试验台,称为双滚筒式试验台。双滚筒式试验台每侧的两个滚筒还有主、从动滚筒之分。与测功器相连的滚筒称为主动滚筒,左右两侧的两个主动滚筒之间装有万向节;处于自由状态的滚筒称为从动滚筒,左右两侧各一个。

双滚筒式试验台的滚筒直径要比单滚筒小得多,一般在 185 ~ 400 mm 之间。滚筒直径往往随试验台的最大试验车速而定,当最大试验车速高时,直径也大些。由于滚筒直径相对比较小,轮胎与滚筒的接触与在道路上不一样,致使滑转率增大,滚动阻力增大,滚动损失增加,故测试精度较单滚筒式试验台低一些。据有关资料介绍,在较高试验车速下,双滚筒式试验台轮胎的滚动损失常达到传递功的 15% ~ 20%,因此滚筒直径不易太小。当滚筒直径太小时,长时间在较高试验车速下运转会使轮胎温度升高,致使胎面达到临界温度而导致早期损坏。因此,最大试验车速达 160 km/h 时,滚筒直径不应小于 300 mm;试验车速达 200 km/h 时,滚筒直径不应小于 350 mm。近年来滚筒直径已有变大的趋势,交通行业标准 JT/T 445—2008《汽车底盘测功机通用技术条件》,推荐 3 t 级双滚筒式试验台的滚筒直径为 218 mm,10 t 级的滚筒直径为 320 mm,13 t 级的滚筒直径为 530 mm。

双滚筒式试验台具有车轮在滚筒上安放、定位方便和制造成本低等优点,因而适用于汽车维修企业和汽车综合性能检测站,尤其是单轮双滚筒式底盘测功试验台得到了广泛应用。

双滚筒式试验台的滚筒多采用钢质材料制成,采用空心结构,两端配以滚动轴承。按滚筒表面形状不同,又有光滑式、滚花式、沟槽式和涂覆层式多种形式。不管采用哪种形式,滚筒表面的粗糙度应使汽车轮胎在其上不发生滑转且产生的牵引力与干燥道路路面相一致。目前,光滑式滚筒和涂覆层式滚筒应用较多,滚花式和沟槽式已渐不用。光滑式滚筒表面的摩擦因数相对较低,而涂覆层式滚筒是在光滑式滚筒表面上涂覆摩擦因数与道路实际情况接近一致的材料制成的,是比较理想的一种形式,应用日渐增多。

单滚筒式试验台的滚筒多采用硬质木料或钢板制成,也是采用空心结构。

不管是单滚筒式还是双滚筒式,底盘测功试验台的滚筒均要经过动平衡试验,保证高速旋转而不振动。

国产 DCG - 10C 型汽车底盘测功试验台,是一种采用美国 INTEL 公司生产的单片微机作为系统的控制核心,适用于轴质量不大于 10 t,驱动车轮输出功率不大于 150 kW 的双滚筒式底盘测功试验台,其机械部分的结构如图 5 – 2 所示。

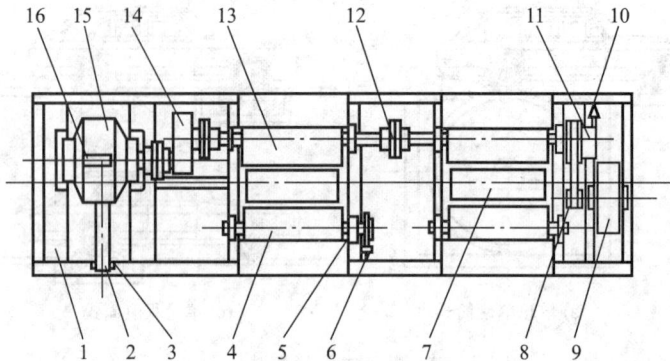

图 5 – 2　DCG – 10C 型底盘测功试验台机械部分结构图

1—框架;2—测力杠杆;3—压力传感器;4—从动滚筒;5—轴承座;6—速度传感器;
7—举升装置;8—传动带轮;9—飞轮;10—电刷;11—离合器;12—万向节;
13—主动滚筒;14—齿轮箱;15—电涡流测功器;16—冷却水入口

滚筒式底盘测功试验台的滚筒,也有人称为转鼓,如称单滚筒式试验台为单转鼓式试验台、双滚筒式试验台为双转鼓式试验台。

2)举升与制动装置。为了方便汽车进出底盘测功试验台,在主、从动滚筒之间设有举升装置,并在滚筒一端或两端设有滚筒制动装置。举升装置由举升器和举升平板组成。举升器有气动、液动和电动三种形式,以气动最为多见。气动举升器又有气缸式和气囊式之分。气囊式结构简单、制造容易、成本低廉,进口的底盘测功试验台上已有所应用。滚筒制动装置与举升装置联动,当举升装置升起时,滚筒制动装置起制动作用,防止滚筒转动,保证车辆顺利进出底盘测功试验台;当举升装置降落时,滚筒制动装置解除制动作用,保证车辆顺利进行测功等项目的试验。

3)测功装置。能测量发动机经传动系统传至驱动车轮的功率。测功装置是功率吸收装置,也是加载装置。加载装置对于滚筒式底盘测功试验台是十分必要的。这是因为汽车在滚筒式底盘测功试验台上试验时,试验台应模拟车辆在道路上行驶时所受的各种阻力,因此需要对滚筒加载,以使车辆的受力情况如同在道路上行驶时一样。

测功装置由测功器和测力装置组成。

① 测功器。常用的测功器有水力测功器、电力测功器和电涡流测功器三种。不论哪种测功器,它们都是由转子和定子两大部分组成的,并且转子与主动滚筒相连,而定子是可以摆动的。

汽车综合性能检测站和汽车维修企业使用的滚筒式底盘测功试验台,多采用电涡流测功器。电涡流测功器具有测量精度高、振动小、结构简单和易于调控等优点,并具有宽广的转速范围和功率范围。

电涡流测功器的定子,其内部沿圆周布置有励磁线圈和涡流环,转子在励磁线圈和涡流环内转动。转子的外圆上加工有或镶有与圆柱齿轮相仿的、均匀分布的齿与槽,齿顶与涡流环留有一定空气间隙。

当励磁线圈通以直流电时,在其周围形成磁场,磁场产生的磁力线通过转子、空气间隙、涡流环和定子形成闭合磁路。由于转子外圆上的齿与槽是均布的,因而转子周围的空气间隙也大小相间地均布,通过的磁力线也疏密相间。当转子旋转时,这些疏密相间的磁力线也同步旋转。由于通过涡流环上任一点的磁力线是成周期性变化的,因而在涡流环任一点上感生了涡电流。该涡电流与产生它的磁场相互作用而产生了对转子的制动力矩,因而测功器吸收了驱动车轮的输出功率,同时也对滚筒进行加载。

只要变更励磁电流,就可以方便地控制测功器产生的制动力矩,因而能比较容易、经济地实现对测功器的控制。

测功器在工作中吸收的功率转化为热量,因而涡流环的温度较高,需采用风冷或水冷的方式将热量散到大气中。

② 测力装置。通过测力装置能测出驱动车轮产生的驱动力。驱动车轮对滚筒施加的驱动力所形成的转矩,由测功器定子与转子间的制动作用而传给可摆动的定子,定子则通过一定长度的测力杠杆(图 5 - 2 中的 2)传给测力装置,然后由指示装置显示出来。指示装置的显示值即为驱动车轮的驱动力。

测力装置有机械式、液压式和电测式三种形式,目前应用较多的是电测式。电测式测力装置一般在测力杠杆外端安装测力传感器,将测力杠杆传来的力变成电信号,经处理后送到指示装置显示出来。

DCG - 10C 型汽车底盘测功试验台在测力杠杆下安装有压力传感器(图 5 - 2 中的 3)。该传感器产生的电信号送往微机处理后,即可显示出驱动车轮的驱动力。

4) 测速装置。底盘测功试验台在进行测功、加速、等速、滑行和燃料经济性等试验时,都需要测得试验车速,因此必须配备测速装置。测速装置多为电测式,一般由速度传感器、中间处理装置和指示装置等组成。常见的速度传感器有磁电式、光电式和测速发电机式等形式,安装在从动滚筒一端,随滚筒一起转动,能把滚筒的转速转变为电信号。与测速发电机配套的指示装置是一电压计,电压计的刻度盘以 km/h 标定。

DCG - 10C 型汽车底盘测功试验台的速度传感器(图 5 - 2 中的 6)为光电码盘式。该速度传感器输出的脉冲信号送入单片机处理后,在指示装置上以单位为 km/h 的车速显示出来。

5) 控制与指示装置。底盘测功试验台的控制装置和指示装置往往制成一体式,形成柜式结构,安置在底盘测功试验台机械部分左前方易于操作和观察的地方。如果测力装置为电测式,指示装置能直接指示驱动车轮的输出功率。微机控制的底盘测功试验台,其测力杠杆下测力传感器输出的电信号送入微机处理后,可在指示装置上直接显示 kW 数。

DCG - 10C 型汽车底盘测功试验台电气部分的原理框图如图 5 - 3 所示,控制与指示装置的立柜面板图如图 5 - 4 所示。可以看出,控制与指示装置的立柜面板上有多个按键、显示窗、旋钮和功能灯、单位灯、警告灯、指示灯和发光管等,用来控制试验过程,指示试验结果。由微机控制的国外同类试验台,如 Sun 公司的 RAM XII 型底盘测功试验台(图 5 - 5),其控制与指示装置的立柜面板上要简单得多。它的控制部分主要依靠一个遥控盒,可以方便地控制整个试验过程,不用时挂在立柜的一侧。其指示装置主要是两个大型的指针式仪表盘,一个指示试验车速,一个指示输出功率,十分醒目。检测员和坐在车内的原车驾驶员都能在数米之外清楚地看到指示值。有些进口试验台在指示车速的表头上还能指示发动机转速(有专用转速传感器事先与发动机相连),在指示功率的表头上还能指示驱动力,即一表两用。试验中,通过遥控盒上转换开关的不同位置,即可显示发动机转速值、试验车速值、驱动车轮输出功率值和驱动力值。还有些进口试验台的指示装置,既装备有双表盘指针式仪表,又装备有数码式显示窗,还配备有微机显示器。这种情况下,一般双表盘指示车速和功率,显示窗指示发动机转速和驱动力,微机显示器显示"功率 – 车速"曲线或"驱动力 – 车速"曲线。

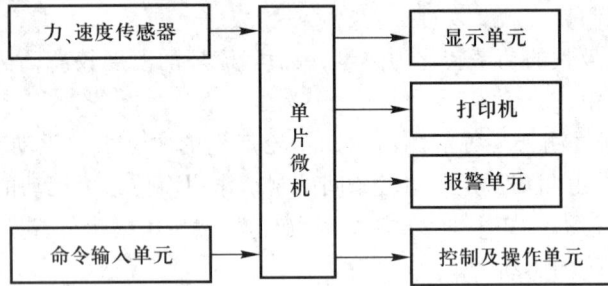

图 5 – 3 DCG – 10C 型汽车底盘测功试验台电气部分的原理框图

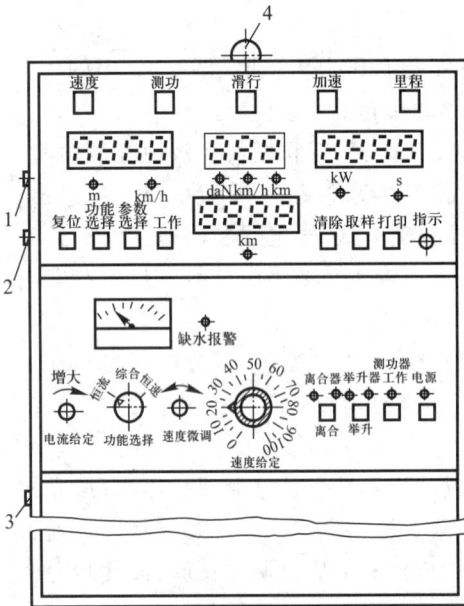

图 5 – 4 控制指示装置的立柜面板图

1—取样盒插座;2—打印机数据线插座;

3—打印机电源线插座;4—警告灯

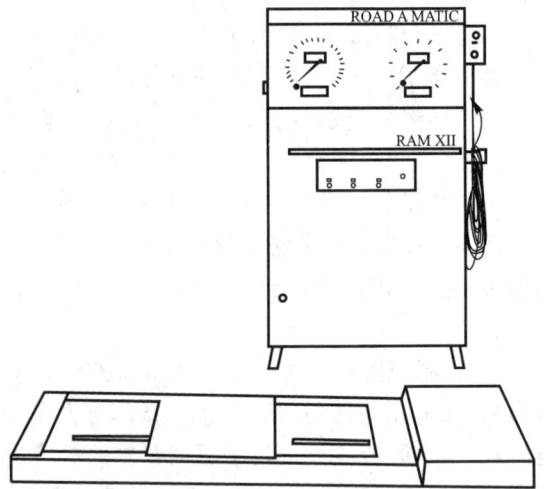

图 5 – 5 RAM Ⅻ型底盘测功试验台

底盘测功试验台一般都装备有打印机,可打印测试数据和曲线。

6)惯量模拟装置。滚筒式底盘测功试验台一般装有飞轮作为惯量模拟装置。飞轮由滚动轴承支承在测功试验台的框架上,通过离合器与主动滚筒相连。带有飞轮的底盘测功试验台一般称为惯性式底盘测功试验台,能模拟汽车惯量,进行加速性能和滑行性能等性能试验。飞轮的质量一般按照被测汽车的质量选取。日本弥荣 CDM – 600 型底盘测功试验台飞轮质量与汽车质量的关系,如表 5 – 13 所列,供参考。

表 5 – 13　日本弥荣 CDM – 600 型底盘测功试验台飞轮质量与汽车质量的关系　　（单位:kg）

汽车质量	飞轮质量	汽车质量	飞轮质量
< 800	不配置飞轮	1 400 ~ 2 100	1 200
800 ~ 1 400	700	> 2 100	700 ~ 1 200

7）安全辅助装置。滚筒式底盘测功试验台一般配备有安全辅助装置,包括汽车的纵向约束装置和冷风装置等。

① 纵向约束装置。汽车在滚筒式底盘测功试验台上试验时,为防止汽车产生前后位移,应设置必要的纵向约束装置。双滚筒式试验台一般不设置纵向约束装置,或必要时在从动车轮前后加装三角木就可以保证试验顺利进行。对于单滚筒式试验台,由于要保证驱动车轮在滚筒上运转时能稳定地置于准确位置,只有三角木是绝对不够的,还必须在汽车前后设置能拉紧汽车的钢质索链。三角木和钢质索链均称为纵向安全约束装置。

② 冷风装置。汽车在滚筒式底盘测功试验台上模拟道路行驶时,虽然驱动车轮在滚筒上滚动,但汽车并不产生位移,因而缺少迎面风,致使发动机冷却系统的散热强度相对不足。特别是当长时间处于大负荷、全负荷试验工况时,发动机易过热,因而必须在汽车前面面对散热器设置移动式冷风机,以加强冷却。长时间试验也提高了轮胎胎面的工作温度,为延长轮胎使用寿命,在驱动桥两端面,对着驱动轮处也应设置移动式冷风机,以加强轮胎散热。

国产 GCD – 10C 型和美国 CLAYTON 型底盘测功试验台的主要参数见表 5 – 14。滚筒式底盘测功试验台,除能检测驱动车轮输出功率和驱动力外,还能检测车速表指示误差、模拟道路等速行驶、上坡行驶和测量燃料消耗量等。如果测功试验台属于惯性式,且飞轮的转动惯量能等效(通过更换不同质量的飞轮实现)试验汽车加速行驶时的惯性力(即加速阻力),还可模拟加速行驶、减速行驶,测量滑行距离和多工况燃料消耗量等;如果测功试验台配备反拖装置,利用对汽车反拖,还可以测得汽车传动系阻力和传动系消耗的功率等。

表 5 – 14　国产 GCD – 10C 型和美国 CLAYTON 型底盘测功试验台主要参数

参数 ＼ 型号	国产 GCD – 10C 型	美国 CLAYTON 型
允许轴载质量/t	10	—
最大吸收功率/kW	160	186,373
最高试验车速/(km/h)	120	160
基本转动惯量/kg	—	908
滚筒直径/mm	—	217.678
滚筒长度/mm	—	838.2,990.6

除上述测试项目外,凡需要汽车在运行中进行的检测或诊断项目,只要配备所需的检测设备或诊断设备,均可在滚筒式底盘测功试验台上进行。例如,检测各种行驶工况下的废气成分或烟度,检测点火提前角或供油提前角,诊断各总成或系统的噪声与异响(包括经验诊

断法），观测汽油机点火波形或柴油机高压供油波形，观测电控系统各传感器波形，检测各总成工作温度和各电气设备工作情况等，均可以在滚筒式底盘测功试验台上进行。

5.1.5　汽车传动效率与传动系统技术状况

汽车经过在底盘测功试验台上检测后，如果发现驱动车轮输出功率偏低，在发动机总功率正常的情况下，可能是汽车传动系统损耗功率偏大造成的。可通过下式计算汽车传动效率，并分析汽车传动系统的技术状况

$$\eta_{ti} = (P_{ei} - P_{ti})/P_{ei} \qquad (5-8)$$

式中　η_{ti}——汽车传动效率；

P_{ei}——发动机总功率（kW）；

P_{ti}——汽车传动系统损耗功率（kW）。

汽车传动效率正常值见表5-15。当被测试汽车传动效率低于表中所列值时，说明消耗于离合器、变速器、分动器、万向传动装置、主减速器、差速器和半轴等处的功率增加。损耗功率主要集中在各运动件的摩擦损耗和搅油损耗上。因此，通过正确的调整和合理的润滑，汽车传动效率会得到提高。值得指出的是，新车和刚大修的车的传动效率并不是最高，只有传动系统完全走合后，由于配合情况变好，摩擦力减小，才使得传动效率达到最高。此后，随着车辆继续使用，由于磨损逐渐增大，润滑情况逐渐变差，配合情况逐渐恶化，造成摩擦损失不断增加，因而汽车传动效率也就降低。所以，定期对汽车底盘测功并计算汽车传动效率，能为评价汽车传动系统技术状况提供重要依据。

表5-15　汽车传动效率正常值

汽车类型		汽车传动效率 η_{ti}
轿车		0.90～0.92
货汽车和公共汽车	单级主传动器	0.90
	双级主传动器	0.84
4×4 越野汽车		0.85
6×4 越野汽车		0.80

学习项目5.2　汽车车轮侧滑量检测

检测汽车前轮侧滑量是为了确知前轮前束与前轮外倾的配合是否恰当。当两者配合恰到好处时，汽车前轮保持稳定的直线行驶状态。有些汽车（如上海桑塔纳等）的后轮也有前束和外倾，因此也应进行后轮侧滑量检测。然而，相当一部分汽车的后轮是没有车轮定位的。当检查这部分汽车的后轮侧滑量时，可以确知后轴是否弯曲变形和轮毂轴承是否松旷。

汽车车轮侧滑量检测须采用侧滑试验台。

侧滑试验台是测量汽车车轮横向滑动量并判断是否合格的一种检测设备，有滑板式和滚筒式之分。其中，滑板式侧滑试验台（以下简称为侧滑试验台）在我国得到了广泛应用。

5.2.1　侧滑试验台检测原理

为了减少汽车前轮纵向旋转平面接地点至主销中心线延长线与地面交点的距离,并为了汽车前轴在承受较大载荷后前轮不致产生内倾,因而在汽车前轮定位中出现了前轮外倾这一角度。但是,前轮外倾后,在两前轮滚动中出现了向外张开滚动的趋势。虽然在刚性前梁或车身的约束下,前轮并不能真正向外分开滚动,但两前轮分别给地面向内的侧向力和轮胎在地面上的滑磨是实际存在的。此时,若使这样的汽车前轮在两块互不刚性连接但可以左右自由滑动的滑动板上前进通过时,可以看到两块滑动板向内靠拢。滑动板向内的靠拢量即为该前轮的侧滑量。

前轮前束是为纠正前轮外倾出现后致使前轮向外张开滚动这一不利现象而出现的。当前束值恰到好处时,即给已经外倾的前轮一个合适的方向修正量时,前轮就会保持稳定的直线行驶。此时,即使汽车前轮再通过同样的滑动板,滑动板也不会左右移动。当然,若前轮前束值太大,则两前轮滚动中又有向内靠拢的趋势。刚性前梁或车身虽不允许两前轮真正向内靠拢,但两前轮分别给地面一个向外的侧向力并在地面上滑磨也是实际存在的。此时,若汽车的前轮通过上述同样的滑动板,则两滑动板分别向外滑动。滑动板的滑动量即为该前轮的侧滑量。

侧滑试验台就是利用上述滑动板在侧向力作用下能够横向滑动的原理来测量前轮侧滑量的。可以看出,检测中若滑动板向外移动,则表明前轮前束太大或前轮负外倾太大;若滑动板向内移动,则表明前轮外倾太大或前轮负前束太大;若滑动板不移动,则表明前轮没有侧滑量,即前束与外倾的配合恰到好处。

可以想象,前轮外倾(或负外倾)对滑动板的作用,不管车辆前进还是后退,其侧滑量相等且侧滑方向一致;前轮前束(或负前束)对滑动板的作用,在车辆前进和后退时,虽侧滑量相等但侧滑方向相反。后轮也有外倾和前束的汽车,具有同样的特点。

需要指出的是,汽车驱动形式不同,前轮前束的大小也略有不同。对于从动前轴来说,前轮前束还要克服在前轮滚动阻力矩作用下,因前轴转向杆系统存在间隙和弹性变形所造成的前轮前端绕主销向外张开滚动的趋势,因而这种车辆的前轮前束值都比较大一些,以给前轮一个恰到好处的方向修正量。然而,对于驱动前轴,特别是对于单前轴驱动的车辆来说,则无须采用较大的前束值。这是因为在前轮牵引力矩的作用下,由于前轴转向杆系统存在间隙和弹性变形,前轮前端发生了绕主销向内的靠拢滚动。因此,这种车辆的前束值都比较小,有的甚至为负前束。

5.2.2　侧滑试验台的结构与工作原理

滑板式侧滑试验台按滑动板数量不同,可分为单板式和双板式两种,它们一般均由测量装置、指示装置和报警装置等组成。以下介绍双板式侧滑试验台的结构与工作原理。

(1)测量装置

测量装置由框架、左右两块滑动板、曲柄机构、回位装置、滚轮装置、导向装置、锁止装置、位移传感器及信号传递装置等组成。该装置能把车轮侧滑量测出并传递给指示装置。

滑动板的长度一般有 500 mm、800 mm 和 1 000 mm 三种。滑动板的上表面制有"T"形纹或"十"形纹,以增加与轮胎之间的附着力。滑动板的下部装有滚轮装置和导向装置,两滑动板之间连接有曲柄机构、回位装置和锁止装置。在侧向力作用下,两滑动板只能在左右方向上作等量移动,并且要向内均向内,要向外均向外,在前后方向上不能滑动。

当车轮正前束(IN)大时,滑动板向外侧滑动;当车轮负前束(OUT)大时,滑动板向内侧滑动;当侧向力消失时,在回位装置作用下两滑动板回到零点位置;当关闭锁止装置时,两滑动板被锁止,不再左右滑动。

按滑动板位移量传递给指示装置方式的不同,测量装置可分为机械式和电气式两种形式。

1)机械式测量装置是把滑动板与指示装置机械地连接在一起,通过连杆和 L 形杠杆等零件,把滑动板位移量直接传递给指示装置的一种结构形式,如图 5 - 6 所示。具有机械式测量装置的侧滑试验台,一般也称为机械式侧滑试验台,其指示装置设立在测量装置的一端,两者必须靠得很近,现在已逐渐不用。

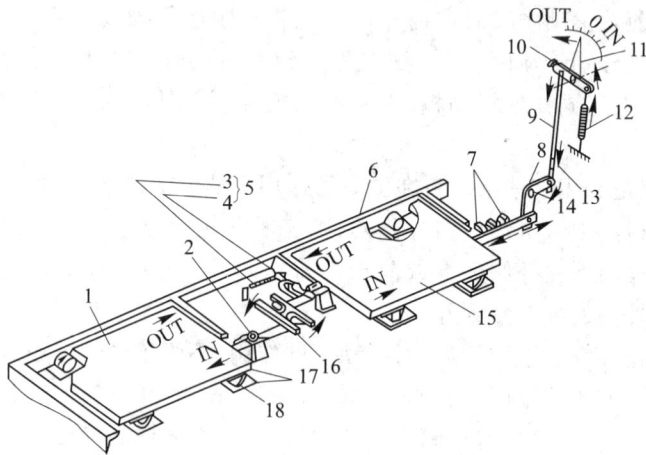

图 5 - 6 侧滑试验台机械式测量装置

1—左滑动板;2—导向滚轮;3—回位弹簧;4—摆臂;5—回位装置;6—框架;7—限位开关;
8—L 形杠杆;9—连杆;10—刻度放大倍数调整器;11—指示机构;12—调整弹簧;
13—零位调整装置;14—支点;15—右滑动板;16—双销叉式曲柄;17—轨道;18—滚轮

2)电气式测量装置是把滑动板的位移量通过位移传感器变成电信号,再经过放大与处理而传输给指示装置的一种结构形式。位移传感器有自整角电动机式、电位计式和差动变压器式等多种形式。

以自整角电动机作为位移传感器的测量装置如图 5 - 7 所示。测量装置上的自整角电动机 7 通过齿轮齿条机构、杠杆和连杆等与滑动板连接在一起。指示装置中也装备有同一规格的自整角电动机 9。当滑动板移动时,自整角电动机 7 回转一定角度并产生电信号传输给自整角电动机 9,自整角电动机 9 接到电信号后回转同一角度并通过指针指示出滑动板位移量的大小和方向。

以电位计作为位移传感器的测量装置如图 5 - 8 所示。可以看出,滑动板的移动能变为电位计触点在电阻线圈上的移动,使电路阻值发生变化,进而使电路电压发生变化。把这一变化传输给指示装置(电压表),就可将滑动板位移量的大小和方向指示出来。

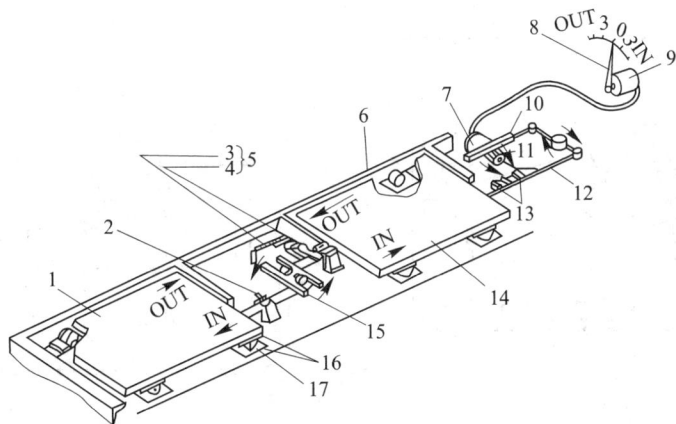

图 5-7 以自整角电动机作为位移传感器的测量装置

1—左滑动板；2—导向滚轮；3—回位弹簧；4—摆臂；5—回位装置；6—框架；7—产生电信号的自整角电动机；

8—指针；9—接受电信号的自整角电动机；10—齿条；11—齿轮；12—连杆；13—限位开关；

14—右滑动板；15—双销叉式曲柄；16—轨道；17—滚轮

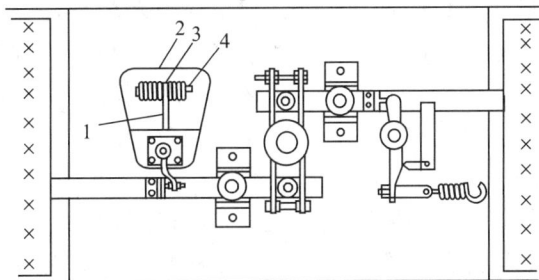

图 5-8 以电位计作为位移传感器的测量装置

1—滑动片；2—电位计；3—触点；4—线圈

以差动变压器为位移传感器的测量装置如图 5-9 所示。当滑动板移动时,通过触头带动差动变压器线圈内的铁芯移动,使电路电压发生变化。将这一变化传输给指示装置(电压表),就可将滑动板位移量的大小和方向指示出来。

(2) 指示装置

指示装置也分为机械式和电气式两种形式。不管是机械式还是电气式,有的用指针式指示,有的用数码式指示。电气式指示装置(指针式)如图 5-10 所示。指示装置能把测量装置传递来的滑动板侧滑量,按汽车每行驶 1 km 侧滑 1 m 定为 1 格刻度。车轮正前束(IN)和车轮负前束(OUT)都分别刻有 10 格的刻度。因此,当滑动板长度为 1 000 mm、侧滑 1 mm 时,指示装置指示 1 格刻度,代表汽车每行驶 1 km 侧滑 1 m。同样,当滑动板长度为 800 mm、侧滑 0.8 mm 时和当滑动板长度为 500 mm、侧滑 0.5 mm 时,指示装置也都能指示 1 格刻度。这样,检测人员从指示装置上就可获得车轮侧滑量的具体数值,并根据指针偏向 IN 或 OUT 的方向确定出侧滑方向。

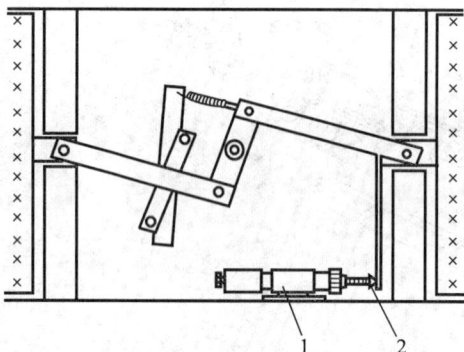

图5-9   以差动变压器为位移
传感器的测量装置
1—差动变压器;2—触头

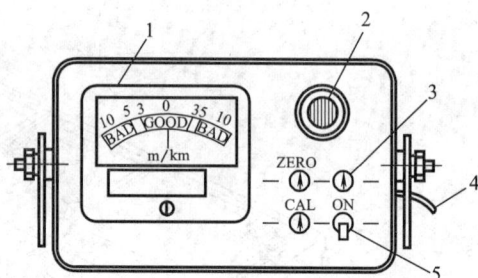

图5-10   侧滑试验台指针式指示装置
1—指针式表头;2—报警用蜂鸣器或信号灯;
3—电源指示灯;4—导线;5—电源开关

指示装置的刻度盘上除用数字和符号标明侧滑量和侧滑方向外,有的还用颜色和文字划为三个区域,即侧滑量在0~3 mm 范围内为绿色,表示为良好(GOOD)区域;侧滑量在3~5 mm 范围内为黄色,表示为可用区域;侧滑量在5 mm 以上为红色,表示为不良(BAD)区域。

(3)报警装置

在检测车轮侧滑量时,为便于快速表示检测结果是否合格,当车轮侧滑量超过规定值(5格刻度)后,侧滑试验台的报警装置能根据测量装置的限位开关发出的信号,用蜂鸣器或信号灯报警,因而无须再读取指示仪表上的具体数值,为检测工作节约了时间。

现在国内各厂家生产的侧滑试验台的电气式指示装置,多以单片机进行数据采集和处理,因而具有操作方便、运行可靠、抗干扰性强等优点,同时还能对检测结果进行分析、判断、存储、打印和数字显示等功能。国产CH-10A型侧滑试验台电气部分的原理框图如图5-11所示,指示装置面板图如图5-12所示。该种侧滑试验,当滑动板侧滑时,滑动量通过位移传感器转变成电信号,经过放大与信号处理后成为0-5 V的模拟量,再经A/D转变成数字量,输入单片机运算处理,然后由数码管显示出检测结果或由打印机打印出检测结果。

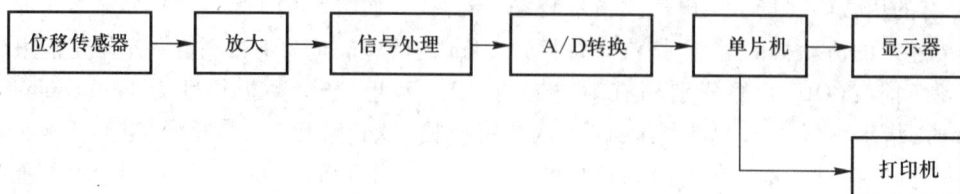

图5-11   侧滑试验台电气部分原理框图

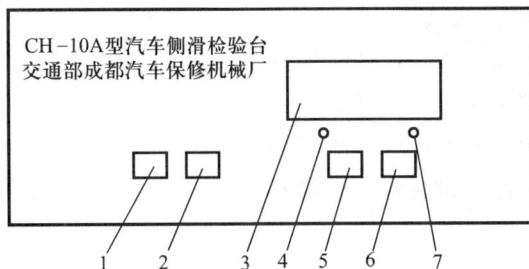

图 5 - 12　侧滑试验台数字式指示装置面板图

1—电源接通键；2—电源断开键；3—数码显示器；4—电源指示灯；

5—打印键；6—复位键；7—警告灯

国产 CH - 10A 和 CH - 10Z 型侧滑试验台的主要参数见表 5 - 16。

表 5 - 16　国产 CH - 10A 型和 CH - 10Z 型侧滑试验台的主要参数

参数项目　　　　　　　　　　　　型号	CH - 10A 型	CH - 10Z 型
允许最大轴载质量/t	10	10
轮距范围/mm	860 ~ 2 225	860 ~ 2 225
滑板尺寸(长 × 宽)/(mm × mm)	500 × 1 000	1 000 × 1 000
外形尺寸(长 × 宽 × 高)/(mm × mm × mm)	2 930 × 606 × 163	2 930 × 1 106 × 168
净质量/kg	800	1200

5.2.3　侧滑试验台的使用方法

（1）检测前的准备工作

1）轮胎气压应符合汽车制造厂的规定。

2）轮胎上粘有油污、泥土、水或花纹沟槽内嵌有石子时,应清理干净。

3）检查侧滑试验台导线连接情况,在导线连接良好的情况下打开电源开关,查看指针式仪表的指针是否在机械零点上,并视必要调整或察看数码管是否亮度正常并都在零位上。

4）检查报警装置在规定值时能否发出报警信号,并视需要调整或修理。

5）检查侧滑试验台表面及周围清洁情况,如有油污、泥土、砂石及水等应予清除。

6）打开侧滑试验台的锁止装置,检查滑动板能否在外力作用下左右滑动自如,外力消失后回到原始位置,且指示装置指示零位。

（2）车轮侧滑量检测方法

1）将汽车对正侧滑试验台,并使转向盘处于正中位置。

2）驾驶汽车沿台板上的指示线以 3 ~ 5 km/h 速度前行,使前轮(或后轮)平稳通过滑动板。在行进过程中,不允许转动转向盘。

3）当前轮(或后轮)完全通过滑动板后,从指示装置上观察侧滑方向并读取、打印最大侧滑量。

4）检测结束后,切断电源并锁止滑动板。

（3）侧滑试验台使用注意事项

1）不能让超过试验台允许轴荷的车辆通过侧滑试验台。

2）不能使车辆在侧滑试验台上转向或制动。

3）保持侧滑试验台内外及周围环境清洁。

4）其他注意事项见侧滑试验台使用说明书。

5.2.4　诊断参数标准

按国家标准 GB 7258—2012《机动车运行安全技术条件》规定,对前轴采用非独立悬架的汽车(前轴采用双转向轴时除外),其转向轮的横向侧滑量用侧滑台检验时应在 −5～5 m/km 之间。

5.2.5　检测后轴技术状况

对于后轮没有车轮定位的汽车,可用侧滑试验台按下列方法检测后轴是否弯曲变形和轮毂轴承是否松旷。

1）使汽车后轮从侧滑试验台滑动板上前进和后退平稳驶过,如两次侧滑量读数均为零,表明后轴无任何弯曲变形。

2）如两次侧滑量读数不为零,且前进和后退驶过侧滑板后,侧滑量读数相等而侧滑方向相反,表明后轴在水平平面内发生弯曲。

① 若前进时滑动板向外滑动,后退时又向内滑动,则说明后轴端部在水平平面内向前弯曲。

② 若前进时滑动板向内滑动,后退时又向外滑动,则说明后轴端部在水平平面内向后弯曲。

3）如两次侧滑量读数不为零,且前进和后退驶过侧滑板后,侧滑量读数相等而侧滑方向相同,则表明后轴在垂直平面内发生弯曲。

① 若滑动板向外滑动,则说明后轴端部在垂直平面内向上弯曲。

② 若滑动板向内滑动,则说明后轴端部在垂直平面内向下弯曲。

4）后轮多次驶过侧滑试验台滑动板,每次读数不相等,说明轮毂轴承松旷。

对于后轮有定位的汽车,仍可按上述方法检测后轴是否变形和轮毂轴承是否松旷,只是在检测结果中减去定位值,剩余值即为后轴弯曲变形造成的。

学习项目5.3　汽车制动性能检测

根据国家标准 GB 7258—2012《机动车运行安全技术条件》的规定,机动车可以采用路试或台试检验制动性能。

5.3.1　路试检验制动性能

1. 检验要求

GB 7258—2012 对路试检验制动性能提出以下要求:

（1）基本要求

1）机动车行车制动性能和应急制动性能检验应在平坦、硬实、清洁、干燥且轮胎与地面间的附着系数大于或等于 0.7 的混凝土或沥青路面上进行。

2）检验时发动机应与传动系统脱开,但对于采用自动变速器的机动车,其变速器换挡装置应位于驱动挡(D 挡)。

（2）行车制动性能检验

1）用制动距离检验行车制动性能。机动车在规定的初速度下的制动距离和制动稳定性要求应符合表 5 - 17 的规定。对空载检验的制动距离有质疑时,可用表 5 - 17 规定的满载检验制动距离要求进行。

表 5 - 17　制动距离和制动稳定性要求

机动车类型	制动初速度 /(km/h)	空载检验制动距离/m	满载检验制动距离/m	试验通道宽度/m
三轮汽车	20	≤5.0		2.5
乘用车	50	≤19.0	≤20.0	2.5
总质量不大于 3 500 kg 的低速货车	30	≤8.0	≤9.0	2.5
其他总质量不大于 3 500 kg 的汽车	50	≤21.0	≤22.0	2.5
铰接客车、铰接式无轨电车、汽车列车	30	≤9.5	≤10.5	3.0
其他汽车	30	≤9.0	≤10.0	3.0
两轮普通摩托车	30	≤7.0		—
边三轮摩托车	30	≤8.0		2.5
正三轮摩托车	30	≤7.5		2.3
轻便摩托车	20	≤4.0		—
轮式拖拉机运输机组	20	≤6.0	≤6.5	3.0
手扶变形运输机	20	≤6.5		2.3

制动距离是指机动车在规定的初速度下急踩制动踏板时,从脚接触制动踏板(或手触动制动手柄)时起至机动车停住时止机动车驶过的距离。

制动稳定性要求是指制动过程中机动车的任何部位(不计入车宽的部位除外)不超出规定宽度的试验通道的边缘线。

2）用充分发出的平均减速度检验行车制动性能。汽车、汽车列车在规定的初速度下急踩制动踏板时充分发出的平均减速度及制动稳定性要求应符合表 5 - 18 的规定,且制动协调时间对液压制动的汽车应小于或等于 0.35 s,对气压制动的汽车应小于或等于 0.60 s,对汽车列车、铰接客车和铰接式无轨电车应小于或等于 0.8 s。对空载检验的充分发出的平均减速度有质疑时,可用表 5 - 18 规定的满载检验充分发出的平均减速度要求进行。

充分发出的平均减速度 MFDD

$$MFDD = \frac{v_b^2 - v_e^2}{25.92(S_e - S_b)} \tag{5-9}$$

式中　$MFDD$——充分发出的平均减速度（m/s²）；

　　　　v_0——试验车制动初速度（km/h）；

　　　　v_b——0.8 v_0，试验车速（km/h）；

　　　　v_e——0.1 v_0，试验车速（km/h）；

　　　　S_b——试验车速从 v_0 到 v_b 之间车辆行驶的距离（m）；

　　　　S_e——试验车速从 v_0 到 v_e 之间车辆行驶的距离（m）。

制动协调时间是指在急踩制动踏板时，从脚接触制动踏板（或手触动制动手柄）时起至机动车减速度（或操纵力）达到表 5 – 18 规定的机动车充分发出的平均减速度（或表 5 – 20 规定的操纵力）的 75% 时所需的时间。

表 5 –18　制动减速度和制动稳定性要求

机动车类型	制动初速度 /(km/h)	空载检验充分发出的平均减速度 /(m/s²)	满载检验充分发出的平均减速度 /(m/s²)	试验通道宽度/m
三轮汽车	20	≥3.8		2.5
乘用车	50	≥6.2	≥5.9	2.5
总质量不大于 3 500 kg 的低速货车	30	≥5.6	≥5.2	2.5
其他总质量不大于 3 500 kg 的汽车	50	≥5.8	≥5.4	2.5
铰接客车、铰接式无轨电车、汽车列车	30	≥5.0	≥4.5	3.0
其他汽车	30	≥5.4	≥5.0	3.0

3）制动踏板力或制动气压要求。进行制动性能检验时的制动踏板力或制动气压应符合以下要求：

① 满载检验时：

气压制动系统：气压表的指示气压≤额定工作气压。

液压制动系统：踏板力，乘用车，≤500 N；其他机动车，≤700 N。

② 空载检验时：

气压制动系统：气压表的指示气压≤600 kPa。

液压制动系统：踏板力，乘用车≤400 N；其他机动车≤450 N。

摩托车（正三轮摩托车除外）检验时，踏板力应小于或等于 350 N，手握力应小于或等于 250 N。

正三轮摩托车检验时，踏板力应小于或等于 500 N。

三轮汽车和拖拉机运输机组检验时，踏板力应小于或等于 600 N。

4）合格判定要求。汽车、汽车列车在符合上述规定的制动踏板力或制动气压的路试行车制动性能基础上，若符合用制动距离检验或用充分发出的平均减速度检验要求即为合格。

（3）应急制动性能检验

汽车（三轮汽车除外）应具有应急制动功能。应急制动应保证在行车制动只有一处失效的情况下,可在规定的距离内将汽车停住。

汽车(三轮汽车除外)在空载和满载状态下,按表 5 - 19 所列初速度进行应急制动性能检验,应急制动性能应符合表 5 - 19 的要求。

表 5 - 19 应急制动性能要求

机动车类型	制动初速度/(km/h)	制动距离/m	充分发出的平均减速度/(m/s²)	允许操纵力/N	
				手操作	脚操作
乘用车	50	≤38.0	≥2.9	≤400	≤500
客车	30	≤18.0	≥2.5	≤600	≤700
其他汽车(三轮汽车除外)	30	≤20.0	≥2.2	≤600	≤700

(4)驻车制动性能检验

在空载状态下,驻车制动装置应能保证机动车在坡度为 20%(对总质量为整备质量的 1.2 倍以下的机动车为 15%)、轮胎与路面间的附着系数大于或等于 0.7 的坡道上正、反两个方向保持固定不动,时间应大于或等于 5 min。检验汽车列车时,应使牵引车和挂车的驻车制动装置均起作用。检验时操纵力:

手操纵时,乘用车应小于或等于 400 N,其他机动车应小于或等于 600 N;

脚操纵时,乘用车应小于或等于 500 N,其他机动车应小于或等于 700 N。

注:① 在规定的测试状态下,机动车使用驻车制动装置能停在坡度值更大且附着系数符合要求的试验坡道上时,应视为达到了驻车制动性能检验规定的要求;② 在不具备试验坡道的情况下,在用车可参照相关标准使用符合规定的仪器测试驻车制动性能。

2. 检验方法

1)路试检验制动性能应在平坦、硬实、清洁、干燥且轮胎与地面间的附着系数大于或等于 0.7 的混凝土或沥青路面上进行。

2)在试验路面上画出表 5 - 17 规定宽度的试验通道边线,被测机动车沿着试验通道中线行驶至高于规定的制动初速度后,置变速器于空挡(自动变速的机动车可置变速器于 D 挡),当滑行到规定的制动初速度时,急踩制动踏板,使机动车停止。

3)用制动距离检验行车制动性能时,采用速度计、五轮仪或其他测试仪器测量机动车的制动距离,对除气压制动外的机动车还应同时测取踏板力(或手操纵力)。

4)用充分发出的平均减速度检验行车制动性能时,采用能够测取充分发出的平均减速度 MFDD 和制动协调时间的仪器测量机动车充分发出的平均减速度 MFDD 和制动协调时间,对除气压制动外的机动车还应同时测取踏板力(或手操纵力)。

3. 检测设备

在路试中检验机动车整车性能时,要经常使用五轮仪,通过它可以测出车辆行驶的距离、时间和速度。当五轮仪用于检验机动车制动性能时,能测出制动初速度、制动距离和制动时间等参数。五轮仪情况简介如下。

(1)类型

五轮仪主要有机械式、电子式和微机式三种类型。

（2）组成

五轮仪一般由传感器和记录仪两部分组成,并附带一个脚踏开关。传感器部分与记录仪部分由导线(信号线)连接。脚踏开关带有触点的一端套在制动踏板上,另一端插接在记录仪上。

（3）基本结构

1）传感器部分。该部分的作用是把汽车行驶的距离变成电信号。它一般由充气车轮、传感器、支架、减振器和连接装置等组成,如图5-13所示。充气车轮为轮胎式,安装在支架上,支架通过连接装置固定在汽车的侧面或尾部的车身上。在其减振器压簧的作用下,充气车轮紧贴地面,并随汽车的行驶而滚动。对于四轮汽车来说,安装上去的充气车轮就像汽车的第五轮一样,故称为五轮仪。当充气车轮在路面上滚动一周时,汽车行驶了充气车轮周长的距离。在充气车轮中心处安装有传感器,可以把轮子在路面上滚动的距离变成电信号。常用的传感器有光电式和磁电式等形式。

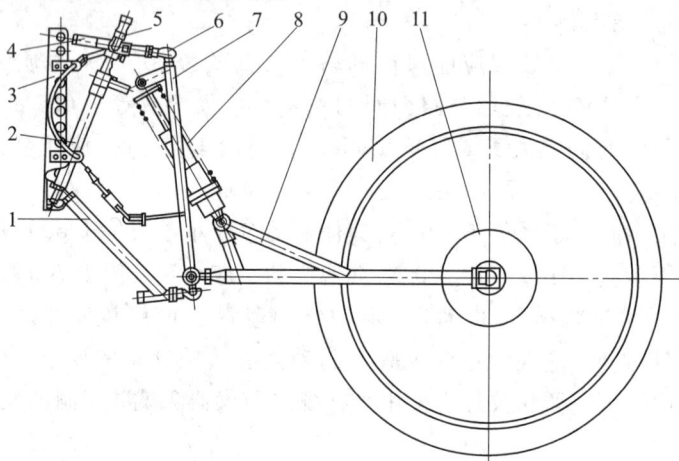

图5-13　五轮仪的传感器部分

1—下臂;2—调节机构;3—固定板;4—上臂;5—手把;6—活接头;7—立架;
8—减振器;9—支架;10—充气车轮;11—传感器

2）记录仪部分。该部分的作用是把传感器部分送来的电信号和内部产生的时间信号,进行控制、计数并计算出车速,然后指示出来。电子式记录仪,如PT5-3型五轮仪的记录仪,是由测距、测时、测速、音响和稳压等部分组成的,整机各元件均安装在一个金属盒子内,其面板图如图5-14所示。

3）脚踏开关。套在制动踏板上的脚踏开关,当驾驶员踩制动踏板时其触点闭合,通过导线输入记录仪作为测量制动距离、制动系统反应时间和制动全过程时间等的开始信号。

（4）使用方法

1）如果五轮仪自备电源,使用前应按使用说明书要求,充电至规定电压。

2）汽车应运行至正常热状态。

3）将传感器部分固定在汽车侧面或尾部的车身上,以不影响其轮子左右摆动为准,并用打气筒对轮子充气至适当程度。

4）将记录仪放置在驾驶室内或车厢内,正面朝上,水平放置,其前端要对准汽车前进方向,并紧靠在固定部位,以防制动时前移撞击。

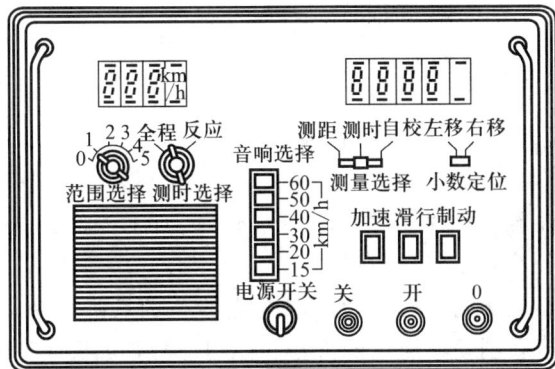

图 5 -14　PT5 -3 型五轮仪记录仪部分的面板图

5) 用信号线把五轮仪充气车轮上的传感器与车上的记录仪连接起来。脚踏开关一端通过导线插接在记录仪上,另一端套在制动踏板上。用汽车蓄电池作电源的五轮仪,还应把电源线一端插接在记录仪上,另一端夹持在蓄电池正、负极上。

6) 打开记录仪电源开关,按使用说明书的要求检查与自校。如要求预热,应预热至规定时间。

7) 微机控制的五轮仪,使用前应首先进入初始化程序。一般来说,该种类型的五轮仪在电源开关打开后可自动进入初始化程序或通过键入的方法进入初始化程序。

8) 凡要求置入修正系数的五轮仪,均应按照使用说明书上的方法置入。如 WLY -5 型微机五轮仪,只要把传感器部分的充气车轮在路面上前行转 10 周的距离(在路面上的实测值)键入记录仪即可。

9) 检测制动距离前,须将五轮仪上与制动有关的旋钮、开关或按键打到规定位置,并预选(按下对应的键或键入选择的值)制动初速度。

检测制动距离时,按 GB 7258—2012 的规定,应在符合要求的道路条件和试验通道宽度下,汽车空载或满载加速行驶,驾驶员根据记录仪上指示的瞬时车速或音响的提示,至预选制动初速度时,急踩制动踏板直至汽车停止。制动时的踏板力(可安装踏板力计)或制动气压应符合规定要求。

10) 读取并打印检测结果。读取并打印测得的制动初速度、制动距离、制动系统反应时间和制动全过程时间等检测结果。有的五轮仪还能读取制动减速度或打印"速度 – 时间"曲线和"减速度 – 时间"曲线等。以上检测结果是实际试验结果。实际试验结果中的制动初速度不一定正好等于预选制动初速度,可能大于或小于预选制动初速度。有些微机式五轮仪可以将实际试验结果修正到预选制动初速度下的试验结果,以便直接与诊断参数标准对照。

11) 按下记录仪"重试"或"复位"键,仪器复原,可重新进行制动试验。微机式五轮仪在打印结束后一般能自动回到初始化程序。

12) 检测制动性能应在同一路段正反两个方向上进行,测得的制动距离及其他参数取平均值。汽车倒车时,应将传感器部分的充气车轮转向 180°或专人将其提离地面。

13) 路试结束后,关闭记录仪电源,拆卸电源线、信号线和脚踏开关,并从车身上拆下传感器部分。

用五轮仪检测汽车制动性能,可以测得在规定制动初速度下,从踩着制动踏板始到车辆完全停止所驶过的制动距离和制动时间。

5.3.2　台试检验制动性能

路试检验制动性能的最大优点是符合道路实际情况,且不需要大型检测设备和厂房,但也存在下列问题:

1)路试检验制动性能,只能测出整车的制动性能,对于各轮制动性能的差异虽能从拖、压印作出定性分析,但无法获得定量数据。

2)对于制动性能不合格的车辆,不易诊断故障发生的具体部位。

3)制动距离的长短和制动减速度的大小,往往因驾驶员不同、操作方法不同和路面状况不同等,造成差异,使重复性差。

4)路试检验制动性能消耗燃料,磨损轮胎,且对全车各部总成、机件都有不良影响。

除此以外,路试还将受到气候条件等的限制,且有发生事故的危险性。

为此,室内台架检验制动性能的方法在国内外越来越多地被采用。台试检验制动性能所使用的检测设备称为制动试验台。制动试验台虽然固定安装在室内,但可以近似地模拟机动车在道路上的制动过程。由于制动试验台检测制动性能具有迅速、经济、安全、不受外界自然条件限制,以及试验重复性好和能定量地指示出各轮制动力或制动距离等优点,因而已成为检验机动车制动性能的主要方法,在国内外获得了广泛应用。

1. 检验要求

GB 7258—2012《机动车运行安全技术条件》对台试检验制动性能提出以下要求:

(1)行车制动性能检验

1)制动力百分比要求。汽车、汽车列车在制动试验台上测出的制动力应符合表5-20的要求。对空载检验制动力有质疑时,可用表5-20规定的满载检验制动力要求进行检验。使用转鼓(滚筒)试验台检测时,可通过测得制动减速度值计算得到最大制动力。

表5-20　台试检验制动力要求

机动车类型	制动力总和与整车重量的百分比		轴制动力与轴荷[1]的百分比	
	空载	满载	前轴[2]	后轴[2]
三轮汽车	—		—	≥60[3]
乘用车、其他总质量不大于3 500 kg的汽车	≥60	≥50	≥60[3]	≥20[3]
铰接客车、铰接式无轨电车、汽车列车	≥55	≥45	—	—
其他汽车	≥60	≥50	≥60[3]	≥50[4]
普通摩托车	—	—	≥60	≥55
轻便摩托车	—	—	≥60	≥50

① 用平板制动试验台检验乘用车时应按左右轮制动力最大时刻所分别对应的左右轮动态轮荷之和计算。

② 机动车(单车)纵向中心线中心位置以前的轴为前轴,其他轴为后轴;挂车的所有车轴均按后轴计算;用平板制动试验台测试并装轴制动力时,并装轴可视为一轴。

③ 空载和满载状态下测试均应满足此要求。

④ 满载测试时后轴制动力百分比不做要求;空载用平板制动试验台检验时应大于等于35%;总质量大于3 500 kg的客车空载用反力滚筒式制动试验台测试时应大于等于40%;用平板制动试验台检验时应大于等于30%。

摩托车的前、后轴制动力应符合表 5-20 的要求,测试时只允许乘坐一名驾驶员。

检验时制动踏板力或制动气压应符合路试检验制动性能摩托车的制动踏板力或制动气压的规定。

2)制动力平衡要求(两轮、边三轮摩托车和轻便摩托车除外)。在制动力增长全过程中同时测得的左右轮制动力差的最大值,与全过程中测得的该轴左右轮最大制动力中大者(当后轴及其他轴,制动力小于该轴轴荷的 60% 时为与该轴轴荷)之比,对新注册车和在用车应分别符合表 5-21 的要求。

表 5-21　台试检验制动力平衡要求

	前轴	后轴(及其他轴)	
		制动力大于等于该轴轴荷 60% 时	制动力小于该轴轴荷 60% 时
新注册车	≤20%	≤24%	≤8%
在用车	≤24%	≤30%	≤10%

3)制动协调时间要求。汽车的制动协调时间,对液压制动的汽车应小于等于 0.35 s,对气压制动的汽车应小于等于 0.60 s;汽车列车和铰接客车、铰接式无轨电车的制动协调时间应小于等于 0.80 s。

4)车轮阻滞率要求。进行制动力检验时,汽车、汽车列车各车轮的阻滞力均应小于等于轮荷的 10%。

5)合格判定要求。台试检验汽车、汽车列车行车制动性能时,检验结果同时满足上述制动力百分比要求、制动力平衡要求、制动协调时间要求和车轮阻滞率要求的,方为合格。

(2)驻车制动性能检验要求

当采用制动试验台检验汽车和正三轮摩托车驻车制动装置的制动力时,机动车空载,乘坐一名驾驶人,使用驻车制动装置,驻车制动力的总和应大于等于该车在测试状态下整车重量的 20%,但总质量为整备质量 1.2 倍以下的机动车应大于等于 15%。

(3)检验结果的复核

对机动车台架检验制动性能结果有异议的,在空载状态下按上述"路试检验制动性能"复检。对空载状态复检结果有异议的,以满载路试复检结果为准。

2. 检验方法

1)用滚筒式制动试验台检验。滚筒的表面应干燥,没有松散物质及油污,滚筒表面当量附着系数应大于等于 0.75。

驾驶员将机动车驶上滚筒,位置摆正,置变速器于空挡。起动滚筒,在 2 s 后测取车轮阻滞力;使用行车制动,测取制动力增长全过程中各轮制动力的最大值、左右轮制动力差的最大值、制动协调时间和制动完全释放时间,并记录左右车轮是否抱死;使用驻车制动,测量驻车制动力总和。

在测量制动时,为了获得足够的附着力,允许在机动车上增加足够的附加质量或施加相当于附加质量的作用力(附加质量或作用力不计入轴荷)。

在测量制动时,可以采取防止机动车移动的措施(例如加三角垫块或采取牵引等方法)。当采取上述方法之后,仍出现车轮抱死并在滚筒上打滑或整车随滚筒向后移出的现象,而制动力仍未达到合格要求时,应改用 GB 7258—2012《机动车运行安全技术条件》中规定的其他方法进行检验。

2)用平板式制动试验台检验。平板表面应干燥,没有松散物质及油污,平板表面附着系数应大于等于0.75。

驾驶员将机动车对正平板式制动试验台,以 5 ~ 10 km/h 的速度(或制动试验台制造厂家推荐的速度)行驶,置变速器于空挡(自动变速的机动车可置变速器于 D 挡),急踩制动,使机动车停止,测取制动力增长全过程中各轮制动力的最大值、左右轮制动力差的最大值、制动协调时间和制动完全释放时间,并记录左右车轮是否抱死。

3. 检测设备

台试检验制动性能需使用制动试验台。

1)制动试验台类型   制动试验台按不同的分类方法,可以分出不同的类型。常见的分类方法有:按试验台测量原理不同,可分为反力式和惯性式两类;按试验台支承车轮形式不同,可分为滚筒式和平板式两类;按试验台检测参数不同,可分为测制动力式、测制动距离式和多功能综合式三类;按试验台测量装置至指示装置传递信号方式不同,可分为机械式、液压式和电气式三类;按试验台同时能测车轴数不同,又可分为单轴式、双轴式和多轴式三类。

上述类型中,反力式滚筒制动试验台(测制动力式)获得了广泛应用。其中,特别是单轴反力式滚筒制动试验台应用最为普遍,国内外汽车检测站和维修企业所用制动检测设备多为这种形式。惯性式滚筒制动试验台应用较少;惯性平板式制动试验台在国内有所应用;多功能综合式试验台的应用也不多。多功能综合式试验台,不仅能检测车辆的制动性能,还具有车速表指示误差检测和底盘测功等功能,并能模拟道路行驶,进行加速性能、等速性能、滑行性能和燃料经济性等性能的试验。

2)反力式滚筒制动试验台。

① 结构。单轴反力式滚筒制动试验台的结构简图如图5 - 15所示。它由框架、驱动装置、滚筒装置、测量装置、举升装置、指示与控制装置等组成。为使制动试验台能同时检测车轴两端左、右车轮的制动力,除框架、指示与控制装置外,其他装置是分别独立设置的。

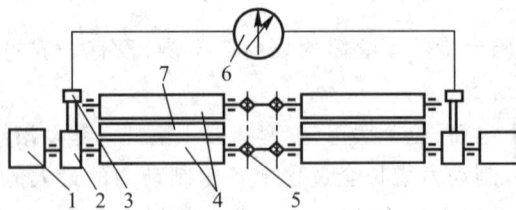

图 5 - 15   单轴反力式滚筒制动试验台的结构简图

1—电动机;2—减速器;3—测量装置;4—滚筒装置;5—链传动;6—指示与控制装置;7—举升装置

　　驱动装置:由电动机、减速器和链传动等组成。电动机的转动通过减速器内的蜗轮蜗杆传动和一对圆柱齿轮传动后传递给主动滚筒,主动滚筒又通过链传动把动力传递给从动滚筒。减速器与主动滚筒共用一轴,减速器壳体处于浮动状态。

　　滚筒装置:由四个滚筒等组成。每对滚筒左右独立设置,有主动滚筒和从动滚筒之分。每个滚筒的两端分别用滚动轴承支承,被测车轮置于左右主、从动滚筒之间。为使滚筒与轮胎的附着系数能够与路面接近,在滚筒圆周表面上沿轴线方向开有若干间隔均匀、有一定深度的沟槽。这种带沟槽的滚筒当车轮抱死时,有剥伤轮胎和附着系数仍显不足的缺点。因此,国产反力式滚筒制动试验台中,已越来越多地出现在圆周表面覆盖一定厚度粘砂、烤砂或其他材料以代替沟槽的滚筒。这种带有涂覆层的滚筒表面几乎与道路表面一致,模拟性好,附着系数高(干态可达 0.9,湿态不低于 0.8),是比较理想的滚筒表面。

　　测量装置:主要由测力杠杆、测力传感器和测力弹簧等组成。测力杠杆一端与传感器连接,另一端与减速器连接。连接的方式一般有两种:一种是测力杠杆直接固定在减速器壳体上;另一种是测力杠杆通过轴承松套在框架的支承轴上,其尾端作用有固定在减速器壳体上的带有刃口的传力臂,如图 5-16 所示。当浮动的减速器壳体前端向下移动时,第一种连接方式的测力杠杆其前端也向下移动;第二种连接方式的测力杠杆,通过传力臂刃口的作用使其前端向上移动,并拉伸测力弹簧 A 和测力弹簧 B。测力弹簧 A 与 B 在不同的测量范围内起作用。如国产 ZD-6000 型制动试验台,制动力在 0 ~ 4 000 N 范围内测力弹簧 A 起作用,制动力在 4 000 ~ 20 000 N 范围内测力弹簧 A 与 B 共同起作用。

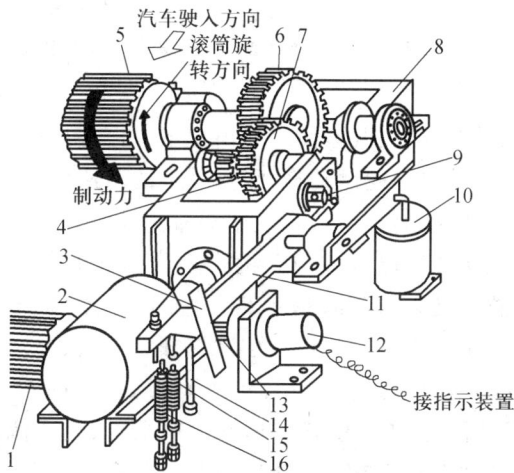

图 5-16　反力式滚筒制动试验台的驱动装置与测量装置

1、5—滚筒;2—电动机;3—齿条;4—二级减速主动齿轮;6—二级减速从动齿轮;7—蜗轮;
8—减速器壳体;9—传力臂刃口;10—缓冲器;11—测力杠杆;12—自整角电机;13—小齿轮;
14—限位杆;15—测力弹簧 A;16—测力弹簧 B

　　安装在测力杠杆前端的测力传感器,有自整角电机式(图 5-16 中的 12)、电位计式、差动变压器式或电阻应变片式等多种类型,能把测力杠杆的位移或力变成反映制动力大小的电信号,送入指示与控制装置中去。

以上所述的驱动装置、滚筒装置和测量装置,直接或间接安装在框架上。

举升装置:为了便于汽车出入滚筒式制动试验台,在两滚筒之间设有举升装置。举升装置一般由举升器、举升平板和控制开关等组成。每个举升平板下一般设置 1 ~ 2 个举升器。常见的举升器主要有三种类型,即气压式、液压式和电动机械式。气压式举升器有气缸式和气囊式之分,均以压缩空气为动力,以驱动气缸中的活塞上移或使气囊向上变形完成举升工作。液压式举升器为气缸式,以油液压力为动力,驱动气缸中的活塞上移完成举升工作。电动机械式由电动机通过减速器带动螺母转动,迫使丝杠向上运动完成举升工作。

国产 FZ – 10B 型汽车制动试验台的上述各装置如图 5 – 17 所示。

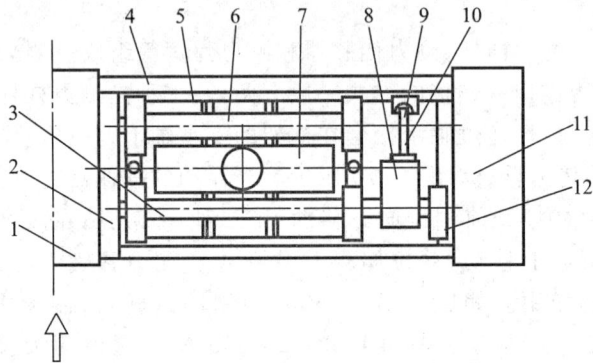

图 5 – 17　FZ – 10B 型汽车制动试验台机械部分

1—中央盖板;2—链传动;3—主动滚筒;4—地基边缘;5—框架;6—从动滚筒;7—举升器;8—减速箱
9—测力传感器;10—测力杠杆;11—侧盖板;12—轴承座

有些反力式滚筒制动试验台,在两滚筒之间出现了一根直径比较小的第三滚筒,其上带有转速传感器。这种第三滚筒当车轮制动抱死时,其上的转速传感器送出的电信号,可使滚筒立即自动停止转动,防止轮胎剥伤,延长其使用寿命。

指示与控制装置:控制装置有电子式与微机式之分。电子式的控制装置多配以指针式指示装置;微机式控制装置多配以数字式指示装置。国产反力式滚筒制动试验台多为微机式,其指示与控制装置主要由放大器、A/D 转换器、微机、数字式显示器和打印机等组成。国产 FZ – 10B 型汽车制动试验台指示与控制装置的面板如图 5 – 18 所示,微机控制框图如图 5 – 19 所示。从图中可以看出,测力传感器送来的电信号,经直流放大后,送往 A/D 转换器转换成数字信号,经微机采集、存储和处理后,由数码管显示或打印机打印出检测结果。制动过程中,当左、右车轮制动力之和大于 50 daN 时,微机即开始采集数据,采集时间为 3 s。3 s 后微机发出指令使电动机停转,以防止轮胎剥伤。左、右车轮的制动力由数码管显示,单位为 daN(10 N)。当用打印机打印检测结果时,还可以把各轮的最大制动力、轴制动力和、轴制动力差、各轮拖滞力和制动力变化过程曲线,即制动力 – 时间曲线等一并打印出来。

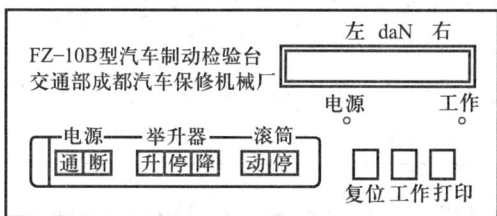

图 5-18 指示与控制装置的面板

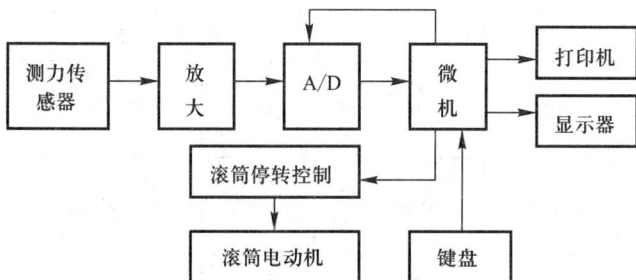

图 5-19 微机控制框图

制动试验台使用的指针式仪表有两种形式:一种是一轴单针式,如图 5-20 所示;另一种是一轴双针式,如图 5-21 所示。一轴单针式有两个刻度盘,各有一个指针,分别指示左、右车轮的制动力。一轴双针式只有一个左、右车轮制动力共用的刻度盘,两个表针分别指示左、右车轮的制动力。一轴双针式的两个表针也是套在各自的轴上,只不过一个是空心轴,另一个是实心轴,二者套装在一起而已。

指示装置中,不管是显示器指示,还是指针式指示,现在一般向大屏幕、大数码管或大指针、大刻度盘方向发展,以使检测员、车上驾驶员在较远距离也可清晰读数。

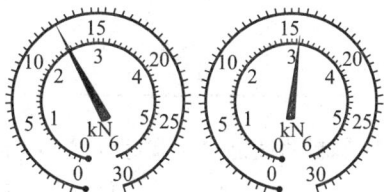

图 5-20 一轴单针式指针仪表

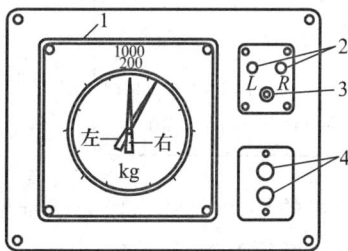

图 5-21 一轴双针式指针仪表
1—指示仪表;2—量程转换指示灯;
3—仪表电源开关与控制灯;4—电动机电源开关

② 工作原理。汽车开上反力式滚筒制动试验台,使被检车轴左右车轮处于每对滚筒之间,放下举升器,起动电动机,通过减速器、链传动使主、从动滚筒带动车轮低速旋转,然后急踩制动踏板。此时,车轮制动器产生的摩擦力矩作用在滚筒上,与滚筒的转动方向相反,因而产生一反作用力矩。减速器壳体在这一反作用力矩作用下,其前端发生绕其输出轴向下的偏转,迫使测力杠杆前端向下或向上移位,通过测力传感器转换成反映制动力大小的电信

号,由微机采集、处理后,指令电动机停转,并由指示装置指示或由打印机打印检测到的制动力数值。

国产反力式滚筒制动试验台的主要参数见表 5-22。

表 5-22 制动试验台的主要参数

型号 参数	FZ-10B	FZ-10C	FZ-10D	SXFB-1	ZD-6000	ZD-10
指示方式	数码显示	数码显示		数码显示	指针显示	数码显示
测试精度(%)	±5		±5	<5		2
容许最大 轴载质量/t	10	10	10	7	6	10
可测最大 制动力/N	30 000	30 000	30 000	21 000	20 000	35 000
滚筒直径/mm	120	240	190	120	105	195
滚筒转速 /(r/min)			7	8.225	7	
滚筒表面	开槽	粘砂	粘砂			
电动机 功率/kW	2×2.2		2×2.2	2×1.5	2×1.5	2×1.1
举升器 形式	气缸式		气囊式			
举升器 气压/MPa	1.0		0.9			
(长/mm)×(宽/mm) ×(高/mm)	4 500×940× 680		3 750×900× 650		1 690×810× 380	

需要指出的是,以制动力作为诊断参数,评价整车制动性能是以制动力总和与整车重量的百分比为诊断标准的,评价轴制动性能是以轴制动力与轴荷的百分比为诊断标准的,因此必须在测得轴荷和各轮制动力之后才能判断整车制动性能和轴制动性能是否符合要求。所以反力式滚筒制动试验台需要配备轴重计或轮重仪。有些反力式滚筒制动试验台本身带有内藏式轴重测量装置的(称为复合式制动试验台),可不必再单独设置轴重计或轮重仪。

另外,在反力式滚筒制动试验台上检测多轴汽车并装轴(如三轴汽车的中轴和后轴)的制动力,而其中任一轴的传动关系又不能单独脱开时,无须在试验台前后布置自由滚筒。届时,按多轴汽车并装轴检测程序进行检测,只要一组滚筒的驱动电动机正转,而另一组滚筒的驱动电动机反转,测完制动后两电动机再反过方向重测一次,每一次只采集车轮正转时的制动力数据,即可完成该轴制动力的检测,而相邻另一并装车轴在地面上的车轮不转动。这一检测方法,不仅节省了制动试验台前、后两套自由滚筒,而且减少了占地,因而大大降低了资金投入。

③ 使用方法。

a. 将反力式滚筒制动试验台(以下简称制动试验台)指示与控制装置上的电源开关打开,按使用说明书的要求预热至规定时间。

b. 如果指示装置为指针式仪表,检查指针是否在机械零点上,否则应调整。

c. 检查制动试验台滚筒上是否粘有泥、水、砂、石等杂物,视必要清除。

d. 核实汽车各轴轴荷,不得超过制动试验台允许载荷。

e. 检查汽车轮胎是否粘有泥、水、砂、石等杂物,视必要清除。

f. 检查汽车轮胎气压是否符合汽车制造厂的规定,视必要充气至规定气压。

g. 检查制动试验台举升器是否在升起位置,视必要升起举升器。

h. 汽车被测车轴在轴重计或轮重仪上检测完轴荷后,应尽可能顺垂直于滚筒轴线方向驶入制动试验台。先前轴,再后轴,使车轮处于两滚筒之间。

i. 汽车停稳后变速杆置于空挡位置,行车制动器和驻车制动器处于完全放松状态,能测制动时间的试验台还应把脚踏开关套在汽车制动踏板上。

j. 降下举升器,至举升器平板与轮胎完全脱离为止。

k. 如果是带有内藏式轴重测量装置的制动试验台,此时已将轴荷测出。

l. 起动试验台电动机,使滚筒带动车轮转动,先测出制动拖滞力。

m. 急踩制动踏板,检测轴制动力。一般在 $1.5 \sim 3.0$ s 后或第三滚筒(如带有)发出信号后,制动试验台滚筒自动停转。

n. 读取并打印检测结果。

o. 升起举升器,向前开出已测车轴,开入下一车轴,按上述同样方法检测轴荷和制动力。

p. 当与驻车制动器相关的车轴在制动试验台上时,检测完行车制动性能后应重新起动电动机,在行车制动器完全放松的情况下拉紧驻车制动器操纵杆,检测驻车制动性能。

q. 所有车轴的行车制动性能及驻车制动性能检测完毕后,升起举升器,汽车开出制动试验台。

r. 切断制动试验台电源。

反力式滚筒制动试验台具有测试条件稳定,试验车速低,所需电动机功率小,结构简单,占地少和能适应多车型检测等优点。不少反力式滚筒制动试验台除了能测得各车轮的制动力外,还可测得制动系统协调时间、制动全过程时间和制动完全释放时间。配备打印机、笔录仪或示波器的制动试验台,还可以描绘出制动力随制动时间变化的全过程曲线,为分析、判断制动系统技术状况提供了一种既直观又全面的依据。典型图例如图 5 - 22 所示。尽管如此,反力式滚筒制动试验台也有如下不足:

● 在行车制动性能检测中,该种制动试验台仅能测得汽车静止时各车轮的制动力,缺少制动时整车重量前移,与实际情况有较大差异。

● 该种制动试验台滚筒直径偏小,与轮胎接触面积偏小,与路试情况差异较大。

● 主、从动滚筒之间的距离多为不可调式,当不同直径车轮的汽车检测制动力时,较大

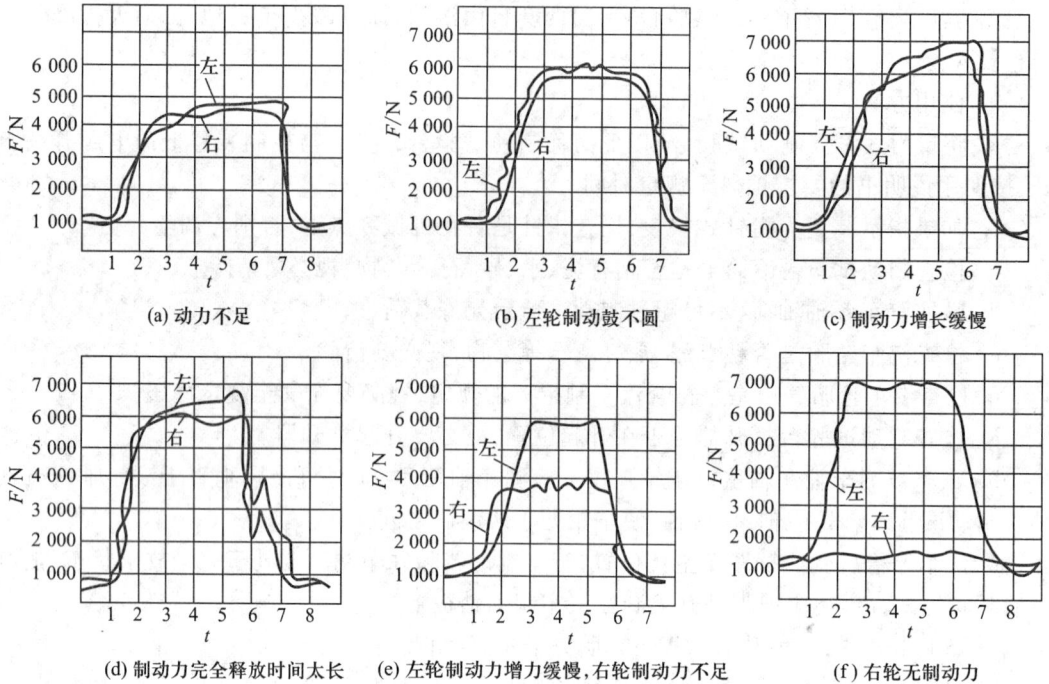

(a) 动力不足　　　(b) 左轮制动鼓不圆　　　(c) 制动力增长缓慢

(d) 制动力完全释放时间太长　(e) 左轮制动力增力缓慢,右轮制动力不足　(f) 右轮无制动力

图 5 –22　制动力 –制动时间曲线典型图例

车轮和较小车轮在滚筒上的附着情况有很大不同,因此检测结果受到较大影响。

3)惯性式平板制动试验台。该种制动试验台具有结构简单,测试方便,不需要模拟转动惯量,测试精度不受车轮直径大小的影响,测试过程更接近道路实际制动过程等优点,因此在检测设备出现的早期就有所应用。近年来人们逐渐认识到反力式滚筒制动试验台的不足,因而越来越看重惯性式平板制动试验台。有些惯性式平板制动试验台不仅能检测制动性能,而且能检测轴重、侧滑和悬架的技术状况等,因而又称为平板式检测设备或平板式底盘检测设备。

意大利威迈格平板式检测设备,在本书教学模块 3 中介绍过,参见图 3 –37。已如前述,它是由测试平板、数据处理系统和踏板力计等组成的。测试平板一共有六块。其中四块为制动、悬架、轴重测试用,一块为侧滑测试用,还有一块为空板,不起任何测试作用。仅就图中承担制动、悬架、轴重测试的平板 1(共计四块)而言,每块平板都设有沿汽车行驶方向能测得汽车轮胎作用于平板上的水平力的传感器和沿垂直方向测得轮胎作用于平板上的垂直力的传感器。数据采集由各力传感器进行。各力传感器产生的模拟信号通过各自的放大器进入数据采集板,再由微机进行处理、显示和打印。

踏板力计能测得制动时作用在制动踏板上的力,其形式有有线式、无线式和红外线式,可以根据要求选用。

被测汽车以 5 ~ 10 km/h 的速度开上测试平板,驾驶员根据指示信号及时踩下装有踏板力计的制动踏板,使车辆在制动、悬架、轴重测试平板上制动并停住。与此同时,数据处理系统采集制动过程中的全部数据,进行分析、处理,并在微机显示屏上以图形、符号和数字显示,由打印机打印输出。

4）惯性式滚筒制动试验台。由于该种制动试验台用旋转飞轮的转动惯量模拟汽车在道路上行驶时的动能,因而能在试验台上再现道路行驶状况。惯性式滚筒制动试验台的滚筒,可由电动机或车辆的驱动轮驱动,并能进行高速试验,因而测试结果与实际工况较为接近。

该种制动试验台的主要检测参数是各车轮的制动距离,同时还可测得制动时间和制动减速度。如果具有运算功能,还可获得整车制动距离和制动减速度。

惯性式滚筒制动试验台,有单轴式和双轴式之分。

① 单轴惯性式滚筒制动试验台。该种制动试验台有两对滚筒,左右放置,可同时检测一根车轴上的两个车轮,结构简图如图 5-23 所示。图中电动机 1 通过万向节 2、5 与滚筒 4、7 相连。滚筒 4、7 又通过链传动与滚筒 11、13 相连,因而四只滚筒可获得相同的制动初速度。在滚筒 7 的外端安装有平衡飞轮 8,用以平衡滚筒 4 外端的电动机转子和万向节的惯性力矩。在滚筒 11 和 13 的外端也各安装一个飞轮,这样左、右每对滚筒的惯性力矩是一致的。滚筒 11 和 13 的内端还安装有测速传感器 12。

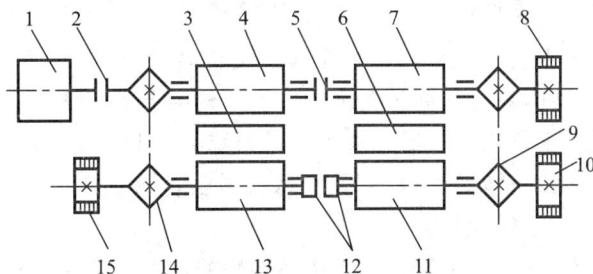

图 5-23　单轴惯性式滚筒制动试验台简图

1—电动机；2、5—万向节；3、6—举升器；4、7、11、13—滚筒；8、10、15—飞轮；9、14—链传动；12—测速传感器

检测制动性能时,车辆驶上单轴惯性式滚筒制动试验台,被检车轮置于两滚筒之间,发动机熄火,变速杆置于空挡位置。然后起动制动试验台电动机,通过滚筒的转动使车轮达到制动初速度。制动前要先关掉电动机电源,并断开万向节 5,再按规定的踏板力或制动气压急踩制动踏板。当车轮制动停转后,滚筒及飞轮(包括电动机转子和万向节)在惯性力矩作用下继续转动,继续转动圈数与滚筒周长的乘积即为车轮的制动距离。在规定的制动初速度下,制动距离的大小取决于被测车轮制动器和整个制动系统的技术状况。滚筒的制动初速度、制动减速度和依靠惯性力矩继续转动的圈数,由测速传感器 12 发出电信号,送入计数器记录。

② 双轴惯性式滚筒制动试验台。该种制动试验台有四对滚筒,可同时检测双轴汽车所有车轮的制动距离,结构简图如图 5-24 所示。被测车辆开上双轴惯性式滚筒制动试验台以后,前、后滚筒组之间的距离可用推拉液压缸 14 调节,以使前滚筒组在导轨 12 上移位。调节好以后用夹紧液压缸 9 夹紧定位。左、右主动滚筒用半轴与差速器 11 相连,再经差速器与变速器 10、花键轴 8 相接。后滚筒组上装有第三滚筒 3,以防止汽车制动时向后跳出。

检测制动性能时,由被检汽车的驱动轮驱动后滚筒旋转,并经过电磁离合器 7、花键轴 8、变速器 10 和差速器 11 带动前滚筒及汽车前轮一起旋转。此时,按被检车辆行驶时的惯

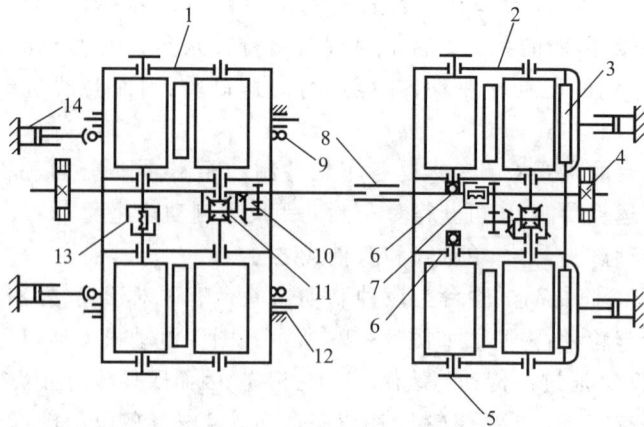

图 5 –24　双轴惯性式滚筒制动试验台简图

1—前滚筒组；2—后滚筒组；3—第三滚筒；4—飞轮；5—传感器；6—测速发电机；7、13—电磁离合器；
8—花键轴；9—夹紧液压缸；10—变速器；11—差速器；12—导轨；14—推拉液压缸

性等效质量配置的飞轮 4 也一起旋转。当车轮制动停转后，滚筒及飞轮在惯性力矩作用下继续转动，滚筒继续转动圈数与其周长的乘积即为车轮的制动距离。在规定制动初速度下，滚筒继续转动圈数决定于车轮制动器和整个制动系统的技术状况。滚筒继续转动圈数由装在滚筒端部的光电传感器 5 转变为电信号，送入计数器记录。在滚筒的端部还装有测速发电机 6，能把试验车速转变为电信号。

为了便于车辆驶入和驶出，不管是单轴还是双轴的惯性式滚筒制动试验台，在两滚筒之间均装有举升器。

惯性式滚筒制动试验台，由于采用高速模拟试验，比较接近道路行驶条件，因而试验方法更为接近实际一些。而且这种试验台可发展为能进行加速、等速、滑行、测功、测油耗等试验的多功能台架，以便对整车技术状况作出综合性检验。但是由于试验台旋转部分要具有被检车辆各轴的转动惯量，使设备产生结构复杂、电动机功率大、占地也大和不适应多车型检测等缺点，在使用上受到限制。

用惯性式滚筒制动试验台测得的制动距离，应与路试检验行车制动性能一样，符合表 5 –17 的要求。

学习项目5.4　汽车车速表指示误差检测

汽车行驶速度与行车安全有着直接关系。汽车行驶速度高，可以缩短运行时间，提高运输效率。但是行驶速度过高往往使车辆不易操纵，并使行车制动距离大大增加。因此，汽车行驶速度对交通安全有很大影响。为了保证行车安全，尤其在限速路段和限速车道上行驶时，驾驶员必须按照车速表的指示值，根据车辆、行人和道路状况，准确地控制车速。为此，车速表一定要准确可靠。如果车速表指示误差过大，驾驶员就难以正确控制车速，且极易因判断失误而造成交通事故。为确保车速表的指示精度，必须适时对车速表指示误差进行检测与校正。

车速表指示误差的检测方法有道路试验法和室内台架试验法两种。道路试验法是汽车以不同车速等速通过某一预定长度试验路段,测出通过该路段的时间,然后计算出实际车速,并与车速表指示值相对照,即可求出不同车速下车速表的指示误差。室内台架试验法是在滚筒式车速表试验台上进行的。本学习项目介绍室内台架试验法。

5.4.1　车速表误差的形成与测量原理

（1）车速表误差的形成

车速表有磁感应式和电子式等类型,往往与里程表组合在一起。磁感应式车速表是利用蜗轮蜗杆和软轴的传动作为传感器,利用磁电互感作用并通过指针的摆动来指示汽车行驶速度的。机件在使用过程中发生自然磨损、磁性元件的磁性发生变化和车轮滚动半径发生变化等原因,都会造成车速表指示误差增大。不管是磁感应式车速表还是电子式车速表,在本身技术状况正常的情况下,车轮滚动半径的变化是造成车速表指示误差增大的主要原因。车轮滚动半径的变化主要是由于轮胎磨损、气压不足或气压过高等原因造成的。

汽车行驶速度用下式计算:

$$v = 0.377 \frac{rn}{i_g i_o} \tag{5-10}$$

式中　v——汽车行驶速度（km/h）;

　　　r——车轮滚动半径（m）;

　　　n——发动机转速（r/min）;

　　　i_g——变速器传动比;

　　　i_o——主减速器传动比。

由上式可以看出,汽车实际行驶速度与车轮滚动半径成正比关系。因此,即使车速表的技术状况正常,车速表的指示值也会因车轮滚动半径的变化,与实际车速形成误差。

（2）车速表误差测量原理

为了在室内测得车速表的指示误差,须采用滚筒式车速表试验台对车速表进行检测。用滚筒式车速表试验台(以下简称为车速表试验台)检测车速表的指示误差,是把与车速表有传动关系的车轮置于试验台滚筒上旋转,以滚筒的表面作为连续移动的路面,模拟汽车行驶状态,进行车速表指示误差的测量。

车速表指示误差的测量原理如图5-25所示。测量时,将汽车上与车速表有传动关系的车轮(视车速表形式而定,多数情况下是驱动车轮)置于车速表试验台的滚筒上,由车轮驱动滚筒旋转或由滚筒驱动车轮旋转。车速表试验台滚筒的端部装有速度传感器,能发出与车速变化成正比的电信号。

滚筒表面的线速度、滚筒的圆周长度和滚筒转速之间的关系,可用下式表示:

$$v = Ln \times 60 \times 10^{-6} \tag{5-11}$$

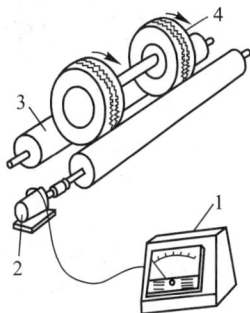

图5-25　车速表指示
误差的测量原理

1—实际车速的指示仪表;2—速度传感器;
3—车速表试验台滚筒;4—驱动车轮

式中 v——滚筒表面的线速度(km/h);

        L——滚筒的圆周长度(mm);

        n——滚筒的转速(r/min)。

由于滚筒表面的线速度就是车轮的线速度,因此上述计算值即为汽车的实际车速值,由车速表试验台上的速度指示仪表显示,也称为试验台指示值。

车轮带动滚筒或滚筒带动车轮转动的同时,汽车驾驶室内的车速表也在显示车速值,称为车速表指示值。将车速表指示值与实际车速值(车速表试验台指示值,下同)相比较,即可获得车速表指示误差,如下式所列:

$$车速表指示误差 = \frac{车速表指示值 - 实际车速值}{实际车速值} \times 100\% \qquad (5-12)$$

5.4.2 车速表试验台结构与工作原理

常见的车速表试验台有三种类型:无驱动装置的标准型,它依靠被测车轮带动滚筒旋转;有驱动装置的驱动型,它由电动机驱动滚筒旋转;与制动试验台或底盘测功试验台等组合在一起的综合型。

(1)标准型车速表试验台

标准型车速表试验台由速度测量装置、速度指示装置和速度报警装置等组成,如图 5-26 所示。

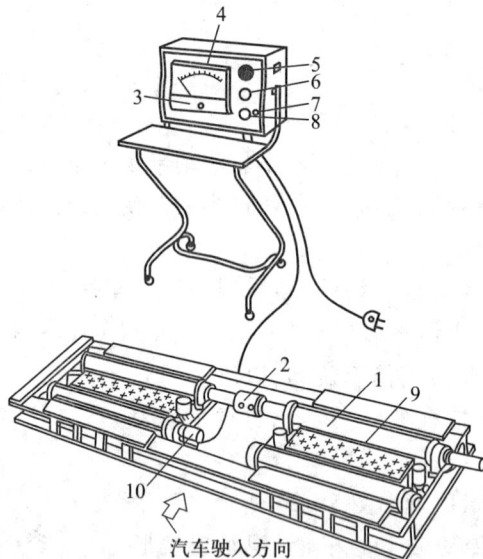

图 5-26 标准型车速表试验台

1—滚筒;2—万向节;3—零点校正螺钉;4—速度指示仪表;5—蜂鸣器;6—警告灯;

7—电源灯;8—电源开关;9—举升装置;10—速度传感器(测速发电机式)

1)速度测量装置,主要由框架、滚筒装置、举升装置和速度传感器等组成。滚筒有两组共计 4 个,直径一般为 185 mm 或更大,通过滚动轴承安装在框架上。试验中为防止汽车驱动轴差速器行星轮自转,车速表试验台的两个前滚筒用万向节连接成一体。为使汽车进、出车速表试验台方便,在前后滚筒之间设有举升装置。举升装置由举升器和举升平板组成。

举升装置与滚筒装置联动。当举升装置升起使车轮进、出车速表试验台时,滚筒因自身制动器的制动作用而不会转动;当举升装置降下时,滚筒制动作用解除。

速度传感器有测速发电机式、差动变压器式、磁电式和光电式等多种形式,安装在滚筒的一端,将对应于滚筒转速发出的电信号送至速度指示装置。

2）速度指示装置,按照速度传感器发出的电信号进行工作,能把以滚筒圆周长度与滚筒转速算出的线速度,以 km/h 为单位在仪表上指示出来。

3）速度报警装置,是测量中为提示汽车实际车速已达到检测车速(一般为 40 km/h,下同)而设置的装置。在车速表试验台的速度指示装置上,一般都设有警告灯或蜂鸣器作为报警装置。试验中,当汽车实际车速达到检测车速时,警告灯亮或蜂鸣器响,提示检测员立即读取驾驶室内车速表的指示值,以便与实际车速对照,判断车速表指示值是否在合格范围之内。

（2）驱动型车速表试验台

多数汽车的车速表转速信号,取自变速器或分动器的输出端,即取自汽车的驱动系统。但是也有一些汽车的车速表转速信号取自汽车从动系统的车轮。驱动型车速表试验台就是为适应后一种汽车而设置的,如图 5-27 所示。需要指出的是,该种车速表试验台在滚筒与电动机之间装有离合器。当离合器处于分离状态时,驱动型车速表试验台也可以作为标准型车速表试验台使用。

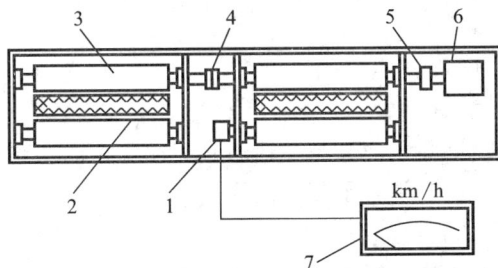

图 5-27　驱动型车速表试验台

1—测速发电机；2—举升装置；3—滚筒；4—万向节；5—离合器；6—电动机；7—速度指示装置

车速表试验台的主要参数见表 5-23。

表 5-23　车速表试验台的主要参数

型号 项目	SB-10B 型	SB-3B 型
允许最大轴载质量/t	10	3
最高试验车速/(km/h)	120	120
滚筒尺寸(直径/mm)×(长度/mm)	185×1 000	185×850
滚筒轴间距/mm	457	420
举升装置形式	气囊式	气囊式
举升装置工作行程/mm	110	90
举升装置空气压力/MPa	0.6~1.0	0.6~0.8
外形尺寸(长/mm)×(宽/mm)×(高/mm)	3 260×840×635	2 920×750×590
净质量/kg	800	800

5.4.3　车速表试验台使用方法

测量车速表指示误差之前,应认真阅读车速表试验台使用说明书,按规定的方法正确使用。车速表试验台使用方法如下。

(1)车速表试验台准备

1)在车速表试验台滚筒处于静止状态下,检查指示仪表的指针是否在机械零点上,视必要用零点调整螺钉调整。若指示仪表为数码管式,数码管应亮度正常,且均处于零位。

2)检查车速表试验台滚筒上是否沾有油、水、泥、砂等污物,视必要清除。

3)检查车速表试验台举升装置的升、降动作是否自如。若动作阻滞或有泄漏部位,应予修理。

4)检查车速表试验台导线连接情况。若有接触不良或断路,应予修理或更换。对于经常使用的车速表试验台,不一定每次使用前都要全面进行上述检查。

(2)被检车辆准备

1)检查轮胎气压,应符合汽车制造厂的规定。

2)轮胎上沾有油、水、泥、砂等污物或花纹内嵌有小石子时,应清除干净。

(3)检测方法

1)接通车速表试验台电源。

2)升起滚筒间的举升装置。

3)将汽车开上车速表试验台,使其与车速表有传动关系的车轮停于两滚筒之间。

4)降下举升装置,至轮胎与举升平板脱离为止。

5)对于标准型车速表试验台,应:

① 汽车挂入最高挡,松开驻车制动器,踩下加速踏板,使驱动车轮带动滚筒平稳地加速运转。

② 当驾驶室内车速表指示值稳定达到检测车速时,读取试验台指示值(实际车速);或当试验台指示值稳定达到检测车速时,读取驾驶室内车速表的指示值。

6)对于驱动型车速表试验台,应:

① 接合车速表试验台离合器,使滚筒与电动机连接。

② 将汽车变速器挂入空挡,松开驻车制动器,起动车速表试验台电动机,通过滚筒带动车轮旋转。

③ 当驾驶室内车速表指示值稳定达到检测车速时,读取试验台指示值;或当试验台指示值稳定达到检测车速时,读取驾驶室内车速表指示值。

7)读取数据后,轻轻踩下汽车制动踏板,使滚筒和车轮停止转动。对于驱动型车速表试验台,必须先关断车速表试验台电动机电源,再踩制动踏板。

8)升起举升装置,汽车开出车速表试验台。

9)关断车速表试验台电源,测量工作结束。

5.4.4　诊断参数标准

GB 7258—2012《机动车运行安全技术条件》对车速表指示误差(最大设计车速不大于

40 km/h 的机动车除外）作了如下规定：

车速表指示车速 v_1（单位：km/h）与实际车速 v_2（单位：km/h）之间应符合下列关系式：

$$0 \leqslant v_1 - v_2 \leqslant (v_2/10) + 4 \tag{5-13}$$

学习项目 5.5　汽车前照灯检测

汽车前照灯即汽车大灯，是保证汽车夜间或在能见度较低情况下安全行车并保持较高车速的照明装置。前照灯的技术状况主要是指发光强度的变化和光束照射位置是否偏斜。当发光强度不足或光束照射位置偏斜时，汽车驾驶员不易辨清前方的车马行人状况或给对方来车驾驶员造成眩目，因而导致交通事故。所以应定期对前照灯的发光强度和光束照射位置进行检测、校正。

前照灯的技术状况，可用屏幕检测法和前照灯检测仪进行检测。

5.5.1　汽车灯光光学基础知识

（1）光的物理单位

在光的物理量中，与前照灯检测有密切关系的是发光强度和照度。

1）发光强度，表示光源在一定方向范围内发出的可见光辐射强弱的物理量，单位为坎德拉，简称"坎"，用符号 cd 表示。

2）照度，是物体单位面积上所得到的光通量。它表示不发光物体被光源照明的程度，为受光面明亮度的物理量，单位为勒克斯，用符号 lx 表示。照度可用下式表示：

$$E = \frac{\Phi}{S} \tag{5-14}$$

式中　E——照度；

　　　Φ——照射到物体上的光通量；

　　　S——被照明物体的面积。

（2）发光强度与照度的关系

在光源发光强度不变的情况下，物体离开光源越远，被照明的程度越差。在不计光源大小，即把光源看作点光源的情况下，照度与离开光源距离的平方成反比，可用式 5-15 表示，其关系如图 5-28 所示。

$$照度 = \frac{发光强度}{离开光源距离的平方} \tag{5-15}$$

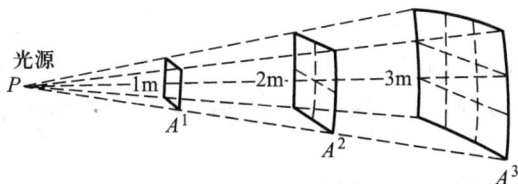

图 5-28　发光强度与照度的关系

（3）前照灯的特性

前照灯的特性分为配光特性、全光束和照射方向三部分,其特性参数的特征如图 5 - 29 的等照度曲线所示。

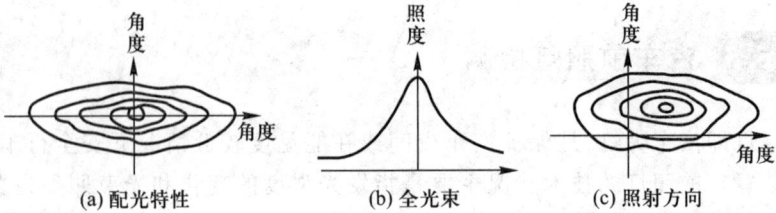

图 5 - 29 等照度曲线

1）配光特性。把用等照度曲线表示的明亮度分布特征称为配光特性,亦称为光形分布特征。对称式配光特性,其等照度曲线应左右对称,不偏向一边,上下的扩展也不太宽,如图 5 - 29a 所示。非对称式配光特性,其光形的分布是不对称的,如图 5 - 30 所示。非对称式配光特性有两种形式:一种是在配光屏幕上明暗截止线（眼睛感觉到的明暗陡变的分界线）水平部分在 V - V 线的左半边,右半边为与水平线成 15° 角的斜线,如图 5 - 30a 所示。另一种是明暗截止线的左半边平行且低于 h—h 水平线 25 cm,而右半边先为一与水平线成 45° 角的斜线,至与 h—h 水平线相交时,又转折为与 h—h 线重合的水平线,如图 5 - 30b 所示。

2）全光束。光束用明亮度分布纵断面的配光特性曲线来表示,该断面的积分值（曲线的旋转体积）即为全光束。可以认为,全光束是光源发出的光的总量,参见图 5 - 29b。

3）照射方向。一般情况下,可把前照灯光束最亮之处看做是光轴。光轴中心对水平、垂直坐标轴交点的偏离,表示光轴的照射方向,亦即表示光束的照射方向,参见图 5 - 29c。

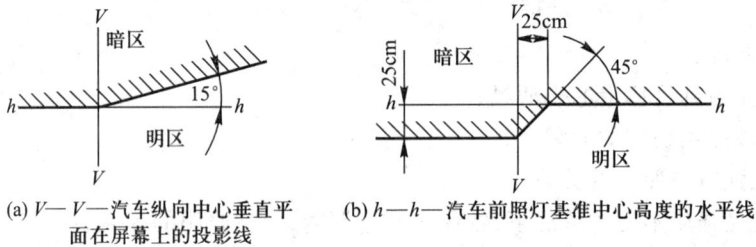

(a) V—V—汽车纵向中心垂直平面在屏幕上的投影线   (b) h—h—汽车前照灯基准中心高度的水平线

图 5 - 30 非对称式配光示意图

5.5.2 用屏幕法检测前照灯光束照射位置

（1）检测条件

汽车空载停放在水平硬场地上,允许乘坐 1 名驾驶员,轮胎气压应符合汽车制造厂的规定。在距汽车前照灯 10 m 处设一专用屏幕。专用屏幕应垂直于地面,如图 5 - 31 所示。

（2）屏幕画法

屏幕上画有三条垂直线和三条水平线。中间垂直线 V—V 与被检车辆的纵向中心垂直平面对正,两侧的垂直线 V_L—V_L 和 V_R—V_R 分别为被检车辆左右前照灯基准中心的垂直线。三条水平线中的 h—h 线与被检车辆前照灯的基准中心等高,距地面高度为 H(mm);中间水

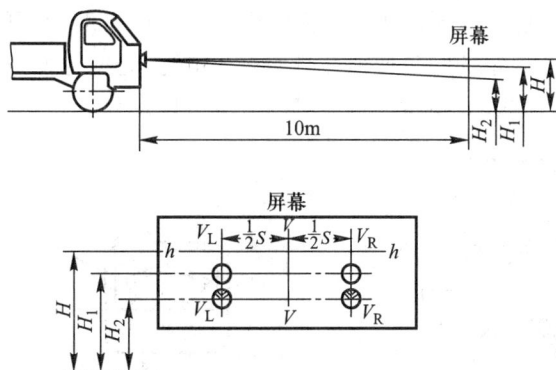

图5-31 用屏幕法检测前照灯光束照射位置

平线与被检车辆前照灯远光光束的中心等高,距地面高度为 $H_1(\text{mm})$,H_1 为 $0.85H \sim 0.90H$;下边水平线与被检车辆前照灯近光光束的中心等高,距地面高度为 $H_2(\text{mm})$,H_2 为 $0.60H \sim 0.80H$。H 为被检车辆前照灯基准中心距地面的高度,其值视被检车型而定。

（3）检测方法

检测时,先遮住一边的前照灯,然后打开前照灯的近光开关,未被遮盖前照灯的近光明暗截止线转角或光束中心应落在图中下边水平线与 V_L—V_L 或 V_R—V_R 线的交点位置上。否则为光束照射位置偏斜。其偏斜方向和偏斜量可在屏幕上直接测量。用同样方法,检测另一边前照灯近光光束照射位置。

由于交通法规规定"车辆夜间行驶交会时使用近光灯",所以近光光束照射位置正确与否,直接关系到车辆夜间行车安全。因此,在检测双光束前照灯时,应以检测近光光束为主。

对于远光单光束前照灯,则要检测远光光束的照射位置,检测方法同前。其光束中心应落在中间水平线与 V_L—V_L 或 V_R—V_R 线的交点位置上。

用屏幕法检测前照灯,其方法简单易行,有一定的实用价值,但这种方法只能检测出光束的偏斜方向和偏斜量,不能检测发光强度。而且为适应不同车型的检测,需经常更换屏幕,检测效率低。同时,需要占用较大场地。

5.5.3 前照灯检测仪介绍

前照灯检测仪,是按一定测量距离放在被检车辆前照灯的对面,用来检测前照灯发光强度与光轴偏斜量的专用检测设备。

（1）检测原理

各种型号前照灯检测仪的检测原理基本相同,都是采用能把吸收的光能转变成电流的硅光电池或硒光电池作为传感器,按照前照灯光轴照射光电池产生电流的大小和比例,来测量前照灯发光强度和光轴偏斜量的。

前照灯检测仪上使用的光电池,主要是硒光电池,其结构与工作原理如图5-32所示。当硒电池受光照射时,光使金属薄膜和非结晶硒的左右部产生电动势,其左部带负电,右部带正电,因此若在金属薄膜和铁底板上装上引线,并将其用导线与电流表连接起来,光电流就会流过电流表,使电流表指针动作。

1）发光强度检测原理。检测前照灯发光强度的电路由光度计、可变电阻和光电池等组成,如图 5-33 所示。按规定的距离使前照灯照射光电池,光电池便按受光强度的大小产生相应的电流使光度计指针摆动,指示出前照灯的发光强度。

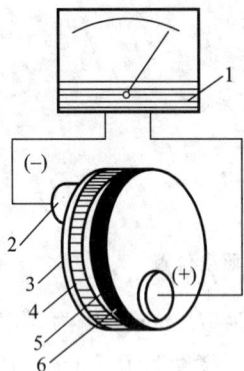

图 5-32　硒光电池结构与工作原理
1—电流表;2—引线;3—金属薄膜;
4—非结晶硒;5—结晶硒;6—铁底板

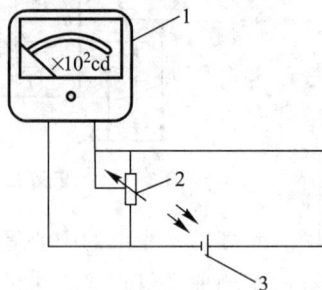

图 5-33　发光强度检测原理
1—光度计;2—可变电阻;3—光电池

2）光轴偏斜量检测原理。检测前照灯光轴偏斜量的电路,如图 5-34 所示。电路中有四块硒光电池,即 B_u、B_d、B_L 和 B_R。在 B_u 和 B_d 之间接有上下偏斜指示计,在 B_L 和 B_R 之间接有左右偏斜指示计。当前照灯光束照射光电池时,如果光束照射方向偏斜,将分别使光电池 B_u 和 B_d、B_L 和 B_R 的受光面积不一致,因而产生的电流大小也不一致。光电池 B_u 和 B_d、B_L 和 B_R 产生的电流差值分别使上下偏斜指示计及左右偏斜指示计的指针摆动,从而指示出光轴的偏斜方向和偏斜量。图 5-35 所示为光轴无偏斜时的情况,这时上下偏斜指示计的指针和左右偏斜指示计的指针均垂直向下,即处于零位。图 5-36 所示为光轴有偏斜时的情况。这时上下偏斜指示计的指针向"下"方向偏斜,左右偏斜指示计的指针向"左"方向偏斜。

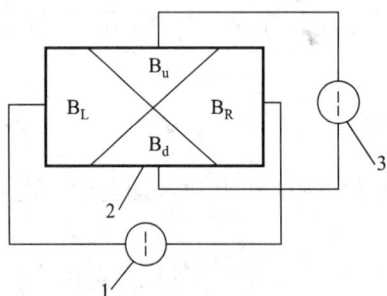

图 5-34　光轴偏斜量检测原理
1—左右偏斜指示计;2—光电池;3—上下偏斜指示计

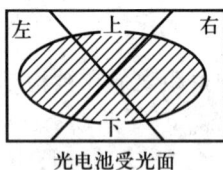

图 5-35　光轴无偏斜时的情况
1—左右偏斜指示计;2—上下偏斜指示计;3—光度计

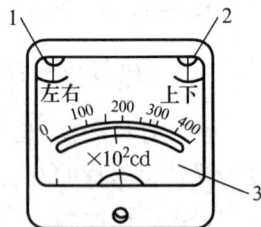

（2）结构与工作原理简介

按照前照灯检测仪的结构特征与测量方法不同,可将前照灯检测仪分为聚光式、屏幕式、投影式和自动追踪光轴式四种类型。这些不同类型的前照灯检测仪均由接受前照灯光束的受光器、使受光器与汽车前照灯对正的照准器、车辆摆正找准器、指示发光强度的光度计、指示光轴偏斜方向和偏斜量的偏斜指示计、支柱、底座和导轨等组成。

1）聚光式前照灯检测仪，是用受光器的聚光透镜把前照灯的散射光束聚合起来，根据其对光电池的照射强度来检测前照灯发光强度和光轴偏斜量的，其构造如图 5-37 所示。检测时，该检测仪放在前照灯前方 1 m 处。

聚光式前照灯检测仪检测方法可分为移动反射镜检测法、移动光电池检测法和移动透镜检测法三种形式。

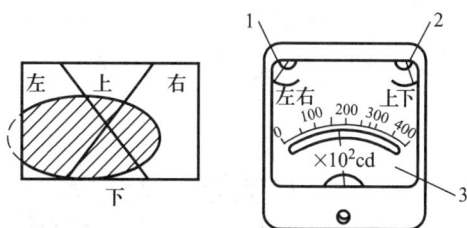

图 5-36　光轴有偏斜时的情况

1—左右偏斜指示计；2—上下偏斜指示计；3—光度计

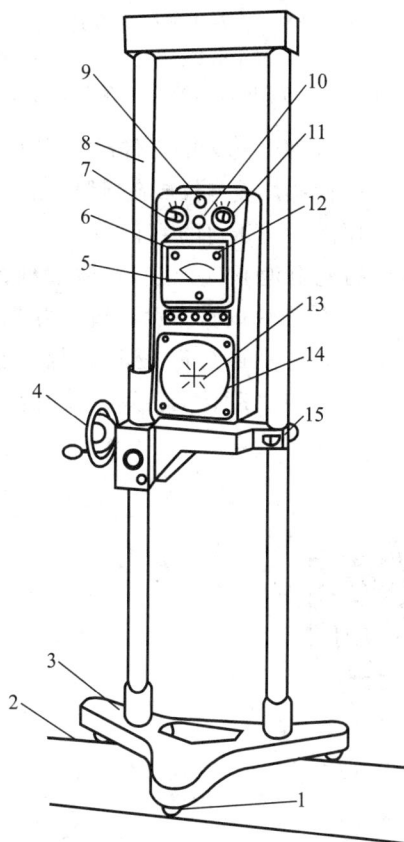

图 5-37　聚光式前照灯检测仪

1—车轮；2—导轨；3—底座；4—升降手轮；5—光度计；6—左右偏斜指示计；7—光轴刻度盘（左右）；
8—支柱；9—汽车摆正找准器；10—光度·光轴变换开关；11—光轴刻度盘（上下）；
12—上下偏斜指示计；13—前照灯照准器；14—聚光透镜；15—角度调整螺钉

2）屏幕式前照灯检测仪，是把前照灯的光束照射到前照灯检测仪屏幕上来检测发光强度和光轴偏斜量的。检测时，前照灯检测仪放在前照灯前方 3 m 处，其构造如图 5-38 所示。在固定屏幕上装有可以左右移动的活动屏幕，在活动屏幕上装有能上下移动的内部带有光电池的受光器。检测时，移动活动屏幕和受光器，根据光度计指示值为最大值时的位置找到主光轴的投射位置,然后由固定屏幕和活动屏幕上的光轴刻度尺读取光轴偏斜量,同时从光度计的指示中读取发光强度值。

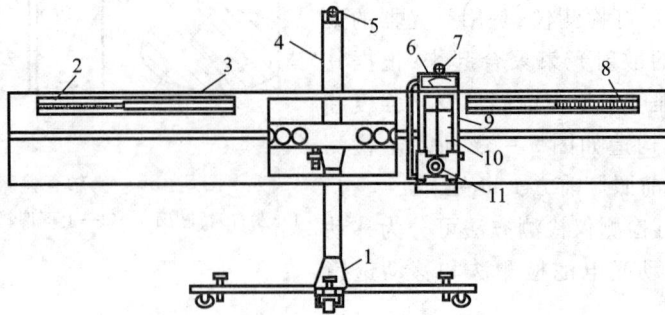

图 5 -38　屏幕式前照灯检测仪

1—底座;2、8—光轴刻度尺(左右);3—固定屏幕;4—支柱;5—车辆摆正找准器;6—光度计;
7—对正前照灯照准器;9—活动屏幕;10—光轴刻度尺(上下);11—受光器

3）投影式前照灯检测仪,是将前照灯光束的影像映射到前照灯检测仪投影屏上来检测发光强度和光轴偏斜量的。检测时,前照灯检测仪放在前照灯前方 3 m 处。投影式前照灯检测仪的构造如图 5 -39 所示。该检测仪在聚光透镜的上下和左右方向装有四个光电池。前照灯光束的影像通过聚光透镜、光度计的光电池和反射镜后,映射到投影屏上,如图 5 - 40 所示。检测时,通过上下、左右移动受光器使光轴偏斜指示计指示为零,即上与下、左与右光电池的受光量相等,从而找到被测前照灯主光轴的方向,然后根据投影屏上前照灯光束影像的位置,即可得出主光轴的偏斜量,同时可从光度计的指示中读取发光强度。

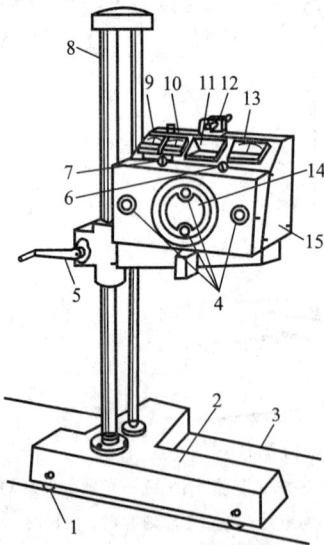

图 5 -39　投影式前照灯检测仪

1—车轮;2—底座;3—导轨;4—光电池;5—上下移动手柄;
6—光轴刻度盘(上下);7—光轴刻度盘(左右);8—支柱;9—左右偏斜
指示计;10—上下偏斜指示计;11—投影屏;12—车辆摆正找准器;
13—光度计;14—聚光透镜;15—受光器

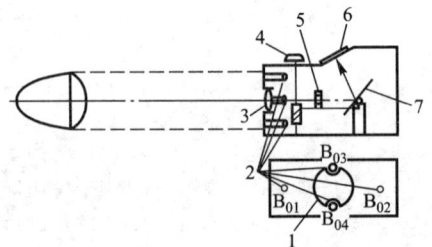

图 5 -40　光束影像映射原理

1、3—聚光透镜;2—光电池;4—光轴刻度盘;
5—光度计光电池;6—投影屏;7—反射镜

　　根据检测仪结构的不同,投影式前照灯检测仪光轴偏斜量的检测方法,又有投影屏刻度检测法和光轴刻度盘检测法两种。

　　4)自动追踪光轴式前照灯检测仪,是采用使受光器自动追踪光轴的方法来检测发光强度和光轴偏斜量的。检测时,前照灯检测仪距前照灯 3 m。该检测仪的构造如图 5-41 所示。在受光器的面板上装有聚光透镜,聚光透镜的上下和左右装有四个光电池,受光器的内部也装有四个光电池,内外形成主、副受光器,如图 5-42 和图 5-43 所示。另外,还有由两组光电池电流差所控制的能使受光器沿垂直方向和水平方向移动的驱动与传动装置。

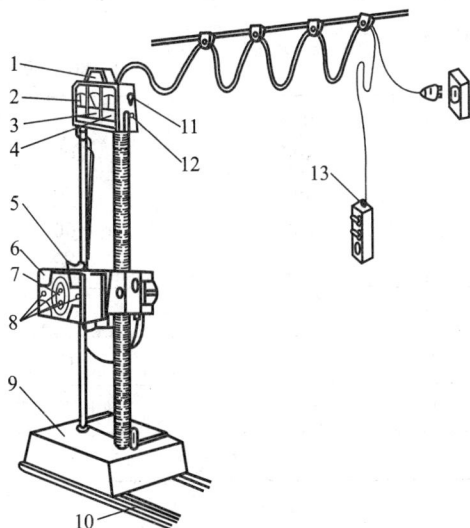

图 5-41　自动追踪光轴式前照灯检测仪

1—在用显示器;2—左右偏斜指示计;3—光度计;4—上下偏斜指示计;5—车辆摆正找准器;6—受光器;7—聚光透镜;8—光电池;9—控制箱;10—导轨;11—电源开关;12—熔丝;13—控制盒

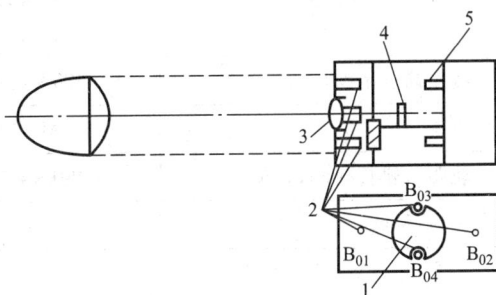

图 5-42　自动追踪光轴式前照灯检测仪受光器结构简图

1、3—聚光透镜;2—主受光器光电池;4—中央光电池;5—副受光器光电池

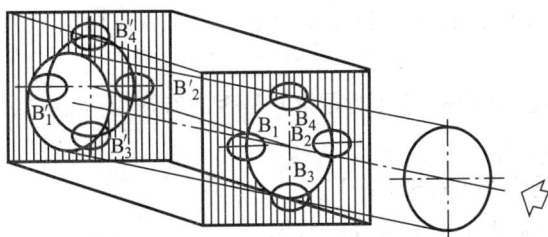

图 5-43　主、副受光器光电池示意图

　　检测时,要使前照灯的光束照射到检测仪的受光器上。此时,若前照灯光束照射方向偏斜,则主、副受光器的上下光电池或左右光电池的受光量不等,它们分别产生的电流便失去平衡。由其电流的差值控制受光器上下移动的电动机运转或使控制箱左右移动的电动机运转,并通过钢丝绳牵动受光器上下移动或驱动控制箱在轨道上左右移动,直至受光器上下、左右光电池受光量相等为止,这就是所谓的自动追踪光轴。在追踪光轴时,受光器的位移方向和位移量由光轴偏斜指示计指示,此即前照灯光束的偏斜方向和偏斜量;发光强度由光度

计指示。

国产前照灯检测仪的参数见表 5 - 24。

表 5 - 24　国产前照灯检测仪的参数

项目　　　　　　　　　　型号	QD - 3 型	QD - 4H 型	FD - 2 型
检测距离/m	1	3	1
发光强度测量范围/cd	$0 \sim 80 \times 10^3$	$0 \sim 80 \times 10^3$	$0 \sim 40 \times 10^3$ $0 \sim 80 \times 10^3$
光轴偏斜测量范围/(mm/10 m) 　　　向上 　　　向下 　　　向左 　　　向右	0 ~ 250 0 ~ 400 0 ~ 400 0 ~ 400	400 400 400 400	200 400 400 400
测量高度范围/mm	500 ~ 1 300	—	—
电源/V	AC220	—	DC6
轨距 × 轨长/(mm × mm)	480 × 4 500	—	轨长 4 500
净质量/kg	—	110	60

5.5.4　用前照灯检测仪检测发光强度和光轴偏斜量

（1）前照灯检测仪准备

1）在前照灯检测仪（以下简称"检测仪"）不受光的情况下,检查光度计和光轴偏斜量指示计的指针是否在机械零点上,视必要用零点调整螺钉调整。

2）检查聚光透镜和反射镜的镜面上有无污物,视必要用柔软的布料或镜头纸等擦拭干净。

3）检查检测仪导轨(有的检测仪无导轨)是否沾有泥土等杂物,视必要扫除干净。

（2）被检车辆准备

1）清除前照灯上的污垢,擦拭干净。

2）检查轮胎气压,应符合汽车制造厂的规定。

3）前照灯开关和变光器应处于良好状态。

4）汽车蓄电池和充电系统应处于良好状态。

（3）发光强度和光轴偏斜量检测方法

由于检测仪厂牌、形式不同,其检测发光强度和光轴偏斜量的具体方法也不完全相同,仅将通用的检测方法介绍如下:

1）将被检汽车尽可能与检测仪轨道保持垂直方向驶近检测仪,直至前照灯与检测仪受光器之间达到规定的检测距离(一般为 3 m、1 m、0.5 m 或 0.3 m)。

2）用车辆摆正找准器使检测仪与被检汽车对正。

3）开亮前照灯（远光），用前照灯照准器使检测仪与被检前照灯对正。

4）提高发动机转速，使汽车电源系统处于充电状态。

5）检测方法。

① 对于聚光式检测仪，可将"光度·光轴"转换开关旋至光轴一侧，然后转动上下光轴刻度盘和左右光轴刻度盘，使上下偏斜指示计和左右偏斜指示计指示为零。此时，上下光轴刻度盘和左右光轴刻度盘上的指示值即为光轴偏斜量，如图5-44所示。将"光度·光轴"转换开关旋至光度一侧，光度计的指示值即为发光强度值。

② 对于屏幕式检测仪，要使固定屏幕上左右光轴刻度尺的零点与活动屏幕上的基准指针对正，并使受光器指针与活动屏幕上的零点对正，如图5-45所示。然后，左右和上下移动受光器，使光度计的指示值达到最大。此时，根据受光器指针所指活动屏幕上的上下刻度值和活动屏幕基准指针所指固定屏幕上的左右刻度值，即可得出光轴偏斜量；根据光度计上的指示值即可得出发光强度值，如图5-46所示。

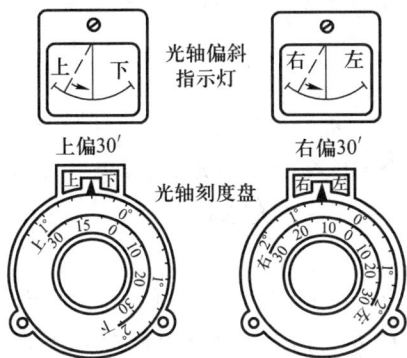

图5-44　聚光式前照灯检测仪对光轴偏斜量的检测

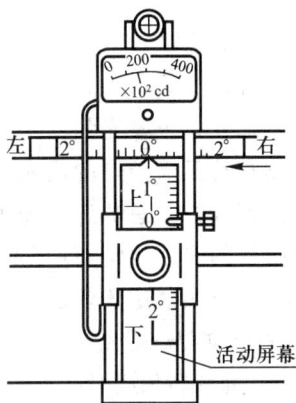

图5-45　屏幕式前照灯检测仪零点对准

③ 对于投影式检测仪，由于有投影屏刻度检测法和光轴刻度盘检测法之分，检测方法不完全一致。投影屏刻度检测法，要求先使光轴偏斜量指示计的指示为零，然后根据投影屏上前照灯影像中心所在的刻度值读取光轴偏斜量，再根据光度计的指示值读取发光强度值，如图5-47所示。光轴刻度盘检测法，则要求转动光轴刻度盘，使投影屏上的坐标原点与前照灯影像中心重合，此时光轴刻度盘上的指示值即为光轴偏斜量，再根据光度计上的指示值读取发光强度值，如图5-48所示。

④ 对于自动追踪光轴式检测仪，只要按下控制盒上的测量开关，受光器立即追踪前照灯光轴，根据光轴偏斜指示计和光度计上的指示值，即可获得光轴偏斜量和发光强度值。

6）检测完一只前照灯后用同样的方法检测另一只前照灯。

7）检测结束，检测仪沿轨道或沿地面退回护栏内，汽车驶出。

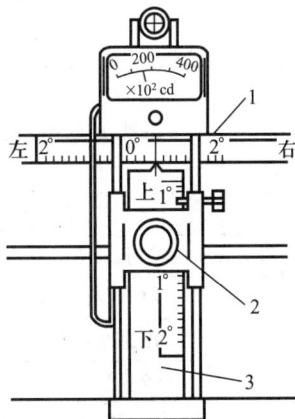

图5-46　屏幕式前照灯检测仪
检测结果显示图

1—固定屏幕；2—受光器；3—活动屏幕

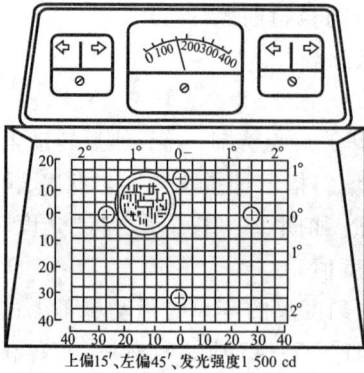

上偏15′、左偏45′、发光强度1 500 cd

图 5 - 47 投影屏刻度检测法检测结果显示图

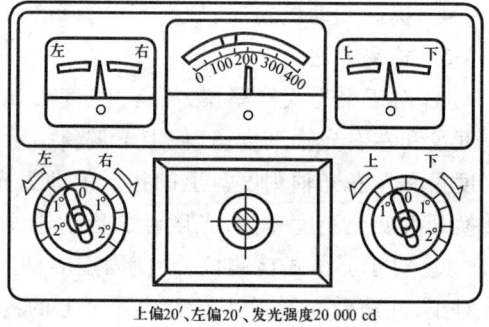

上偏20′、左偏20′、发光强度20 000 cd

图 5 - 48 光轴刻度盘检测法检测结果显示图

5.5.5 诊断参数标准

标准 GB 7258—2012《机动车运行安全技术条件》的规定,前照灯发光强度和光束照射位置应符合以下要求。

（1）远光光束发光强度要求

机动车每只前照灯的远光光束发光强度应达到表 5 - 25 的要求;并且同时打开所有前照灯（远光）时,其总的远光光束发光强度应符合 GB 4785—2007《汽车及挂车外部照明和光信号装置的安装规定》的规定。测试时,电源系统应处于充电状态。

（2）光束照射位置要求

1）检验前照灯近光光束照射位置时,前照灯照射在距其 10 m 的屏幕上,乘用车前照灯近光光束明暗截止线转角或中点的高度应为 $0.7H \sim 0.9H$（H 为前照灯基准中心高度,下同）,其他机动车（拖拉机运输机组除外）应为 $0.6H \sim 0.8H$。机动车（装用一只前照灯的机动车除外）前照灯近光光束水平方向位置向左偏应小于等于 170 mm,向右偏应小于等于 350 mm。

表 5 - 25 前照灯远光光束发光强度最小值要求 （单位:cd）

机动车类型		检查项目					
		新注册车			在用车		
		一灯制	二灯制	四灯制①	一灯制	二灯制	四灯制①
三轮汽车		8 000	6 000	—	6 000	5 000	
最大设计车速小于 70 km/h 的汽车		—	10 000	8 000	—	8 000	6 000
其他汽车		—	18 000	15 000	—	15 000	12 000
普通摩托车		10 000	8 000		8 000	6 000	
轻便摩托车		4 000	3 000		3 000	2 500	
拖拉机运输机组	标定功率 >18 kW		8 000			6 000	
	标定功率 ≤18 kW	6 000②	6 000	—	5 000②	5 000	

① 四灯制是指前照灯具有四个远光光束;采用四灯制的机动车其中两只对称的灯达到两灯制的要求时视为合格。

② 允许手扶拖拉机运输机组只装用一只前照灯。

2）轮式拖拉机运输机组装用的前照灯近光光束的照射位置,按照上述方法检验时,屏幕上光束中点的离地高度应小于等于 $0.7H$;水平位置,向右偏移应小于等于 350 mm,不得向左偏移。

3）检验前照灯远光照射位置时,对于能单独调整远光光束的前照灯,前照灯照射在距其 10 m 的屏幕上时,要求屏幕光束中心离地高度,对乘用车为 $0.85H \sim 0.95H$(但不得低于前照灯近光光束明暗截止线转角或中点的离地高度),对其他机动车为 $0.8H \sim 0.95H$;机动车(装用一只前照灯的机动车除外)前照灯远光光束水平位置,左灯向左偏应小于等于 170 mm,向右偏应小于等于 350 mm,右灯向左或向右偏均应小于等于 350 mm。

学习项目 5.6　点燃式发动机汽车排气污染物检测

汽车排放的污染物,已成为我国空气污染的重要来源,是造成灰霾、光化学烟雾的主要原因之一。它污染了大气,影响了人民身体健康,已发展成为严重的社会问题。因此,监测汽车排气污染物浓度,已成为汽车检测项目中极为重要的组成部分。

5.6.1　概述

汽车排气中的污染物,主要是一氧化碳(CO)、碳氢化合物(HC)、氮氧化物(NO_x)、二氧化硫(SO_2)、炭烟和其他一些有害物质。如果燃用含铅汽油,排气中的污染物还包括铅化合物。据 20 世纪有关资料介绍,一辆汽车在行驶过程中,平均每天排出的 CO 约为 3 kg,HC 为 $0.2 \sim 0.4$ kg,NO_x 为 $0.05 \sim 0.15$ kg。当然,由于发动机类型、排量、燃料、技术状况、温度状况、运行工况、运行时间、气候和道路条件的不同,上述数据会有很大的不同。汽车排气对城市空气的污染还与城市大小、车辆多少、街道宽窄、建筑物高低和是否通风等因素有关。当众多的汽车低速行驶或边行边停在狭窄而又不通风的街道上时,其排放污染的情况是相当严重的。

汽车排放污染物中,CO、HC、NO_x、铅化物和炭烟等,主要来自尾气的排放,少部分来自曲轴箱泄漏。其中,HC 还来自油箱和整个供油系统的滴漏与蒸发。

为了贯彻《中华人民共和国环境保护法》和《中华人民共和国大气污染防治法》,我国于 1983 年发布并于 1984 年实施了汽车污染物排放标准和测量方法的国家标准。其后,又相继进行了几次修订,从严规范了在用汽车排气污染物限值和测量方法。

2005 年 5 月 30 日发布并于当年 7 月 1 日实施的 GB 18285—2005《点燃式发动机汽车排气污染物排放限值及测量方法(双怠速法及简易工况法)》(以下简称"GB 18285—2005"),对我国点燃式发动机汽车排气污染物排放限值及测量方法作了新规定。

GB 18285—2005 规定了点燃式发动机汽车怠速和高怠速工况下排气污染物排放限值及测量方法,在标准附录 B、C、D 中还规定了点燃式发动机轻型汽车稳态工况法、瞬态工况法和简易瞬态工况法三种简易工况测量方法。

限于篇幅,本学习项目仅介绍双怠速法排放污染物排放限值及测量方法。

5.6.2 排气污染物排放限值

GB 18285—2005 对新生产汽车和在用汽车排气污染物排放限值作了如下规定。

（1）新生产汽车排气污染物排放限值

装用点燃式发动机的新生产汽车，形式核准和生产一致性检查的排气污染物排放限值见表 5-26。新生产汽车是指制造厂合格入库或出厂的汽车。

表 5-26 新生产汽车排气污染物排放限值（体积分数）

车型	类别			
	怠速		高怠速	
	CO(%)	HC(×10⁻⁶)	CO(%)	HC(×10⁻⁶)
2005 年 7 月 1 日起新生产的第一类轻型汽车	0.5	100	0.3	100
2005 年 7 月 1 日起新生产的第二类轻型汽车	0.8	150	0.5	150
2005 年 7 月 1 日起新生产的重型汽车	1.0	200	0.7	200

轻型汽车指最大总质量不超过 3 500 kg 的 M_1 类、M_2 类和 N_1 类车辆。

第一类轻型汽车：设计乘员数不超过 6 人（包括驾驶员），且最大总质量≤2 500 kg 的 M_1 类车。

第二类轻型汽车：GB 18285—2005 适用范围内除第一类车以外的其他所有轻型汽车。

重型汽车指最大总质量超过 3 500 kg 的车辆。

M_1 类车指至少有四个车轮，或有三个车轮且厂定最大总质量超过 1 000 kg，除驾驶员座位外，乘客座位不超过 8 个的载客车辆。

M_2 类车指至少有四个车轮，或有三个车轮且厂定最大总质量超过 1 000 kg，除驾驶员座位外，乘客座位超过 8 个，且厂定最大总质量不超过 5 000 kg 的载客车辆。

N_1 类车指至少有四个车轮，或有三个车轮且厂定最大总质量超过 1 000 kg，厂定最大总质量不超过 3 500 kg 的载货车辆。

（2）在用汽车排气污染物排放限值

装用点燃式发动机的在用汽车，排气污染物排放限值见表 5-27。在用汽车是指已经登记注册并取得号牌的汽车。

表 5 - 27　在用汽车排气污染物排放限值（体积分数）

车型	类别			
	怠速		高怠速	
	CO(%)	HC(×10⁻⁶)	CO(%)	HC(×10⁻⁶)
1995 年 7 月 1 日前生产的轻型汽车	4.5	1 200	3.0	900
1995 年 7 月 1 日起生产的轻型汽车	4.5	900	3.0	900
2000 年 7 月 1 日起生产的第一类轻型汽车①	0.8	150	0.3	100
2001 年 10 月 1 日起生产的第二类轻型汽车	1.0	200	0.5	150
1995 年 7 月 1 日前生产的重型汽车	5.0	2 000	3.5	1 200
1995 年 7 月 1 日起生产的重型汽车	4.5	1 200	3.0	900
2004 年 9 月 1 日起生产的重型汽车	1.5	250	0.7	200

① 对于 2001 年 5 月 31 日以前生产的 5 座以下（含 5 座）的微型面包车，执行 1995 年 7 月 1 日起生产的轻型汽车的排放限值。

（3）过量空气系数（λ）的要求

对于使用闭环控制电子燃油喷射系统和三元催化转化器技术的汽车进行过量空气系数（λ）的测定。发动机转速为高怠速转速时，λ 应在 1.00 ± 0.03 或制造厂规定的范围内。进行 λ 测试前，应按照制造厂使用说明书的规定预热发动机。

过量空气系数（λ），是指燃烧 1 kg 燃料的实际空气量与理论上所需空气量的质量比。

5.6.3　双怠速法测量方法

已如前述，自 GB 18285—2005 实施之日起，全国点燃式发动机在用汽车排放监控，采用该标准规定的双怠速法排放污染物排放限值及测量方法，规定如下：

（1）测量仪器

GB 18285—2005 附录 A 双怠速法排放气体测试仪器技术条件，对排放气体测试仪器的基本技术要求和结构要求如下：

1）基本技术要求。

① 能够测量汽车排气污染物 CO、CO_2、HC（用正己烷当量表示）和 O_2 四种成分的体积分数（或浓度），并能按规定计算过量空气系数（λ）值。

② CO、CO_2、HC 的测量采用不分光红外线法（NDIR），O_2 采用电化学电池法。也可采用其他等效方法，但需要证明其等效性。

③ 具有内置发动机转速和机油温度测量功能或转速和机油温度信号输入端口。

④ 气体处理系统的所有部件均由耐腐蚀材料做成,并且此材料对气体取样成分无影响。取样探头应能经受排气高温,并具有限位和固定装置。

⑤ 仪器应具有符合 GB 18285—2005 要求的怠速和高怠速测量程序。该测量程序如图 5 – 49 所示。

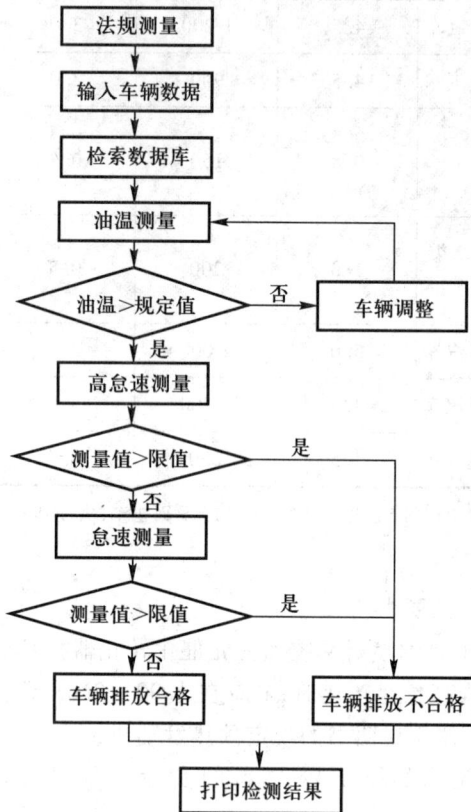

图 5 – 49　双怠速法仪器测量程序

2）结构要求。测试仪器通过采样,经过泵将样气传输至气体处理系统和检测器进行分析,发出被测组分的体积分数相关信号,测定汽车排气污染物体积分数(或浓度)和过量空气系数(λ)值。

仪器主要部件:

① 取样管。取样探头应能插入机动车辆排气管至少 400 mm,并有插深定位装置。

② 软管。同探头连接,作为测量系统样气进入和排出通道。

③ 泵。将气体传输至仪器。

④ 水分离器。分离样气中的水分,是防止冷凝水在仪器中积聚的装置。水蒸气达到饱和时,应能保证自动脱离或自动停止测量操作。

⑤ 滤清器。除去导致仪器各种敏感部件污染的颗粒物。滤清器应能除去直径大于 5 μm 的颗粒,不需取出即能观察其污染程度,并易于更换。当测量 HC 体积分数约为 800×10^{-6} 的气体时,能保证使用时间不少于 30 min。

⑥ 零气端口和校准端口。该端口位于水分离器及滤清器下游位置,包括用于引入作测量仪器零点调节的纯净环境气体端口和校准气体端口。

⑦ 探测元件。按体积分数分析气体样品中的组分。

⑧ 数据系统和显示器件。数据系统处理信号,显示器件显示测量结果。

⑨ 控制调整装置。完成仪器初始化及开机检查,通过手动、半自动或全自动调节装置将仪器参数调整于设定的范围内。

（2）测量程序

1）应保证被检测车辆处于制造厂规定的正常状态,发动机进气系统应装有空气滤清器,排气系统应装有排气消声器,并不得有泄漏。

2）应在发动机上安装转速计、点火正时仪、冷却液和润滑油测温计等测量仪器。测量时,发动机冷却液和润滑油温度应不低于 80 ℃,或者达到汽车使用说明书规定的热车状态。

3）发动机从怠速状态加速到 70% 额定转速,运转 30 s 后降至高怠速状态。将测量仪器取样探头插入汽车排气管中,深度不小于 400 mm,并固定在排气管上。维持 15 s 后,由具有平均值功能的仪器读取 30 s 内的平均值,或者人工读取 30 s 内的最高值和最低值,其平均值即为高怠速污染物测量结果。对于使用闭环控制电子燃油喷射系统和三元催化转化器技术的汽车,还应同时读取过量空气系数（λ）的数值。

4）发动机从高怠速降至怠速状态 15 s 后,由具有平均值功能的仪器读取 30 s 内的平均值,或者人工读取 30 s 内的最高值和最低值,其平均值即为怠速污染物测量结果。

5）若为多排气管时,取各排气管测量结果的算术平均值作为测量结果。

6）若排气管长度小于测量深度时,应使用排气加长管。

上述的怠速状态和高怠速状态,即怠速工况和高怠速工况。按照 GB 18285—2005 的规定,怠速工况是指发动机无负载运转状态。即离合器处于接合位置,变速器处于空挡位置（对于自动变速器的汽车应处于“停车”或“P”挡位）;采用化油器供油系统的汽车,阻风门处于全开位置;加速踏板处于完全松开位置。高怠速工况指满足上述（最后一项除外）条件,用加速踏板将发动机转速稳定控制在 50% 额定转速或制造厂技术文件中规定的高怠速转速时的工况。

在 GB 18285—2005 中,将轻型汽车的高怠速转速规定为（2 500 ± 100）r/min,重型汽车的高怠速转速规定为（1 800 ± 100）r/min;如有特殊规定,按照制造厂技术文件中规定的高怠速转速。

（3）单一燃料车和两用燃料车

对于单一燃料汽车,仅按燃用气体燃料进行排放检测;对于两用燃料汽车,要求对两种燃料分别进行排放检测。

气体燃料指液化石油气（LPG）或天然气（NG）。

单一燃料车指能燃用汽油和一种气体燃料,但汽油仅用于紧急情况或发动机起动,且汽油箱容积不超过 15L 的车辆。

两用燃料车指能燃用汽油和一种气体燃料的车辆。

（4）测量结果判定

1）对于表 5 – 26、表 5 – 27 中规定的车辆,如果检测污染物有一项超过规定的限值,则认为排放不合格。

2）对于使用闭环控制电子燃油喷射系统和三元催化转化器技术的车辆,如果检测的过量空气系数(λ)超出要求,则认为排放不合格。

将检测结果判定及裁决填入表 5 – 28 中。

表 5 –28 检测结果判定及裁决

内容	过量空气系数 (λ)	低怠速		高怠速	
		CO(%)	HC($\times 10^{-6}$)	CO(%)	HC($\times 10^{-6}$)
测试结果					
限值					
判定结果	合格/不合格	合格/不合格		合格/不合格	
裁决	通过/未通过				

5.6.4 不分光红外线法

不论是原国家标准对在用点燃式发动机汽车怠速排气污染物各组分的检测,还是 GB 18285—2005 的附录 A 对 CO、CO_2、HC 等气体的检测,都规定测量仪器采用不分光红外线法(NDIR)。不分光红外线法在汽车排放污染物检测中应用非常广泛。

（1）不分光红外线法检测原理

汽车排气中的 CO、CO_2、HC 和 NO 等气体,都分别具有吸收一定波长范围红外线的性质,如图 5 –50 所示。而且红外线被吸收的程度与排气浓度之间存在一定的关系。不分光红外线法就是利用这一原理,即根据检测红外线被汽车排气吸收一定波长范围红外线后能量的变化,来检测排气中各种污染物的含量。在各种气体混在一起的情况下,这种检测方法具有测量值不受影响的特点。

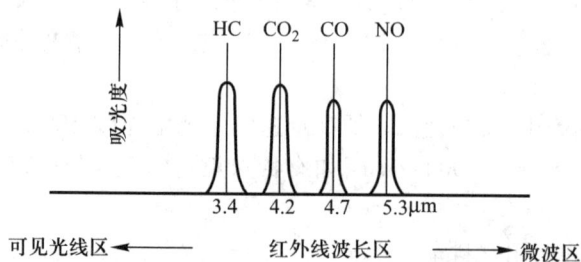

图 5 –50 四种气体吸收红外线的情况

利用不分光红外线法制成的分析仪(或称为监测仪、检测仪、测量仪等),根据检测的气体数目分类,可分为单气体分析仪、二气体分析仪、四气体分析仪和五气体分析仪等多种类型。单气体分析仪仅能检测 CO 或 HC 或其他一种气体的含量;二气体分析仪能检测 CO 和 HC 这两种气体或其他两种气体的含量;四气体分析仪可检测 CO、CO_2、HC、O_2 四种气体的含量和过量空气系数(λ);五气体分析仪可检测 CO、CO_2、HC、O_2、NO 五种气体的含量和过量空气系数(λ)。

不论哪种类型的气体分析仪,在检测 HC 含量时,由于排气中 HC 成分非常复杂,因此要把各种 HC 成分的含量换算成正己烷($n-C_6H_{14}$)的当量作为 HC 含量的测量值。

本学习项目仅将二气体(CO、HC)分析仪的结构、工作原理和使用方法介绍如下:

(2) 二气体分析仪结构与工作原理

二气体分析仪中最常见的是 CO 和 HC 气体分析仪,是一种能够从汽车排气管中采集气样,对其中 CO 和 HC 含量连续进行分析的仪器。国产的两种二气体分析仪的外形图如图 5 - 51、图 5 - 52 所示。它由排气取样装置、排气分析装置、含量指示装置和校准装置等组成。汽车排气在分析仪内的流动路线如图 5 - 53 所示。

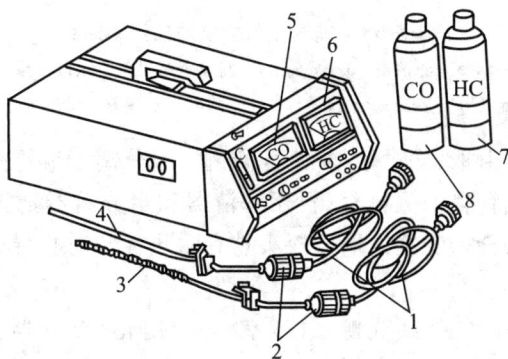

图 5 - 51 MEXA - 324F 型汽车排气分析仪
1—导管;2—滤清器;3—低含量取样探头;4—高含量取样探头;
5—CO 指示仪表;6—HC 指示仪表;7—标准 HC 气样瓶;8—标准 CO 气样瓶

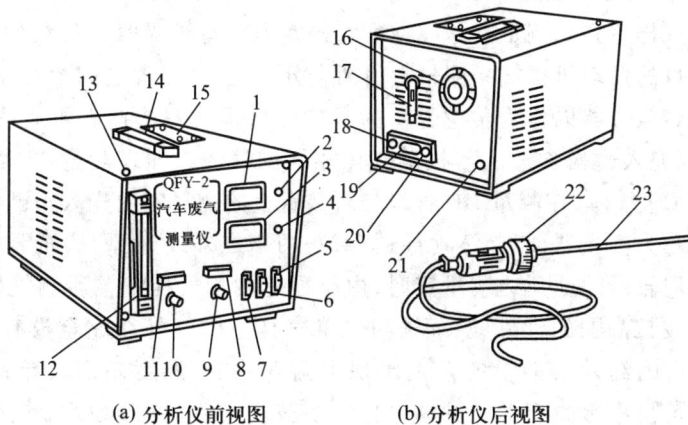

(a) 分析仪前视图   (b) 分析仪后视图

图 5 - 52 QFY - 2 型汽车排气分析仪
1—CO 显示器;2—CO 标定旋钮;3—HC 显示器;4—HC 标定旋钮;5—电源开关;6—风扇开关;
7—取样泵开关;8—CO 量程切换开关;9—CO 调零旋钮;10—HC 调零旋钮;11—HC 量程切换开关;
12—流量计;13—标准气样入口;14—拉手;15—上盖板;16—滤清器;17—水分离器;18—熔丝座;
19—电源线插座;20—进气口;21—出气口;22—前置滤清器;23—取样管

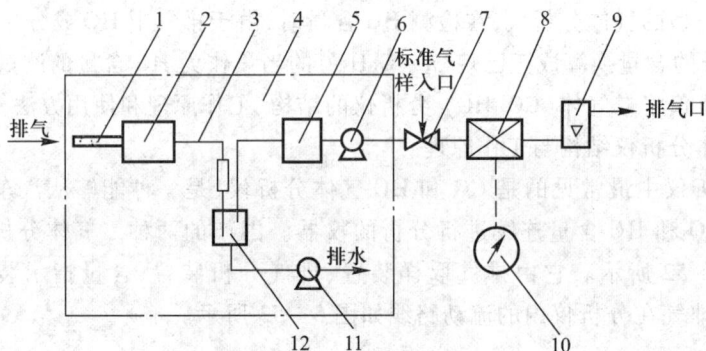

图 5 - 53　排气在分析仪内的流动路线

1—取样探头；2、5—滤清器；3—导管；4—排气取样装置；6、11—泵；7—换向阀；
8—排气分析装置；9—流量计；10—浓度指示装置；12—水分离器

1）排气取样装置。由取样探头、滤清器、导管、水分离器和泵等组成。它通过取样探头、导管和泵从车辆排气管里采集排气，再用滤清器和水分离器把排气中的炭渣、灰尘和水分等除掉，只把排气送入分析装置。取样探头具有耐热性和防止导管吸附 HC 气体，是用特殊材料制成的。

2）排气分析装置。由红外线光源、气样室、旋转扇轮（截光器）、测量室和传感器等组成。该装置按照不分光红外线法，从来自取样装置的混有多种成分的排气中，分析 CO 和 HC 的含量，并将含量转变成电信号输送给含量指示装置。按传感器形式不同，排气分析装置可分为电容微音器式和半导体式等不同形式；按功能不同，又可分为 CO、HC 等单项式和 CO、HC 等综合式两种形式。

① 电容微音器式分析装置（图 5 - 54）。从两个红外线光源发出的红外线，分别通过标准气样室和测量气样室到达测量室。在标准气样室内充有不吸收红外线的 N_2 气，在测量气样室内充有被测量的发动机排气。测量室由两个分室组成，二者之间留有通道，并在通道上装有金属膜式电容微音器以作为传感器。为了能够从排气中选择需要测量的成分，在测量室的两个分室内，充入适当含量的与被测气体相同的气体。即在测量 CO 浓度分析装置里的测量室内充入 CO 气体，在测量 HC 含量分析装置里的测量室内充入正己烷气体。

旋转扇轮也称为截光器，能连续地导通、截止两个红外线光源，从而形成射线脉冲。当红外线通过旋转扇轮断续地到达测量室时，由于通过测量气样室被所测气体按浓度大小吸收掉一部分一定波长范围的红外线，而通过标准气样室的红外线完全没有被吸收，在测量室的两个分室内，因红外线能量的差别出现了温度差别，温度差别又导致了测量室内压力差别，致使金属膜片弯曲变形。发动机排气中被测气体含量越大，金属膜片弯曲变形也越大。膜片弯曲变形致使电容微音器输出电压改变，该电压信号经放大器放大后送往含量指示装置。

② 半导体式分析装置（图 5 - 55）。从两个红外线光源发出的红外线，分别通过标准气样室和测量气样室后用聚光管聚光，然后输送到测量室。同样，在标准气样室里充有不吸收红外线的 N_2 气，在测量气样室里充有被测量的发动机排气。传感器采用的是一种能按照红外线能量强度的变化改变电信号大小的半导体元件。由于该半导体元件本身不具有对被测

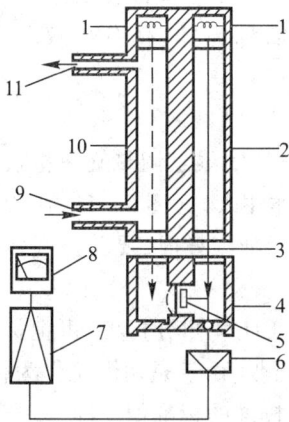

图 5 -54　电容微音器式分析装置

1—红外线光源；2—标准气样室；3—旋转扇轮；
4—测量室；5—电容微音器；6—前置放大器；
7—主放大器；8—指示仪表；9—排气入口；
10—测量气样室；11—排气出口

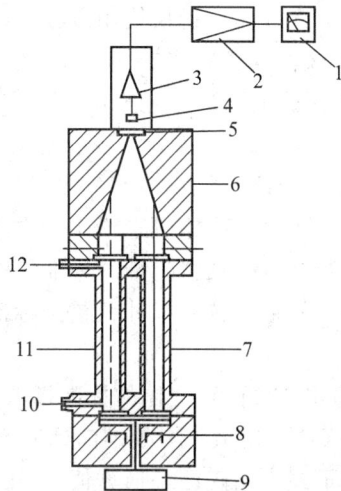

图 5 -55　半导体式分析装置

1—指示仪表；2—主放大器；3—前置放大器；
4—半导体传感器；5—光学滤色片；6—聚光管；
7—标准气样室；8—红外线光源；9—旋转扇轮电机；
10—排气入口；11—测量气样室；12—排气出口

气体吸收一定波长范围红外线的选择性,因此在半导体元件前面放置了一片光学滤色片,仅让被测气体吸收的一定波长范围内的红外线通过。红外线穿过旋转扇轮后,断续地通过标准气样室和测量气样室,经过聚光管和光学滤色片后到达半导体传感器。通过标准气样室的红外线由于未被吸收,因此能量保持不变;而通过测量气样室的红外线,由于被所测气体吸收掉一部分一定波长范围的红外线,因此分别通过两气样室的红外线的能量形成差别后到达传感器。半导体传感器能把红外线能量差别转变成电信号差别,经放大器放大后输送给含量指示装置。

3）含量指示装置。CO 和 HC 综合式气体分析仪的含量指示装置,主要由 CO 指示装置和 HC 指示装置组成,有指针式仪表和数字式显示器两种类型。从排气分析装置送来的电信号,在 CO 指示仪表上,CO 的体积分数以百分数（%）表示;在 HC 指示仪表上,HC 的体积分数以正己烷当量的百万分数（10^{-6}）或以百分数（%）表示。指针式仪表的指示,可利用零点调整旋钮、标准调整旋钮和读数转换开关等进行控制。

气体分析仪内的滤清器脏污时,对测量值有影响,因此要经常观察流量计的指示情况,发现指针进入红区应及时更换滤清器滤芯。

4）校准装置。该装置是一种为了保持分析仪指示精度,使之能准确指示测量值的装置。在此装置中,往往既设有用加入标准气样进行校准的装置,也设有用机械方式简易校准的装置。

① 标准气样校准装置,是把标准气样从分析仪上单设的一个专用注入口直接送到排气分析装置,再通过比较标准气样浓度值和仪表指示值的方法来进行校准的装置。

② 简易校准装置,通常是用遮光板把排气分析装置中通过测量气样室的红外线遮挡住一部分,用减少一定量红外线能量的方法进行简单校准的装置。

（3）二气体分析仪使用方法

1）仪器准备。按二气体分析仪使用说明书要求做好以下各项准备工作。

① 接通电源，对不分光红外线气体分析仪（以下简称为"气体分析仪"）预热 30 min 以上。

② 仪器校准。

a. 用标准气样校准。先让气体分析仪吸入清洁空气，用零点调整旋钮把仪表指针调整到零点。然后把仪器附带的标准气样（瓶装）从标准气样注入口（图 5 - 56 中 12）灌入，再用标准调整旋钮把仪表指针调整到标准指示值。在灌注标准气样时，要关掉气体分析仪上的泵开关。

CO 和 HC 两种气体的标准指示值是多大呢？对于 CO 气体分析仪，可把标准气样瓶上标明的 CO 浓度值作为校准的标准值；对于 HC 气体分析仪，由于是用丙烷作为标准气样，因而要按下式求出正己烷换算值，再用正己烷换算值作为校准的标准值。即

HC 校准的标准值（正己烷换算值）= 标准气样（丙烷）含量×换算系数

式中，标准气样（丙烷）含量即 HC 标准气样瓶上标明的含量值。换算系数是气体分析仪的给出值（标注在气体分析仪壳体一侧），一般为 0.472 ~ 0.578。

b. 简易校准。先打开简易校准开关（图 5 - 57 中 3），对于有校准位置刻度线的仪器，可用标准调整旋钮（图 5 - 57 中 1、2）把仪表指针调整到正对校准位置刻度线位置。对于没有校准位置刻度线的仪器，要在标准气样校正后立即打开简易校准开关进行简易校准，此时要用标准调整旋钮把仪表指针调整到与标准气样校准后的指示值重合。应记住这一指示位置，以便今后简易校准时使用。简易校准结束后，应及时关闭简易校准开关。

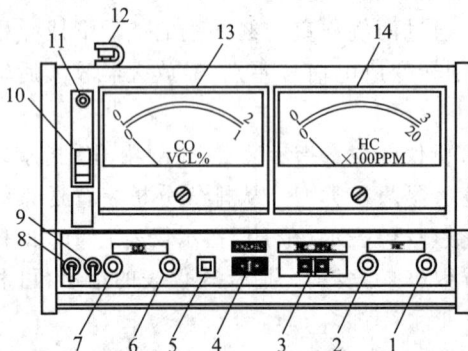

图 5 - 56   MEXA - 324F 型汽车排气分析仪面板图
1—HC 标准调整旋钮；2—HC 零点调整旋钮；3—HC 读数转换开关；
4—CO 读数转换开关；5—简易校准开关；6—CO 标准调整旋钮；
7—CO 零点调整旋钮；8—电源开关；9—泵开关；10—流量计；11—电源
指示灯；12—标准气样注入口；13—CO 指示仪表；14—HC 指示仪表

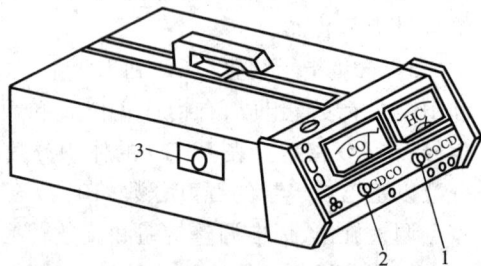

图 5 - 57   标准调整旋钮和简易校准开关位置
1—HC 标准调整旋钮；2—CO 标准调整旋钮；
3—简易校准开关

③ 把取样探头和取样导管安装到气体分析仪上，检查取样探头和导管内是否有残留 HC。如果管的内壁吸附残留 HC 较多，仪表指针超过零点以上时，要用压缩空气吹洗或用布条等物清洁取样探头和导管内壁。

仪器经过上述检查和校准后,即可投入使用。

2)车辆或发动机准备。

① 试验发动机或车辆的进气系统应装有空气滤清器,排气系统应装有排气消声器,并不得有泄漏。

② 汽油应符合 GB 17930—2013《车用汽油》的规定。

③ 在发动机上安装转速计、点火正时仪、冷却水和润滑油测温计等测量仪器。

④ 测量时发动机冷却水和润滑油温度应不低于 80 ℃或达到汽车使用说明书规定的热车状态。

3)使用方法。

① 取样探头插入排气管中,深度不小于 400 mm,并固定在排气管上。

② 按测量程序进行高怠速、怠速排放污染物测量,读取测量结果并填写"点燃式发动机汽车双怠速法排气污染物测试报告"(报告内容见 GB 18285—2005 附件 AA)。

③ 使用中,先把气体分析仪指示仪表的读数转换开关打到最高量程挡位,再一边观看指示仪表,一边用读数转换开关选择适于排气含量的量程挡位。

④ 测量工作结束后,把取样探头从排气管里抽出来,吸入新鲜空气 5 min,待气体分析仪指针回到零点后再关闭电源。

(4)注意事项

1)汽油车双怠速排放污染物的检测,一定要把发动机高怠速和怠速的转速和温度控制在规定范围之内。

2)有的二气体分析仪的取样探头、导管分为低含量用和高含量用两种,要注意分别使用。

3)检测时导管不要发生弯折现象。

4)多部车辆连续检测时,一定要把取样探头从排气管里抽出并待仪表指针回到零点后,再进行下一部车的测量。

5)不要在有油或有有机溶剂的地方进行检测。

6)要注意检测地点的室内通风换气,以防人员中毒。

7)检测结束后,要立即把取样探头从排气管里抽出来。

8)取样探头不用时要垂直吊挂,不要平放,以防管内的积水腐蚀取样探头。

9)气体分析仪不要放置在湿度大、温度变化大、振动大或有倾斜的地方。

10)气体分析仪要定时维护,以确保使用精度。

11)校准用的标准气样是有毒的,要注意保管。

学习项目5.7 压燃式发动机汽车排气烟度检测

压燃式发动机汽车排气管排出的可见污染物表现在排气烟色上。排气烟色主要有黑烟、蓝烟和白烟三种。黑烟的发暗程度用排气烟度表示,排气烟度用烟度计检测。烟度计可分为滤纸式、透光式、不透光式等多种形式。

5.7.1　概述

2005 年 5 月 30 日发布并于当年 7 月 1 日实施的 GB 3847—2005《车用压燃式发动机和压燃式发动机汽车排气烟度排放限值及测量方法》(以下简称"GB 3847—2005"),对我国车用压燃式发动机和压燃式发动机汽车排气烟度排放限值及测量方法作了新规定。

GB 3847—2005 适用于压燃式发动机和压燃式发动机汽车排气烟度的检测,包括发动机形式核准和生产一致性检查、新车形式核准和生产一致性检查、新生产汽车和在用汽车的检测。

对于在用压燃式发动机汽车的排放监控,限于篇幅,本学习项目仅介绍自由加速法,即自由加速试验。自由加速试验,按 GB 3847—2005 规定,分不透光烟度法和滤纸烟度法两种。

5.7.2　在用压燃式发动机汽车排放控制要求

(1) 对于 GB 3847—2005 实施后生产的在用汽车

自 GB 3847—2005 实施之日起,按该标准规定经形式核准批准车型生产的在用汽车,应按该标准附录 I 的要求进行自由加速试验,所测得的排气光吸收系数不应大于车型核准批准的自由加速排气烟度排放限值再加 0.5 m^{-1}。

(2) 对于 2001 年 10 月 1 日起生产的在用汽车

自 2001 年 10 月 1 日起至 GB 3847—2005 实施之日生产的在用汽车,应按该标准附录 I 的要求进行自由加速试验,所测得的排气光吸收系数不应大于以下数值:自然吸气式 2.5 m^{-1};涡轮增压式 3.0 m^{-1}。

(3) 对于 2001 年 10 月 1 日前生产的在用汽车

1) 自 1995 年 7 月 1 日起至 2001 年 9 月 30 日期间生产的在用汽车,应按 GB 3847—2005 附录 K 的要求进行自由加速试验,所测的烟度值应不大于 4.5 Rb。

2) 1995 年 6 月 30 日以前生产的在用汽车,应按 GB 3847—2005 附录 K 的要求进行自由加速试验,所测的烟度值应不大于 5.0 Rb。

5.7.3　在用压燃式发动机汽车自由加速试验(不透光烟度法)

已如前述,自 GB 3847—2005 实施之日起,按该标准规定经形式核准批准车型生产的在用汽车,自 2001 年 10 月 1 日起至 GB 3847—2005 实施之日生产的在用汽车,均应按 GB 3847—2005 附录 I 的要求进行自由加速试验,试验方法如下:

(1) 试验条件

1) 试验应在汽车上进行。

2) 试验前不应长时间怠速,以免燃烧室温度降低或积污。

3) 取样和测量仪器的条件:排气的光吸收系数应使用不透光烟度计测量。

① 不透光烟度计应满足的基本技术要求。

a. 被测气体应封闭在一个内表面不反光的容器内。

b. 确定通过气体的光通道的有效长度时,应考虑保护光源和光电池的器件可能产生的影响。有效长度应在仪器上标明。

c. 不透光烟度计的显示仪表应有两种单位,一种为绝对光吸收系数单位,从 0 到趋于 ∞ (m^{-1});另一种为不透光度的线性分度单位,从 0 到 100% 。两种计量单位的量程,均应以光全通过时为 0,全遮挡时为满量程。

② 自由加速试验时的安装要求。

a. 取样探头与排气管的横截面积之比应不小于 0.05,在排气管中探头开口处测得的背压应不超过 735 Pa。

b. 探头应是一根管子,其开口端向前并位于排气管或其延长管(必要时)的轴线上。探头应位于烟气分布大致均匀的断面上,为此探头应尽可能放置在排气管的最下游,必要时放在延长管上。设 D 为排气管开口处的直径,探头的端部应位于直管段,取样点上游直管长至少为 6D,下游直管长至少为 3D。如果使用延长管,则接口处不允许有空气进入。

c. 取样系统应保证在发动机所有转速下,不透光烟度计内样气的压力在"烟室中排气的压力与大气压力之差不超过 735 Pa"的限值范围内。这可以通过记录发动机怠速和最大无负荷转速下的样气压力来进行检查。根据不透光烟度计的特性,样气的压力可以通过排气管或延长管上的固定节流装置或蝶形阀加以控制。无论用何种方法,在排气管中探头开口处测得的背压应不超过 735 Pa。

d. 连接不透光烟度计的各种管子也应尽可能短。管路应从取样点倾斜向上至不透光烟度计,且应避免会使炭烟积聚的急弯。在不透光烟度计上游可设置一旁通阀,以便在不测量时,将不透光烟度计与排气流隔开。

4)试验采用符合国家标准的商品燃料。

(2)车辆准备

1)车辆在不进行预处理的情况下也可以进行试验。出于安全考虑,必须确保发动机处于热状态,并且机械状况良好。

2)发动机应充分预热。例如:在发动机机油标尺孔位置测得的机油温度应不低于 80 ℃;如果温度低于 80 ℃,发动机也应处于正常运转温度。因车辆结构,无法进行温度测量时可以通过其他方法使发动机处于正常运转温度,例如通过控制发动机冷却风扇。

3)采用至少 3 次自由加速过程或其他等效方法对排气系统进行吹拂。

(3)试验方法

1)目测检测车辆的排气系统的相关部件是否泄漏。

2)发动机包括所有装有废气涡轮增压的发动机,在每个自由加速循环的起点均处于怠速状态。对重型发动机,将加速踏板放开后至少等待 10 s。

3)在进行自由加速测量时,必须在 1 s 内,将油门踏板快速、连续地完全踩到底,使喷油泵在最短时间内供给最大油量。

4)对每一个自由加速测量,在松开油门踏板前,发动机必须达到断油点转速。对带自动变速器的车辆,则应达到制造厂声明的转速(如果没有该数据值,则应达到断油点转速的 2/3)。关于这一点,在测量过程中必须进行检查。例如:通过监测发动机转速,或延长加速踏板踏到底后与松开加速踏板前的间隔时间。对于重型汽车,该间隔时间应至少为 2 s。

5）计算结果取最后 3 次自由加速测量结果的算术平均值。在计算均值时可以忽略与测量均值相差很大的测量值。

5.7.4　在用压燃式发动机汽车自由加速试验（滤纸烟度法）

已如前述,1995 年 6 月 30 日以前生产的在用汽车和自 1995 年 7 月 1 日起至 2001 年 9 月 30 日期间生产的在用汽车,均应按 GB 3847—2005 附录 K 的要求进行自由加速试验。以下是 GB 3847—2005 附录 K 的主要内容。

（1）术语

1）自由加速工况。在发动机怠速下,迅速但不猛烈地踩下加速踏板,使喷油泵供给最大油量。在发动机达到调速器允许的最大转速前,保持此位置。一旦达到最大转速,立即松开加速踏板,使发动机恢复至怠速。

2）自由加速滤纸式烟度。在自由加速工况下,从发动机排气管抽取规定长度的排气柱所含的炭烟,使规定面积的清洁滤纸染黑的程度,称为自由加速滤纸式烟度。

（2）测量仪器技术要求

1）规定采用滤纸式烟度计（以下简称为"烟度计"）。该烟度计由取样系统和测量系统组成,除 GB 3847—2005 附录 K 提出的特殊要求外,其技术参数和要求应符合 HJ/T 4—1993《柴油车滤纸式烟度计技术条件》的规定。

2）取样系统,由取样探头、抽气装置、清洗装置和取样用连接管组成。

① 取样探头应符合图 5 – 58 的要求。

② 滤纸有效工作面直径为 $\phi 32$ mm。

③ 取样用连接管长度为 5.0 m,内径等于 $\phi 5^{\ 0}_{-0.2}$ mm,取样系统局部内径不得小于 $\phi 4$ mm。

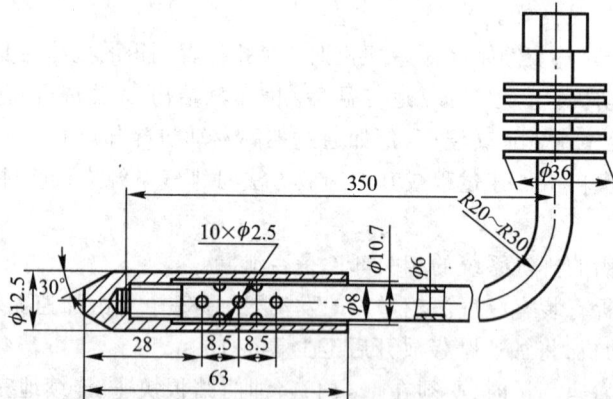

图 5 –58　取样探头结构图

3）测量系统,由光电反射头、指示器和试样台组成。

4）滤纸规格。

① 反射因数为（92 ± 3）%。

② 当量孔径为 45 μm。

③ 透气度为 3 000 mL/(cm² · min)(滤纸前后压差为 1.96~3.90 kPa)。

④ 厚度为 0.18~0.20 mm。

5)烟度卡。技术要求应符合 HJ 553—2010《烟度卡》的规定。

① 标定烟度卡用烟度卡,按量程均匀分布不得少于 6 张。

② 使用烟度计用烟度卡,标值应选 4.0~5.0 Rb,每台烟度计 3 张。

6)烟度计必须定期标定,在有效期内方可使用。

(3)受检车辆

1)进气系统应装有空气滤清器,排气系统应装有消声器并且不得有泄漏。

2)柴油应符合国家标准的规定,不得另外使用燃油添加剂。

3)测量时发动机的冷却水和润滑油温度应达到汽车使用说明书所规定的热状态。

4)自 1995 年 7 月 1 日起新生产柴油车装用的柴油机,应保证起动加浓装置在非起动工况不再起作用。

(4)测量循环

1)测前准备。用压力为 300~400 kPa 的压缩空气清洗取样管路,把抽气泵置于待抽气位置,将洁白的滤纸置于待取样位置,将滤纸夹紧。

2)循环组成。

① 抽气泵抽气。由抽气泵开关控制,抽气动作应和自由加速工况同步。

② 滤纸走位。每次抽气完毕后应松开滤纸加紧机构,把烟样送至试样台。

③ 抽气泵回位。可以手动也可以自动,以准备下一次抽气。

④ 滤纸夹紧。抽气泵回位后手动或自动将滤纸夹紧。

⑤ 指示器读数。烟样送至试样台后由指示器读出烟度值。

3)循环时间。应于 20 s 内完成上述循环组成中所规定的循环,对手动烟度计,上述指示器读数的规定可以在完成下述测量程序后一并进行。

4)清洗管路。在按下述测量程序完成 4 个测量循环后,用压力为 300~400 kPa 的压缩空气清洗取样管路。

5)测量程序。

① 安装取样探头。将取样探头固定于排气管内,插深等于 300 mm,并使其中心线与排气管轴线平行。

② 吹除积存物。按上述自由加速工况的加速方法进行三次,以清除排气系统中的积存物。

③ 测量取样。将抽气泵开关置于加速踏板上,按上述自由加速工况和循环组成中规定的循环测量四次,取后三次读数的算术平均值即为所测烟度值。

④ 当汽车发动机出现黑烟冒出排气管的时间和抽气泵开始抽气的时间不同步的现象时,应取最大烟度值。

(5)检测结果

按照 GB 3847—2005 附录 KA 的规定,检测结果应填入表 5-29 中。

表 5-29　在用汽车自由加速试验（滤纸烟度法）检测结果

怠速转速/ (r/min)	测量值/Rb				平均值/Rb	限值/Rb	合格判定
	1	2	3	4			

5.7.5　滤纸式烟度计

GB 3847—2005 附录 K,要求进行自由加速试验时采用滤纸式烟度计。

（1）滤纸式烟度计检测烟度的基本原理

滤纸式烟度计是用一个活塞式抽气泵,从柴油机排气管中抽取一定容积的排气,使它通过一张一定面积的白色滤纸,排气中的炭烟存留在滤纸上使其染黑。用检测装置测定滤纸的染黑度,该染黑度即代表柴油车的排气烟度,如图 5-59 所示。

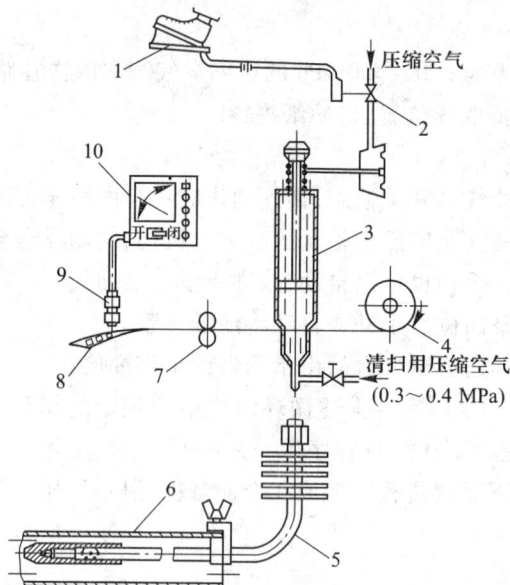

图 5-59　滤纸式烟度计示意图
1—脚踏开关；2—电磁阀；3—抽气泵；4—滤纸卷；5—取样探头；6—排气管；
7—进给机构；8—染黑的滤纸；9—光电传感器；10—指示电表

（2）滤纸式烟度计的基本结构与工作原理

滤纸式烟度计是世界上应用最广泛的烟度计之一,有手动、半自动和全自动三种类型。滤纸式烟度计由排气取样装置、染黑度检测与指示装置和控制装置等组成,一般还配备有微型打印机。国产 FQD-201 型半自动排气烟度计外形如图 5-60 所示。

1）取样装置。取样装置由取样探头、活塞式抽气泵、取样软管和清洗机构等组成。取样探头分台架试验用和整车试验用两种形式。整车试验用取样探头带有散热片,其上装有夹具以便固定在排气管上。取样探头在活塞式抽气泵的作用下抽取排气,其结构形状应能保证在取样时不受排气动压的影响,如图 5-58 所示。

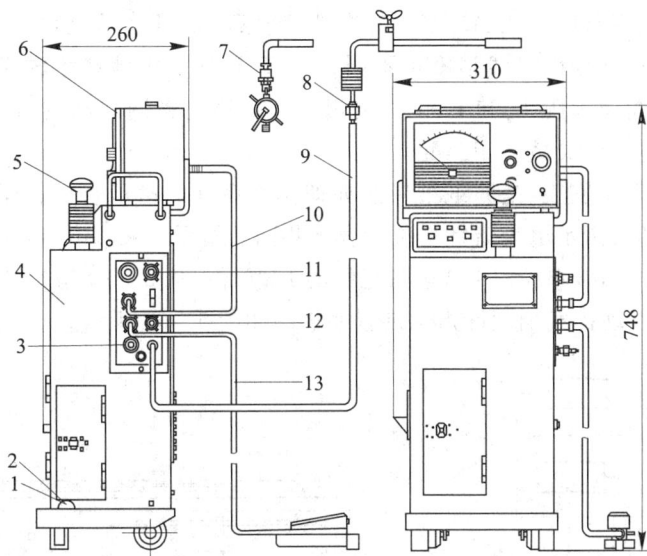

图 5 - 60　FQD - 201 型半自动排气烟度计外形

1—螺钉；2—垫圈；3—扫气管；4—机壳罩；5—抽气泵；6—指示装置；7—三通阀；8—取样探头；9—取样软管；
10—光电检测装置连接线；11—连接直流电源线；12—连接主电源线；13—脚踏开关连接线

活塞式抽气泵由泵筒、活塞、活塞杆、手柄、回位弹簧、锁止装置、电磁阀和滤纸夹持机构等组成。活塞式抽气泵在使用前，须先压下抽气泵手柄，直至克服回位弹簧的张力使活塞到达泵筒最下端，并由锁止机构锁止，以准备下一次抽取排气。当需要取样时，或在自由加速工况开始的同时通过捏压橡皮球向抽气泵锁止机构充气（手动式），或通过套在加速踏板上的脚踏开关，在自由加速工况开始的同时操纵电磁阀向抽气泵锁止机构充入压缩空气（半自动式和全自动式），使抽气泵锁止机构取消对活塞的锁止作用，于是活塞在回位弹簧张力作用下迅速而又均匀地回到泵筒的最上端，完成取样过程。此时，若滤纸式烟度计为波许（BOSCH）式，则抽气泵活塞移动全程的抽气量为 330 mL ± 15 mL，抽气时间为 1.4 s ± 0.2 s，且在 1 min 时间内外界空气的渗入量不大于 15 mL。

活塞式抽气泵下端装有滤纸夹持机构。当活塞式抽气泵每次完成复位过程后，通过手动或自动实现对滤纸的夹紧和密封，使取样过程中的排气经滤纸进入泵筒内，炭烟存留在滤纸上并将其染黑，并能保证滤纸的有效工作面直径为 $\phi32$ mm。一旦完成抽气过程，滤纸夹持机构松开，染黑的滤纸（烟样）移位至光电检测装置下的试样台上。

取样软管把取样探头和活塞式抽气泵连接在一起，由于泵的抽气量与软管的容积有关，所以国家标准规定，取样软管长度为 5.0 m，内径为 $\phi5_{-0.2}$ mm，取样系统局部内径不得小于 $\phi4$ mm。

压缩空气清洗机构能在排气取样之前，用压缩空气吹洗取样探头和取样软管内的残留排气炭粒。

2）检测与指示装置。检测与指示装置由光电传感器、指示电表或数字式显示器、滤纸和标准烟样等组成。光电传感器（或称为光电反射头）由光源（白炽灯泡）、光电元件（环形硒光电池）和电位器等组成，其工作原理如图 5 - 61 所示。光电传感器的电源接通后白炽灯泡发亮,其光亮通过带有中心孔的环形硒光电池照射到滤纸上。当滤纸的染黑度不同时,反射给环形硒光电池感光面的光线强度也不同,因而环形硒光电池产生的光电流强度也就不同。电路中一般配备有电阻 R_1 和 R_2 作为白炽灯泡电流的粗调和细调,以便获得适度的光强,使光源和硒光电池的灵敏度相匹配。

指示电表是一个微安表,是滤纸染黑度亦即排气烟度的指示装置。当环形硒光电池送来的电流强度不同时,指示电表指针的位置也不相同。指示表头以 0 Rb ~ 10 Rb 单位表示。其中,0 是全白滤纸的 Rb 单位,10 是全黑滤纸的 Rb 单位,从 0 ~ 10 均匀分布(波许式)。国产 FQD - 201 型半自动排气烟度计指示装置面板图如图 5 - 62 所示。

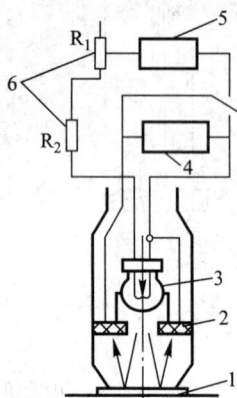

图 5 -61　光电传感器原理
1—滤纸;2—光电元件;3—光源;
4—指示电表;5—电源;6—电阻

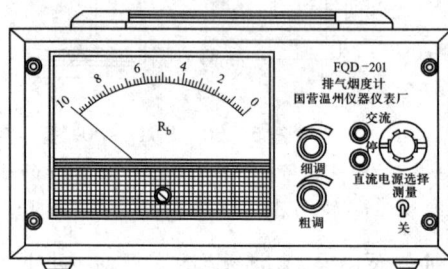

图 5 -62　指示装置面板图

由微机控制的排气烟度计,其指示装置一般采用数字式显示器。如国产 FQD - 201B 型半自动数字式排气烟度计采用了 MCS - 48 系列单片微机作为仪器机芯,显示器由两位 LED 数码管组成,配备有微型打印机。

检测装置还应备有供标定或校准用的标准烟样和符合规定的滤纸。标准烟样也称为烟度卡,应在明度计上标定,精确度为 0.5%。当标准烟样用于标定烟度计时,按量程均匀分布不得少于 6 张;当用于校准烟度计时,每台烟度计 3 张,标定值选在 Rb5 左右。当烟度计指示电表需要校准时,只要把标准烟样放在光电传感器下,用调节旋钮把指示电表的指针调整到标准烟样所代表的染黑度数值即可达到目的。这可使指示电表保持指示精度,以得出准确的测量结果。

烟度卡必须定期标定,在有效期内使用。

滤纸有带状和圆片状两种。带状滤纸在进给机构的作用下能实现连续传送,适用于半自动式和全自动式烟度计。圆片状滤纸,仅适用于手动式烟度计。

3)控制装置。半自动和全自动滤纸式烟度计的控制装置,包括用脚操纵的抽气泵脚踏开关和滤纸进给机构。控制用压缩空气的压力为 400 ~ 600 kPa。

(3)滤纸式烟度计的使用注意事项

1)取样软管的内径和长度有规定,不能随意用其他型号的管子代替。

2)指示装置不用时,应把测量开关打到关的位置,以免在移动或运输时损坏指示电表。

3）指示装置应避开有振动和湿度大的地方。

4）滤纸和校准用标准烟样,不要放置在阳光下曝晒或灰尘多的地方。

5）标准烟样必须定期检定,在有效期内使用。

学习项目5.8 汽车噪声检测

人们实际上生活在声音的世界里,各种各样的声音通过传播媒介送入人的耳朵。在我们听到的各种声音中,既有动人、悦耳的乐声,也有嘈杂的噪声。所谓噪声,泛指人们不欢迎的,不需要的和令人烦躁、不安、讨厌的干扰声。在示波器上,它们往往是一些不规则的或随机的声信号。即使是乐器或歌唱发出的乐声,当人们工作、学习或休息时,也应视之为噪声。因此,车辆噪声也是检测项目之一。

5.8.1 概述

噪声的种类很多。如果根据噪声源分类,可分为交通噪声、工业噪声和生活噪声三种类型。交通噪声又可以分为公路交通噪声、铁路交通噪声、海河航运交通噪声和航空交通噪声等多种。公路交通噪声还可以分为车辆噪声和道路噪声两种。

随着机动车辆向快速和大功率方面发展,公路交通噪声已成为一些大城市的主要噪声源。尤其是车辆产生的噪声,几乎可以占交通噪声的80%左右。车辆噪声的噪声源主要包括:发动机的机械噪声、排气噪声和冷却风扇噪声等;底盘的机械噪声、制动噪声和轮胎噪声等;车身振动噪声,货物撞击噪声,喇叭噪声和倒车时的报警声等。在这些噪声源中,所发出的噪声强度绝大多数都与车辆的使用情况有关。当车辆加速行驶、减速制动、超速、超载和路面不平时,噪声强度明显增加。

车辆噪声一般为中等强度噪声,大约为60～90 dB。如公共汽车的噪声为80 dB左右,摩托车的噪声比一般汽车高10 dB左右。由于车辆噪声为游走性的,影响范围大,干扰时间长,受害人员多,因而社会影响大。

我国于1979年公布了 GB 1495—1979《机动车辆允许噪声》和 GB/T 1496—1979《机动车辆噪声测量方法》两个标准,把控制车辆噪声纳入了环境保护范畴。

2002年1月4日发布并于2002年10月1日实施的 GB 1495—2002《汽车加速行驶车外噪声限值及测量方法》(以下简称"GB 1495—2002"),规定了新生产汽车加速行驶车外噪声限值和测量方法,并根据汽车出厂日期分两个时间段实施,适用于 M 和 N 类汽车。其主要内容如下。

5.8.2 车外噪声限值

汽车加速行驶时,其车外最大噪声级不应超过表5－30规定的限值。

表中符号意义如下:

GVM——最大总质量(t);

P——发动机额定功率(kW)。

表5-30　汽车加速行驶车外噪声限值

汽车分类	噪声限值/dB(A)	
	第一阶段	第二阶段
	2002.10.1~2004.12.30 期间生产的汽车	2005.1.1 以后生产的汽车
M_1	77	74
M_2(GVM≤3.5 t),或 N_1(GVM≤3.5 t):		
GVM≤2 t	78	76
2 t<GVM≤3.5 t	79	77
M_2(3.5 t<GVM≤5 t),或 M_3(GVM>5 t):		
$P<150$ kW	82	80
$P≥150$ kW	85	83
N_2(3.5 t<GVM≤12 t),或 N_3(GVM>12 t):		
$P<75$ kW	83	81
75kW≤$P<150$ kW	86	83
$P≥150$ kW	88	84

注:1. M_1、M_2(GVM≤3.5 t) 和 N_1 类汽车装用直喷式柴油机时,其限值增加 1 dB(A)。

2. 对于越野汽车,其 GVM>2 t 时:其限值增加 1 dB(A)。如果 $P<150$ kW,其限值增加 1 dB(A);如果 $P≥150$ kW,其限值增加 2 dB(A)。

3. M_1 类汽车,若其变速器挡位多于四个,$P>140$ kW,$P/GVM>75$ kW/t,并且用第 3 挡测试时其尾端出线的速度大于 61 km/h,则其限值增加 1 dB(A)。

5.8.3　车外噪声测量方法

汽车加速行驶车外噪声的测量,按 GB 1495—2002 附录 A 进行,方法如下:

(1) 测量仪器

1) 声学测量。

① 测量用声级计或其他等效的测量系统应不低于 GB/T 3785.1—2010《电声学　声级计　第 1 部分:规范》规定的 1 级声级计的要求。测量时应使用"A"频率计权特性和"F"时间计权特性。当使用能自动采集测量 A 计权声级的系统时,其读数时间间隔不应大于 30 ms。

② 测量前后,必须用符合 GB/T 15173—2010《电声学　声校准器》规定的 1 级声校准器按制造厂规定对声级计进行校准。在没有再作任何调整的条件下,如果后一次校准读数相对前一次校准读数的差值超过 0.5 dB,则认为前一次校准后的测量结果无效。校准时的读数应记录在 GB 1495—2002 附件 AB 的表格中。

2) 转速、车速测量。必须选用准确度优于 ±2% 的发动机转速表或车速测量仪器来监测转速或车速,不得使用汽车上的同类仪表。

3) 气象参数测量。温度计的准确度应在 ±1 ℃ 以内。风速仪的准确度应在 ±1.0 m/s 以内。

4）所有测量仪器均应按国家有关计量仪器的规定进行定期检验。

（2）测量条件

1）测量场地。

① 测量场地（图 5-63）应达到的声场条件是：在该场地的中心（O 点）放置一个无指向小声源时，半球面上各方向的声级偏差不超过 ±1 dB。如果下列条件满足，则可以认为该场地达到了这种声场条件：

a. 以测量场地中心（O 点）为基点，半径为 50 m 的范围内没有大的声反射物，如围栏、岩石、桥梁或建筑物等。

b. 试验路面和其余场地表面干燥，没有积雪、高草、松土或炉渣之类的吸声材料。

c. 传声器附近没有任何影响声场的障碍物，并且声源与传声器之间没有任何人站留。进行测量的观察者也应站在不致影响仪器测量值的位置。

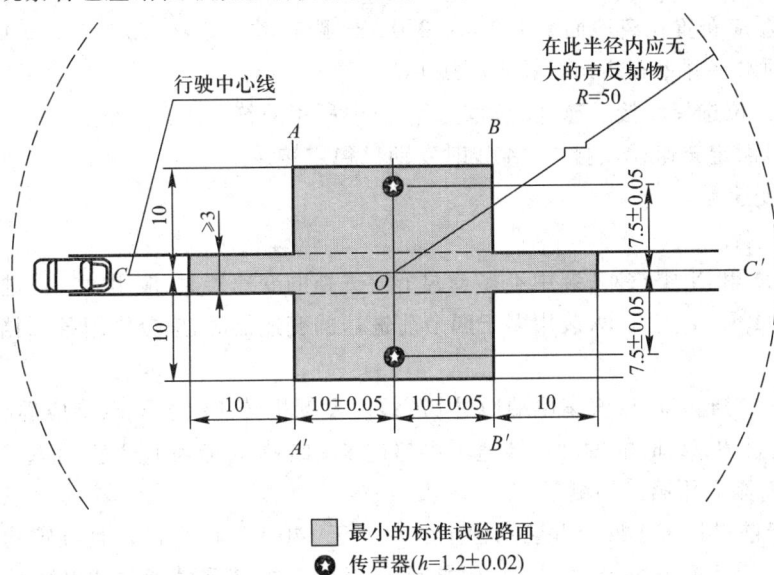

图 5-63　测量场地和测量区及传声器的布置（单位：m）

② 测量场地应基本上水平、坚实、平整，并且试验路面不应产生过大的轮胎噪声。该路面应符合 GB 1495—2002 附件 AA 的要求。

2）气象。测量应在良好天气中进行。测量时传声器高度的风速不应超过 5 m/s。必须注意测量结果不受阵风的影响。可以采用合适的风罩，但应考虑到它对传声器灵敏度和方向性的影响。

气象参数的测量仪器应置于测量场地附近，高度为 1.2 m。

3）背景噪声。背景噪声（A 计权声级）至少应比被测汽车噪声低 10 dB。背景噪声是指被测汽车噪声不存在时周围环境的噪声（包括风噪声）。

4）汽车。

① 被测汽车应空载，不带挂车或半挂车（不可分解的汽车除外）。

② 被测汽车装用的轮胎由汽车制造厂选定，必须是为该车型指定选用的形式之一，不

得使用任一部分花纹深度低于 1.6 mm 的轮胎。必须将轮胎充至厂定的空载状态气压。

③ 在开始测量之前,被测汽车的技术状况应符合该车型的技术条件(特别是该车的加速性能)和 GB/T 12534—1990《汽车道路试验方法通则》的有关规定(包括发动机温度、调整、燃油、火花塞等)。

④ 如果汽车有两个或更多的驱动轴,测量时应采用道路上行驶常用的驱动方式。

⑤ 如果汽车装有带自动驱动机构的风扇,在测量期间应保持其自动工作状态。如果该车装有诸如水泥搅拌器、空气压缩机(非制动系统用)等设备,测量期间不要起动。

(3)测量方法

1)测量区和传声器的布置。

① 加速行驶测量区域按图 5-63 确定。O 点为测量区的中心,加速段长度为 $2 \times (10 \text{ m} \pm 0.05 \text{ m})$,$AA'$ 线为加速始端线,BB' 线为加速终端线,CC' 为行驶中心线。

② 传声器应布置在离地面高 1.2 m ± 0.02 m,距行驶中心线 CC' 7.5 m ± 0.05 m 处,其参考轴线必须水平并垂直指向行驶中心线 CC'。

2)汽车挡位选择和接近速度的确定。本条中所用的符号意义如下:

S:发动机额定转速;N_A:接近 AA' 线时发动机稳定转速。

① 手动变速器。

a. 挡位选择。

- 对于 M_1 和 N_1 类汽车,装用不多于四个前进挡的变速器时,应用第二挡进行测量。

- 对于 M_1 和 N_1 类汽车,装用多于四个前进挡的变速器时,应分别用第二挡和第三挡进行测量。

如果用第二挡测量时,汽车尾端通过 BB' 线时发动机转速超过了 S,则应逐次按 5% S 降低 N_A,直到通过 BB' 线时的发动机转速不再超过 S。如果 N_A 降到了怠速,通过 BB' 线时的转速仍超过了 S,则只用第三挡测量。

但是对于前进挡多于四个并装用额定功率大于 140 kW 的发动机且额定功率与最大总质量之比大于 75 kW/t 的 M_1 类汽车,假如该车用第三挡其尾端通过 BB' 线时的速度大于 61 km/h,则只用第三挡测量。

- 对于除 M_1 和 N_1 类以外的汽车,前进挡总数为 X(包括由副变速器或多级速比驱动桥得到的速比)的汽车,应该用等于或大于 X/n 的各挡分别进行测量。对于发动机额定功率不大于 225 kW 的汽车,取 $n = 2$;对于额定功率大于 225 kW 的汽车,取 $n = 3$。如果 X/n 不是整数,则应选择较高整数对应的挡位。从第 X/n 挡开始逐渐升挡测量,直到该车在某一挡位下尾端通过 BB' 线时的发动机转速第一次低于额定转速时为止。

注:如果该车主变速器有八个速比,副变速器有两个速比,则传动系有 16 个挡位。如果发动机的额定功率为 230 kW,$X/n = (8 \times 2)/3 = 16/3 \approx 5.33$。则开始测量的挡位就是第 6 挡(也就是由主副变速器组合得到的 16 个挡位中的第 6 挡),下一个挡位就是第 7 挡。

b. 接近速度的确定。接近 AA' 线时的稳定速度取下列速度中的较小值:

- 50 km/h。

- 对于 M_1 类和发动机功率不大于 225 kW 的其他各类汽车:对应于 $(3/4)S$ 的速度。

- 对于 M_1 类以外的且发动机功率大于 225 kW 的各类汽车:对应于 $(1/2)S$ 的速度。

② 自动变速器。

a. 挡位选择。如果该车的自动变速器装有手动选挡器,则应使选挡器处于制造厂为正常行驶而推荐的位置来进行测量。

b. 接近速度的确定。

（a）对于有手动选挡器的汽车,其接近速度按上述“(3)测量方法”中2）—①—b确定。

如果该车自动变速器有两个或更多的挡位,在测量中自动换到了制造厂规定的在市区正常行驶时不使用的低挡(包括慢行或制动用的挡位),则可采取以下任一措施:

● 将接近速度提高,最大到 60 km/h,以避免换到上述低挡的情况。

● 保持接近速度为 50 km/h,加速时将发动机的燃油供给量限制在满负荷所需的 95%。以下操作可以认为满足这个条件:

对于点燃式发动机,将节气门开到全开角度的 90%。

对于压燃式发动机,将喷油泵上供油位置控制在最大供油量的 90%。

● 装设防止换到上述低挡的电子控制装置。

（b）对于无手动选挡器的汽车,应分别以 30 km/h、40 km/h、50 km/h(如果该车道路上最高速度的 3/4 低于 50 km/h,则以其最高速度 3/4 的速度)的稳定速度接近 AA' 线。

3）加速行驶操作。

① 汽车应以上述规定的挡位和稳定速度接近 AA' 线,其速度变化应控制在 ±1 km/h 之内;若控制发动机转速,则转速变化应控制在 ±2% 或 ±50 r/min 之内(取两者中较大值)。

② 当汽车前端到达 AA' 线时,必须尽可能地迅速将加速踏板踩到底(即节气门全开),并保持不变,直到汽车尾端通过 BB' 线时再尽快地松开踏板(即节气门关闭)。

③ 汽车应直线加速通过测量区,其纵向中心平面应尽可能接近中心线 CC'。

④ 如果该车是由牵引车和不易分开的挂车组成,确定尾端通过 BB' 线时不考虑挂车。

4）声级测量。

① 在汽车每一侧至少应测量四次。

② 应测量汽车加速驶过测量区的最大声级。每一次测得的读数值应减去 1 dB(A) 作为测量结果。

③ 如果在汽车同侧连续四次测量结果相差不大于 2 dB(A),则认为测量结果有效。

④ 将每一挡位(或接近速度)条件下每一侧的四次测量结果进行算术平均,然后取两侧平均值中较大的作为中间结果。

5）汽车最大噪声级的确定。

① 对于 M_1 和 N_1 类汽车,装用不多于四个前进挡的变速器时,应用第二挡进行测量的挡位条件,直接取中间结果作为最大噪声级。

② 对于 M_1 和 N_1 类汽车,装用多于四个前进挡位的变速器时,应分别用第二挡和第三挡进行测量的挡位条件,如果用了第二挡和第三挡测量时,取两挡中间结果的算术平均值作为最大噪声级。如果只用了第三挡测量时,则取该挡位的中间结果作为最大噪声级。

③ 对于除 M_1 和 N_1 类以外的汽车,前进挡位总数为 X(包括由副变速器或多级速比驱动桥得到的速比)的汽车,应该用等于或大于 X/n 的各挡分别进行测量。对于发动机额定功率

不大于 225 kW 的汽车,取 $n=2$;对于额定功率大于 225 kW 的汽车,取 $n=3$。如果 X/n 不是整数,则应选择较高整数对应的挡位的挡位条件,取发动机未超过额定转速的各挡中间结果中最大值作为最大噪声级。

④ 对应于上述"(3)测量方法"中 2)—②—b—(a)条中的条件,取中间结果作为最大噪声级。

⑤ 对应于上述"(3)测量方法"中 2)—②—b—(b)条中的条件,取各速度条件下中间结果中最大值作为最大噪声级。

⑥ 如果按上述规定确定的最大噪声级超过了该车型允许的噪声限值,则应在该结果对应的一侧重新测量四次,此四次测量的中间结果应作为该车型的最大噪声级。

⑦ 应将最大噪声级的值按有关规定修约到一位小数。

(4)测量记录

有关被测汽车和测量仪器的技术参数、测量条件和测量结果等数据都应填写在 GB 1495—2002 附件 AB 的表格中。测量中其他需要说明的情况,应填写在"其他说明"一栏中。附件 GB 1495—2002 AB 的表格,本学习项目不再介绍,测量中请注意查阅 GB 1495—2002 附件 AB。

5.8.4 机动车喇叭声级

机动车喇叭声级,在距车前 2 m、离地高 1.2 m 处测量时,发动机最大净功率(或电动机最大输出功率总和)为 7 kW 以下的摩托车为 80 dB ~ 112 dB(A),其他机动车为 90 ~ 115 dB(A)。

5.8.5 声级计

声级计是一种能把工业噪声、生活噪声和交通噪声等,按人耳听觉特性近似地测定其噪声级的仪器,其面板图如图 5 - 64 所示。

噪声级是指用声级计测得的并经过听感修正的声压级(dB)或响度级(phon)。

(1)类型与组成

根据声级计在标准条件下测量 1 000 Hz 纯音所表现出的精度,20 世纪 60 年代国际上把声级计分为两类:一类叫精密声级计,另一类叫普通声级计。20 世纪 70 年代以来,有些国家推行四类分类法,即分为 0 型、1 型、2 型和 3 型。它们的测量精度分别为 ±0.4 dB、±0.7 dB、±1.0 dB 和 ±1.5 dB。根据声级计所用电源不同,还可将声级计分为交流式声级计和用干电池的直流式声级计两类,后者也可以称为便携式声级计。便携式声级计具有体积小、重量轻和现场使用方便等优点。

声级计一般由传声器、放大器、衰减器、计权网络、检波器、指示表头和电源等组成,其组成框图如图 5 - 65 所示。

(2)基本结构与工作原理

1)传声器。传声器是把声压信号转变为电信号的装置,也称为话筒,是声级计的传感器。常见的传声器有晶体式、驻极体式、动圈式和

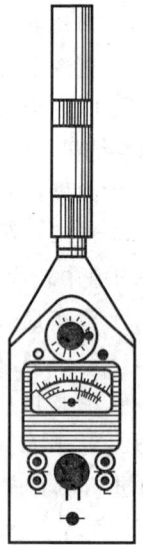

图 5 - 64 声级计面板图

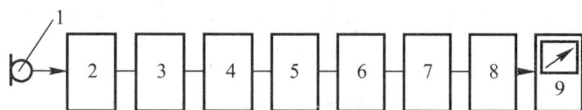

图 5 -65　声级计的组成框图

1—传声器；2—前置放大器；3—输入衰减器；4—输入放大器；5—计权网络；6—输出衰减器；

7—输出放大器；8—检波器；9—指示表头

电容式等多种形式。限于篇幅，仅将电容式传声器介绍如下：

电容式传声器主要由金属膜片和靠得很近的金属电极组成，实质上是一个平板电容，其结构示意图如图 5 - 66 所示。金属膜片与金属电极构成了平板电容的两个极板。当膜片受到声压作用时，发生变形，使两个极板之间的距离发生变化，电容量也发生变化，从而产生交变电压，其波形在传声器线性范围内与声压级波形成比例，实现了将声压信号转变为电压信号的作用。

电容式传声器是声学测量中比较理想的传声器，具有动态范围大、频率响应平直、灵敏度高和在一般测量环境中稳定性好等优点，因而应用广泛。由于电容式传声器输出阻抗很高，因此需要通过前置放大器进行阻抗变换。前置放大器装在声级计内部靠近安装电容式传声器的部位。

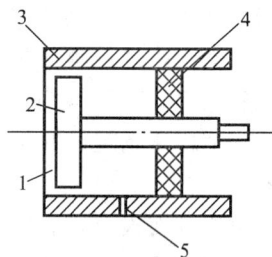

图 5 -66　电容式传声器

结构示意图

1—金属膜片；2—电极；

3—壳体；4—绝缘体；

5—平衡孔

2）放大器和衰减器。目前流行的许多国产与进口声级计，在放大电路中都采用两级放大器，即输入放大器和输出放大器，其作用是将微弱的电信号放大。输入衰减器和输出衰减器是用来改变输入信号衰减量和输出信号衰减量的，以便使表头指针指在适当的位置上。衰减器每一挡的衰减量为 10 dB。输入放大器使用的衰减器调节范围为测量低端（如 0 ~ 70 dB），输出放大器使用的衰减器调节范围为测量高端（如 70 ~ 120 dB）。输入和输出两个衰减器的刻度盘常做成不同颜色，以黑色刻度盘与透明刻度盘配对为多。由于许多声级计的高、低端以 70 dB 为界限，故在旋转时要防止超过界限，以免损坏装置。

3）计权网络。为了模拟人耳听觉在不同频率有不同的灵敏性，在声级计内设有一种能够模拟人耳听觉特性，能把电信号修正为与听感近似值的网络，这种网络称为计权网络。通过计权网络测得的声压级，已不再是客观物理量的声压级（线性声压级），而是经过听感修正的声压级，称为计权声级或噪声级。

计权网络一般有 A、B、C 三种。A 计权声级是模拟 55 dB 以下低强度噪声的频率特性，B 计权声级是模拟 55 ~ 85 dB 的中等强度噪声的频率特性，C 计权声级是模拟高强度噪声的频率特性。三者的主要差别是对噪声低频成分的衰减程度：A 衰减最多，B 次之，C 最少。A 计权声级由于其特性曲线接近于人耳的听感特性，因此是目前世界上噪声测量中应用最广泛的一种计权声级，B、C 应用较少。

从声级计上得出的噪声级读数，必须注明采用的是何种计权网络。

4）检波器和指示表头。为了使经过放大的信号通过表头显示出来，声级计还需要有检波器，以便把迅速变化的电压信号转变成变化较慢的直流电压信号。这个直流电压的大小要正比于输入信号的大小。根据测量的需要,检波器有峰值检波器、平均值检波器和均方根值检波器之分。峰值检波器能给出一定时间间隔中的最大值,平均值检波器能在一定时间间隔中测量其绝对平均值。除了像枪炮声那样的脉冲声需要测量它的峰值外,在多数的噪声测量中均采用均方根值检波器。

均方根值检波器能对交流信号进行平方、平均和开方,得出电压的均方根值,最后将均方根电压信号输送到指示表头。指示表头是一只电表,只要对其刻度进行一定的标定,就可从表头上直接读出噪声级的 dB 值。声级计表头阻尼一般都有"快"和"慢"两个。"快"挡的平均时间为 0.27 s,很接近于人耳听觉器官的生理平均时间。"慢"挡的平均时间为 1.05 s。当对稳态噪声进行测量或需要记录声级变化过程时,使用"快"挡比较合适;当被测噪声的波动比较大时,使用"慢"挡比较合适。

为适应测量现场的需要,声级计一般都备有三脚支架,以便视需要将声级计固定在三脚支架上。

声级计面板上一般还备有一些插孔。这些插孔如果与便携式倍频带滤波器相连,可组成小型现场使用的简易频谱分析系统;如果与录音机组合,则可把现场噪声录制在存储器上储存下来,待以后再进行更详细的研究;如果与示波器组合,则可观察到声压变化的波形,并可存储波形或用照相机、摄像机把波形摄制下来;还可以把分析仪、记录仪等仪器与声级计组合、配套使用,这要根据测试条件和测试要求而定。

(3)声级计的检查与校准

1)在未接通电源时,先检查声级计仪表指针是否在机械零点上。视必要,可用零点调整螺钉调整。

2)检查电池容量。把声级计功能开关对准"电池",衰减器任意,此时声级计仪表指针应达到额定红线或规定区域,否则读数不准。视必要,可打开后盖更换电池。

3)打开电源开关,预热仪器 10 min。

4)对声级计进行校准。每次测量前或使用一段时间后,必须对声级计的电路和传声器进行校准。声级计上一般都配有电路校准的"参考"位置,可校验放大器的工作是否正常。如不正常,应调节微调电位器。电路校准后,再利用已知灵敏度的标准传声器对声级计上的传声器进行对比、校准。常用的标准传声器有声级校准器和活塞式发声器,它们的内部都有一个可发出恒定频率、恒定声级的机械装置,因而很容易对比出被检传声器的灵敏度。声级校准器产生的声压级为 94 dB,频率为 1 000 Hz;活塞式发声器产生的声压级为 124 dB,频率为 250 Hz。

图 5-64 所示声级计面板图最上端安装的圆柱体,即为活塞式发声器。

5)将声级计的功能开关对准"线性""快"挡。如果此时在室内,由于一般办公室内的背景噪声约为 40~60 dB,因此声级计上应有相应的示值。变换衰减器刻度盘,表头示值应相应变化 10 dB 左右。

6)检查计权网络。按以上步骤,将"线性"位置依次变为"C""B""A"计权网络。由于室内背景噪声多为低频成分,故经频率计权后的噪声级示值将低于线性值,而且应依次递减。

7)考查"快""慢"挡。将声级计衰减器刻度盘调至高 dB 值处(例如 90 dB),操作人员断续发出声响,并注意观察"快"挡时的指针摆动能否跟上发声速度,"慢"挡时的指针摆动是否明显迟缓。这是"快""慢"两挡所要求的表头阻尼程度的基本特征。

8)经过上述检查和校准后,声级计便可投入使用。在不知道被测声级多大时,必须把衰减器刻度盘预先放在最大衰减位置上(即 120 dB 处),然后在实测中再逐步旋至被测声级所需要的衰减挡。

学习项目 5.9　实训

5.9.1　实训目的

1)了解实训设备,熟悉实训环境,初步学习检测设备的使用方法。

2)在实践教师指导下学习汽车整车检测技术,提高学生的实践动手能力。

3)理论联系实际,实现学、做一体化,促进知识与技能相结合。

5.9.2　实训内容

1)认识汽车整车检测设备,初步学习其使用方法。

2)参观和演练汽车动力性、汽车车轮侧滑量、汽车制动性、汽车车速表指示误差、汽车前照灯、点燃式发动机汽车排气污染、压燃式发动机汽车排气烟度和汽车噪声的检测。

5.9.3　实训设备

1)底盘测功试验台。

2)侧滑试验台。

3)滚筒式制动检验台、平板式制动检验台。

4)车速表试验台。

5)前照灯检测仪。

6)不分光汽车排气分析仪。

7)不透光烟度计、滤纸式烟度计。

8)声级计。

9)其他必要机工具、示教台和教学投影仪等。

5.9.4　实训方法

(1)实训准备

1)被检汽车运转至正常工作温度状态。

2)各检测设备运转至正常工作温度状态。

3)其他必要机工具、示教台和教学投影仪等处于待用状态。

(2)实训方法

本实训是在校内汽车实训中心、校内汽车检测站或校外汽车检测站进行的一次以参观、演练和讲解为主的实训课,以下方法供参考。

1）如果校内汽车实训中心有足够的汽车整车检测设备，可安排在校内汽车实训中心由实训指导教师（任课教师也参加）指导按检测设备分组进行实训。通过演练和讲解使学生了解、熟悉检测设备的使用方法、检测方法、检测过程、数据采集与显示和结果判定等内容。

2）如果校内设有汽车检测站，可安排在校内汽车检测站由站内检测人员或实训指导教师指导按流水线顺序一个工位一个工位地进行实训。通过参观、演练和讲解使学生了解、熟悉检测设备的使用方法、检测方法、检测过程、数据采集与显示和结果判定等内容。

3）如果校内没有汽车检测站，可联系校外汽车检测站，由其站内检测人员按流水线顺序一个工位一个工位地进行实训。通过参观和讲解使学生了解、熟悉检测设备的使用方法、检测方法、检测过程、数据采集与显示和结果判定等内容。

5.9.5 实训成绩

同教学模块 2"实训成绩"。

本模块要点

1）汽车整车诊断参数的检测，既可以整车在道路试验中进行，也可以整车在室内的滚筒（转鼓）式试验台上进行。当汽车整车在室内的滚筒式试验台上进行试验时，滚筒式试验台是以筒的表面代替路面，试验时通过加载装置给滚筒施加负荷，模拟行驶阻力，使汽车尽可能在接近实际行驶工况下进行各项检测与试验。因此，汽车的动力性、燃料经济性、加速性、滑行性、制动性和车速表指示误差等，均可以在滚筒式试验台上测定。

2）汽车动力性检测，通常称为底盘测功。在室内进行底盘测功时须在滚筒式试验台架上进行，该试验台架称为底盘测功试验台或底盘测功机。

检测参数：汽车动力性采用驱动轮输出功率作为检测参数。驱动轮输出功率用底盘测功机检测。

评价指标：汽车动力性采用汽车发动机在额定扭矩（最大扭矩）和额定功率（最大功率）时的驱动轮输出功率作为评价指标。

检测工况：检测工况采用汽车额定扭矩和额定功率的工况。即发动机全负荷与额定扭矩转速和额定功率转速所对应的直接挡（无直接挡时指传动比最接近于 1 的挡，下同）车速构成的工况。

限值：在上述检测工况下，采用校正驱动轮输出功率与相应的发动机输出总功率的百分比作为驱动轮输出功率的限值。

3）检测汽车前轮侧滑量的目的是确知前轮前束与前轮外倾的配合是否恰当。当二者配合恰到好处时，汽车前轮保持稳定的直线行驶状态。有些汽车（如上海桑塔纳等）的后轮也有前束和外倾，因此也应进行后轮侧滑量检测。然而相当一部分汽车的后轮是没有车轮定位的。当检查这部分汽车的后轮侧滑量时，可以确知后轴是否弯曲变形和轮毂轴承是否松旷。

汽车车轮侧滑量检测，须采用侧滑试验台。侧滑试验台是测量汽车车轮横向滑动量并判断是否合格的一种检测设备,有滑板式和滚筒式之分。

车轮侧滑量检测方法:

① 将汽车对正侧滑试验台,并使转向盘处于正中位置。

② 驾驶汽车沿台板上的指示线以 3～5 km/h 的速度前行,使前轮(或后轮)平稳通过滑动板。在行进过程中,不允许转动转向盘。

③ 当前轮(或后轮)完全通过滑动板后,从指示装置上观察侧滑方向并读取、打印最大侧滑量。

④ 检测结束后,切断电源并锁止滑动板。

对前轴采用非独立悬架的汽车(前轴采用双转向轴时除外),其转向轮的横向侧滑量,用侧滑台检验时侧滑量值应在 ±5 m/km 之间。

4)路试检验制动性能。

① 检验要求。

a. 行车制动性能检验要求。

● 用制动距离检验行车制动性能。机动车在规定的初速度下的制动距离和制动稳定性要求应符合表 5-17 的规定。对空载检验的制动距离有质疑时,可用表 5-17 规定的满载检验制动距离要求进行。

● 用充分发出的平均减速度检验行车制动性能。汽车、汽车列车在规定的初速度下急踩制动时充分发出的平均减速度及制动稳定性要求应符合表 5-18 的规定,且制动协调时间对液压制动的汽车应小于等于 0.35 s,对气压制动的汽车应小于等于 0.60 s,对汽车列车、铰接客车和铰接式无轨电车应小于等于 0.8 s。对空载检验的充分发出的平均减速度有质疑时,可用表 5-18 规定的满载检验充分发出的平均减速度进行。

b. 应急制动性能检验要求。汽车(三轮汽车除外)应具有应急制动功能。应急制动应保证在行车制动只有一处失效的情况下,在规定的距离内将汽车停住。

汽车(三轮汽车除外)在空载和满载状态下,按表 5-19 所列初速度进行应急制动性能检验,应急制动性能应符合表 5-19 的要求。

c. 驻车制动性能检验要求。在空载状态下,驻车制动装置应能保证机动车在坡度为 20%(对总质量为整备质量的 1.2 倍以下的机动车为 15%)、轮胎与路面间的附着系数大于等于 0.7 的坡道上正、反两个方向保持固定不动,时间应大于等于 5 min。检验汽车列车时,应使牵引车和挂车的驻车制动装置均起作用。检验时操纵力:

手操纵时,乘用车应小于等于 400 N,其他机动车应小于等于 600 N。

脚操纵时,乘用车应小于等于 500 N,其他机动车应小于等于 700 N。

② 路试检验制动性能的检验方法。

a. 路试检验制动性能应在平坦、硬实、清洁、干燥且轮胎与地面间的附着系数大于等于 0.7 的混凝土或沥青路面上进行。

b. 在试验路面上画出表 5-17 规定宽度的试验通道的边线,被测机动车沿着试验通道中线行驶至高于规定的制动初速度后,置变速器于空挡(自动变速的机动车可置变速器于 D 挡),当滑行到规定的制动初速度时,急踩制动,使机动车停止。

c. 用制动距离检验行车制动性能时,采用速度计、五轮仪或用其他测试仪器测量机动车的制动距离,对除气压制动外的机动车还应同时测取踏板力(或手操纵力)。

检测制动距离时,按 GB 7258—2012 的规定,应在符合要求的道路条件和试验通道宽度下,汽车空载或满载加速行驶,驾驶员根据记录仪上指示的瞬时车速或音响的提示,至预选制动初速度时,急踩制动踏板直至汽车停止。制动时的踏板力(可安装踏板力计)或制动气压应符合规定要求。

d. 用充分发出的平均减速度检验行车制动性能时,采用能够测取充分发出的平均减速度 MFDD 和制动协调时间的仪器测量机动车充分发出的平均减速度 MFDD 和制动协调时间,对除气压制动外的机动车还应同时测取踏板力(或手操纵力)。

③ 路试检验制动性能的检测设备。在路试中检验机动车整车性能时,要经常使用五轮仪,它可以测出车辆行驶的距离、时间和速度。当五轮仪用于检验机动车制动性能时,能测出制动初速度、制动距离和制动时间等参数。

5)台试检验制动性能。台试检验制动性能所使用的检测设备称为制动试验台。制动试验台虽然固定安装在室内,但可以近似地模拟机动车在道路上的制动过程。由于制动试验台检测制动性能具有迅速、经济、安全、不受外界自然条件限制,以及试验重复性好和能定量地指示出各轮制动力或制动距离等优点,因而已成为检验机动车制动性能的主要方法,在国内外获得了广泛应用。

① 检验要求。

a. 行车制动性能检验要求。

● 制动力百分比要求。汽车、汽车列车在制动试验台上测出的制动力应符合表 5 – 20 的要求。对空载检验制动力有质疑时,可用表 5 – 20 规定的满载检验制动力要求进行检验。使用转鼓(滚筒)试验台检测时,可通过测得制动减速度值计算得到最大制动力。

摩托车的前、后轴制动力应符合表 5 – 20 的要求,测试时只允许乘坐一名驾驶员。

检验时制动踏板力或制动气压应符合路试检验制动性能摩托车的制动踏板力或制动气压的规定。

● 制动力平衡要求(两轮、边三轮摩托车和轻便摩托车除外)。在制动力增长全过程中同时测得的左右轮制动力差的最大值,与全过程中测得的该轴左右轮最大制动力中大者(当后轴及其他轴,制动力小于该轴荷的 60% 时为与该轴轴荷)之比,对新注册车和在用车应分别符合表 5 – 21 的要求。

● 制动协调时间要求。汽车的制动协调时间,对液压制动的汽车应小于等于 0.35 s,对气压制动的汽车应小于等于 0.60 s;汽车列车和铰接客车、铰接式无轨电车的制动协调时间应小于等于 0.80 s。

● 车轮阻滞率要求。进行制动力检验时,汽车、汽车列车各车轮的阻滞力均应小于等于轮荷的 10%。

● 合格判定要求。台试检验汽车、汽车列车行车制动性能时,检验结果同时满足上述制动力百分比要求、制动力平衡要求、制动协调时间要求和车轮阻滞率要求的,方为合格。

b. 驻车制动性能检验要求。当采用制动试验台检验汽车和正三轮摩托车驻车制动装置的制动力时,机动车空载,乘坐一名驾驶人,使用驻车制动装置,驻车制动力的总和应大于等于该车在测试状态下整车重量的 20%,但总质量为整备质量 1.2 倍以下的机动车应大于等于15%。

　　c. 检验结果的复核。对机动车台架检验制动性能结果有异议的，在空载状态下按上述"路试检验制动性能"复检。对空载状态复检结果有异议的，以满载路试复检结果为准。

　　② 检验方法。

　　a. 用滚筒式制动试验台检验。驾驶员将机动车驶上滚筒，位置摆正，置变速器于空挡。起动滚筒，在2 s后测取车轮阻滞力；使用行车制动，测取制动力增长全过程中各轮制动力的最大值、左右轮制动力差的最大值、制动协调时间和制动完全释放时间，并记录左右车轮是否抱死；使用驻车制动，测量驻车制动力总和。

　　b. 用平板式制动试验台检验。驾驶员将机动车对正平板式制动试验台，以5～10 km/h的速度（或制动试验台制造厂家推荐的速度）行驶，置变速器于空挡（自动变速的机动车可置变速器于D挡），急踩制动，使机动车停止，测取制动力增长全过程中各轮制动力的最大值、左右轮制动力差的最大值、制动协调时间和制动完全释放时间，并记录左右车轮是否抱死。

　　③ 检测设备。台试检验制动性能需使用制动试验台。制动试验台常见的分类方法有：按试验台测量原理不同，可分为反力式和惯性式两类；按试验台支承车轮形式不同，可分为滚筒式和平板式两类；按试验台检测参数不同，可分为测制动力式、测制动距离式和多功能综合式三类；按试验台测量装置至指示装置传递信号方式不同，可分为机械式、液压式和电气式三类；按试验台同时能测车轴数不同，又可分为单轴式、双轴式和多轴式三类。

　　6）车速表指示误差的检测方法有道路试验法和室内台架试验法两种。道路试验法是汽车以不同车速等速通过某一预定长度试验路段，测出通过该路段的时间，然后计算出实际车速，并与车速表指示值相对照，即可求出不同车速下车速表的指示误差。室内台架试验法是在滚筒式车速表试验台上进行的。

　　常见的车速表试验台有三种类型：无驱动装置的标准型，它依靠被测车轮带动滚筒旋转；有驱动装置的驱动型，它由电动机驱动滚筒旋转；与制动试验台或底盘测功试验台等组合在一起的综合型。

　　标准型车速表试验台由速度测量装置、速度指示装置和速度报警装置等组成。

　　车速表指示误差的检测方法：将汽车开上车速表试验台，使其与车速表有传动关系的车轮停于两滚筒之间，降下举升装置至轮胎与举升平板脱离为止。

　　对于标准型车速表试验台，应：

　　① 汽车挂入最高挡，松开驻车制动器，踩下加速踏板，使驱动车轮带动滚筒平稳地加速运转。

　　② 当驾驶室内车速表指示值稳定达到检测车速时，读取试验台指示值（实际车速）；或当试验台指示值稳定达到检测车速时，读取驾驶室内车速表的指示值。

　　对于驱动型车速表试验台，应：

　　① 接合车速表试验台离合器，使滚筒与电动机连接。

　　② 将汽车变速器挂入空挡，松开驻车制动器，起动车速表试验台电动机，通过滚筒带动车轮旋转。

　　③ 当驾驶室内车速表指示值稳定达到检测车速时，读取试验台指示值；或当试验台指

示值稳定达到检测车速时,读取驾驶室内车速表指示值。

读取数据后,轻轻踩下汽车制动踏板,使滚筒和车轮停止转动。对于驱动型车速表试验台,必须先关断车速表试验台电动机电源,再踩制动踏板。升起举升装置,汽车开出车速表试验台,检测结束。

7) 前照灯的技术状况,可用屏幕检测法和前照灯检测仪进行检测。

屏幕画法:屏幕上画有三条垂直线和三条水平线。中间垂直线 $V—V$ 与被检车辆的纵向中心垂直平面对正,两侧的垂直线 $V_L—V_L$ 和 $V_R—V_R$ 分别为被检车辆左右前照灯基准中心的垂直线。三条水平线中的 $h—h$ 线与被检车辆前照灯的基准中心等高,距地面高度为 H (mm);中间水平线与被检车辆前照灯远光光束的中心等高,距地面高度为 H_1(mm),H_1 为 $0.85H \sim 0.90H$;下边水平线与被检车辆前照灯近光光束的中心等高,距地面高度为 H_2(mm),H_2 为 $0.60H \sim 0.80H$。H 为被检车辆前照灯基准中心距地面的高度,其值视被检车型而定。

屏幕划法检测方法:检测时,先遮住一边的前照灯,然后打开前照灯的近光开关,未被遮盖前照灯的近光明暗截止线转角或光束中心应落在图中下边水平线与 $V_L—V_L$ 或 $V_R—V_R$ 线的交点位置上。否则为光束照射位置偏斜。其偏斜方向和偏斜量可在屏幕上直接测量。用同样方法,检测另一边前照灯近光光束照射位置。

前照灯检测仪,是按一定测量距离放在被检车辆前照灯的对面,用来检测前照灯发光强度与光轴偏斜量的专用检测设备。

各种型号前照灯检测仪的检测原理基本相同,都是采用能把吸收的光能转变成电流的硅光电池或硒光电池作为传感器,按照前照灯光轴照射光电池产生电流的大小和比例,来测量前照灯发光强度和光轴偏斜量的。

按照前照灯检测仪的结构特征与测量方法不同,可将前照灯检测仪分为聚光式、屏幕式、投影式和自动追踪光轴式四种类型。

发光强度和光轴偏斜量检测方法:由于前照灯检测仪厂牌、形式不同,其检测发光强度和光轴偏斜量的具体方法也不完全相同,其通用的检测方法如下:

① 将被检汽车尽可能与前照灯检测仪轨道保持垂直方向驶近前照灯检测仪,直至前照灯与前照灯检测仪受光器之间达到规定的检测距离(一般为 3 m、1 m、0.5 m 或 0.3 m)。

② 用车辆摆正找准器使前照灯检测仪与被检汽车对正。

③ 开亮前照灯(远光),用前照灯照准器使前照灯检测仪与被检前照灯对正。

④ 提高发动机转速,使汽车电源系统处于充电状态。

⑤ 用前照灯检测仪检测前照灯发光强度和光轴偏斜量。

8) 汽车排放的污染物,已成为我国空气污染的重要来源,是造成灰霾、光化学烟雾的主要原因之一。

自 GB 18285—2005 实施之日起,全国点燃式发动机在用汽车排放监控,采用该标准规定的双怠速法排放污染物排放限值及测量方法。在 GB 18285—2005 中,将轻型汽车的高怠速转速规定为(2 500 ± 100)r/min,重型汽车的高怠速转速规定为(1 800 ± 100)r/min;如有特殊规定的,按照制造厂技术文件中规定的高怠速转速。

双怠速法测量方法(测量程序):

① 应保证被检测车辆处于制造厂规定的正常状态,发动机进气系统应装有空气滤清器,排气系统应装有排气消声器,并不得有泄漏。

② 应在发动机上安装转速计、点火正时仪、冷却液和润滑油测温计等测量仪器。测量时,发动机冷却液和润滑油温度应不低于 80 ℃,或者达到汽车使用说明书规定的热车状态。

③ 发动机从怠速状态加速到 70% 额定转速,运转 30 s 后降至高怠速状态。将测量仪器取样探头插入汽车排气管中,深度不小于 400 mm,并固定在排气管上。维持 15 s 后,由具有平均值功能的仪器读取 30 s 内的平均值,或者人工读取 30 s 内的最高值和最低值,其平均值即为高怠速污染物测量结果。对于使用闭环控制电子燃油喷射系统和三元催化转化器技术的汽车,还应同时读取过量空气系数(λ)的数值。

④ 发动机从高怠速降至怠速状态 15 s 后,由具有平均值功能的仪器读取 30 s 内的平均值,或者人工读取 30 s 内的最高值和最低值,其平均值即为怠速污染物测量结果。

⑤ 若为多排气管时,取各排气管测量结果的算术平均值作为测量结果。

⑥ 若排气管长度小于测量深度时,应使用排气加长管。

不分光红外线法:不论是原国家标准对在用点燃式发动机汽车怠速排气污染物各组分的检测,还是 GB 18285—2005 的附录 A 对 CO、CO_2、HC 等气体的检测,都规定测量仪器采用不分光红外线法(NDIR)。不分光红外线法在汽车排放污染物检测中应用非常广泛。

不论哪种类型的气体分析仪,在检测 HC 含量时,由于排气中 HC 成分非常复杂,因此要把各种 HC 成分的含量换算成正己烷(nC_6H_{14})的当量作为 HC 含量的测量值。

二气体分析仪中最常见的是 CO 和 HC 气体分析仪,是一种能够从汽车排气管中采集气样,对其中 CO 和 HC 含量连续进行分析的仪器。它由排气取样装置、排气分析装置、含量指示装置和校准装置等组成。

二气体分析仪使用方法:

① 取样探头插入排气管中,深度不小于 400 mm,并固定在排气管上。

② 按测量程序进行高怠速、怠速排放污染物测量,读取测量结果并填写"点燃式发动机汽车双怠速法排气污染物测试报告"(报告内容见 GB 18285—2005 附件 AA)。

③ 使用中,先把气体分析仪指示仪表的读数转换开关打到最高量程挡位,再一边观看指示仪表,一边用读数转换开关选择适于排气含量的量程挡位。

④ 测量工作结束后,把取样探头从排气管里抽出来,吸入新鲜空气 5 min,待气体分析仪指针回到零点后再关闭电源。

9)压燃式发动机汽车排气管排出的可见污染物表现在排气烟色上。排气烟色主要有黑烟、蓝烟和白烟三种。黑烟的发暗程度用排气烟度表示,排气烟度用烟度计检测。烟度计可分为滤纸式、透光式、不透光式等多种形式。

在用压燃式发动机汽车排放控制要求:

① 对于 GB 3847—2005 实施后生产的在用汽车。自 GB 3847—2005 实施之日起,按该标准规定经形式核准批准车型生产的在用汽车,应按该标准附录 I 的要求进行自由加速试验,所测得的排气光吸收系数不应大于车型核准批准的自由加速排气烟度排放限值再加 $0.5~\mathrm{m}^{-1}$。

② 对于 2001 年 10 月 1 日起生产的在用汽车。自 2001 年 10 月 1 日起至 GB 3847—

2005 实施之日生产的在用汽车,应按该标准附录 I 的要求进行自由加速试验,所测得的排气光吸收系数不应大于以下数值:自然吸气式 2.5 m^{-1};涡轮增压式 3.0 m^{-1}。

③ 对于 2001 年 10 月 1 日前生产的在用汽车。

a. 自 1995 年 7 月 1 日起至 2001 年 9 月 30 日期间生产的在用汽车,应按 GB 3847—2005 附录 K 的要求进行自由加速试验,所测的烟度值应不大于 4.5 Rb。

b. 1995 年 6 月 30 日以前生产的在用汽车,应按 GB 3847—2005 附录 K 的要求进行自由加速试验,所测的烟度值应不大于 5.0 Rb。

自由加速试验,按 GB 3847—2005 规定,分不透光烟度法和滤纸烟度法两种。

在用压燃式发动机汽车自由加速试验(不透光烟度法):

① 目测检测车辆的排气系统的相关部件是否泄漏。

② 发动机包括所有装有废气涡轮增压的发动机,在每个自由加速循环的起点均处于怠速状态。对重型发动机,将加速踏板放开后至少等待 10 s。

③ 在进行自由加速测量时,必须在 1 s 内,将加速踏板快速、连续地完全踩到底,使喷油泵在最短时间内供给最大油量。

④ 对每一个自由加速测量,在松开加速踏板前,发动机必须达到断油点转速。对带自动变速器的车辆,则应达到制造厂申明的转速(如果没有该数据值,则应达到断油点转速的2/3)。关于这一点,在测量过程中必须进行检查。例如:通过监测发动机转速,或延长加速踏板踏到底后与松开加速踏板前的间隔时间。对于重型汽车,该间隔时间应至少为 2 s。

⑤ 计算结果取最后 3 次自由加速测量结果的算术平均值。在计算均值时可以忽略与测量均值相差很大的测量值。

在用压燃式发动机汽车自由加速试验(滤纸烟度法):

自由加速工况:在发动机怠速下,迅速但不猛烈地踩下加速踏板,使喷油泵供给最大油量。在发动机达到调速器允许的最大转速前,保持此位置。一旦达到最大转速,立即松开油门踏板,使发动机恢复至怠速。

自由加速滤纸式烟度:在自由加速工况下,从发动机排气管抽取规定长度的排气柱所含的炭烟,使规定面积的清洁滤纸染黑的程度,称为自由加速滤纸式烟度。

滤纸烟度法测量程序:

① 安装取样探头:将取样探头固定于排气管内,插深等于 300 mm,并使其中心线与排气管轴线平行。

② 吹除积存物:按上述自由加速工况的加速方法进行三次,以清除排气系统中的积存物。

③ 测量取样:将抽气泵开关置于加速踏板上,按自由加速工况和循环组成中规定的循环测量四次,取后三次读数的算术平均值即为所测烟度值。

④ 当汽车发动机出现黑烟冒出排气管的时间和抽气泵开始抽气的时间不同步的现象时,应取最大烟度值。

滤纸式烟度计:GB 3847—2005 附录 K,要求进行自由加速试验时采用滤纸式烟度计。

滤纸式烟度计检测烟度的基本原理:滤纸式烟度计是用一个活塞式抽气泵,从柴油机排气管中抽取一定容积的排气,使它通过一张一定面积的白色滤纸,排气中的炭烟存留在滤纸上使其染黑。用检测装置测定滤纸的染黑度,该染黑度即代表柴油车的排气烟度。

10)噪声的种类很多。如果根据噪声源分类,可分为交通噪声、工业噪声和生活噪声三种类型。交通噪声又可以分为公路交通噪声、铁路交通噪声、海河航运交通噪声和航空交通噪声等多种。公路交通噪声还可以分为车辆噪声和道路噪声两种。

车辆噪声一般为中等强度噪声,大约为 60~90 dB。如公共汽车的噪声为 80 dB 左右,摩托车的噪声比一般汽车高 10 dB 左右。

车外噪声测量方法,限于篇幅,请见本教材"5.8.3 车外噪声测量方法"。

机动车喇叭声级:机动车喇叭声级,在距车前 2 m、离地高 1.2 m 处测量时,发动机最大净功率(或电动机最大输出功率总和)为 7 kW 以下的摩托车为 80~112 dB(A),其他机动车为 90~115 dB(A)。

声级计是一种能把工业噪声、生活噪声和交通噪声等,按人耳听觉特性近似地测定其噪声级的仪器。

噪声级是指用声级计测得的并经过听感修正的声压级(dB)或响度级(phon)。

声级计一般由传声器、放大器、衰减器、计权网络、检波器、指示表头和电源等组成。为适应测量现场的需要,声级计一般都备有三脚支架,以便视需要将声级计固定在三脚支架上。

为了模拟人耳听觉在不同频率有不同的灵敏性,在声级计内设有一种能够模拟人耳听觉特性,能把电信号修正为与听感近似值的网络,这种网络称为计权网络。通过计权网络测得的声压级,已不再是客观物理量的声压级(线性声压级),而是经过听感修正的声压级,称为计权声级或噪声级。

计权网络一般有 A、B、C 三种。A 计权声级是模拟 55 dB 以下低强度噪声的频率特性,B 计权声级是模拟 55~85 dB 的中等强度噪声的频率特性,C 计权声级是模拟高强度噪声的频率特性。三者的主要差别是对噪声低频成分的衰减程度:A 衰减最多,B 次之,C 最少。A 计权声级由于其特性曲线接近于人耳的听感特性,因此是目前世界上噪声测量中应用最广泛的一种计权声级,B、C 应用较少。

从声级计上得出的噪声级读数,必须注明采用的是何种计权网络。

复习题

1)用以评价整车技术状况的诊断参数主要有哪些?

2)汽车动力性的检测参数是什么?

3)汽车动力性评价指标是什么?

4)汽车动力性的检测工况、限值和合格的条件是什么?

5)叙述底盘测功试验台的类型、基本结构和工作原理。

6)传动效率与传动系统技术状况有什么关系?

7)检测前轮侧滑量的目的是什么?

8)叙述侧滑试验台的检测原理。

9)叙述侧滑试验台的基本结构、工作原理和使用(检测)方法。

10）用侧滑试验台如何检测后轴是否弯曲变形和轮毂轴承是否松旷？

11）叙述五轮仪的使用方法。

12）我国为何不再使用制动稳定减速度而采用充分发出的平均减速度 MFDD 评价制动性能？

13）制动性能路试法存在哪些问题？

14）制动试验台的类型有哪些？

15）叙述反力式滚筒制动试验台的基本结构、工作原理和使用（检测）方法。

16）反力式滚筒制动试验台有哪些优点和不足？

17）叙述制动性能的诊断参数标准。

18）叙述车速表指示误差的测量原理。

19）叙述车速表试验台的基本结构、工作原理和使用（检测）方法。

20）叙述车速表误差的诊断参数标准。

21）叙述用屏幕法检测前照灯光束照射位置的检测条件、屏幕画法和检测方法。

22）叙述前照灯检测仪的检测原理、基本结构和工作原理。

23）叙述用前照灯检测仪检测发光强度和光轴偏斜量的方法。

24）叙述前照灯检测的诊断参数标准。

25）汽车排气污染物的主要成分有哪些？

26）叙述装用点燃式发动机的在用汽车排气污染物排放限值。

27）叙述双怠速法测量程序和测量结果判定。

28）叙述不分光红外线法的检测原理。

29）叙述不分光红外线气体分析仪的基本结构、工作原理和使用方法。

30）何时生产的在用汽车采用不透光烟度法，使用不透光烟度计，检测排放烟度？

31）何时生产的在用汽车采用滤纸烟度法，使用滤纸式烟度计，检测排放烟度？

32）何谓自由加速工况、自由加速滤纸式烟度？

33）滤纸式烟度计检测烟度的基本原理是什么？

34）滤纸式烟度计的基本结构、工作原理和使用方法？

35）噪声有哪些类型？

36）叙述汽车加速行驶车外最大噪声级和机动车喇叭声级的限值与测量方法。

37）什么是背景噪声（A 计权声级）？其值是怎样规定的？

38）声级计由哪几部分组成？

39）什么是计权网络？计权网络分哪几种？哪一种应用最多？

教学模块 6 汽车检测站

教学目标

1) 了解汽车检测站服务功能、类型、组成和工位布置。

2) 熟悉不同汽车(燃料种类、轴制、驱动形式、驻车制动器安装位置等不同)的检测程序。

3) 掌握检测线各工位检测设备、检测项目、检测工艺路线和检测工艺程序。

学习项目

1) 概述。

2) 检测站检测工艺。

3) 实训。

随着汽车制造业和交通运输业的迅速发展,汽车已成为现今社会不可缺少的交通运输工具,其保有量越来越大。如何用现代、科学、快速、定量和准确的手段,检测并诊断汽车的技术状况,使汽车更好地发挥其动力性、经济性、排气净化性、操纵稳定性、安全性、舒适性和可靠性等使用性能,是人类一直追求的目标。汽车检测站在这种情况下应运而生,并逐渐发展、壮大、成熟。它不仅可代表政府车管机关或行业对汽车技术状况进行检测和监督,而且已成为汽车制造业、汽车运输业及汽车维修业中不可缺少的重要组成部分。

学习项目6.1 概述

汽车检测站是综合运用现代检测技术,对汽车实施不解体检测诊断的机构。它具有现代检测设备和检测方法,能在室内检测出车辆的各种性能参数,并能诊断出多种故障,为全面、准确评价汽车使用性能和技术状况提供可靠依据。

6.1.1 检测站的服务功能

根据国家标准 GB/T 17993—2005《汽车综合性能检测站能力的通用要求》的规定,汽车综合性能检测站的服务功能如下:

1)依法对营运车辆的技术状况进行检测。

2)依法对车辆维修竣工质量进行检测。

3)接受委托,对车辆改装(造)、延长报废期及其相关新技术、科研鉴定等项目进行检测。

4)接受交通、公安、环保、商检、计量、保险和司法机关等部门、机构的委托,为其进行规定项目的检测。

6.1.2 检测站的类型

按不同的分类方法,汽车检测站可以分为不同的类型。

(1)按服务功能分类

如果按服务功能分类,汽车检测站可分为安全检测站、维修检测站和综合性能检测站三种类型。

安全检测站是国家执法机构,不是营利性企业。它按照国家规定的车检法规,定期检测车辆中与安全和环保有关的项目,以保证汽车安全行驶,并将排放污染物降低到允许的限度。这种检测站对汽车检测结果提供检测数据或只提供"合格"与"不合格",而不作故障分析,因而检测速度快,检测效率高。如果自动化程度比较高,其年度检车量可达数万辆次。检测合格的车辆凭检测结果报告单办理年审签证,在有效期内准予车辆行驶。这种检测站一般由车辆管理机关直接建立,或由车辆管理机关认可的汽车运输业、汽车维修业等企业单位或事业单位建立,也可多方联合建立。

维修检测站主要是从车辆使用与维修的角度,担负汽车维修前、后的技术状况检测。它能检测出车辆的主要性能参数,并能进行故障分析和诊断。它一般由汽车运输业或汽车维修业建立。

综合性能检测站既能担负交通运输管理部门的综合性能检测和车辆管理部门的安全环保检测,又能担负车辆使用、维修业的技术状况诊断,还能承接科研或教学方面的性能试验和参数测试。这种检测站检测设备多,自动化程度高,数据处理迅速准确,因而功能齐全,检测项目广且深度大,可为合理制定诊断参数标准、诊断周期以及为科研、教学、设计、制造和维修等部门、机构或企业提供可靠依据,并能担负对检测设备精度进行测试等项工作。

(2)按规模大小分类

如果按规模大小分类,汽车检测站可分为大、中、小三种类型。其中,大型检测站检测线多,自动化程度高,年检能力大,且能检测多种车型。大型综合性能检测站可成为一定地区范围内的检测中心。

中型检测站至少有两条检测线,目前国内地市级及以上的城市建成或正在筹建的检测站多为这种类型。

小型检测站主要指那些服务对象单一的检测站。如规模不大的安全检测站和维修检测站就属于这种类型,它不能担负更多的检测任务。这种检测站设有一条或两条作用相同的检测线。如果是一条检测线,它往往能兼顾大、小型汽车的检测;如果是两条检测线,其中一条线往往是专检小型汽车,而另一条线则大小型汽车兼顾。这种规模的检测站在国外较为常见。

有些检测站虽然服务对象单一,但站内设置的检测线较多,因而不应再称为小型检测站。如国外把拥有四条安全环保检测线的检测站视为中型检测站。

(3)按自动化程度分类

如果按检测线的自动化程度分类,汽车检测站可分为手动式、半自动式和全自动式三种类型。

手动式检测站的各检测设备由人工手动控制检测过程,从各单机配备的指示装置上读数,笔录检测结果或由单机配备的打印机打印检测结果,因而占用人员多、检测效率低、读数误差大,多适用于维修检测站。

全自动式检测站利用微机控制系统将检测线上各检测设备连接起来,除车辆上部和下部的外观检查工位仍需人工检查外,能自动控制其他所有工位上的检测过程,使设备的起动与运转、数据采集、分析判断、存储、显示和集中打印报表等全过程实现自动化。检测长可坐在主控制室内通过闭路电视观察各工位的检测情况,并通过检测程序向各工位受检车辆的驾驶员和检测员发出各种操作指令。每一项检测结果均能在主控制室内的微机显示器和各工位上的检验程序指示器上同时显示,因而检测长、各工位检测员和驾驶员均能随时了解每一项检测结果。

由于全自动式检测站自动化程度高,检测效率高,能避免人为的判断错误,因而获得广泛应用,目前国内外的安全检测站几乎全部为这种形式。

半自动式检测站的自动化程度或范围介于手动式和全自动式检测站之间,一般是在原手动式检测站的基础上将部分检测设备(如侧滑试验台、制动试验台、车速表试验台等)与微机联网以实现自动控制,而另一部分检测设备(如烟度计、废气分析仪、前照灯检测仪、声级计等)仍然手动操作。当与微机联网的检测设备因故不能进行自动控制时,各检测设备仍可手动操作。

(4)按站内检测线数分类

如果按站内检测线数分类,汽车检测站可分为单线检测站、双线检测站、三线检测站等多种类型。总之,站内有几条检测线,就可以称为几线检测站。例如,日本某陆运事务所的检测站有 8 条检测线,可称为八线检测站。

(5)按所有制分类

如果按所有制分类,汽车检测站可分为国营检测站和民营检测站两种类型。例如,日本就有国家车检场和民间车检场之分;我国各地建的安全检测站多数是国营的,一些民办的一类汽车维修企业自建的维修检测站是民营的。

(6)综合性能检测站按职能分类

如果按职能分类,汽车综合性能检测站可分为 A 级站、B 级站和 C 级站三种类型,其职能

如下:

A级站:能全面承担检测站的任务,即能检测车辆的制动、侧滑、灯光、转向、前轮定位、车速、车轮动平衡、底盘输出功率、燃料消耗、发动机功率和点火系统状况以及异响、磨损、变形、裂纹、噪声、废气排放等状况。

B级站:能承担在用车辆技术状况和车辆维修质量的检测,即能检测车辆的制动、侧滑、灯光、转向、车轮动平衡、燃料消耗、发动机功率和点火系统状况以及异响、变形、噪声、废气排放等状况。

C级站:能承担在用车辆技术状况的检测,即能检测车辆的制动、侧滑、灯光、转向、车轮动平衡、燃料消耗、发动机功率以及异响、噪声、废气排放等状况。

6.1.3　检测站组成和工位布置

(1) 检测站组成

汽车检测站主要由一条至数条检测线组成。对于独立而完整的汽车检测站,除检测线外,还应包括停车场、清洗站、泵气站、维修车间、办公区和生活区等。

1) 安全检测站。一般由一条至数条安全环保检测线组成。例如,从20世纪80年代始,日本陆运事务所的国家车检场,即使较小规模也有两条安全环保检测线。其中,一条为大、小型汽车通用自动检测线,另一条为小型汽车(轴质量为500 kg或以下)的专用自动检测线。除此以外,还配备一条新规检测线,以对新车登录、检测之用。日本中等规模的国家车检场,一般设有四条安全环保检测线,如20世纪80年代的东京沼律车检场就是如此。四条自动检测线中,一条为大、小型汽车通用检测线,其余三条为小型汽车专用检测线。另外,还配备一条新规检测线和一条柴油车排烟检测线。

2) 维修检测站。一般由一条至数条综合检测线组成。

3) 综合性能检测站。一般由安全环保检测线和综合检测线组成,可以各为一条,也可以各为数条。国内交通系统建成的检测站大多属于综合性能检测站,一般由一条安全环保检测线和一条综合检测线组成,如图6-1所示。

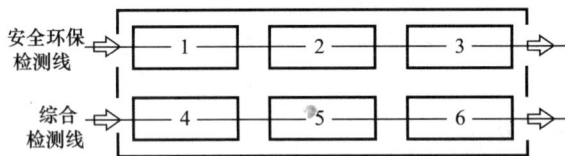

图6-1　综合性能检测站平面布置示意图

1—外观检查工位;2—侧滑制动车速表工位;3—灯光尾气工位;
4—外观检查及车轮定位工位;5—制动工位;6—底盘测功工位

(2) 检测线组成和工位布置

不管是安全环保检测线,还是综合检测线,它们都由多个检测工位组成,布置形式多为直线通道式,检测工位则是按一定顺序分布在直线通道上。

1) 安全环保检测线。手动式和半自动式的安全环保检测线,一般由外观检查工位、侧滑制动车速表工位和灯光尾气(废气,下同)工位三个工位组成。其中,外观检查工位带有地沟,由人工进行检查。全自动式安全环保检测线既可以由上述三工位组成,也可以由四工位或五工位组成。五工位一般是汽车资料输入及安全装置检查工位、侧滑制动车速表工位、灯光尾气工位、车底检查工位(带有地沟)、综合判定及主控制室工位,如图6-2和图6-3所示。

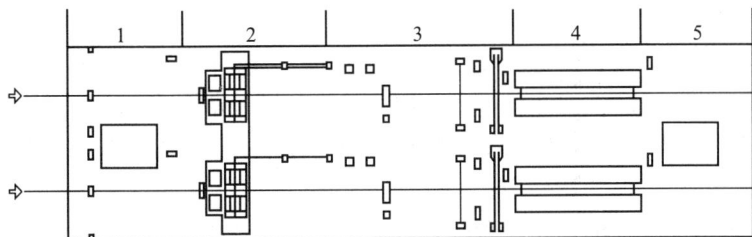

图 6-2　日本五工位全自动式安全环保检测线平面布置图

1—汽车资料输入及安全装置检查工位;2—测滑制动车速表工位;3—灯光尾气工位;
4—车底检查工位;5—综合判定及主控制室工位

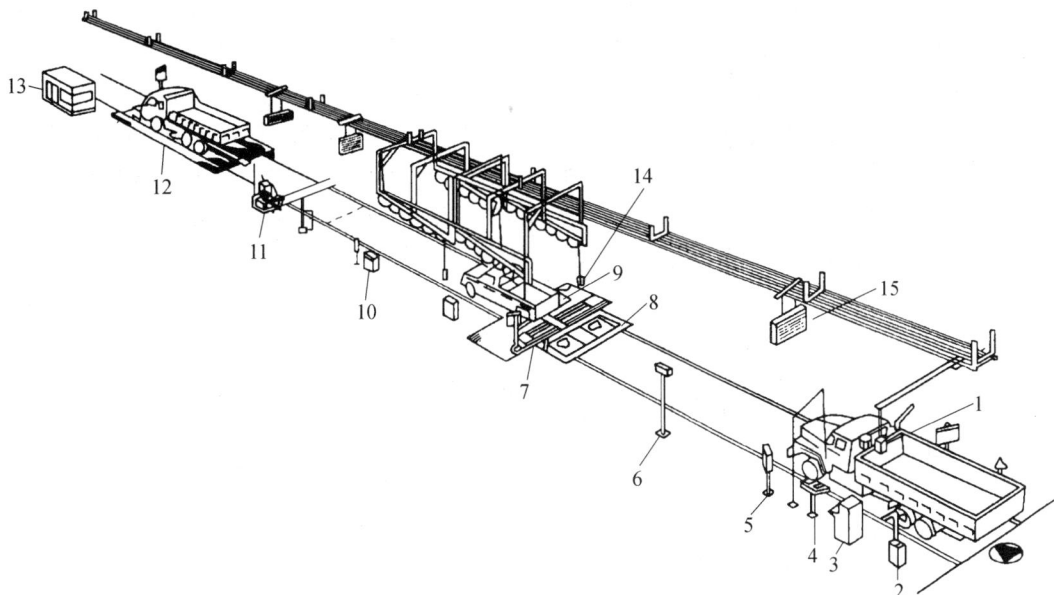

图 6-3　国产五工位全自动式安全环保检测线

1—进线指示灯;2—烟度计;3—汽车资料登录微机;4—安全装置检查不合格项目输入键盘;
5—烟度计检验程序指示器;6—电视摄像机;7—制动试验台;8—侧滑试验台;
9—车速表试验台;10—废气分析仪;11—前照灯检测仪;12—车底检查工位;
13—主控制室;14—车速表检测申报开关;15—检验程序指示器

对于安全环保检测线,不管是三工位、四工位,还是五工位,也不管工位顺序如何安排,其检测项目是固定的,因而均布置成直线通道式,以利于进行流水作业。

2)综合检测线。已如前述,综合性能检测站分为 A、B、C 三种类型,职能各不一样,因而站内综合检测线的职能也不一样。A 级综合性能检测站(以下简称"A 级站")能全面承担检测站的任务,是职能最全的检测站。A 级站在我国一般设置两条检测线,一条为安全环保检测线,主要承担车管部门、环保部门对车辆进行年审的任务;另一条为综合检测线,主要承担对车辆技术状况的检测诊断。A 级站的综合检测线一般有两种类型:一种是全能综合检测线,另一种是一般综合检测线。全能综合检测线设有包括安全环保检测线主要检测设备在内的比较齐全的工位,而一般综合检测线设置的工位不包括安全环保检测线的主要检测设备。

图 6 - 1 所示的综合检测线即为全能综合检测线,它由外观检查及车轮定位工位、制动工位和底盘测功工位组成,能对车辆技术状况进行全面的检测与诊断,必要时也能对车辆进行安全环保检测。这种检测线的检测设备多,检测项目齐全,与安全环保检测线互不干扰,因而检测效率相对较高,但建站费用也高。

图 6 - 8 所示的综合检测线是一种接近全能的综合检测线,它由发动机测试及车轮平衡工位、底盘测功工位、车轮定位及车底检查工位组成,除制动性能不能检测外,安全环保检测线上的其他检测项目均能在该线上检测。

A 级站的一般综合检测线主要由底盘测功工位组成,能承担除安全环保检测项目以外项目的检测,必要时车辆须开到安全环保检测线上才能完成有关项目的检测,国内已建成的综合性能检测站有相当多是属于这种类型。与全能综合检测线相比,一般综合检测线检测设备少,建站费用低,但检测项目也少。

综合检测线上各工位的车辆,由于检测诊断项目不一,检测诊断深度不同,很难在相同的时间内检测完毕。很有可能前边工位的车辆工作量大,而后边工位的车辆工作量小,但后边车辆又无法逾越前边车辆,因而影响了工作效率。当综合检测线采用直线通道式布置,而又允许在线上分析判断故障和调试作业时,将不可避免地遇到工位之间相互等待的问题。在这种情况下,也可以将综合检测线的各工位横向布置成尽头式、穿过式或其他形式,以满足实际生产需要,提高检测效率。

B 级综合性能检测站和 C 级综合性能检测站的综合检测线不包括底盘测功工位。

6.1.4　各工位设备和检测项目

(1) 安全环保检测线

以五工位全自动式安全环保检测线为例,介绍各工位设备和检测项目。主要设备中不包括软件。

1) 汽车资料输入及安全装置检查工位。本工位除能将汽车资料输入登录微机并将这些资料发送给检测线主控制微机外,还可进行汽车上部的灯光和安全装置等项目的外观检查(Lamps and Safety Device Inspection),一般简称为 L 工位。

① 主要设备:

a. 进线指示灯。

b. 汽车资料登录微机、键盘及显示器。

c. 工位测控微机。

d. 检验程序指示器。

e. 轮胎自动充气机。

f. 轮胎花纹测量器。

g. 检测手锤。

h. 不合格项目输入键盘。

i. 电视摄像机。

j. 光电开关。

② 检查项目：由检查人员人工检查汽车上部的灯光、安全装置、防护装置、操纵装置、工作仪表和车身等是否装备齐全、工作正常、连接可靠和符合规定。检查的重点是灯光和安全装置。具体检查项目见表 6-1。

表 6-1　车上部外观检查项目

序号	检查项目	序号	检查项目
1	远光灯	16	离合器、变速器
2	近光灯	17	制动踏板自由行程
3	制动灯	18	驻车制动操纵杆
4	倒车灯	19	转向器自由转动量
5	牌照灯	20	油箱、油箱盖
6	示宽灯、辅助灯、标志灯	21	挡泥板
7	室内灯	22	防护网及其连接装置
8	车厢、座位	23	电器导线
9	车门、车窗	24	起动机
10	车身、漆面	25	发电机、蓄电池
11	后视镜、下视镜、侧视镜	26	灭火器
12	风窗玻璃	27	仪表、仪表灯
13	刮雨器	28	机油低压报警器
14	喇叭	29	半轴螺栓
15	轮胎、轮胎螺栓	30	座椅安全带

2）侧滑制动车速表工位。本工位由侧滑检测（Alignment Inspection）、轴重检测（Weight Inspection）、制动检测（Brake Test）和车速表检测（Speedometer Test）组成，简称 ABS 工位。

① 主要设备：

a. 工位测控微机。

b. 侧滑试验台。

c. 轴重计或轮重仪（与反力式滚筒制动试验台配套使用。如反力式滚筒制动试验台本身已配备轴重测量装置或采用惯性式平板制动试验台，则不必再配备轴重计或轮重仪）。

d. 制动试验台。

e. 车速表试验台及车速检测申报开关（或遥控器）。

f. 检验程序指示器。

g. 光电开关。

h. 反光镜。

② 检测项目:

a. 检测前轮侧滑量。

b. 检测各轴轴重。

c. 检测各轮制动拖滞力和行车制动力。

d. 检测驻车制动力。

e. 检测车速表指示误差。

3) 灯光尾气工位。本工位主要由前照灯检测(Head Light Test)、排气检测(Exhaust Gas Test)、烟度检测(Diesel Smoke Test) 和喇叭声级检测(Noise Test)组成,简称 HX 工位。

① 主要设备:

a. 工位测控微机。

b. 前照灯检测仪。

c. 排气分析仪。

d. 滤纸式烟度计和不透光烟度计。

e. 声级计。

f. 检验程序指示器。

g. 停车位置指示器。

h. 光电开关。

i. 反光镜。

② 检测项目:

a. 检测前照灯发光强度和光轴偏斜量。

b. 检测汽油车怠速、高怠速排气污染物和柴油车自由加速烟度。

c. 检测喇叭声级。

4) 车底检查工位。车底检查(Pit Inspection) 工位,简称 P 工位。

① 主要设备:

a. 工位测控微机。

b. 检验程序指示器。

c. 地沟内举升平台。

d. 检测手锤。

e. 不合格项目输入键盘。

f. 对讲话筒和扬声器。

g. 光电开关。

h. 车辆到位警告灯或报警器。

i. 地沟内电视摄像机。

② 检测项目:本工位是车辆底部的外观检查,由检测人员在地沟内人工检查底盘各装置及发动机的连接是否牢固可靠,有无弯扭断裂、松旷、漏油、漏水、漏气、漏电等现象,具体检查项目见表6-2。

表 6 - 2　车底检查项目

序号	检查项目	序号	检查项目
1	发动机及其连接	16	油路、气路、电路
2	车架	17	储气筒
3	前梁	18	传动轴、万向节、伸缩节
4	转向器的转向轴及其万向节	19	中间支承
5	转向器支架	20	离合器及其操纵机构
6	转向垂臂	21	变速器
7	转向器	22	主传动器
8	转向主销及其轴承	23	避振器
9	纵横拉杆	24	钢板弹簧夹及 U 形螺栓
10	前悬架连接	25	排气管及消声器
11	前吊耳销子	26	制动系拉杆、驻车制动器
12	后悬架连接	27	后桥壳
13	后吊耳销子	28	缓冲器、保险杠、牵引钩
14	各部杆系	29	漏油、漏水、漏气、漏电
15	各种软管	30	油箱、蓄电池等的固定

5）综合判定及主控制室工位

① 主要设备：

a. 主控制微机、键盘及显示器。

b. 打印机。

c. 监察电视（电视摄像机显示器）。

d. 控制台及主控制键盘。

e. 稳压电源。

f. 不间断电源。

② 检测项目：汽车到达本工位时检测项目已全部检测完毕，主控制微机对各工位检测结果进行综合判定后，由打印机集中打印检测结果报告单，并由检测长交给被检汽车驾驶员。

　　全自动式安全环保检测线主要设备及其用途见表 6 - 3。除表中所列主要设备外，还可以选购内部电话或对讲设备、空调设备和设备校准装置等。表 6 - 3 所列设备中，侧滑试验台、轴重计或轮重仪、制动试验台、车速表试验台、前照灯检测仪、排气分析仪、烟度计、声级计和检测手锤为检测设备。

表 6-3　全自动式安全环保检测线主要设备及其用途

序号	设备名称	用途
1	进线指示灯	控制进线车辆,绿灯进,红灯停
2	汽车资料登录微机	登录汽车资料,并发送给主控制微机
3	工位测控微机	担负工位检测过程控制、数据采集与处理等项工作
4	检验程序指示器	指示工位检测程序,下达操作指令,显示检测结果,引导车辆前进
5	轮胎自动充气机	按设定的轮胎气压自动充气
6	轮胎花纹测量器	测量轮胎花纹深度
7	检测手锤	检查各连接件、车架等是否松动或开裂
8	不合格项目输入键盘	将车上、车下外观检查中的不合格项目报告主控制微机
9	摄像机及监察电视	供主控制室的检测长监察地沟及整个检测线的工作情况
10	侧滑试验台	检测转向轮侧滑量
11	轴重计或轮重仪	检测各轴轴重
12	制动试验台	检测各轮拖滞力、制动力和驻车制动力
13	车速表试验台	检测车速表指示误差
14	车速表检测申报开关或遥控器	当试验车速达 40 km/h 时按下此开关或遥控器,微机采集此时的实际车速数据
15	光电开关	当车轮遮挡光电开关时,光电开关产生的信号输入微机,报告车辆到位,微机安排检测开始
16	反光镜	供驾驶员观察车轮到达试验台或停车线的位置
17	前照灯检测仪	检测前照灯发光强度和光轴偏斜量
18	排气分析仪	检测汽油车排气中的 CO 和 HC 浓度
19	滤纸式烟度计、不透光烟度计	检测柴油车排气中的自由加速烟度
20	声级计	检测喇叭声级
21	停车位置指示器	指引汽车在灯光尾气工位停车线上准确停车
22	地沟内举升平台	使地沟内的检测人员在高度上处于最有利的工作位置
23	对讲话筒及扬声器	用于地沟上下的通话联系
24	地沟内警告灯或报警器	报告车辆到达车底检查工位
25	主控制微机	安排检测程序,对照检测标准,综合判定并存储、打印检测结果
26	打印机	打印检测结果报告单

续表

序号	设备名称	用途
27	控制台	主控制微机、键盘、显示器、打印机、监察电视等均安放在控制台上,是全线的控制中心
28	主控制键盘	当微机系统出现故障不能使用时,可通过主控制键盘对各工位实施控制,以不间断检测工作
29	稳压电源和不间断电源	稳定电压,不间断供电

（2）综合检测线

以图 6-1 所示的全能综合检测线为例介绍综合检测线。

1）外观检查及车轮定位工位。该工位包括车上、车底外观检查和前轮定位检测。

① 主要设备：

a. 轮胎自动充气机。

b. 轮胎花纹测量器。

c. 检测手锤。

d. 地沟内举升平台。

e. 地沟上举升器。

f. 就车式车轮平衡机。

g. 声发射探伤仪。

h. 侧滑试验台。

i. 四轮定位仪或车轮定位检测仪。

j. 转向盘自由转动量检测仪。

k. 转向盘转向力检测仪。

l. 传动系统游动角度检测仪。

m. 底盘间隙检测仪（也称为悬架和转向系统间隙检测仪）。

② 检测项目：

a. 车上、车底外观检查项目同全自动式安全环保检测线。

b. 就车检测车轮不平衡量并平衡之。

c. 对万向节枢轴等安全机件进行探伤。

d. 检测前轮侧滑量。

e. 检测前轮最大转向角、主销后倾角及主销内倾角,并视需要检测前轮前束值和前轮外倾值。

f. 检测后轮前束值和后轮外倾角。

g. 检测转向盘自由转动量。

h. 检测转向盘转向力。

i. 检测传动系统游动角度。

j. 检测悬架、转向系统和轮毂轴承的间隙。

2）制动工位。

① 主要设备：

a. 轴重计或轮重仪（与反力式滚筒制动试验台配套使用。如反力式滚筒制动试验台本身配备轴重测量装置或采用惯性式平板制动试验台,则不必再配备轴重计或轮重仪）。

b. 制动试验台。

② 检测项目：

a. 检测各轮轮重。

b. 检测各轮制动拖滞力和行车制动力,按制动曲线分析制动过程。

c. 检测驻车制动力。

3）底盘测功工位。本工位能模拟汽车道路行驶,因而可组织较多的检测设备同时或交叉地对汽车发动机、底盘、电气设备和车身等进行动态综合检测。配备的检测设备越多,能检测的项目也越多。

① 主要设备：

a. 底盘测功试验台。

b. 发动机综合性能检测仪（汽、柴油机合一或分开）。

c. 电控系统专用检测仪。

d. 电气综合测试仪。

e. 气缸压力测试仪或气缸压力表。

f. 气缸漏气量（率）测试仪。

g. 真空表或真空测试仪。

h. 油耗计。

i. 五气体分析仪。

j. 不透光烟度计和滤纸式烟度计。

k. 声级计。

l. 机油清净性分析仪。

m. 发动机无负荷加速测功仪。

n. 发动机异响分析仪。

o. 传动系统异响分析仪。

p. 温度计或温度仪。

② 检测项目：

a. 检测驱动车轮输出功率或驱动力,模拟车辆各种行驶速度行驶,进行加速性能、等速性能和滑行性能等性能试验,检测百公里耗油量和经济车速等。

b. 对点火系统、供油系统、冷却系统、润滑系统、传动系统、行驶系统、电气设备、车身等的技术状况进行检测、分析和判断。

c. 对装配点燃式发动机的在用汽车,根据 GB 18285—2005《点燃式发动机汽车排气污染物排放限值及测量方法（双怠速法及简易工况法）》的规定,采用双怠速法或简易工况法进行试验。根据排放的 CO、HC、NO_x、CO_2 和 O_2 浓度,分析发动机的空燃比、燃烧状况和气缸密封性。

  d. 对装配压燃式发动机的汽车,根据 GB 3847—2005《车用压燃式发动机和压燃式发动机汽车排气烟度排放限值及测量方法》的规定,进行自由加速试验。按汽车不同的生产时期,根据测得的排气烟度(光吸收系数或烟度值),分析发动机空燃比、燃烧状况和气缸密封性。

  e. 检测、分析并判断发动机和传动系统异响。

  f. 检测各总成温度和发动机排气温度。

  当该工位上的有些项目检测时间过长时,也可在前面的工位上提前进行。例如,机油清净性分析完全可以在第一工位上就提前对机油取样,接着到机油清净性分析仪上进行分析,以平衡与其他项目的检测进度。

  在综合检测线上,允许对车辆进行必要的调试。如调试时间太长,应出线在维修(或调试)车间进行。

  当在综合检测线上进行安全环保检测时,应按安全环保检测线规定的项目进行。

  全能综合检测线的主要设备及其用途见表 6-4。

表 6-4 全能综合检测线主要设备及其用途

序号	设备名称	用途
1~29 项设备同表 6-3 所列		
30	地沟上举升器	举起车辆,使车轮离地
31	就车式车轮平衡机	就车检测车轮不平衡量,并通过配重使车轮平衡
32	声发射探伤仪	在不解体情况下探测汽车零件的裂纹和损伤
33	四轮定位仪或车轮定位检测仪	检测车轮前束值、车轮外倾值和主销后倾值、主销内倾值及前轮最大转向角度值
34	转向盘自由转动量检测仪	检测转向盘自由转动量
35	转向盘转向力检测仪	检测转向盘转动力
36	传动系统游动角度检测仪	检测传动系统自由转动量
37	底盘间隙检测仪	检测轮毂轴承、万向节主销、纵横拉杆和钢板弹簧销等处的间隙
38	发动机综合性能分析仪	对汽、柴油发动机的功率、气缸压力、点火正时、供油正时、点火系统技术状况、供油系统技术状况、电控系统技术状况和异响等进行检测、分析和判断
39	电控系统专用检测仪	包括读码器、解码器、扫描器、专用诊断仪、示波器、信号模拟器等,用于对汽车电控系统的检测诊断
40	电气综合测试仪	检测电气设备的技术状况
41	气缸压力测试仪或气缸压力表	检测气缸的压缩压力
42	气缸漏气量(率)测试仪	检测气缸的漏气量或漏气率

续表

序号	设备名称	用途
43	真空表或真空测试仪	检测进气管真空度,用于评价气缸密封性
44	油耗计	检测燃油消耗量
45	五气体分析仪	检测排气中的 CO、HC、NO_x、CO_2 和 O_2,分析燃烧状况
46	机油清净性分析仪	分析机油的清净性程度
47	发动机无负荷测功仪	对发动机进行无负荷加速测功
48	发动机异响分析仪	诊断发动机异响
49	传动系统异响分析仪	诊断传动系统异响
50	温度计或温度仪	检测各总成温度和发动机排气温度

学习项目6.2 检测站检测工艺

汽车进入检测站后,在站内、线内只有按照规定的检测工艺路线和检测工艺程序流动,才能完成整个检测过程。

6.2.1 检测工艺路线

(1)检测站工艺路线

对于一个独立而完整的检测站,汽车进站后的工艺路线流程如图6-4所示。

(2)检测线工艺路线

检测线的工位布置是固定的,进线检测的汽车按工位顺序流水作业。

1)安全环保检测线。

① 手动式。以图6-1所示的安全环保检测线为例,其工艺路线流程如图6-5所示。

② 全自动式。以图6-2所示的安全环保检测线为例,其工艺路线流程如图6-6所示。

2)综合检测线。以图6-1所示的全能综合检测线为例,其工艺路线流程如图6-7所示。

以上所介绍的安全环保检测线与全能综合检测线的工艺路线,均为全工位检测工艺路线。经维修、调试后复检的车辆,只需检测不合格项目,因而往往在有关的工位上就有关项目再检测一次,其他工位仅流过而已,无需再全面检测一遍。在综合检测线上,并不一定所有的车辆都执行全工位检测工艺路线。当根据车辆状况或应车主要求只进行单工位或双工位检测时,仅制订单工位或双工位检测工艺路线即可,不必制订全工位检测工艺路线。

6.2.2 检测工艺程序

以图6-2所示五工位全自动式安全环保检测线的全工位检测为例,并参见图6-8所

```
┌──────────┐
│  汽车进站  │
└────┬─────┘
     ↓
┌──────────┐
│ 办理入站手续 │
└────┬─────┘
     ↓
   ◇是否需要清洗◇ ──是──→ ┌──────────────┐
     │否                  │ 清洗站清洗并吹干 │
     ↓                    └──────┬───────┘
┌────────────────┐              │
│ 在检测线入口处待检停  │←─────────────┘
│ 车场按顺序停车等候  │
└────┬───────────┘
     ↓
┌──────────┐
│ 检测线检测  │←──────────────┐
└────┬─────┘                │
     ↓                      │
 ◇检测项目是否全◇ ──否──→ ┌──────────┐
 ◇  部合格   ◇        │ 维修车间  │
     │是              │ 维修或调试 │
     ↓                └──────────┘
┌────────────────┐
│ 驶出检测线,在     │
│ 检竣停车场停车    │
└────┬───────────┘
     ↓
┌──────────┐
│ 办理出站手续 │
└────┬─────┘
     ↓
┌──────────┐
│  汽车出站  │
└──────────┘
```

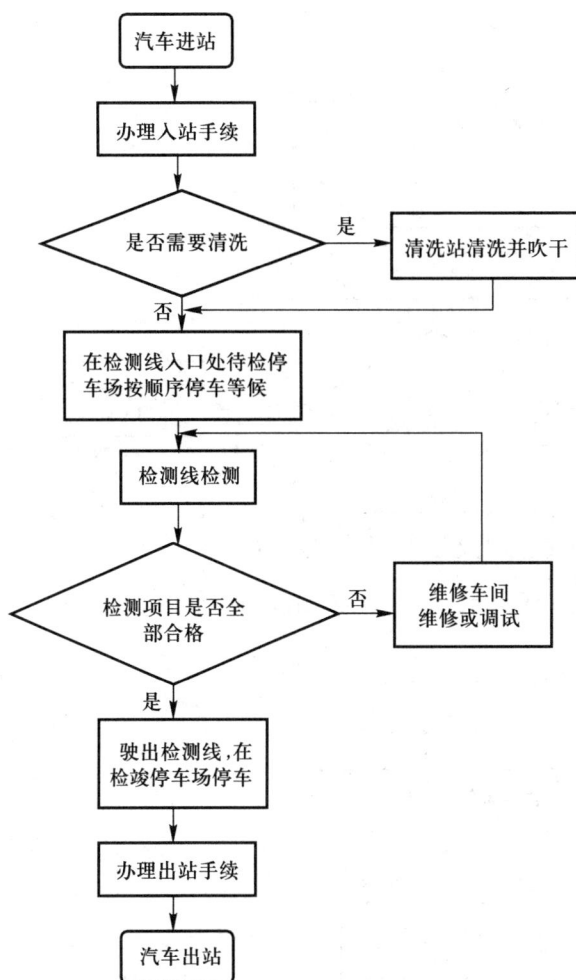

图 6-4 检测站工艺路线流程图

示的安全环保检测线对检测工艺程序进行介绍。

(1) 汽车资料输入及 L 检查工位

1) 汽车资料输入。汽车资料登录微机一般放置在进线控制室或检测线入口处的左侧,由登录员操作。经过清洗并已吹干的汽车,在检测线入口处等候进线。此时的汽车驾驶员在国外多为原车驾驶员,在国内多为站内引车员。如为原车驾驶员,在等候期间要读懂挂于门前的入站规则。进线指示灯红色为等待,绿色(或蓝色)为开进。当绿色指示灯亮时,汽车进入检测线停在第一工位上,由登录员根据行车执照和报检单,向登录微机输入牌照号码、厂牌车型、车主单位或车主姓名、发动机号码、底盘号码、灯制、驱动形式、车辆状况(新车、在用车)、检验类型(初检、复检)、燃料种类(汽油、柴油、燃气、电动、混动或其他)和检测项目(全部检测、某项检测)等资料,并发往主控制微机,由主控制微机安排检测程序。此时,进线指示灯由绿色转为红色。当汽车在本工位检查完毕驶往下一工位并遮挡下一工位光电开关

汽车进线

L工位检查并记录检测结果

ABS工位检测并记录检测结果

HX工位检测并记录检测结果

检测项目是否全部合格 —— 否 —— 汽车出线驶往维修车间维修或调试

是

汽车出线驶往检竣停车场

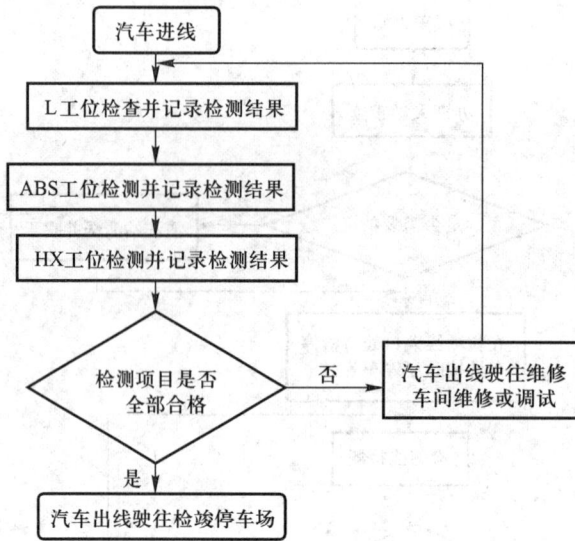

图 6 -5　手动式安全环保检测线工艺路线流程图

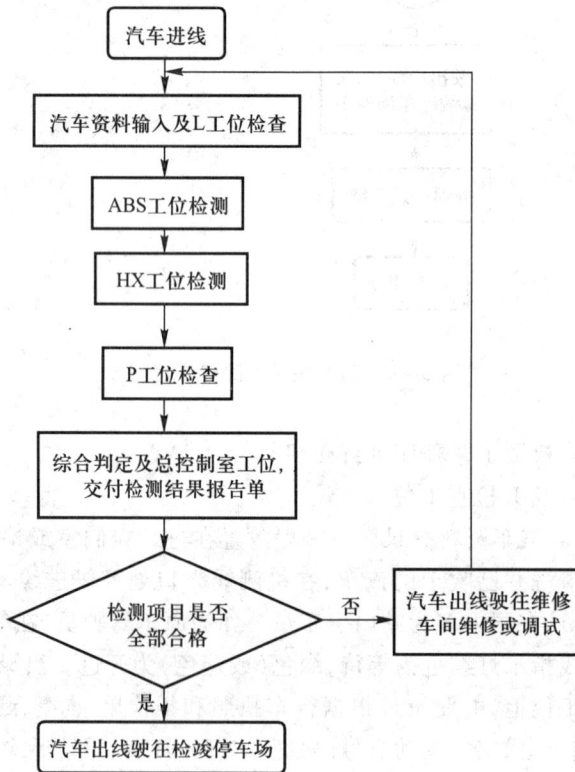

汽车进线

汽车资料输入及L工位检查

ABS工位检测

HX工位检测

P工位检查

综合判定及总控制室工位，交付检测结果报告单

检测项目是否全部合格 —— 否 —— 汽车出线驶往维修车间维修或调试

是

汽车出线驶往检竣停车场

图 6 -6　全自动式安全环保检测线工艺路线流程图

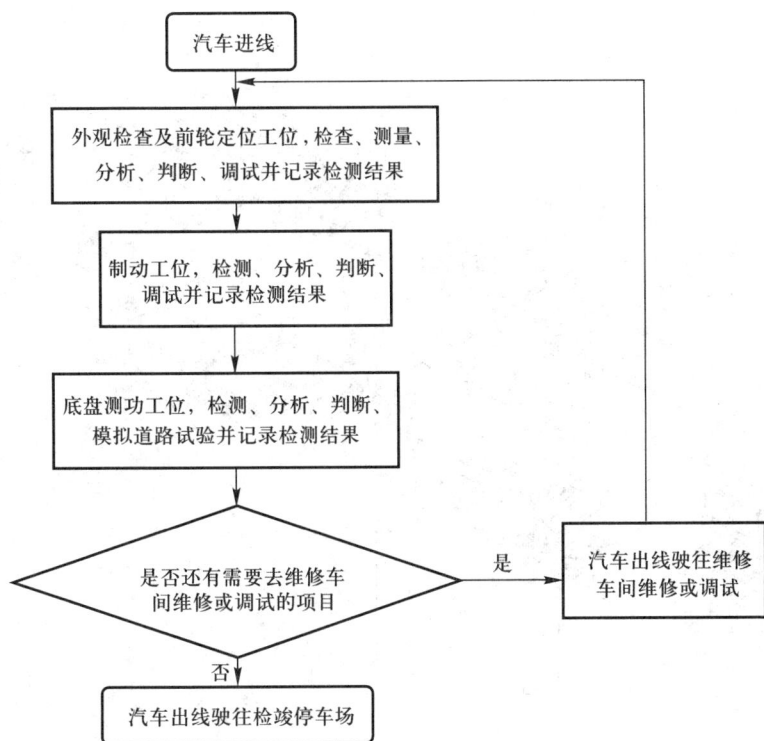

图6-7 全能综合检测线工艺路线流程图

时,进线指示灯又由红色转为绿色。

国内检测线有不少是在汽车进线前就已经将有关资料输入登录微机的。此后,当第一工位空位时,登录员及时将输入的资料发往主控制微机,由主控制微机安排检测程序。此时,绿色指示灯亮,允许被登录的汽车进入检测线。当进线汽车遮挡第一工位光电开关时,通知主控制微机车辆到达第一工位,进线指示灯转为红色。

2)L工位检查。汽车在本工位停稳后,由检查人员按规定项目进行车上部外观检查。此时,驾驶员要始终注视前上方的工位检验程序指示器(图6-8中的3),并按该指示器的指示操作有关机件,以配合检查人员的检查。工位检验程序指示器有灯箱式、彩色显示器式和电子灯阵式三种形式,为了便于说明问题,本教材采用灯箱式。L工位检验程序指示器面板图如图6-9所示。

在本工位检查中,若有不合格项目,可通过不合格项目输入键盘报告主控制微机,并在检查完毕后及时按下该键盘上的"检查结束"键,否则主控制微机将一直等待。主控制微机判定检查结果时,只要有一项不合格,即判定安全装置检查不合格,并将检查结果分别在主控制室的主控制微机显示器上和本工位检验程序指示器上同时显示。当显示"○"时为合格,显示"×"时为不合格。

如果下一工位空闲,则本工位检验程序指示器显示"前进"二字,驾驶员将汽车开入下一工位。于是本工位有空位,等待下一辆汽车进入。

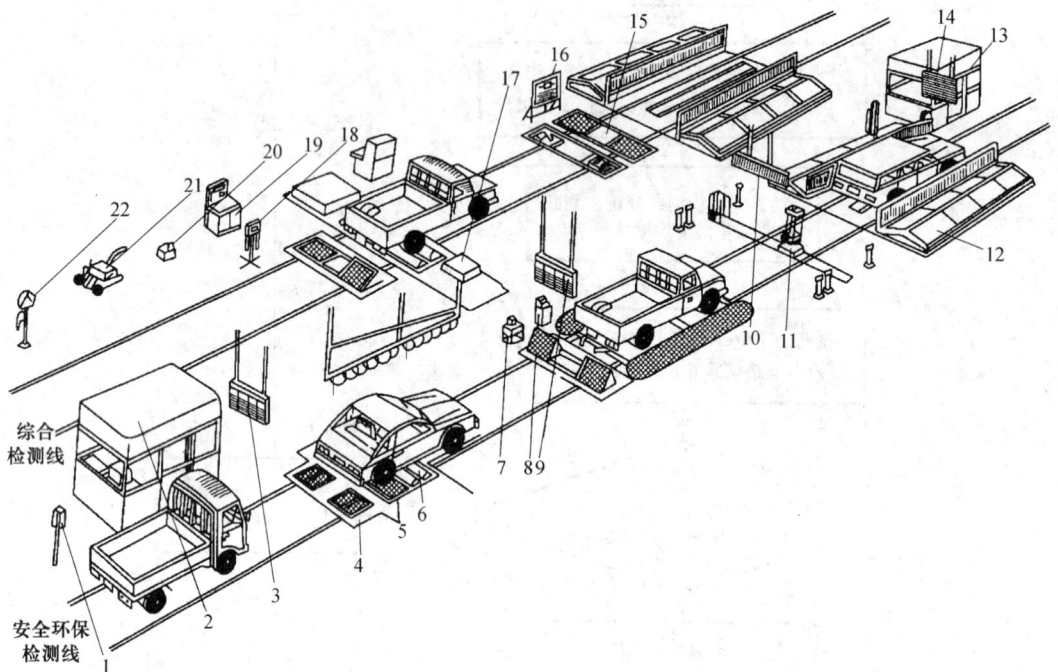

图 6 – 8　双线综合性能检测站

1—进线指示灯；2—进线控制室；3—L 工位检验程序指示器；4、15—侧滑试验台；5—制动试验台；

6—车速表试验台；7—废气分析仪；8—烟度计；9—ABS 工位检验程序指示器；10—HX 工位检验程序指示器；

11—前照灯检测仪；12—地沟系统；13—主控制室；14—P 工位检验程序指示器；16—前轮定位检测仪；

17—底盘测功工位；18、19—发动机综合测试仪；20—机油清净性分析仪；21—就车式车轮平衡机；

22—轮胎自动充气机

（2）ABS 工位

1）侧滑量检测。汽车沿地面标线，以 3 ~ 5 km/h 的车速匀速通过侧滑试验台。通过时汽车应垂直于侧滑板，不可转动转向盘。当汽车前轮切断侧滑试验台入口光电开关时，光电开关输出的电信号通知微机，微机开始采集车轮侧滑量数据。当汽车前轮切断侧滑试验台出口光电开关时，数据采集结束，并以此期间侧滑板的最大位移量作为侧滑量数据，并经主控制微机判断是否合格，然后将检测结果在主控制微机显示器和本工位检验程序指示器（图 6 – 8 中的 9）上同时显示。本工位检验程序指示器面板图如图 6 – 10 所示，当"侧滑试验台"栏内显示"○"时为合格，显示"×"时为不合格。

2）制动力检测。以反力式滚筒制动试验台（以下简称为"制动试验台"）为例。当制动试验台前设有轴重计或轮重仪时，汽车被检车轴应先称重然后再驶上制动试验台测制动力。称重时被检车轴驶上轴重计或轮重仪并遮挡光电开关，报告微机车辆到位，车轴重力通过压力传感器变成电信号供微机采集。然后，该车轴驶上制动试验台测制动力。

前照灯	变光灯	前副灯
车宽标志灯	制动灯	倒车灯
转向灯	停车灯	报警灯
刮雨器	喇叭	非常信号装置
安全装置	○	×
前　进		

侧滑试验台			○	×
前制动	放开	踏下	○	×
中间制动			○	×
后制动			○	×
驻车制动	拉紧	松开	○	×
车速表试验台	40km/h按下申报开关			
	踩制动踏板		○	×
前　进			再检一次	

图6-9 L工位检验程序指示器面板图　　图6-10 ABS工位检验程序指示器面板图

若制动试验台本身带有轴重测量装置,则在其前面不再设有轴重计或轮重仪,汽车检测前轮侧滑量后,其前轴直接开到制动试验台上,先称重后测制动力,其工艺程序如下所述。

汽车左、右车轮驶入制动试验台两滚筒之间并遮挡光电开关,微机确认车辆到位,安排称重和制动检测,步骤如下:

① 降下制动试验台举升器。

② 测量轴重。

③ 起动制动试验台电动机。

④ 在制动踏板放松的情况下,采集左、右车轮的制动拖滞力。

⑤ 用力踩下制动踏板,采集左、右车轮的最大制动力,至滚筒停转时采集结束。

⑥ 拉紧驻车制动器,采集左、右车轮最大制动力(只有与驻车制动器相连的车轴才进行此项检测)。

⑦ 主控制微机判定检测结果,并分别在主控制微机显示器和工位检验程序指示器(图6-10)相关栏目内同时显示。同样,显示"○"为合格,显示"×"为不合格。

⑧ 检测结果不合格时,微机安排"再检一次"。

⑨ 升起制动试验台举升器,该轴驶出,另一轴驶入,按同样程序检测。

主控制微机将采集到的数据按下列式子计算,然后与国家标准对照,判定制动是否合格。

检测中,汽车驾驶员要始终注视前上方的检验程序指示器,并按其上指令操作。

$$轮拖滞力与轴荷的百分比 = \frac{轮拖滞力}{轴荷} \times 100\%$$

$$轴制动力与轴荷的百分比 = \frac{左轮制动力 + 右轮制动力}{轴荷} \times 100\%$$

$$全车制动力总和与整车重力的百分比 = \frac{全车制动力总和}{整车重力} \times 100\%$$

检测多轴汽车并装轴(如三轴汽车的中轴和后轴)的制动力,而其中任一轴的传动关系又不能单独脱开时,可采用使制动试验台左右两组滚筒旋转方向不同的方法进行,并且只采集车轮正转时的制动数据。即制动试验台带动右轮正转左轮反转时,只采集右轮制动时的数据,带动右轮反转左轮正转时,只采集左轮制动时的数据。可以看出,两次测试中左、右车轮旋转方向不同,由于驱动桥差速器行星轮的自转作用,另一在制动试验台之外的驱动桥并不驱动,无需在制动试验台前后设置自由滚筒。因此,用该法检测多轴汽车并装轴的制动力时,可免去制动试验台前后两组共计8个自由滚筒,不仅节省了设备购置费,而且减小了设备占地面积,使检测线造价大大降低。

3)车速表指示误差检测。把与车速表传感器相连的车轴开上车速表试验台,车轮遮挡光电开关,微机确认车辆到位,落下举升器。驾驶员把检测线垂吊在汽车左侧的车速检测申报开关或遥控器持于手中,变速杆置于最高挡位,按照工位检验程序指示器的指令,匀顺地将汽车加速至40 km/h(汽车驾驶室内车速表指示值),待指针稳定后按下车速检测申报开关或遥控器按钮(遥控器要对准工位检验程序指示器上的接收器)。微机采集此时的实际车速数据(车速表试验台测量值),并传输给主控制微机判定检测结果,如不合格,则安排"再检一次"。检测结果在主控制微机显示器和工位检验程序指示器"车速表试验台"栏目内同时显示。同样,显示"○"为合格,显示"×"为不合格。

按下车速检测申报开关或遥控器按钮后,即可踩下汽车制动踏板使车轮与滚筒迅速减速。当工位检验程序指示器显示"前进"指令时,汽车开往下一工位。

4)本工位检测程序说明。在本工位检测的汽车,由于其轴制、驱动形式和驻车制动器安装位置不同,因而它们的检测程序也不一样:

① 四轮汽车(后驱动、后驻车):侧滑→前制动→后制动→驻车制动→车速表。

② 四轮汽车(前驱动、前驻车):侧滑→前制动→驻车制动→车速表→后制动

③ 四轮汽车(前驱动、后驻车):侧滑→前制动→车速表→后制动→驻车制动。

④ 六轮汽车(前双轴、后单轴、后驱动、后驻车):侧滑→前制动→中间制动→后制动→驻车制动→车速表。

⑤ 六轮汽车(前单轴、中单轴、后单轴、中驱动、中驻车):侧滑→前制动→中间制动→驻车制动→车速表→后制动。

⑥ 六轮汽车(前单轴、中后并装双轴、中后驱动、中后驻车):侧滑→前制动→中间制动→驻车制动→后制动→车速表

最后一种汽车的车速表检测,必须在制动试验台与车速表试验台之间装备一组自由滚筒,否则该项不能检测。

上述常见类型的汽车与其对应程序非常重要,如果进线时汽车资料输入错误,则会导致检测程序混乱。

当本工位检验程序指示器显示"前进"二字时,汽车开入下一工位。

(3)HX工位

1)前照灯检测。汽车沿地面标线缓慢驶入本工位。注意汽车应与前照灯检测仪的导轨保持垂直,并按引导指示器的指令在停车线上停车。这种引导指示器与两组光电开关(入口光电开关和出口光电开关)相互配合,引导汽车"前进""停车"和"后退""停车"。当汽车还未到达停车线时,引导指示器亮出"前进"二字,指引汽车前进;当汽车前照灯遮挡入口光电开关时,引导指示器立即亮出"停车"二字,指令汽车停车。此时,汽车停在停车线上,前照灯与前照灯检测仪受光器的距离符合检测要求。如果汽车未及时停住,越过了停车线并遮挡了出口光电开关,则引导指示器亮出"后退"二字,指引汽车后退,直至出口光电开关又导通,引导指示器又显示"停车"二字,汽车立即停车,即符合检测要求。

汽车停在停车线上,微机确认车辆到位,安排检测程序。本工位检验程序指示器(图6-8中的10)指令驾驶员打开远光灯(发动机电源系统应处于充电状态),前照灯检测仪从护栏

内自动驶出,分别对前右灯和前左灯进行发光强度和光轴照射方向的检测。当前照灯发光强度不够或无明显光轴时,前照灯检测仪无法自动跟踪光轴,此时需要主控制室人工操作主控制键盘上的辅助控制键,辅助前照灯检测仪的受光器进入光轴投射区,以便实施跟踪。HX 工位检验程序指示器的面板图如图 6-11 所示。

前照灯检测仪跟踪到前照灯光轴后,进行数据采集,并传输给主控制微机分析判断,检测结果显示在主控制微机显示器和工位检验程序指示器上,发光强度以显示"○"为合格,显示"×"为不合格;光轴照射方向以"上、下、左、右"光的方式同时显示。如果显示"上",表示光轴向上偏斜,依此类推。

前右灯的检测结果一经显示,前照灯检测仪便自动移至前左灯,以同样的方法检测发光强度和光轴照射方向,显示检测结果后自动驶回护栏内。

	上	开远光灯	上		插入探头		
					检查中		
左	光	右	检查中	左	光	右	取出探头
							CO ○ ×
							HC ○ ×
○	下	×	前进	○	下	×	按喇叭 ○ ×

图 6-11　HX 工位检验程序指示器面板图

左、右前照灯中有一项不合格,前照灯的综合判定即为不合格。

2)排气或烟度检测。汽车在前照灯检测停车线上停车后,微机确认车辆到位,安排尾气检测程序。

如果是汽油车,由本工位检验程序指示器指令检测员或汽车驾驶员(须下车)将排气分析仪探头插入怠速运转的汽车排气管中,抽取气样。排气分析仪将分析出的 CO 和 HC 浓度转变成电信号供微机采集。主控制微机判定后分别在主控制微机显示器和工位检验程序指示器上同时显示检测结果。未采集到数据时,检测结果不显示。因此,车辆到位后根据指令应及时将排气分析仪探头插入排气管规定深度,以免错过采集时机。

如果是柴油车,须进行烟度检测。根据图 6-12 所示的检验程序指示器指令,检测员或汽车驾驶员(须下车)将烟度计探头插入怠速运转的柴油车排气管规定深度。驾驶员要先做三次自由加速的预动作,以熟悉加速方法并把排气管内的炭渣等积存物吹掉,然后在加速踏板上安装踏板开关,再按指令和操作规程进行四次自由加速。烟度计自动完成抽气取样、烟度检测和清洗等动作,并将烟度转变成电信号供微机采集。微机以后三次采集的数据的平均值作为自由加速烟度检测值,判定后分别在主控制微机显示器和烟

插入探头　安装踏板开关		
第一次自由加速	踏加速踏板	抬加速踏板
第二次自由加速		
第三次自由加速		
第四次自由加速		
取出探头拆下踏板开关		
烟度检测	○	×

图 6-12　烟度检验程序指示器面板图

度检验程序指示器上同时显示检测结果。同样,显示"○"为合格,显示"×"为不合格。在烟度检测操作过程中,加速运转和怠速运转的时间由微机通过烟度检验程序指示器上指令显示的时间间隔进行控制,只要严格、及时地按指令操作,即可保证操作规程顺利执行。

3)喇叭声级检测。汽车在前照灯检测停车线上停车后,微机确认车辆到位,安排喇叭声级检测程序。将声级计连同其支架移至汽车正前方并对正汽车,且声级计应平行于地面,其传声器距汽车 2 m,距地面 1.2 m。驾驶员按工位检验程序指示器的指令按下喇叭 3~5 s,声级计测量此时的声级并变成电信号供微机采集数据。微机判定后在主控制微机显示器和工

位检验程序指示器上同时显示检测结果。同样,显示"○"为合格,显示"×"为不合格。

本工位的前照灯检测、排气或烟度检测和喇叭声级检测,既可安排同步进行,也可安排按一定顺序进行。一般情况下,前照灯检测与尾气检测可同步进行,喇叭声级检测则安排在这之前或之后进行。

当本工位检验程序指示器显示"前进"二字时,汽车开入下一工位。

(4)P工位

汽车沿地面标线驶入本工位。当汽车遮挡本工位入口光电开关时,通知微机车辆到位,同时地沟内警告灯闪烁或报警器响,通知地沟内检查人员车辆到达本工位。汽车停在地沟上,由检查人员按规定项目进行车辆底部外观检查。此时,驾驶员要始终注视前上方的工位检验程序指示器(图6-8中的14),并按其上的指令操纵有关机件,以配合检查员的工作。

P工位检验程序指示器的面板图如图6-13所示,其上指令由检查人员手持有线按钮盒或红外遥控器控制。除此之外,检查人员还可通过地沟内的话筒和地沟上的扬声器通知驾驶员与其配合,以完成检验程序指示器指令之外的检查项目。检查中,若有不合格项目,可通过不合格项目输入键盘报告主控制微机,并在检测完毕后及时按下该键盘上的"检查结束"键,通知微机车底检查结束,否则主控制微机将一直处于等待状态。主控制微机判定检查结果时,只要有一项不合格,即判定车底检查不合格。同样,检查结果在主控制微机显示器和工位检验程序指示器上同时显示,显示"○"为合格,显示"×"为不合格。

检查中		
发动机熄火		
转动转向盘		
踩制动踏板		
拉驻车制动器		
踩离合器踏板		
车底检查	○	×
前 进		

图6-13 P工位检验程序指示器面板图

地沟内的检查人员可随时通过脚踏开关调节地沟内举升平台的高度,以使两手处于最有利的操作位置。

当本工位检验程序指示器显示"前进"二字时,将车开入下一工位。

(5)综合判定及主控制室工位

汽车进入本工位,主控制微机根据该车在前四个工位的检查结果进行综合判定。在L检查、ABS检测、HX检测和P检查各工位检测中,只有各工位均合格,整车检测的总评价才判为合格;只要有一个工位不合格,则总评价判为不合格。

主控制微机将汽车资料、检测项目、检测结果及整车检测总评价等进行存储并发往打印机,打印出检测结果报告单。在检测结果报告单上,各检测项目的检测结果和整车总评价在对应的栏目内,合格以"○"打印,不合格以"×"打印。驾驶员拿到检测结果报告单后,立即将汽车驶出检测线,全线检测结束。

上述全自动式五工位安全环保检测线可同时检测5辆汽车,检测节奏为4 min/辆左右。如果采用同样功能的双线系统(图6-2),配备5名检测员,每日实际检测7 h,可检测200余辆次汽车,全年可检测5万余辆次汽车,工作效率极高。由于自动化程度高,各工位检验程序指示器又十分醒目,因而原车驾驶员在读懂入站规则后,可驾车进入检测线,不一定非要配备专职引车员。

对于手动式控制的安全环保检测线,各工位上的检测设备均要配备自身的指示装置。当汽车流经每一检测设备时,由检测人员手动操作,目视读数,大脑判定和笔录检测结果,工作效率远不如全自动检测线,且检测结果有可能出现人为因素等问题。

对于综合检测线,由于汽车技术状况不同、检测目的不同,因而检测、诊断、调试的项目和深度也就不同。有的少至几项,有的多达几十项,不像安全环保检测线那样服务对象单纯,检测项目统一。所以,综合检测线很难实现微机自动控制,多为手动操作各检测设备,检测程序也要视具体情况而定。如果综合检测线非要实现微机自动控制,只能是固定检测项目,平衡各工位的检测工作量,牺牲故障诊断、线上调试、科研试验和新产品试验等项目。

检测线上主要检测设备的结构、工作原理和使用方法,请见前面各教学模块学习项目中的有关介绍。

学习项目6.3 实训

6.3.1 实训目的

1)了解汽车检测站全貌,熟悉检测线工位布置和各工位检测设备。
2)熟悉汽车检测工艺路线和汽车检测工艺程序。
3)理论联系实际,实现学、做一体化,促进知识与技能相结合。

6.3.2 实训内容

1)参观汽车检测站,了解检测站全貌。
2)参观汽车检测线,熟悉线内工位布置和各工位检测设备。
3)请检测站工程技术人员向学生讲述检测站、检测线检测工艺路线。
4)在检测线实际检车过程中,让学生观察、了解、熟悉检测工艺程序全过程,视必要请检测站工程技术人员配合讲解。

6.3.3 实训设备

检测线上的全套检测设备。

6.3.4 实训方法

本实训是在校内汽车检测站或校外汽车检测站进行的一次以参观为主并配合讲解的实训课,以下方法供参考。

1)如果校内设有汽车检测站,可安排在校内进行。如果校内没有汽车检测站,可联系校外汽车检测站在校外进行。

2)通过参观和讲解使学生了解、熟悉检测站全貌,检测线内工位布置和各工位检测设备,检测站和检测线的检测工艺路线以及检测工艺程序全过程。

3)参观中,学生应注意各工位汽车的进出方法、检测方法、数据显示方法和判定结果等内容。

4）学生传阅汽车检测结果报告单。

5）在检测线检车现场,应留出一定时间让学生讨论和提出问题,请检测站工程技术人员和带队教师解答。

6.3.5　实训成绩

参观结束时,由带队教师布置学生写参观报告并批改,按学生参观情况和参观报告写作情况综合确定出学生实训成绩,由任课教师或带队教师记入学生成绩册。

本模块要点

1）汽车检测站是综合运用现代检测技术,对汽车实施不解体检测诊断的机构。它具有现代检测设备和检测方法,能在室内检测出车辆的各种性能参数,并能诊断出多种故障,为全面、准确评价汽车使用性能和技术状况提供可靠依据。

2）汽车综合性能检测站的服务功能。

① 依法对营运车辆的技术状况进行检测。

② 依法对车辆维修竣工质量进行检测。

③ 接受委托,对车辆改装（造）、延长报废期及其相关新技术、科研鉴定等项目进行检测。

④ 接受交通、公安、环保、商检、计量、保险和司法机关等部门、机构的委托,为其进行规定项目的检测。

3）检测站类型。

① 按服务功能分类,汽车检测站可分为安全检测站、维修检测站和综合性能检测站三种类型。

② 按规模大小分类,汽车检测站可分为大、中、小三种类型。

③ 按自动化程度分类,汽车检测站可分为手动式、半自动式和全自动式三种类型。

④ 按站内检测线数分类,汽车检测站可分为单线检测站、双线检测站、三线检测站等多种类型。总之,站内有几条检测线,就可以称为几线检测站。

⑤ 按所有制分类,汽车检测站可分为国营检测站和民营检测站两种类型。

⑥ 综合性能检测站按职能分类,汽车综合性能检测站可分为 A 级站、B 级站和 C 级站三种类型。

4）检测站组成。汽车检测站主要由一条至数条检测线组成。对于独立而完整的汽车检测站,除检测线外,还应包括停车场、清洗站、泵气站、维修车间、办公区和生活区等。

① 安全检测站一般由一条至数条安全环保检测线组成。

② 维修检测站一般由一条至数条综合检测线组成。

③ 综合性能检测站一般由安全环保检测线和综合检测线组成,可以各为一条,也可以各为数条。

5）检测线组成和工位布置。不管是安全环保检测线,还是综合检测线,它们都由多个检测工位组成,布置形式多为直线通道式,检测工位则是按一定顺序分布在直线通道上。

① 安全环保检测线。手动式和半自动式的安全环保检测线,一般由外观检查工位、侧滑制动车速表工位和灯光尾气(废气,下同)工位三个工位组成。

② 综合检测线。已如前述,综合性能检测站分为 A、B、C 三种类型。

A 级综合性能检测站在国内一般设置两条检测线,一条为安全环保检测线,另一条为综合检测线。A 级站的综合检测线一般有两种类型:一种是全能综合检测线,另一种是一般综合检测线。

B 级综合性能检测站和 C 级综合性能检测站的综合检测线不包括底盘测功工位。

6) 各工位设备和检测项目。

① 安全环保检测线以五工位全自动式安全环保检测线为例,主要设备中不包括软件。

a. 汽车资料输入及安全装置检查工位。

主要设备:进线指示灯、汽车资料登录微机(包括键盘及显示器)、工位测控微机、检验程序指示器、轮胎自动充气机、轮胎花纹测量器、检测手锤、不合格项目输入键盘、电视摄像机、光电开关。

检查项目:由检查人员人工检查汽车上部的灯光、安全装置、防护装置、操纵装置、工作仪表和车身等是否装备齐全、工作正常、连接可靠和符合规定。检查的重点是灯光和安全装置。

b. 侧滑制动车速表工位。

主要设备:工位测控微机、侧滑试验台、轴重计或轮重仪、制动试验台、车速表试验台、检验程序指示器、光电开关、反光镜。

检测项目:检测前轮侧滑量、各轴轴重、各轮制动拖滞力和行车制动力、驻车制动力、车速表指示误差。

c. 灯光尾气工位。

主要设备:工位测控微机、前照灯检测仪、排气分析仪、滤纸式烟度计和不透光烟度计、声级计、检验程序指示器、停车位置指示器、光电开关、反光镜。

检测项目:检测前照灯发光强度和光轴偏斜量,检测汽油车怠速、高怠速排气污染物和柴油车自由加速烟度,检测喇叭声级。

d. 车底检查工位。

主要设备:工位测控微机、检验程序指示器、地沟内举升平台、检测手锤、不合格项目输入键盘、对讲话筒和扬声器、光电开关、车辆到位警告灯或报警器、地沟内电视摄像机。

检测项目:本工位是车辆底部的外观检查,由检测人员在地沟内人工检查底盘各装置及发动机的连接是否牢固可靠,有无弯扭断裂、松旷、漏油、漏水、漏气、漏电等现象。

e. 综合判定及主控制室工位。

主要设备:主控制微机、键盘及显示器、打印机、监察电视(电视摄像机显示器)、控制台及主控制键盘、稳压电源、不间断电源。

检测项目:汽车到达本工位时检测项目已全部检测完毕,主控制微机对各工位检测结果进行综合判定后,由打印机打印检测结果报告单,并由检测长交给被检汽车驾驶员。

② 综合检测线以图 6-1 所示全能综合检测线为例进行介绍。

a. 外观检查及车轮定位工位。

主要设备:轮胎自动充气机、轮胎花纹测量器、检测手锤、地沟内举升平台、地沟上举升器、就车式车轮平衡机、声发射探伤仪、侧滑试验台、四轮定位仪或车轮定位检测仪、转向盘自由转动量检测仪、转向盘转向力检测仪、传动系统游动角度检测仪、底盘间隙检测仪。

检测项目:车上、车底外观检查项目同全自动式安全环保检测线,就车检测车轮不平衡量并平衡之,对万向节枢轴等安全机件进行探伤,检测前轮侧滑量、前轮最大转向角、主销后倾角、主销内倾角,视需要检测前轮前束值和前轮外倾值,检测后轮前束值和后轮外倾角,检测转向盘自由转动量与转向力,检测传动系统游动角度,检测悬架、转向系统和轮毂轴承的间隙。

b. 制动工位。

主要设备:轴重计或轮重仪、制动试验台。

检测项目:检测各轮轮重、各轮制动拖滞力和行车制动力,并按制动曲线分析制动过程、驻车制动力。

c. 底盘测功工位。

主要设备:底盘测功试验台、发动机综合性能分析仪(汽、柴油机合一或分开)、电控系统专用检测仪、电气综合测试仪、气缸压力测试仪或气缸压力表、气缸漏气量(率)测试仪、真空表或真空测试仪、油耗计、五气体分析仪、不透光烟度计和滤纸式烟度计、声级计、机油清净性分析仪、发动机无负荷加速测功仪、发动机异响分析仪、传动系统异响分析仪、温度计或温度仪。

检测项目:检测驱动车轮输出功率或驱动力,模拟车辆各种行驶速度行驶,进行加速性能、等速性能和滑行性能等性能试验,检测百公里耗油量和经济车速等;对点火系统、供油系统、冷却系统、润滑系统、传动系统、行驶系统、电气设备、车身等的技术状况进行检测、分析和判断;对装配点燃式发动机的在用汽车,根据 GB 18285—2005《点燃式发动机汽车排气污染物排放限值及测量方法(双怠速法及简易工况法)》的规定,采用双怠速法或简易工况法进行试验。根据排放的 CO、HC、NO_x、CO_2 和 O_2 浓度,分析发动机的空燃比、燃烧状况和气缸密封性;对装配压燃式发动机的汽车,根据 GB 3847—2005《车用压燃式发动机和压燃式发动机汽车排气烟度排放限值及测量方法》的规定,进行自由加速试验。按汽车不同的生产时期,根据测得的排气烟度(光吸收系数或烟度值),分析发动机空燃比、燃烧状况和气缸密封性;检测、分析并判断发动机和传动系统异响;检测各总成温度和发动机排气温度。

7) 检测站检测工艺。

① 限于篇幅,检测工艺路线请见"6.2.1"内容。

② 限于篇幅,检测工艺程序请见"6.2.2"内容。

复习题

1) 汽车检测站有哪些服务功能?

2) 汽车检测站有哪些类型?

3）汽车检测站由哪几部分组成？

4）汽车检测线的工位怎样布置？

5）安全环保检测线各工位检测设备和检测项目有哪些？

6）综合检测线底盘测功工位配备的检测设备和检测项目有哪些？

7）叙述汽车检测站、汽车检测线检测工艺路线。

8）叙述汽车检测工艺程序。

9）为什么说不同的汽车有不同的检测程序？

参考文献

［1］张建俊.汽车诊断与检测技术［M］.北京:人民交通出版社,2009.

［2］日本汽车机械工具协会.汽车检验设备［M］.陈风仁,译.北京:人民交通出版社,1985.

［3］张阳德.内镜学［M］.北京:人民卫生出版社,2001.

［4］陆华忠,云皓,肖超胜.丰田汽车维修手册:发动机电子控制系统［M］.长春:吉林科学技术出版社,1996.

［5］肖超胜,陆华忠,云皓.丰田汽车维修手册:底盘新技术新结构［M］.长春:吉林科学技术出版社,1996.

［6］珠海欧亚汽车技术有限公司.进口汽车检测诊断设备原理与使用［M］.沈阳:辽宁科学技术出版社,2000.

［7］李东江,赵国柱.亚洲轿车故障诊断流程图［M］.北京:机械工业出版社,2005.